中华人民共和国
民法典侵权责任编
理解与适用

张新宝◎著

ZHONGHUA RENMIN GONGHEGUO
MINFADIAN QINQUAN ZERENBIAN
LIJIE YU SHIYONG

中国法制出版社
CHINA LEGAL PUBLISHING HOUSE

前　言

Preface

编纂民法典是党的十八届四中全会提出的重大立法任务。十八届四中全会审议通过的《中共中央关于全面推进依法治国若干重大问题的决定》包含了制定《民法典》的内容："加强市场法律制度建设，编纂民法典。"其后，在党中央的部署和立法部门组织领导下，《民法典》的制定按照"两步走"的计划不断推进。2017 年 3 月 15 日，第十二届全国人民代表大会第五次会议通过了《民法总则》，其于 2017 年 10 月 1 日开始实施。2020 年 5 月 28 日，第十三届全国人民代表大会第三次会议通过了《民法典》，其包括总则编（基本保留了《民法总则》的内容）和分则 6 编。侵权责任编属于《民法典》分则的内容，被编排在第七编。

侵权责任编共 10 章 95 条，包括一般规定、损害赔偿、责任主体的特殊规定以及关于各类侵权责任的具体规定。本书对侵权责任编的条文进行逐条释义和适量评论。对每个条文的解释包括"条文主旨""核心概念""理解与适用""关联规定"等内容，每章末尾附有典型案例分析。

需要指出的是，侵权责任编是《民法典》的组成部分，属于民法分则中的内容。准确理解和适用侵权责任编的规定，还需要把握《民法典》总则编特别是其关于民事责任的有关规定。还有一些重要的侵权责任规范游离在《民法典》外，存在于《道路交通安全法》《产品质量法》《食品安全法》等法律中，涉及相关问题时需要综合这些特别法的规定进行系统解读。

此外，现有的相关司法解释大多是对《民法通则》《侵权责任法》等法律有关条文的解释。随着新法的实施和旧法的废除，司法解释也将会有较大的变化。理解与适用侵权责任编的规定，需要密切关注相关司法解释、指导案例等方面的最新进展。

本书的写作，基于作者多年来参加《侵权责任法》和《民法典》各编的全程起草工作以及深度关注、跟踪相关司法实践而积累的翔实资料和心得感悟。希望有助于读者准确、全面理解各条文的立法背景、立法精神和文义，更好地适用“民法典侵权责任编”的法律原则与具体规定。

各章后面所附案例，是新科博士研究生曹权之同学在本人“侵权责任法案例分析”课堂（疫情期间的网络授课）部分同学们完成的作业基础上加工整理而成。在此，对参与者表示衷心感谢。

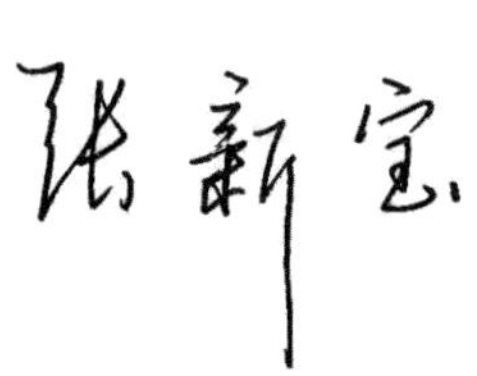

中国人民大学法学院教授、博士生导师
教育部长江学者特聘教授
中国法学会民法典编纂项目领导小组成员
暨侵权责任编召集人
2020 年 7 月 31 日于京南瓜斋

目 录

Contents

第一章 一般规定

① 条文主旨为编者所加，下同。

第二章 损害赔偿

第三章 责任主体的特殊规定

第四章 产品责任

第五章 机动车交通事故责任

第六章 医疗损害责任

第七章 环境污染和生态破坏责任

第八章　高度危险责任

第九章　饲养动物损害责任

第十章　建筑物和物件损害责任

第一章　一般规定

◎ 本章提要

本章是关于侵权责任的一般规定，共15个条文（第1164条至第1178条）。第1164条是关于侵权责任编调整范围的规定。第1165条是关于过错侵权责任一般条款的规定。第1166条是关于无过错侵权责任的规定。第1167条是关于停止侵害、排除妨碍、消除危险等预防性责任方式的规定。第1168条至第1172条是关于数人侵权责任的规定。第1173条和第1174条是关于被侵权人和受害人过失、故意的规定。第1175条是关于第三人责任的规定。第1176条是关于“自甘风险”抗辩事由的规定。第1177条是关于“自助”抗辩事由的规定。《民法典》第一编总则第八章民事责任是本编的“上位法”，在理解与适用本编和本章时，需要联系《民法典》第一编总则第八章民事责任的关联规定进行体系解释。

第一千一百六十四条　【侵权责任编的调整范围】本编调整因侵害民事权益产生的民事关系。

【条文主旨】

本条是关于侵权责任编调整范围的规定。侵权责任编调整因侵害民事权益产生的民事关系。

【核心概念】

民事权益

民事权益是指民事权利和其他民事性质的合法权益。民事权利包括人身权利和财产权利。《民法典》第3条规定："民事主体的人身权利、财产权利以及其他合法权益受法律保护，任何组织或者个人不得侵犯。"

民事关系

民事关系是指平等主体的自然人、法人、非法人组织之间的人身关系和财产关系。

侵权责任

侵权责任是民事责任的一种，是民事主体侵害他人权益应当承担的法律后果。①《民法典》第179条规定："承担民事责任的方式主要有：（一）停止侵害；（二）排除妨碍；（三）消除危险；（四）返还财产；（五）恢复原状；（六）修理、重作、更换；（七）继续履行；（八）赔偿损失；（九）支付违约金；（十）消除影响、恢复名誉；（十一）赔礼道歉。法律规定惩罚性赔偿的，依照其规定。本条规定的承担民事责任的方式，可以单独适用，也可以合并适用。"这些民事责任方式，有的适用于所有民事责任的承担，有的适用于部分民事责任的承担。承担侵权责任的主要方式有：赔偿损失、恢复原状、消除影响、恢复名誉、赔礼道歉，停止侵害、排除妨碍、消除危险等。惩罚性赔偿在部分侵权责任中被适用。

侵权责任法

侵权责任法是调整因侵权而产生的民事关系的法律规范的总和。狭义的侵权责任法仅指《民法典》第七编"侵权责任"一编，广义的侵权责任法指一切调整因侵权而产生的民事关系的法律规范，既包括狭义的侵权责任法，也包括存在于其他单行法律中的侵权责任法律规范。最高人民法院有关侵权责任的司法解释，也是司法裁判有关侵权责任案件的重要裁判规则。

【理解与适用】

一、侵权责任法调整因侵权产生的民事关系

近代以来，法律主要依据其所调整的社会关系之不同而划分为若干

---

① 王晨：《关于〈中华人民共和国民法典（草案）〉的说明——2020年5月22日在第十三届全国人民代表大会第三次会议上》，载中国人大网，http://www.npc.gov.cn/npc/c35181/202005/f2088c3131704978947b289827ccd7fc.shtml，最后访问时间：2020年7月30日。

“部门”，民法即为此等“部门”之一，调整平等主体之间的人身关系和财产关系。在我国，民法确认的平等主体包括自然人、法人和非法人组织（《民法典》第2条）。作为民法分则中的“侵权责任”一编当然也调整平等主体之间的人身关系和财产关系。在学理上，通常会用“侵权责任法的调整对象”或者“侵权责任法保护的民事权益范围”来表达这一问题。

民法所调整的人身关系和财产关系具有多样性，民法分则各编调整的人身关系和财产关系在种类、性质等方面不尽相同：有的仅调整人身关系，有的仅调整财产关系；有的调整基于当事人自愿之民事法律行为产生的人身关系和财产关系，有的调整基于法律的直接规定产生的人身关系和财产关系。

侵权责任法调整基于法律规定直接产生的人身关系和财产关系，即“依照法律规定”“履行民事义务，承担民事责任”。在侵权责任法调整的民事关系中，被侵权人享有的权利和侵权人应当承担的义务与责任，不是由当事人事先约定的，而是在发生侵害事实的情况下法律直接加以规定的。因此，因侵权发生的债，被称为法定之债。在这种债的关系中，被侵权人依据法律（主要是侵权责任法）的规定请求侵权人承担侵权责任。侵权责任的承担方式可以是人身性质的，如赔礼道歉、消除影响、恢复名誉；也可以是财产性质的，如赔偿损失、恢复原状。

二、侵权责任法的保护范围：绝对民事权利

权利以其效力及范围为标准，可分为绝对权和相对权。绝对权，指对于一般人请求不作为的权利，如人格权、身份权、物权等。有此权利者，请求一般人不得侵害其权利，又称为对世权。①

侵权责任法的调整范围，也可以从侵权责任法保护的民事权益范围进行界定。是否所有的民事权益受到侵害都适用侵权责任法，或者说侵权责任法到底保护哪些民事权益？这是一个民法内部的体系协调问题。大陆法系国家的民法理论基本上认为，基于合同约定产生的民事权益原则上不受侵权责任法的保护而受合同法的保护。基于合同约定产生的权利义务属于“意定之债”，不是侵权责任法保护的民事权益。法国民法理论及其实践提供“责任非竞合”规则排除侵权责任法对违约责任之适用，即使违约方的行为既造成违约损失又造成受害人一方固有利益的损失，受害人一方也只能依合同法请求救济。对于德国法，单纯违约造成的损害当由合同法救济；只有在违约行为同时构成对受害人固有权利（如生命、健康等）损害

---

① 参见王泽鉴：《民法概要》，中国政法大学出版社2003年版，第39页。

时，受害人一方方可选择损害赔偿请求权或者违约责任请求权，二者只能择一行使。

大陆法系民法大致有这样一个共识：侵权责任法主要保护具有“绝对”性质的民事权益。侵害具有绝对性质的民事权益造成损害，由侵权责任法加以救济；相反，对于因违约造成的债权利益损失则由合同法予以救济。《侵权责任法》[①] 第2条第2款对其所保护的民事权益进行了列举：本法所称民事权益，包括生命权、健康权、姓名权、名誉权、荣誉权、肖像权、隐私权、婚姻自主权、监护权、所有权、用益物权、担保物权、著作权、专利权、商标专用权、发现权、股权、继承权等人身、财产权益。这里仅列举了侵权责任法保护的民事权利而没有列举侵权责任法保护的“合法权益”，而列举的民事权利均属于绝对性质的民事权利，而不是当事人之间因合同等约定而产生的相对权利——债权。《民法典》虽然没有对侵权责任法保护的具体民事权益进行列举，但是在立法上似乎也遵循了《侵权责任法》第2条第2款的思路，没有另起炉灶作出新的制度安排。

三、侵权责任法对其他合法民事权益的保护

我国民法不仅保护民事主体的人身权利和财产权利，也保护民事主体的“其他合法权益”[②]。在《民法典》第3条中，“人身权利、财产权利”与“其他合法权益”并列加以规定，表明二者并不相互包容，而是分别有所指向。《民法典》第一编总则第五章“民事权利”中规定了各种民事权利，也规定了一些“合法权益”。这些民事权利中的绝对权部分，当然受侵权责任法保护。而个人信息（第111条）、数据和网络虚拟财产（第127条）即使没有被明确规定为民事权利，也应当被认为是侵权责任法所保护的“其他合法权益”。

在民法理论上和比较法实践上，某些合理的信赖利益受侵权责任法保护，第三人恶意侵害债权应当承担侵权责任，[③] 死者的某些人格利益受到保护[④]，这些都可以被看作是侵权责任法对“其他合法权益”的保护。在

---

① 2021年1月1日废止。

② 侵权责任法保护的民事法益主要包括“纯粹经济利益”、某些财产性质的信赖利益、某些尚未上升为民事权益的精神利益。没有列举的“权益”，也可能属于“等人身、财产权益”的范畴。债权在一定程度上也属于受到保护的财产利益，但侵害债权的侵权责任之构成往往以侵权人的故意为主观条件。参见张新宝：《侵权责任法》（第4版），中国人民大学出版社2016年版，第4~5页。

③ 参见［德］克雷斯蒂安·冯·巴尔：《欧洲比较侵权行为法》（上卷），张新宝译，法律出版社2001年版，第52页。

④ 参见《最高人民法院关于确定民事侵权精神损害赔偿责任若干问题的解释》第3条。

我国，对“其他合法权益”的确认主要依赖于：（1）民法或者其他法律的规定；（2）最高人民法院的司法解释等规范性文件的规定；（3）基于诚实信用原则（《民法典》第7条）和习惯（《民法典》第10条）等，由最高人民法院的指导案例个别确认。

四、侵权责任与违约责任的关系

《民法典》第186条规定：“因当事人一方的违约行为，损害对方人身权益、财产权益的，受损害方有权选择请求其承担违约责任或者侵权责任。”该条规定承继了《合同法》[①] 第122条，是处理侵权责任与违约责任之“责任竞合”的主要规则。

侵权责任与违约责任竞合，是指行为人的同一行为既违反侵权责任法的有关规定、符合侵权责任之构成要件，又违反合同法的有关规定或当事人的约定、符合违约责任的构成要件，因此而产生的侵权责任与违约责任并存且相互冲突的现象。侵权责任与违约责任是最基本的两类民事责任。在民事法律领域，责任竞合主要发生于侵权责任与违约责任之间。

违约责任又称违反合同的责任或合同责任，是指在合同成立并生效的情况下，合同当事人不履行或不适当履行合同债务（即当事人的义务）时依法产生的法律责任，而侵权责任是侵权人的行为侵害他人法定民事权利而依法应当承担的民事责任，或其他赔偿义务人依法律直接规定应当承担的包括损害赔偿等责任方式在内的民事责任，违约责任与侵权责任均为民事责任，这是二者之间最基本的同一性。

学者们将违约责任与侵权责任的区别归纳为九个方面：（1）归责原则不同。承担违约责任适用严格责任原则或无过错责任原则；承担侵权责任一般适用过错责任原则，特殊侵权责任适用无过错责任原则。（2）举证责任不同。承担违约责任，受害人无须对违约行为等进行举证；承担侵权责任，多数情形下受害人一方要对责任构成要件的多个方面进行举证，但法律有特别规定者除外。（3）义务内容不同。承担违约责任通常以违反约定义务为前提；承担侵权责任通常以违反法定义务为前提。（4）时效不同。现行法律对承担违约责任和承担侵权责任分别规定了不同的时效期间。（5）责任构成要件和免责条件不同。承担违约责任只需要两个要件，即约定的义务和违反该义务的行为；而承担侵权责任视案件具体情况需要符合三个或四个构成要件，此外，法律对这两种民事责任规定了不同的免责事由。（6）责任形式不同。现行法律规定，有些民事责任方式可适用于这两

---

① 2021年1月1日废止。

种责任，但有些则是专属的，如支付违约金的民事责任方式只适用于违约责任。（7）责任范围不同。承担违约责任，赔偿范围一般为可预期的履行利益；承担侵权责任，赔偿范围通常为全部实际损失和合理的间接损失。（8）对第三人的责任不同。（9）诉讼管辖不同。[①] 这九个方面从不同的角度在不同的层次上揭示了违约责任与侵权责任之区别。笔者认为，二者的根本区别还在于责任基础不同：违约责任的责任基础是违反当事人之间的约定义务，侵权责任的责任基础是行为人违反法律直接规定的法定义务（即侵害他人之法定民事权益）。前者在责任之构成与法律（合同法）规定之间，存在当事人基于意思自治的合意过程；后者在责任之构成与法律（侵权责任法）规定之间，不存在当事人基于意思自治的合意过程。

根据《民法典》第186条以及《最高人民法院关于适用〈中华人民共和国合同法〉若干问题的解释（一）》，侵权责任与违约责任竞合规定的适用条件为：（1）必须是当事人之间存在合同关系并且一方实施了违约行为。（2）一方当事人的违约行为，同时侵害了对方人身、财产权益。（3）被侵权人享有选择权。被侵权人选择请求权的期限最迟在一审开庭前，一旦开庭，即按照被侵权人选择的请求权开始审理。在允许竞合的前提下，学者主张应对责任竞合进行一定的限制。[②] 笔者认为，我国民事立法在这一问题上的基本对策是承认有限制的责任竞合：（1）承认责任竞合为一种客观现象，不可能或不必要一概否认；（2）在立法技术允许的前提下，避免规范竞合过多出现之情形；（3）被侵权人享有双重请求权，但一旦行使其中之一，另一请求权也就当然消灭。

【关联规定】

《侵权责任法》（2021年1月1日废止）

第二条 侵害民事权益，应当依照本法承担侵权责任。

本法所称民事权益，包括生命权、健康权、姓名权、名誉权、荣誉权、肖像权、隐私权、婚姻自主权、监护权、所有权、用益物权、担保物权、著作权、专利权、商标专用权、发现权、股权、继承权等人身、财产权益。

---

① 参见王利明主编：《民法·侵权行为法》，中国人民大学出版社1993年版，第225～229页。

② 参见王利明：《侵权行为法研究》（上卷），中国人民大学出版社2004年版，第671～672页。

第三条 被侵权人有权请求侵权人承担侵权责任。

《民法典》

第三条 民事主体的人身权利、财产权利以及其他合法权益受法律保护，任何组织或者个人不得侵犯。

第一百七十六条 民事主体依照法律规定或者按照当事人约定，履行民事义务，承担民事责任。

第一百八十六条 因当事人一方的违约行为，损害对方人身权益、财产权益的，受损害方有权选择请求其承担违约责任或者侵权责任。

第一千一百六十五条 【过错责任原则与过错推定责任】 行为人因过错侵害他人民事权益造成损害的，应当承担侵权责任。

依照法律规定推定行为人有过错，其不能证明自己没有过错的，应当承担侵权责任。

【条文主旨】

本条有两款。第 1 款是关于过错责任一般条款的规定，第 2 款是关于在过错责任领域中的过错推定的规定。

【核心概念】

过错

过错是指行为人在实施侵害他人民事权益行为时的主观不良心态，包括故意和过失，有些国家的民法典直接将过错表述为“故意或过失”①。所谓故意，是指追求损害结果发生或者明知损害结果发生几率很大而放任自己的行为引发损害结果的一种不良心态。前者谓之直接故意，后者谓之间接故意。故意在法律评价上也可以区分为一般故意和恶意。所谓过失，是指疏忽大意或者轻信的不良心态，或者应该预见自己的行为可能导致损害发生而没有预见，或者虽然预见到了损害可能发生，但是过分轻信某些主

① 如《德国民法典》第 823 条第 1 款、《日本民法典》第 709 条。

客观条件，误认为损害结果不会发生或者可以避免。过失按照其程度，可以分为轻微过失、一般过失和重大过失。

过错推定

过错推定是指法律假定行为人有过错（过失），但是给予其证明自己没有过错的机会。行为人能够证明自己没有过错的，即认定其没有过错不承担侵权责任；行为人不能证明自己没有过错的，则认定其有过错应当承担侵权责任。过错推定免除了受害人证明行为人过错的举证责任，将该举证责任转移（或“倒置”）给行为人，由其对自己没有过错承担举证责任。

一般侵权行为

一般侵权行为也称为过错侵权行为或者“自己侵权行为”，是指行为人因过错实施的侵害他人民事权益的侵权行为。具有三个主要特征：（1）应是行为人实施的侵权行为，不包括“他人”实施的侵权行为、建筑物和物件以及饲养动物造成损害的情况。后三者统称“准侵权行为”。（2）侵权责任之构成以行为人有过错为要件，包括一般过错和推定的过错。（3）法律原则上不对形形色色的一般侵权行为作出列举性的规定（我国的例外情形是对作为一般侵权行为的医疗损害责任在《民法典》中作出了规定），而是规定一般侵权行为之侵权责任的构成要件：如果符合构成要件的要求，行为人即“升格”为“侵权人”，应当承担侵权责任；如果欠缺构成要件，则不承担侵权责任。

侵权责任的构成要件

侵权责任的构成要件，是指构成侵权责任必须具备的各种条件。我国侵权责任法通过过错责任的“一般条款”规定过错侵权责任的构成要件，包括侵害行为、损害、因果关系以及过错。而无过错的侵权责任以及对“准侵权行为”的侵权责任，其构成法律有特别规定的依照其规定。无过错侵权责任的构成，不以行为人有过错为要件。

【理解与适用】

一、过错与作为侵权责任构成要件的过错

（一）过错的判断标准

过错的判断标准，通常是指过失的判断标准，不包括故意。关于过失的判断标准，有主观说、客观说和折中说三种理论。主流的观点为客观说或者

适当考虑主观方面但是以客观方面作为主要判断标准的折中说：（1）如果存在法定的注意义务，行为人没有履行该注意义务或者没有达到该注意义务所要求的注意程度，则有过失；（2）如果一个理性人（reasonable man）在案件的具体情形中能够达到一定的注意程度，而行为人没有达到该注意程度，则有过失。

（二）过错作为填补损失的侵权责任方式之构成要件

本条第 1 款规定，过错是构成一般侵权责任的要件。在法律没有特别规定的情况下，行为人有一般过失就满足了侵权责任的主观构成要件的要求，而不要求故意或者重大过失。轻微过失通常不能满足侵权责任主观构成要件的要求，但是法律有特别规定的不在此限。

过错是侵权责任的构成要件。这里的“侵权责任”主要是指填补损失的侵权责任方式，也就是恢复原状、赔偿损失、赔礼道歉、消除影响、恢复名誉等责任方式。对于预防损害的责任方式而言，是不需要过错甚至不要求损害、因果关系作为责任构成要件的。对此，《民法典》第 1167 条作出了专门规定。

二、侵权责任的归责原则与过错责任原则

（一）侵权责任的归责原则

侵权责任的归责原则，是指责任的基础或者依据：凭什么要求行为人承担侵权责任。一般认为，我国侵权责任法规定过错责任原则为最主要最基本的归责原则：原则上将行为人承担侵权责任的基础和依据建立在其实施加害行为时的主观过错之上。由于有过错，故而要对过错心理驱动下的行为造成的损害承担责任。

作为例外或者补充，我国侵权责任法还将“无过错”作为第二个归责原则：在五种特别情形下，不考虑行为人有无过错，只要其行为造成了他人民事权益损害，法律规定应当承担侵权责任的就应当承担侵权责任。这是我国《民法典》规定的侵权责任二元归责原则体系。一般情况下是有过错才可能承担责任，特别情况下不考虑行为人有无过错，只要行为造成损害就要承担责任。

坊间有人主张“公平责任”为侵权责任的归责原则。这缺乏必要的法律条文依据，也不利于严格适用法律，实不可取。

（二）过错责任原则

远古法律实行“结果责任”或者说“客观责任”：只要行为人的行为导致了损害结果之发生，不管其主观上有无过错，均应承担法律责任。这对于行为人可能是苛求的：尽管他不追求不放任损害结果的发生，不管自己如何小心谨慎也不能避免损害结果的发生，却要对意志以外的损害结果承担责任。这样的法律责任制度必定严苛束缚人的行为自由和创造力，使其不敢为任何可能致害的行为。

公元前275年，古罗马帝国《阿奎利亚法》[①] 首次规定了过错责任：行为人只对自己有过错的行为造成的损害承担侵权责任。[②] 这是过错责任的肇端。两千多年来，虽然经历了否认过错责任、强调结果责任的中世纪法治，但是人类社会最终确立过错责任原则为侵权责任构成的基本原则，将承担侵权责任的伦理和道义正当性建立在行为人的过错之上。

过错责任原则的基本含义是：行为人仅对自己有过错的行为承担侵权责任，不对他人的行为造成的损害承担侵权责任，不对自己没有过错的行为造成的损害承担侵权责任。

三、过错侵权责任的一般条款与构成要件

（一）过错侵权责任的一般条款

在现代大陆法系国家，侵权责任大致可以分为过错责任和无过错责任两大类。过错责任的案件具有多样性、复杂性和广泛性而无法在立法上进行列举规定。无过错责任案件的类型则较少，行为人的某个行为承担无过错责任，往往需要特别的理由并由法律作出明确的规定。

由于法律无法对形形色色构成侵权的案件作出列举性规定，无法贯彻刑法的那种“罪刑法定主义”，因此就有必要在立法技术上对各种过错侵权责任案件进行抽象和提炼、找到其本质特征，将这些本质特征提升为“一般条款”：行为人的行为符合一般条款规定的全部责任构成要件的，就要承担侵权责任；反之，则不承担侵权责任。所谓过错侵权责任的一般条款，是指在侵权责任法中概括规定过错侵权责任所有构成要件的条款。在侵权责任法中，过错侵权责任的一般条款具有“纲”的地位和作用，统领所有其他相关条款。《民法典》第1165条第1款就是我国过错侵权责任的一般条款。

（二）关于过错侵权责任的一般条款的简要比较法考察

一般认为，德国侵权责任法没有设置过错侵权责任的一般条款，其对过错侵权责任是通过“三阶层”的立法技术分别加以规定的：（1）侵害生命、身体、健康、人身自由、财产等权利的侵权责任（《德国民法典》第

---

① 参见米健：《论阿奎利亚法》，载《政法论坛》1991年第4期。

② 参见王泽鉴：《侵权行为法（第1册）：基本理论·一般侵权行为》，中国政法大学出版社2001年版，第13～14页。

823 条第 1 款）；（2）违反“保护性规定”侵害他人权益的侵权责任（《德国民法典》第 823 条第 2 款）；（3）故意违反善良风俗致他人损害的侵权责任。尽管德国立法没有建立起来过错侵权责任的一般条款，但是学理上对过错侵权责任构成要件的关注并不缺乏。依据德国侵权责任法理论，过错侵权责任的构成，需要四个要件：行为的不法性（不法行为）、过错（故意或者过失）、损害、不法行为与损害之间的因果关系。①

《法国民法典》第 1382 条则是关于过错侵权责任的一般条款规定，因为它将所有过错侵权责任的构成要件都规定在一个条文中。该条规定：“任何行为使他人受到损害时，因自己的过失使损害发生之人，对该他人负赔偿的责任。”法律不列举不同种的对其他人或者不同形态的过错侵权责任，而只是统一规定过错侵权责任的构成要件——凡是符合构成要件要求的就构成侵权责任，行为人因此承担侵权责任；凡是部分或者完全缺乏构成要件的，则不构成侵权责任，行为人无须承担侵权责任。《法国民法典》第 1382 条规定的过错侵权责任的构成要件包括：过错（客观过错）、损害、因果关系。

（三）我国过错侵权责任一般条款规定的构成要件

1. 从《侵权责任法》第 6 条第 1 款到《民法典》第 1165 条第 1 款

比较《侵权责任法》第 6 条第 1 款和《民法典》第 1165 条第 1 款会发现一个重要变化，即增加了“造成损害的”五个字。前者规定：“行为人因过错侵害他人民事权益，应当承担侵权责任。”后者规定：“行为人因过错侵害他人民事权益造成损害的，应当承担侵权责任。”增加“造成损害的”，实际上是重塑了我国侵权责任法过错侵权责任的一般条款，使得《侵权责任法》第 6 条第 1 款那样一个关于过错侵权责任一般条款的“不完全条款”变为《民法典》第 1165 条第 1 款这样一个关于过错侵权责任一般条款的“完全条款”。

说《侵权责任法》第 6 条第 1 款是关于过错侵权责任一般条款的“不完全条款”，是因为它是关于过错侵权责任一般条款的规定，但是没有全面准确列举过错侵权责任的构成要件，仅规定了侵害行为、过错两个责任构成要件，缺乏对另外两个责任构成要件损害和因果关系的规定；② 说《民法典》第 1165 条第 1 款是关于过错侵权责任一般条款的“完全条款”，是因为它不仅是关于过错侵权责任一般条款的规定，而且全面

---

① 参见张新宝：《侵权责任法的一般条款》，载《法学研究》2001 年第 4 期。

② 参见张新宝：《民法分则侵权责任编立法问题研究》，载《中国法学》2017 年第 3 期。

准确列举规定了过错侵权责任的四个构成要件：（1）过错；（2）侵害行为；（3）损害；（4）因果关系。

2.《民法典》第1165条第1款的文义解释

对《民法典》第1165条第1款进行文义解释可以得出如下结论：

（1）这是行为人过错侵权责任的一般条款，仅规范行为人自己的责任，不规范基于特定法律关系（如监护、雇佣）而产生的对他人致害的责任。对于后者，由侵权责任编第三章“责任主体的特殊规定”加以调整。

（2）确定了过错侵权责任的四个构成要件。条文中的“过错”表达的是过错责任和过错这一构成要件。

（3）条文中的“侵害”表达的是侵害行为这一构成要件，同时对该行为作出了价值上的法定判断。一个“侵害”性质的行为，当然是被法律所否定的行为，是具有不法性的行为。第1165条第1款中的“侵害”（行为）与第1166条规定的“行为造成损害”的行为在价值判断上区别开来，法律没有对第1166条规定的“行为”作出价值判断。

（4）从构成要件的角度看，条文中的“因……他人民事权益造成损害”表达了两个要件，一是损害要件，即他人的民事权益受到损害；二是因果关系要件，即有过错的侵害行为与损害之间应当具有因果关系。“造成”二字是因果关系这一构成要件的立法表达，强调的是“侵害”（行为）与“他人民事权益损害”之间的因果关系。至于“因过错侵害”中的“因”，强调的是过错与侵害（行为）之间的内在关系，并非指向作为过错侵权责任构成要件的（侵害行为与损害之间的）因果关系。

由此可见：《民法典》规定行为人过错责任的第1165条第1款采用了法国侵权责任法的一般条款立法模式，同时吸收了德国关于过错责任的“四要件说”。这也是我国民法学界长期以来的主流观点。①

需要指出的是，法国侵权责任法的“三要件说”与德国侵权责任法的“四要件说”不存在本质区别。不同的是，德国“四要件说”将过错（内心）与行为不法性（外在）作为两个相对独立的构成要件，而法国“三要件说”则是将过错与行为作为一个整体进行考虑，认为内心的过错（故意或者过失）只有外化为行为的不法才有法律上的意义。按照两种貌似很对立的理论检视绝大多数侵权责任案件，得出的结论基本是一致的。

---

① 参见张新宝：《侵权责任法》（第4版），中国人民大学出版社2016年版，第14页；杨立新：《侵权法论》（第2版），人民法院出版社2004年版，第147页。

四、侵权行为：自己的侵害行为与准侵权行为

（一）行为人自己实施的侵害行为

自己的加害行为是指行为人自己实施的侵害他人民事权益的行为。在这一领域，法律一般强调行为人自己责任和过错责任。

从广义上实施加害行为的主体来看，加害行为包括两种：（1）行为人自己实施的加害行为；（2）由他人对其造成的损害负有赔偿等义务的人实施的“行为”（在实施者为有完全民事行为能力人时可以称为行为，而在无民事行为能力人致人损害的情况下，则不是严格意义上的行为，因为实施者没有行为能力，可称为举动或表示为加引号的“行为”），这主要是指雇员在执行雇佣工作的过程中或者为了雇主的利益实施的行为以及被监护人致人损害的情况。动物致人损害不是人的加害行为，物件的内在危险之实现造成损害（如建筑物倒塌造成人身伤害）也不是人的加害行为。

在侵权责任法理论中，一般侵权责任构成要件中的“加害行为”，仅指行为人（即某人既是行为实施者也是责任承担者的情况）所实施的加害行为（构成狭义侵权行为），而不包括雇员、被监护人等实施的加害行为，以及动物、物件致害等情况（构成准侵权行为）。

（二）准侵权行为

在准侵权行为领域，某些民事主体要对“他人的加害行为”承担侵权责任。这些民事主体承担侵权责任，首先是不以自己行为为限，其次是不以过错责任为限。对他人行为承担责任的情况通常包括：（1）雇主对雇员在执行雇佣事务过程中实施的加害行为给第三人造成的损害承担侵权责任；（2）监护人对被监护人给第三人造成的损害承担侵权责任；（3）法律规定的其他情况，如国家机关对其工作人员违法执行职务造成的损害承担侵权责任。这些侵权责任不属于“一般侵权责任”，而是法律有特别规定、不适用《民法典》第 1165 条第 1 款的侵权责任。

五、损害和因果关系概说

（一）作为侵权责任构成要件的损害

损害，即《民法典》第 1165 条第 1 款和第 1166 条规定的“造成损害”“他人民事权益损害”，是侵权责任特别是填补损失性质的侵权责任，如赔偿损失、恢复原状的构成要件，即被侵权人请求赔偿损害或者恢复原状，需要举证和证明损害之存在。

侵权责任法上的损害，是指被侵权人民事权益方面的不利后果，有些是人身性质的，有些是财产性质的，还有一些是精神或者心理层面的。由于侵权行为所生之债为法定之债，债的内容也应当是法定的。基于这样的

认识，以赔偿损失和恢复原状等方式救济的被侵权人人身、财产权益损害，也应该是法定的。

尽管《侵权责任法》和《民法典》没有直接对“损害”的种类和范围进行规定，但是通过对关联规定的解读可以认为，我国侵权责任法确认的可以通过赔偿损失或者恢复原状救济的损害包括人身损害（死亡、残疾等，《民法典》第1179条）、精神损害（《民法典》第1183条）和财产损失（《民法典》第1181条第2款、第1182条、第1184条等）三种。在汉语语境，“损害”与“损失”通常不作严格区分，但是对于财产方面的不利后果我们通常称之为“财产损失”，对于人身和精神方面的不利后果我们通常称之为“人身损害”和“精神损害”。对于损害，需要被侵权人（原告一方）进行举证和证明。在一些案件中可能只存在一种损害，而在另一些案件中可能存在两种或者多种损害，需要分别举证。

（二）作为侵权责任构成要件的因果关系

侵权责任法上的因果关系是指侵权行为（包括行为人的侵权行为和所谓的“准侵权行为”，如饲养动物致害）与被侵权人遭受的人身、财产损害之间的内在引起与被引起的联系。加害人自己的加害行为、他人（如被监护人、雇员等）的加害行为或者物之内在危险的实现（如建筑物倒塌）是损害发生的原因，受害人遭受到损害则是结果。在这样的因果关系中，内在的联系应当是客观的，而且原因发生于结果之前，原因对于结果而言是近因并符合“相当因果关系”等的检验标准。因果关系是一般侵权责任尤其是承担赔偿损失、恢复原状的侵权责任必须具备的条件。

大陆法系因果关系的主要理论包括：（1）条件说。其含义是：凡是对于损害后果之发生起重要作用的条件行为，都是该损害后果法律上的原因。条件说又分为必要条件说与充分条件说。目前多数大陆法系国家不再坚持条件说。（2）相当因果关系说。相当因果关系说也被称为充分原因说，其基本含义是：行为人必须对他的不法行为为相当条件的损害负赔偿责任，但是对于超出这一范围的损害后果不负侵权责任。相当原因必须是损害后果发生的必要条件，并且具有极大增加损害后果发生的可能性即“客观可能性”。（3）盖然因果关系说。这一理论实质上不是完整意义上的因果关系之认定理论，而仅仅是因果关系的一种证明方式。其含义是：受害人证明加害行为与损害之间存在相当程度的因果关系的可能性即达到了其证明责任的要求，然后由行为人对此进行反证。如果行为人不能证明因果关系不存在则认定因果关系存在；反之，则认定不存在因果关系。①

从英美侵权责任法上看，因果关系理论包括：（1）英美侵权责任法理论将因果关系分为“法律上的因果关系”与“事实上的因果关系”。所谓“法律上的因果关系”是指原告所主张的事实和请求与某种特定的侵权诉因之间的关系：如果符合某种侵权诉因的要求，则认为存在法律上的因果关系；如果不符合该侵权诉因的要求，则认为不存在法律上的因果关系，被侵权人即使遭受损害也得不到相关法律规则的救济。“事实上的因果关系”是指加害行为（或者还包括大陆法上的“准侵权行为”）与损害之间的客观的内在联系，与大陆法上的因果关系略同。（2）近因（proximate cause）理论是英美侵权责任法因果关系的一种理论。依有些学者的见解，近因一词大致包含了事实上的因果关系问题和可能被称为“法律上的原因”或者“应当承担责任的原因”问题两方面的内容，但是更多的是指后者。严格来说，近因方面的问题与时间和空间的远近关系不大，只是在事实上的因果关系得到确认之后才发生近因方面的问题。在法律规则要求存在一个“法律上的近因”，加害行为与损害之间存在一个公平、公正意义上的“近距离”的时候，近因一词才有意义。比如，被告驾驶的汽车撞到另一辆汽车，导致被撞的汽车脱离道路而撞倒一根电线杆，输电线被拉断，该地区的供电停止。显然，被告的过错是引起停电造成损害的事实上的原因，但是近因规则如在这一案件中被适用，被告将至少被免除部分责任。这只是由于公平的基本原理告诉我们：这些损害已经被远远地排除在过失驾驶的危险之外。②

六、过错推定的适用

（一）过错推定的含义

本条第2款是关于过错推定的规定。在适用过错责任归责原则的案件中，依照法律规定推定行为人有过错的，行为人不能证明自己没有过错的，应当承担侵权责任。本条两次使用“行为人”概念，解释上认为其含义是一样的，内涵和外延均相同，属于同语反复。理解过错推定，应当掌握以下几点：

1. 过错推定发生在适用过错责任作为归责原则的案件，也就是说过错推定的案件，行为人承担侵权责任也是以其过错作为构成要件的。只有行为人在有过错的情况下才可能构成侵权责任，没有过错就不可能构成侵权责任。

---

① 参见刘士国：《论侵权责任中的因果关系》，载《法学研究》1992年第2期。

② 参见 Edward J. Kionka，*Torts*（West Nutshell Series），法律出版社1999年版，第77页。

2. 哪些案件适用过错推定，由法律加以规定而不是由法官依审判职权裁量决定，更不是由当事人的选择确定。法律在规定“过错推定”时常常采用如下方法：（1）直接规定过错推定，规定“不能证明自己没有过错的，应当承担侵权责任”（如本条第2款）。（2）规定“但是，能够证明尽到×××职责的，不承担侵权责任”（如《民法典》第1199条、第1248条）。（3）规定“不能证明自己没有过错的，应当承担侵权责任”（如《民法典》第1253条、第1255条等）。

3. 法律推定行为人有过错，这样就免去了被侵权人（原告一方）对行为人的过错进行举证和证明的责任。在过错推定的情况下，行为人（被告一方）如果能够举证和证明自己没有过错则无需承担侵权责任；如果不能证明自己没有过错则应当在同时具备侵权责任构成的其他要件（侵害行为、损害、因果关系）的情况下，承担侵权责任。

4. 行为人证明自己没有过错，所应达到的证明程度是：（1）没有致害的故意；（2）不存在疏忽或者轻信的过失，即达到了法定的注意程度或者一个理性人在相同条件下应当对被侵权人人身和财产安全的注意程度。

（二）过错推定对被侵权人倾斜保护的价值取向

1. 举证责任的倒置

一般情况下，按照“谁主张，谁举证”的原理，被侵权人主张行为人（被告一方）承担侵权责任，就负有对侵权责任所有构成要件（包括行为人的过错）的举证责任。在过错推定的情况下，由于法律推定行为人有过错，免去了被侵权人（原告一方）对此部分的举证负担，有利于其进行诉讼。过错推定将证明没有过错的举证责任分配给行为人（被告一方），加重了其举证负担。

2. 责任认定上对被侵权人的倾斜保护

对于一些案件，被侵权人（原告一方）证明行为人有过错比较困难，而行为人（被告一方）证明自己没有过错也比较困难。如果按照过错责任原则的一般规定（本条第1款）处理，将会因为缺乏过错要件而判定侵权责任不构成，原告败诉；如果按照过错推定，则由于行为人（被告一方）不能证明自己没有过错而认定其“有过错”，结合具备其他构成要件的情况，而判决其承担侵权责任。因此，在难以证明过错存在也难以否认过错存在的情况下，如果适用过错推定，则有利于被侵权人获得胜诉判决。

过错推定从诉讼程序上的举证责任到实体责任的判断都有利于被侵权人，从而在过错责任领域通过举证责任分配倒置这样一种技术安排实现对被侵权人倾斜保护的价值取向。

（三）过错推定的适用范围

过错推定的适用范围由法律直接规定。我国侵权责任法规定的过错推定适用的案件包括：（1）在无民事行为能力人受到人身损害的案件中，幼儿园、学校或者其他教育机构被推定有过错（《民法典》第1199条）。（2）动物园饲养的动物致人损害的，推定动物园有过错未尽到管理职责（《民法典》第1248条）。（3）在建筑物和物件致人损害的案件中，推定所有人、管理人等有过错（参见《民法典》侵权责任编第十章）。此外，对于法律是否规定了医疗损害责任的过错推定（《民法典》第1222条），解释上存在争议。

七、侵权责任与侵权责任方式概述

本条第1款和第2款都出现了“侵权责任”的字样。法律责任包括刑事法律责任、行政法律责任和民事法律责任。所谓侵权责任，是民事法律责任之一种，是指侵权人依法应当承担的人身性质或者财产性质的不利法律后果。

《民法典》第179条对民事责任方式集中进行了规定，包括：“（一）停止侵害；（二）排除妨碍；（三）消除危险；（四）返还财产；（五）恢复原状；（六）修理、重作、更换；（七）继续履行；（八）赔偿损失；（九）支付违约金；（十）消除影响、恢复名誉；（十一）赔礼道歉。法律规定惩罚性赔偿的，依照其规定。”

上述民事责任方式，有些是属于人身性质的，如“（十）消除影响、恢复名誉”和“（十一）赔礼道歉”；而大多数是属于财产性质的。有些是专属于侵权责任的，有些是专属于违约责任的，还有一些同时适用于违约责任和侵权责任。在适用于侵权的责任方式中，有些是预防性的，如“（一）停止侵害”“（二）排除妨碍”和“（三）消除危险”，有些则属于填补损失性质的，如“（五）恢复原状”“（八）赔偿损失”“（十）消除影响、恢复名誉”“（十一）赔礼道歉”。停止侵害、排除妨碍、消除危险和返还财产（原物），也是物权法中物权（物上）请求权的内容。

各种侵权责任方式，依案件的具体情况可以单独适用也可以合并适用。

此外，法律规定惩罚性赔偿的，侵权人应依照其规定承担惩罚性赔偿责任。我国《民法典》以下条文规定了惩罚性赔偿：

第1185条规定：“故意侵害他人知识产权，情节严重的，被侵权人有权请求相应的惩罚性赔偿。”第1207条规定：“明知产品存在缺陷仍然生产、销售，或者没有依据前条规定采取有效补救措施，造成他人死亡或者健康严重损害的，被侵权人有权请求相应的惩罚性赔偿。”第1232条规定：“侵权人违反法律规定故意污染环境、破坏生态造成严重后果的，被侵权人有权请求相应的惩罚性赔偿。”

在单行法中也有关于惩罚性赔偿的规定，如《食品安全法》第122条规定：“违反本法规定，未取得食品生产经营许可从事食品生产经营活动，或者未取得食品添加剂生产许可从事食品添加剂生产活动的，由县级以上人民政府食品安全监督管理部门没收违法所得和违法生产经营的食品、食品添加剂以及用于违法生产经营的工具、设备、原料等物品；违法生产经营的食品、食品添加剂货值金额不足一万元的，并处五万元以上十万元以下罚款；货值金额一万元以上的，并处货值金额十倍以上二十倍以下罚款。明知从事前款规定的违法行为，仍为其提供生产经营场所或者其他条件的，由县级以上人民政府食品安全监督管理部门责令停止违法行为，没收违法所得，并处五万元以上十万元以下罚款；使消费者的合法权益受到损害的，应当与食品、食品添加剂生产经营者承担连带责任。”此外，《消费者权益保护法》第55条、《劳动合同法》第82条、《最高人民法院关于审理商品房买卖合同纠纷案件适用法律若干问题的解释》第8条、第9条、第14条也都有关于惩罚性赔偿的规定。

赔偿损失和恢复原状为填补损失性质的两种基本的侵权责任方式。传统上，大陆法系强调恢复原状的侵权责任方式之适用，而英美法系侵权责任法则更推崇赔偿损失的侵权责任方式。我国法律没有对哪一种优先适用作出规定。但是，在市场经济条件下，赔偿损失的侵权责任方式具有更广泛的适用性，似乎应当作为首选的侵权责任方式用以救济被侵权人填补其遭受的损失。

【关联规定】

《侵权责任法》（2021年1月1日废止）

第六条 行为人因过错侵害他人民事权益，应当承担侵权责任。

根据法律规定推定行为人有过错，行为人不能证明自己没有过错的，应当承担侵权责任。

第十五条 承担侵权责任的方式主要有：

（一）停止侵害；

（二）排除妨碍；

（三）消除危险；

（四）返还财产；

（五）恢复原状；

（六）赔偿损失；

（七）赔礼道歉；
（八）消除影响、恢复名誉。
以上承担侵权责任的方式，可以单独适用，也可以合并适用。

《民法典》

第一百七十九条　承担民事责任的方式主要有：
（一）停止侵害；
（二）排除妨碍；
（三）消除危险；
（四）返还财产；
（五）恢复原状；
（六）修理、重作、更换；
（七）继续履行；
（八）赔偿损失；
（九）支付违约金；
（十）消除影响、恢复名誉；
（十一）赔礼道歉。
法律规定惩罚性赔偿的，依照其规定。
本条规定的承担民事责任的方式，可以单独适用，也可以合并适用。

第一千一百六十六条　【无过错责任】行为人造成他人民事权益损害，不论行为人有无过错，法律规定应当承担侵权责任的，依照其规定。

【条文主旨】

本条是关于无过错责任的一般规定。

【核心概念】

无过错责任

无过错责任是指不以行为人过错为构成要件的侵权责任。关于无过错责任的适用范围（即无过错责任的类型）由法律明确规定。

【理解与适用】

一、无过错责任概述

（一）无过错责任的含义

所谓无过错责任，是指在确定行为人承担侵权责任时，不考虑其主观上有无过错，只要其行为损害了他人的民事权益，法律规定应当承担侵权责任的，就依据法律的规定承担侵权责任。这里的“无过错”不是实际上没有过错，而是指在责任的构成上不以过错为要件，承担责任的依据或者基础不是过错，而是法律的直接规定。本条两次使用“行为人”概念，在解释上可认为其含义是一样的，内涵和外延均相同，属于同语反复。

我国侵权责任法将过错责任原则规定为承担侵权责任的基本归责原则，将无过错责任原则规定为补充的或者说例外的承担侵权责任的归责原则。前者是普遍适用的归责原则，后者是例外的或者说其适用是需要法律特别加以规定的归责原则。

（二）适用无过错责任原则的侵权责任之构成要件

1. 责任构成的三要件

在适用无过错责任归责原则确定行为人侵权责任的案件中，侵权责任的构成要件只有三个：行为人的（致害）行为、被侵权人遭受的损害以及二者之间的因果关系。过错不是侵权责任的构成要件，行为人承担侵权责任的道义和伦理上的正当性，不是建立在其有可归责的不良心理状态之上，而是由法律直接加以规定。

2. 法律不对行为进行概括的否定性评价

在过错侵权中，法律将“侵害（行为）”作为侵权责任的构成要件之一。具有侵害性的行为，无疑是在法律上被否定的行为（unlawfulness），是不法行为。而于无过错侵权责任的案件，法律在规定构成要件时没有强调行为人的行为具有“侵害”性，只是规定其行为造成损害（《民法典》第1166条）或者其行为损害他人的民事权益（《侵权责任法》第7条）。也就是说，在无过错责任案件中，行为人的行为并不当然获得法律上的否定评价。比如，高度危险作业，即使造成损害应当承担侵权责任，其行为也是合法的，是社会所需要的。因此，即使是行为人因为适用无过错责任的归责原则承担侵权责任，也不意味着相关个人或者组织必然承担行政法律责任或者其他法律责任。

（三）无过错责任原则对被侵权人倾斜保护的价值取向

1. 对被侵权人的倾斜保护

在无过错责任案件中，被侵权人一方无需对行为人的过错加以举证和证明，这就减轻了原告一方的举证责任，使得其诉讼请求（被告承担侵权责任）更容易实现。在这样的案件中，被告不得通过证明自己无过错、没有故意或者过失而主张不承担侵权责任，使得其免于承担侵权责任更加困难。由于不要求行为人的过错，使得具备责任构成变得相对容易，逃脱责任变得相对困难，这样的立法实际在利益平衡上作出了有利于被侵权人一方的倾斜。这是无过错责任原则的价值之所在。

2. 不同于古代法的结果责任

近代以来的无过错责任原则不同于古代法的结果责任或者说客观责任：（1）它是作为对过错责任原则之补充而存在的，而不是一切侵权责任的归责原则。也就是说，过错责任仍然是侵权责任的一般构成原则，行为人的过错仍然是侵权责任的构成要件。这就在整体上坚守了侵权责任法对行为人行为自由的保护，不会动辄得咎——对意志以外的损害承担严苛的责任。（2）法律之所以确定无过错责任原则作为补充的归责原则，旨在对特定类型侵权案件中的被侵权人提供救济。在这样的案件中，被侵权人往往在经济状况、信息获取、避险能力等方面处于劣势，这种制度安排导致的倾斜保护更能体现实质公平正义的价值取向。（3）为了避免无过错责任归责原则可能带来的副作用，法律作出了一些特别的安排，如限制最高赔偿金额、限制惩罚性赔偿的适用、被侵权人故意导致免责、被侵权人过失导致减轻责任等。

二、无过错责任原则的归责基础

（一）行为人的“无过错”状态不是归责的基础

过错责任以过错（故意或者过失）作为行为人承担侵权责任的道义和伦理基础，从而使得其承担侵权责任具有正义性，符合公平原则的要求。无过错责任原则对行为人进行归责，不以过错为基础，过错不是责任的构成要件。但是“无过错”只是不考虑过错，即使实际上行为人“无过错”也只是一种状态描述，不可能成为归责（强制行为人承担侵权责任）的道义和伦理基础。如果将“无过错”状态作为归责的基础，既不符合法律逻辑的要求，也缺乏侵权责任在道义和伦理上的争议性。因此，无过错责任原则的归责基础不是行为人的“无过错”状态，而应该是这种状态背后的其他因素。

（二）高度危险是承担无过错责任的基础

危险普遍存在，人们的任何行为都包含着潜在的对他人的人身和财产的危险。这样的危险一般是可控的，在行为人履行一个理性人的注意义务情况下是可以避免的。但是，如果某人的行为对他人的人身和财产包含着潜在的高度危险，这样的危险即使行为人尽到了一个理性人的注意义务也不可避免，而该行为又是社会生活所不可或缺的，则法律需要采取过错责任之外的对策。

从近现代无过错责任的产生和比较法的角度看，超出常态的高度危险是承担无过错责任的基础。高空高压等高度危险作业及高速运输工具致人损害、工业产品因缺陷致人损害、饲养动物致人损害以及污染环境致人损害，往往承担无过错责任。这些类型的“作业”，其对他人造成损害的危险性远远大于其他类型的人类生产活动。任何人“保有”高度危险，包括制造了某项高度危险或者将某项高度危险带入人类社会，就要对该项高度危险造成的损害承担无过错责任。“保有”的判断标准为对该高度危险的控制力：有控制力者为保有者，是否为所有者并不重要，是否为合法占有者也不重要。

三、无过错责任的适用范围

（一）无过错责任的适用范围法定

作为侵权责任的归责原则，无过错责任的适用范围由法律加以规定。凡是法律没有规定适用无过错责任原则的侵权案件，均不适用无过错责任原则；只有法律规定适用无过错责任原则的侵权案件，才适用无过错责任原则。因此，无过错责任原则的适用范围，是法律确定的事项，不是行政法规确定的事项，也不是司法解释确定的事项，更不是在具体案件审判中法官的裁量事项或者当事人任意选择的事项。

（二）无过错责任适用于五种侵权行为（准侵权行为）和两种特殊责任主体

我国《民法典》和相关法律对无过错责任原则的适用范围作出了明确规定。以下五类侵权行为或者准侵权行为适用无过错责任原则：（1）产品责任案件；（2）机动车交通事故责任中，机动车一方对行人、非机动车造成损害的案件；（3）环境污染和生态破坏责任案件；（4）高度危险责任案件；（5）饲养动物损害责任案件（动物园除外）。

此外，法律对两类特殊责任主体就他人造成的损害承担无过错责任作出了规定：（1）监护人对无行为能力、限制行为能力的被监护人造成他人损害的，承担无过错责任（《民法典》第1188条第1款）；（2）雇主（用人单位、接受劳务的个人）对雇员（工作人员、提供劳务的个人）在执行雇佣事务（工作任务、提供劳务）中造成他人损害的承担无过错责任（《民法典》第1191条第1款、第1192条第1款）。

【关联规定】

《侵权责任法》（2021年1月1日废止）

第七条　行为人损害他人民事权益，不论行为人有无过错，法律规定应当承担侵权责任的，依照其规定。

第一千一百六十七条　【危及他人人身、财产安全的责任承担方式】侵权行为危及他人人身、财产安全的，被侵权人有权请求侵权人承担停止侵害、排除妨碍、消除危险等侵权责任。

【条文主旨】

本条是关于停止侵害、排除妨碍、消除危险等侵权责任方式适用的规定。

【核心概念】

停止侵害

停止侵害，是指被侵权人的人身权益、财产遭受不法侵害的情况下，被侵权人有权请求侵权人停止正在实施的侵权行为的一种侵权责任方式。被请求的侵权人依被侵权人的请求，应当停止正在实施的侵害行为。侵权人拒不停止侵害的，被侵权人可请求人民法院强制执行。法院颁布某些种类的“禁令”，属于强制执行停止侵害的侵权责任方式。停止侵害的侵权责任方式之适用，能够预防损害的发生或者防止损害的扩大。

排除妨碍

排除妨碍也称为“排除妨害”，是指被侵权人的人身权益、财产权益的享有或者行使受到他人不法妨碍的情况下，被侵权人有权请求侵权人以积极方式除去对被侵权人的人身权益、财产权益构成妨碍的各种有形或者无形的情形，以确保被侵权人享有权利和行使权利不受妨碍的一种侵权责任方式。侵权人拒不排除妨碍的，被侵权人可请求人民法院强制执行。排除妨碍侵权责任方式的适用，能够确保被侵权人享有和正常行使特定的民事权利和合法权益，预防损害的发生或者防止损害的扩大。

消除危险

消除危险，是指被侵权人的人身、财产受到现实威胁的情况下，被侵权人有权请求侵权人消除此等危险的一种侵权责任方式。侵权人拒不消除危险的，被侵权人可请求人民法院强制执行。消除危险的侵权责任方式之适用，能够预防损害的发生或者防止损害的扩大。

【理解与适用】

一、三种预防损害发生或者防止损害扩大的侵权责任方式

本条规定了停止侵害、排除妨碍、消除危险三种预防损害发生或者防止损害扩大性质侵权责任方式的适用。我国法律规定了较多种类的侵权责任方式，有些是填补损失性质的，有些是预防损害发生或者防止损害扩大性质的。本法第 1165 条和第 1166 条主要规定的是填补损害性质责任方式（恢复原状、赔偿损失等）的构成要件。当然，如果符合填补损害性质责任方式的构成要件，一般也就当然满足预防损害发生或者防止损害扩大性质侵权责任方式构成要件的要求。

二、适用条件与构成要件

（一）适用条件

本条规定的三种侵权责任方式，适用于正在发生的侵害、已经构成并现实存在的妨碍或者已经构成并现实存在的危险。对于过去曾经发生但是已经完成或者消失的侵害事实、妨碍状态或者危险情况，不适用这三种侵权责任方式。但是，侵害、妨碍或者危险已经造成损害的，被侵权人可以适用赔偿损失、恢复原状等侵权责任方式。

（二）构成要件

侵权人承担停止侵害、排除妨碍、消除危险三种侵权责任，不以主观上具有故意或者过失为构成要件，其为故意或者过失甚至有无过错在所不问。侵权人承担着三种侵权责任，也不要求发生了实际的损害后果。只要侵害正在进行、妨害状态现实存在或者民事权利或合法权益受到现实威胁，被侵权人就有权请求侵权人承担此等侵权责任。

法律规定侵权人承担此等侵权责任不需要其有过错也不需要发生了实际的损害后果，是基于以下理由：（1）本质上，停止侵害、排除妨碍、消除危险也是权利人的绝对权利派生出来的物权（物上）请求权或者人格权请求权，[①] 以保护绝对权为本旨；（2）侵权人承担此等侵权责任，并不需要为积极的给付而损失金钱，而只是停止不法行为、消除其所造成的不正常妨碍和危险状况。

三、与其他侵权责任方式的合并适用

侵权人承担停止侵害、排除妨碍、消除危险之侵权责任解决现实的问题，即预防损害的发生或者防止损失的进一步扩大，对于已经造成的损失无法通过这样的侵权责任方式救济被侵权人。因此，在侵害行为、妨碍事实或者危险状态已经造成了实际损失的情况下，被侵权人除了可以依法请求侵权人承担停止侵害、排除妨碍、消除危险的侵权责任外，还当然有权请求被侵权人承担赔偿损失、恢复原状等填补损失性质的侵权责任。

【关联规定】

《侵权责任法》（2021 年 1 月 1 日废止）

第二十一条　侵权行为危及他人人身、财产安全的，被侵权人可以请求侵权人承担停止侵害、排除妨碍、消除危险等侵权责任。

第一千一百六十八条　【共同侵权】二人以上共同实施侵权行为，造成他人损害的，应当承担连带责任。

【条文主旨】

本条是关于二人以上共同实施侵权行为造成他人损害应当承担连带责任的规定。

---

① 参见王利明：《论人格权请求权与侵权损害赔偿请求权的分离》，载《中国法学》2019 年第 1 期；参见王轶：《物权请求权与诉讼时效制度的适用》，载《当代法学》2006 年第 1 期。

【核心概念】

连带责任

连带责任即连带的侵权责任，是指数个侵权责任人对同一损害后果负有共同的和分别的责任。连带责任的内容一般为赔偿损失，偶有恢复原状。连带责任的基本含义是，全体共同侵权行为人对被侵权人在整体上负有不可分割的全部赔偿责任，而且每一个侵权人都负有全部赔偿的责任。

【理解与适用】

一、“共同实施侵权行为”的理解

（一）关联规定分析

本条规定与2021年1月1日废止的《侵权责任法》第8条完全相同。此外，《最高人民法院关于审理人身损害赔偿案件适用法律若干问题的解释》第3条对共同侵权的连带责任问题也作出了规定。在讨论这一问题时，需要同时考虑《民法典》第1171条后半段和《侵权责任法》第12条后半段的规定。

共同侵权行为，首先是侵权行为，其构成需要符合侵权行为的全部要件。共同侵权行为的所有侵权行为人应当承担连带的侵权责任，对此并无理论或者立法例上的分歧。但是，对于“共同侵权行为”之构成，立法例和学理上却有两种不同意见：（1）主观说。主观说也称为意思说，认为共同侵权行为之构成需要有数个侵权人主观上共同的故意或者共同的过失之主观要件。（2）客观说。客观说也称为行为关联说，认为共同侵权行为之构成不需要数个侵权人主观上共同的故意或者共同的过失，仅仅需要客观上其行为的相互联系，特别是在作为引起损害发生的原因上不可分割作为一个整体发生作用，即构成共同侵权行为。

《民法通则》仅规定“二人以上共同侵权造成他人损害的，应当承担连带责任”，没有在立法上对主观说或者客观说进行选择，将这一问题留给了司法解释和理论研究。

前述《最高人民法院关于审理人身损害赔偿案件适用法律若干问题的解释》第3条在确认共同故意和共同过失构成共同侵权承担连带责任的同时，也规定了“虽无共同故意、共同过失，但其侵害行为直接结合发生同一损害后果的，构成共同侵权”。实际上这一规定采用了客观说即行为关联说：没有共同的故意或者过失，但是行为密切关联直接结合为不可分割的致害原因的，也构成共同侵权行为。

《侵权责任法》第 8 条和《民法典》第 1168 条对共同侵权行为之规定，与《民法通则》第 130 条的规定相比在措辞上有变化，表述为“共同实施侵权行为”。由于“实施”在文义上提出理解为积极行为，这就排除了一些情况：全体侵权人消极不作为行为不构成共同侵权行为；有的侵权人实施积极的侵权行为，有的侵权人消极不作为（如不履行相关的安全保障义务）也不构成共同侵权行为。

（二）基于“主观说”对“共同实施侵权行为”的理解

主观说与客观说在判断某种情况是否构成共同侵权行为时的一个根本区别在于：当多个侵权人分别实施的行为密切关联，构成引起损害后果不可分割的原因时，是否确认这些侵权人的行为构成共同侵权行为进而数人承担连带责任。如果确认此等情况构成共同侵权行为进而数人承担连带责任，则属于客观说或者行为关联说；反之，则属于主观说或者意思说。由于《民法典》第 1168 条规定了“共同实施侵权行为”，第 1172 条后半段又规定“难以确定责任大小的，平均承担责任”而不是承担连带责任，故而我们比较倾向于认为自《侵权责任法》到《民法典》，我国立法在共同侵权行为构成上选择了主观说或者意思说。

因此，二人以上共同实施侵权行为构成共同侵权承担连带责任。“共同实施侵权行为”是指具有共同故意或者共同过失的积极侵权行为，不包括部分或者全体的消极侵权行为。分别实施的侵权行为，无论是否分得清责任大小（即各人行为所起作用大小），均不构成共同侵权行为。

二、连带责任的适用

（一）连带责任的外部关系

将被侵权人作为一方，将全体共同侵权人作为另一方，构成连带责任的外部关系。在这种外部关系中，被侵权人有权请求全体共同侵权人作为一个整体承担全部赔偿责任，也可以请求其中部分共同侵权人承担全部赔偿责任。被请求的全体侵权人依请求承担全部赔偿责任，被请求的部分共同侵权人也依请求承担全部赔偿责任。无论是全体共同侵权人还是部分共同侵权人，承担了赔偿责任，就是所有共同侵权人承担了该赔偿责任。被侵权人不得再向其他共同侵权人求偿。

（二）连带责任的内部关系

将各共同侵权人之间的关系界定为连带责任的内部关系。在这种内部关系中，超过自己份额向被侵权人承担了赔偿责任的共同侵权人，有权就超出的部分向其他未承担赔偿责任或者未足额承担赔偿责任的共同侵权人追偿（参见《民法典》第178条第2款）。

共同侵权人各自应当承担的赔偿份额，可以由其协商确定。不能协商确定的，按份平均承担。如发生争议，法院也可以在按份平均承担的基础上适当考虑过错程度、原因力大小以及赔偿能力等因素加以调整。

（三）外部关系决定内部关系

在连带责任的“外部关系”和“内部关系”的关系中，前者决定后者，后者受制于前者。在承担对被侵权人的赔偿责任时，不应考虑内部责任分担和追偿问题。各共同侵权行为人不得推诿，不得以超过自己应当承担的份额而拒绝承担责任或者拒绝承担全部赔偿责任。在处理外部关系阶段，法院不宜依职权对各共同侵权人应当承担的赔偿份额进行分配。

在承担了对被侵权人的连带责任之后，各共同侵权人可以协商各自应当承担的份额，不能协商确定的可以请求法院裁判，然后进行结算、追偿。

【关联规定】

《民法典》

第一百七十八条 二人以上依法承担连带责任的，权利人有权请求部分或者全部连带责任人承担责任。

连带责任人的责任份额根据各自责任大小确定；难以确定责任大小的，平均承担责任。实际承担责任超过自己责任份额的连带责任人，有权向其他连带责任人追偿。

连带责任，由法律规定或者当事人约定。

《民法通则》（2021年1月1日废止）

第一百三十条 二人以上共同侵权造成他人损害的，应当承担连带责任。

《侵权责任法》（2021年1月1日废止）

第八条 二人以上共同实施侵权行为，造成他人损害的，应当承担连带责任。

《最高人民法院关于审理人身损害赔偿案件适用法律若干问题的解释》①

第三条第一款 二人以上共同故意或者共同过失致人损害，或者虽无

① 本司法解释中部分内容与《民法典》规定抵触，笔者认为相应内容将会失效。

共同故意、共同过失，但其侵害行为直接结合发生同一损害后果的，构成共同侵权，应当依照民法通则第一百三十条规定承担连带责任。

第一千一百六十九条　【教唆侵权、帮助侵权】 教唆、帮助他人实施侵权行为的，应当与行为人承担连带责任。

教唆、帮助无民事行为能力人、限制民事行为能力人实施侵权行为的，应当承担侵权责任；该无民事行为能力人、限制民事行为能力人的监护人未尽到监护职责的，应当承担相应的责任。

【条文主旨】

本条有两款。第1款是关于教唆、帮助他人实施侵权行为应当与行为人一起承担连带责任的规定。第2款是关于教唆、帮助无民事行为能力人、限制民事行为能力人实施侵权行为之侵权责任的规定。

【核心概念】

教唆

教唆是指鼓动、唆使、策划他人实施侵权行为，其所侧重的是对行为人意志方面的影响。

帮助

帮助是指给行为人提供必要的物质条件或者辅助、协助，使其能够完成侵权行为，其所侧重的是完成侵权行为的外在条件方面。

【理解与适用】

一、教唆者、帮助者与行为人一起承担连带责任

（一）法律规定的变迁

《民法通则》没有对教唆、帮助他人实施侵权行为者的侵权责任作出规定。但是1988年颁布的最高人民法院《关于贯彻执行〈中华人民共和国民法通则〉若干问题的意见（试行）》第148条第1款对此作出了规定：

“教唆、帮助他人实施侵权行为的人，为共同侵权人，应当承担连带民事责任。”《侵权责任法》第9条第1款规定：“教唆、帮助他人实施侵权行为的，应当与行为人承担连带责任。”《民法典》第1169条第1款沿袭了这一规定，这一款规定的教唆者、帮助者、被教唆者、被帮助者，均为一般民事主体，可以是自然人、法人和非法人组织。

（二）教唆者、帮助者的连带责任

法律规定，教唆、帮助他人实施侵权行为的，教唆者、帮助者与实施侵权行为的行为人一起承担连带的侵权责任。教唆者、帮助者为成年人，被教唆者、被帮助者也为成年人的，适用本条第1款规定承担连带责任。依据本款的法律精神，教唆者、帮助者为未成年人，被教唆者、被帮助者也是未成年人的，同样一起承担连带责任。未成年人教唆或帮助成年人实施侵权行为致人损害的，原则上也应一起承担连带责任。

二、教唆、帮助无民事行为能力人、限制民事行为能力人实施侵权行为的责任

（一）教唆、帮助无民事行为能力人、限制民事行为能力人实施侵权行为的责任

本条第2款规定，教唆、帮助无民事行为能力人、限制民事行为能力人实施侵权行为的，应当承担侵权责任。这一规定尽管字面提及无民事行为能力和限制民事行为能力，但是不因被教唆者、被帮助者的民事行为能力差别（无行为能力人、限制行为能力人）而对教唆者、帮助者的侵权责任作出区别规定，即无论是教唆、帮助无民事行为能力人还是限制民事行为能力人，教唆者、帮助者都是独立承担全部责任。这与最高人民法院《关于贯彻执行〈中华人民共和国民法通则〉若干问题的意见（试行）》第148条第2款和第3款的规定不同。后者因与《民法典》规定抵触，应当失效。

需要指出的是，本条对教唆者、帮助者的行为能力方面没有作出特殊的规定，应当理解为具有完全民事行为能力的自然人、法人和非法人组织。只有在民事行为能力对责任的构成或者承担方面有影响，法律才会对不同民事行为能力作出规定，否则应理解为完全民事行为能力。

（二）监护人未尽到监护职责的相应责任

1. 监护人责任的例外规定

一般情况下，具有完全民事行为能力人、法人或非法人组织教唆、帮助无民事行为能力人、限制民事行为能力人实施侵权行为，应由教唆者、帮助者承担全部侵权责任，被教唆、被帮助的无民事行为能力人、限制民

事行为能力人即使实施了侵权行为也不承担侵权责任。但是，本条第 2 款规定了特殊的除外情况，即如果该无民事行为能力人、限制民事行为能力人的监护人未尽到监护职责的，应当承担相应的责任。

2. “未尽到监护职责”的判断

《民法典》第 26 条规定，父母对未成年子女负有抚养、教育和保护的义务。第 34 条规定，监护人的职责是代理被监护人实施民事法律行为，保护被监护人的人身权利、财产权利以及其他合法权益等。监护人不履行监护职责或者侵害被监护人合法权益的，应当承担法律责任。

本条第 2 款所规定的监护人“未尽到监护职责”是指监护人没有履行法律规定的抚养、教育和保护义务，特别是疏于管教，使得被监护的未成年人养成恶习。于此等情形，被监护人更容易被教唆、被帮助实施侵权行为。因此，法律规定未尽到监护职责的监护人应当承担相应的责任。

3. “相应的责任”的确定

理解本条第 2 款所称“相应的责任”应当把握以下几个方面：(1) 相应的责任不是代替或者免除教唆者、帮助者的责任，只是将部分责任分配给未尽到监护职责的监护人，分配的通常是“小部分”而不是“大部分”。(2) 所谓“相应”，是指分配的责任份额大小，与监护人的失职程度相适应，与未成年人在实施侵权行为中的过错程度、行为的作用大小以及独立作出判断的几率等相适应。

【关联规定】

《侵权责任法》(2021 年 1 月 1 日废止)

第九条 教唆、帮助他人实施侵权行为的，应当与行为人承担连带责任。

教唆、帮助无民事行为能力人、限制民事行为能力人实施侵权行为的，应当承担侵权责任；该无民事行为能力人、限制民事行为能力人的监护人未尽到监护责任的，应当承担相应的责任。

《最高人民法院关于贯彻执行〈中华人民共和国民法通则〉若干问题的意见（试行）》

148. 教唆、帮助他人实施侵权行为的人，为共同侵权人，应当承担连带民事责任。

教唆、帮助无民事行为能力人实施侵权行为的人，为侵权人，应当承担民事责任。

教唆、帮助限制民事行为能力人实施侵权行为的人，为共同侵权人，应当承担主要民事责任。①

第一千一百七十条 【共同危险行为】 二人以上实施危及他人人身、财产安全的行为，其中一人或者数人的行为造成他人损害，能够确定具体侵权人的，由侵权人承担责任；不能确定具体侵权人的，行为人承担连带责任。

【条文主旨】

本条是关于共同危险行为人侵权责任之承担的规定。

【核心概念】

共同危险行为

共同危险行为，是指二人以上的行为人每一个人都分别实施了危及他人人身、财产安全的行为，每个行为人的行为都足以导致损害的发生，但是往往不能确定到底是哪些行为人的危险行为造成了损害。

【理解与适用】

一、共同危险行为解析

（一）共同危险行为的基本法律特征

共同危险行为具有如下基本法律特征：（1）每一个行为人的行为都具有危险性，危及他人的人身、财产安全。（2）每一个行为人的行为都是积极的作为行为，都是“侵害”性行为，具有不法性，在法律上均得到否定的价值判断。（3）每一个行为人的行为在危险的种类和危险的内容上均是相同或者相似的。对他人人身、财产安全不具有危险性的行为，不构成共同危险行为；不同种类、不同性质、不同内容的数个行为人的行为，不构成共同危险行为；消极不作为行为不构成共同危险行为；部分行为人的积极作为行为，部分人的消极不作为行为不构成共同危险行为。（4）分别过

---

① 本条因与《民法典》规定抵触，笔者认为将会失效。

错。二人以上的行为人实施共同危险行为，不要求他们之间有共同故意或者意思上的联络，但是每个人都分别有过失，知道或者应当知道自己的行为危及他人的人身、财产安全，存在造成损害的较大几率。

（二）常见案例

常被举例的共同危险行为是所谓“打猎案”的情形。

两个猎人几乎同时向同一方向开枪，结果打死的不是一头鹿，而是被野草遮挡着的牧羊人。经过检验，认定只有一颗子弹射中牧羊人并致死，但是无法查明到底是哪一个行为人射中的。在这样的案件中，两个猎人都分别实施了危及牧羊人生命的危险行为，都是积极行为，都具有侵害性，在法律上得到否定的价值评价。两人的行为就危险而言在种类、性质、内容上是相同的。

而在实际生活中，共同危险行为致人损害的情况也是时有发生的。比如，两个行为人在马路边燃放鞭炮，炸瞎路人的眼睛。经过检验，只有一小片纸屑进入被侵权人眼球并导致失明，但是无法查明到底是哪一个行为人燃放的鞭炮炸伤了被侵权人。在这样的案件中，两个行为人都分别实施了危及他人生命、健康安全的积极行为，都是积极的侵害行为，在法律上得到否定的价值评价，两人的行为就危险而言在种类、性质、内容上是相同的。

（三）致害原因不能完全确定

法律之所以将共同危险行为致害的侵权责任作为专门事项加以规定，是因为在此等侵权案件中尽管被侵权人遭受的损害是明确和确定的，但是致害的原因往往不能完全确定：每一个共同危险行为人的危险行为都可能导致损害，但是难以完全准确认定到底是哪一个行为人的危险行为导致了损害。

法律设置共同危险行为致害的侵权责任之制，一方面，督促查明案件真相以确定具体的侵权人进而对其进行归责，以救济被侵权人遭受的损害同时避免行为未致害者承担责任。另一方面，即使无法查明具体侵权人也可通过连带责任对被侵权人予以救济。对于后者，实际上是对致害原因进行一种法律上的推定——推定全部危险行为人的危险行为都是致害原因。

二、具体侵权人单独承担全部责任

（一）具体侵权人单独承担全部责任的规则

有些共同危险行为致人损害的侵权案件，在诉讼中能够查明具体侵权人，确认其中一人或者部分人的危险行为造成损害，而其他人的危险行为没有造成损害。在此情形下，法律规定由造成损害的具体侵权人单独承担全部责任；其他人尽管也实施了危险行为但是不承担责任。

（二）具体侵权人的确定方法与效果

确定具体侵权行为人的方法，因实施共同危险行为的人数不同而有所差别。在二人实施共同危险行为的情况下，如果能证明其中一人的危险行为造成了损害，则该行为人就是具体的侵权人，依法由其单独承担全部侵权责任，另一个共同危险行为人不承担侵权责任。同样是在这样的案件中，如果能证明其中一人的危险行为没有造成损害，则该行为人无须承担责任。进而推定另一个危险行为实施者造成了损害，是具体的侵权行为人，依据本条规定单独承担全部责任。

在共同危险行为人为三人或者三人以上之情形，如果能证明其中一人的危险行为造成了损害，则该行为人就是具体的侵权人，依法由其单独承担全部侵权责任，其他共同危险行为人（二人或者二人以上）不承担侵权责任。同样是在这样的案件中，如果能证明其中一人的危险行为没有造成损害，该行为人是否应当免于承担侵权责任呢？从比较法的情况看，外国大多规定该行为人无须承担责任，《最高人民法院关于审理人身损害赔偿案件适用法律若干问题的解释》也采纳了这一理论观点。但是，从我国法律规定特别是本条的措辞“不能确定具体侵权人的，行为人承担连带责任”来看，在三个或者三个以上共同危险行为人的案件中，其中部分人证明自己不是具体侵权行为人，只要剩余的共同危险行为人为二人或者二人以上，具体的侵权行为人没有完全确定，就不能免除该行为人的侵权责任，而是要依据本条规定与其他共同危险行为人一起对被侵权人的损害承担连带责任。

三、全体共同危险行为人承担连带责任

（一）不能确定具体侵权人的由全体或剩余的共同危险行为人承担连带责任

无论是在二人共同实施危险行为致人损害的案件中，还是在更多人实施共同危险行为致人损害的案件中，都会出现不能确定具体侵权人的情况。对于“不能确定具体侵权人”的情况，法律规定由全体共同危险行为人承担连带责任。

（二）连带责任的价值基础

法律规定此等连带责任，有利于对被侵权人的保护和救济，避免相互推诿扯皮导致被侵权人的损害赔偿请求等落空。也应该认识到，此等连带责任的设置，是以原因推定为基础的，将全体共同危险行为人或者剩余的共同危险行为人分别实施的危险行为推定为损害发生的原因。尽管无法查明到底是谁的危险行为造成了损害，但是致害的原因在这些人的危险行为集合之中，故而这样的推定可能会“冤枉”部分危险行为实施者，但是原因本身不会“出格”。从立法的价值取向看，即使无法查明具体侵权人也应该对被侵权人予以保护和救济。这样的原因推定似乎是实现这一价值的唯一选择。实施共同危险行为的行为人虽然因为此等推定而处于较不利地位，但是由于其实施共同行为存在过错且该行为具有不法性，故而也就有理由承受这样的不利后果。

【关联规定】

《侵权责任法》（2021 年 1 月 1 日废止）

第十条　二人以上实施危及他人人身、财产安全的行为，其中一人或者数人的行为造成他人损害，能够确定具体侵权人的，由侵权人承担责任；不能确定具体侵权人的，行为人承担连带责任。

《最高人民法院关于审理人身损害赔偿案件适用法律若干问题的解释》

第四条　二人以上共同实施危及他人人身安全的行为并造成损害后果，不能确定实际侵害行为人的，应当依照民法通则第一百三十条规定承担连带责任。共同危险行为人能够证明损害后果不是由其行为造成的，不承担赔偿责任。

第一千一百七十一条　【分别侵权的连带责任】二人以上分别实施侵权行为造成同一损害，每个人的侵权行为都足以造成全部损害的，行为人承担连带责任。

【条文主旨】

本条是关于“原因叠加”情况下数个侵权行为人承担连带责任的规定。

【核心概念】

原因叠加

“原因叠加”也有人称为“允分原因偶然竞合”，是指两个或者两个以上相互独立的致害原因（通常是人的侵权行为，也可以是其他原因）对损害的发生都起到了作用；就单个致害原因而言，它“足以”导致损害的发生；就全部致害原因而言，它们之间相互独立，发生作用时互不依赖、互不关联；就损害而言，只是发生了一个损害，即“同一损害”。致害的多个“原因”导致同一损害发生，每个致害原因都足以造成全部损害的发生，致害原因在客观上具有独立性，致害人在主观上也具有独立性（不存在共同的故意或者过失），谓之“原因叠加”。

【理解与适用】

一、“原因叠加”情形连带责任的构成要件

（一）一般构成要件

“原因叠加”造成损害的侵权责任之构成，首先需要具备侵权责任构成的一般要件。由于本条规定的“原因叠加”限于行为责任而不包括物件致害责任，因而在过错责任领域，其一般构成要件包括行为人分别的过错（即每一个行为人都有过错，包括故意或者过失）、实施了侵害行为（通常为积极的加害行为）、损害以及在法律上作为整体看待的数个侵害行为与损害之间存在因果关系。在无过错责任领域，原因叠加致害的侵权责任之构成不需要考虑过错要件。

（二）特别构成要件

除了上述一般构成要件之外，构成原因叠加致害之侵权责任还需要具备以下特别要件：

1. 主体的复数性，即“二人以上”的主体，这与共同侵权行为、共同危险行为的责任构成之特别构成要件是一样的。

2. 行为的分别性，即各侵权行为人实施侵权行为时在主观上不存在共同的故意或过失，在客观上不存在“关联”或者“直接结合”“间接结合”。这与共同侵权行为具有本质区别。

3. 结果的同一性，即数个侵权行为人分别实施的侵权行为造成了同一的损害，而不是多个案件中的多项损害。这与共同侵权行为、共同危险行为的责任构成之特别构成要件也是一样的。

4. 原因的叠加性与因果关系的推定性，即每一个侵权行为人的行为都“足以”导致损害之发生，其行为对损害的发生都具有100%的原因力。从原因与损害结果的关系来看，发生作用的原因力是导致损害所需的原因力之2倍、3倍或者更多倍。在这样的情况下，法律不再要求对每一个行为人的侵权行为所发生的效果进行深究，而是在立法上推定这些叠加的原因（数个侵权人分别实施的侵权行为）是损害发生的法律上的原因。

二、原因叠加行为人的连带责任

有些国家的法律对原因叠加行为人的责任规定了不真正连带责任，这是基于因果关系等因素的考虑：每一个行为人的侵权行为都足以导致损害的发生，因此让其承担全部赔偿责任并不冤枉；由于被侵权人只有一个“同一损害”，因而他只能得到一份赔偿，而不能得到多份赔偿，也就是只能向其中一个行为人提出全部赔偿请求；由于行为人之间缺乏共同的故意或者过失也缺乏行为关联，因而数个行为人不承担连带责任，一个行为人承担全部赔偿责任之后不得向其他行为人追偿。①

我国在《侵权责任法》的立法过程中检讨了上述理论，认为不真正连带责任在此处的适用不利于对被侵权人的保护（如果他错误地选择了一个赔偿能力较低的行为人作为被告，最终将面临判决执行不能的困难）；对于数个侵权行为人而言，有的全赔，有的逍遥于赔偿责任之外，也不尽公平。权衡之后，选择了连带责任，即二人以上分别实施侵权行为造成同一损害，每个人的侵权行为都足以造成全部损害的，行为人承担连带责任，而不是承担不真正连带责任。《民法典》第 1171 条完全继受了《侵权责任法》第 11 条的规定，没有进行任何修改。

【关联规定】

《侵权责任法》（2021 年 1 月 1 日废止）

第十一条　二人以上分别实施侵权行为造成同一损害，每个人的侵权行为都足以造成全部损害的，行为人承担连带责任。

第一千一百七十二条　【分别侵权的按份责任】二人以上分别实施侵权行为造成同一损害，能够确定责任大小的，各自承担相应的责任；难以确定责任大小的，平均承担责任。

【条文主旨】

本条是关于数个侵权人承担按份责任的规定。

---

① 关于连带责任与不真正连带责任的区别，参见王利明：《侵权责任法研究》（上卷），中国人民大学出版社 2010 年版，第 583～584 页。

【核心概念】

按份责任

按份责任，是指数个侵权人对同一损害按照一定的比例确定责任份额的侵权责任，多适用于赔偿损失、恢复原状的侵权责任方式。

【理解与适用】

一、按份责任的构成要件

（一）一般构成要件

数人承担按份的侵权责任，首先需要符合侵权责任的一般构成要件。如果是过错责任案件，需要满足侵害行为、损害、因果关系和过错四个构成要件的要求。如果是无过错责任案件，虽然不需要考虑过错因素，但是需要满足其他三个构成要件的要求。而法律对某种具体侵权责任规定了特别构成要件的，还需要满足此等规定的要求。

（二）特别构成要件

特别构成要件是指数人承担按份的侵权责任所需要满足的特别要求，包括“同一损害”和“分别实施侵权行为”。

1.“同一损害”

“同一损害”是指二名以上的侵权行为人的侵权行为均发生了作用，对所导致的损害具有原因力。某人的侵权行为如果对某一损害的发生没有起作用、没有原因力，则该损害不属于其应当承担按份的侵权责任或者其他类型的侵权责任（如连带责任）的“共同损害”。

2.“分别实施侵权行为”

二人以上分别实施侵权行为，是承担按份的侵权责任的基础。“二人以上”的要求与共同侵权行为的连带责任对主体的要求一致。但是，按份的侵权责任所规范的是“分别实施侵权行为”而不是“共同实施侵权行为”。“分别实施”排除了具有共同故意或者共同过失的二人以上实施的侵权行为。特别是具有意思通谋的行为不属于“分别实施侵权行为”，不适用按份的侵权责任。

二、按份的侵权责任中份额的确定

（一）比较过错和比较原因力

数人承担按份的侵权责任，其责任份额由两个因素决定：

1. 比较各责任主体的过错大小，过错较大的承担较大份额的赔偿责任，过错较小的承担较小份额的赔偿责任；故意实施侵权行为的，承担较大份额的赔偿责任，过失实施侵权行为的，承担较小份额的赔偿责任。

2. 比较各责任主体的侵害行为原因力的大小，其侵害行为对损害之发生原因力较大的承担较大份额的责任，其侵害行为对损害之发生原因力较小的承担较小份额的责任。

（二）平均承担责任

在无法对数个侵权行为人的过错大小、其侵害行为的原因力大小进行比较（即法律规定的“难以确定责任大小”）的情况下，数个侵权人平均承担赔偿责任。

三、按份的侵权责任的适用

（一）主要适用于赔偿损失和恢复原状的责任方式

尽管法律直接规定了哪些侵权责任方式可以适用按份分担，但是依据不同责任方式的性质，我们倾向于认为，按份的侵权责任适用于赔偿损失和恢复原状等填补被侵权人损失的责任方式。在实践中，主要适用于赔偿损失的责任方式。

（二）适用的案件类型

无论是数人分别实施侵权行为造成同一损害的情况，还是准侵权行为造成同一损害的情况，均有可能适用按份的侵权责任来救济被侵权人遭受的损害。

（三）不适用按份的侵权责任的情况

二人以上共同实施侵权行为，符合《民法典》第1168条规定的构成要件的，应当承担连带的侵权责任而不适用按份的侵权责任。在法律有特别规定（如《民法典》第1169～1171条）适用连带侵权责任或者补充责任（如《民法典》第164条第2款、第786条、第834条、第1198条第2款等）的情况下，应当依据法律的规定适用连带责任或者补充责任而不适用按份的侵权责任。

在二人以上的侵权行为人对同一损害承担侵权责任的情形下，法律规定承担连带的侵权责任或者补充责任的，适用连带责任或者补充责任的规定。二人以上共同实施侵权行为符合《民法典》第1168条的构成要件的，适用连带责任的规定。在没有法律特别规定或者不符合连带责任构成要件的情况下，二人以上分别实施侵权行为致人损害的，承担按份责任。

（四）按份的侵权责任适用之效果

二人以上的侵权行为人承担按份的侵权责任，每一个侵权行为人只对其应当承担的责任份额负清偿义务，不与其他侵权行为人发生连带关系，也就不存在追偿问题。任何一个侵权行为人在承担了自己份额的赔偿责任后，即从损害赔偿等侵权责任关系中解脱出来。从被侵权人一方来看，于二人以上的侵权行为人承担按份的侵权责任之情形，他只能分别向各侵权行为人主张其所应当承担份额的损害赔偿，不能主张超出某一侵权行为人其份额的损害赔偿，也不得将一部分侵权行为人的赔偿份额向其他侵权行为人转移。这些损害赔偿主张的总和等于其全部损害赔偿请求，但是不能概括地向全体侵权行为人主张。

这种分别的损害赔偿主张，原则上应当在一个诉讼中提出，各侵权行为人应当作为同一案件的共同被告参加诉讼。

【关联规定】

《民法典》

第一百七十七条 二人以上依法承担按份责任，能够确定责任大小的，各自承担相应的责任；难以确定责任大小的，平均承担责任。

《侵权责任法》（2021 年 1 月 1 日废止）

第十二条 二人以上分别实施侵权行为造成同一损害，能够确定责任大小的，各自承担相应的责任；难以确定责任大小的，平均承担赔偿责任。

《最高人民法院关于审理人身损害赔偿案件适用法律若干问题的解释》

第三条第二款 二人以上没有共同故意或者共同过失，但其分别实施的数个行为间接结合发生同一损害后果的，应当根据过失大小或者原因力比例各自承担相应的赔偿责任。

第一千一百七十三条 【与有过失】被侵权人对同一损害的发生或者扩大有过错的，可以减轻侵权人的责任。

【条文主旨】

本条是关于被侵权人“与有过失”可以减轻侵权人责任的规定。

【核心概念】

被侵权人与有过失

被侵权人与有过失，是指在行为人侵权责任成立的情况下，在确定损害赔偿数额时考虑被侵权人对于同一损害的发生或者扩大也有过失，因而对损害赔偿的数额进行适当的减少。减少的幅度，取决于被侵权人参与损害发生、扩大的过失之大小。

过失相抵

过失相抵是指在行为人侵权责任成立的情况下，由于被侵权人对同一损害的发生或者扩大有过失，因而应当抵消部分损害赔偿。抵消的损害赔偿之多寡，取决于被侵权人的过失之大小以及此等过失与损害之间因果关系大小。

比较过失

比较过失是指在行为人侵权责任成立的情况下，如果被侵权人对同一损害发生或者扩大有过失，则比较侵权人和被侵权人过失的大小从而决定侵权人应当赔偿的具体数额或份额。

【理解与适用】

一、被侵权人与有过失

（一）立法状况

我国从《民法通则》、《侵权责任法》到《民法典》和相关司法解释都对此作出了基本相同的规定。被侵权人对同一损害的发生或者扩大有过失的，可以减轻侵权人的责任。这是各国侵权责任法均确认的一项抗辩事由。在大陆法系，被侵权人对同一损害有过失的可以减轻侵权人的责任，谓之受害人（被侵权人）“与有过失”或者“过失相抵”的抗辩。[①] 在英

① 相关文献参见曾世雄：《损害赔偿法原理》，中国政法大学出版社2001年版，第259页；［德］克里斯蒂安·冯·巴尔：《欧洲比较侵权行为法》（下卷），焦美华译，法律出版社2001年版，第649页；［德］U·马格努斯、［西］M·马丁－卡尔萨斯主编：《侵权法的统一：共同过失》，叶名怡、陈鑫译，法律出版社2009年版。

美法系，相似的制度是“比较过失”①。本条所称“责任”，字面上的解释是指任何方式的侵权责任，实际上多指赔偿损失的责任方式，也不排除恢复原状的责任方式。

（二）被侵权人的过失

1. 被侵权人过失的判断标准

在“与有过失”情形中，被侵权人的过错只能是过失，不包括故意。②对于后者，法律专门设置条文加以规范（《民法典》第1174条）。被侵权人的过失，可以是疏忽大意的过失也可以是盲目轻信的过失。判断其有无过失的标准是：（1）存在法律、法规或者其他规定的，依照其规定。（2）在没有法定标准的情况下，以一个理性人的注意义务和注意程度作为判断标准。如果一个理性人在当时、当地相同情况下认为有合理关照保护自己利益之必要并达到适当的注意程度，被侵权人也认识到有合理关照保护自己利益之必要并达到适当的注意程度，则认为被侵权人没有过失；反之，则认为被侵权人有过失。

2. 被侵权人基于过失的行为参与导致损害发生或者扩大

被侵权人的过失如果仅仅存在于内心，并不产生减轻侵权人责任的效果。之所以产生减轻侵权人责任的效果，是因为被侵权人的过失外化为一定的行为，包括作为或者不作为，而这样基于过失的作为或者不作为行为构成了同一损害发生或者扩大的部分原因。被侵权人对于侵权人将要承担侵权责任的同一损害之发生或者扩大有过失，即被侵权人的疏忽大意或者盲目轻信的不良心态驱动下的作为或者不作为行为，构成同一损害发生或者扩大的部分原因，其有过失的行为“参与”导致了损害的发生或者扩大。

被侵权人有过失可能是积极作为行为或者消极不作为行为，既可能是同一损害发生的部分原因，也可能是同一损害扩大的部分或者全部原因。只要具备二者之一，被侵权人的“与有过失”就产生可以减轻侵权人侵权责任的效果。如果既导致同一损害的发生又导致同一损害的进一步扩大，当然更加会产生减轻侵权人侵权责任的效果。

---

① 《最高人民法院关于审理人身损害赔偿案件适用法律若干问题的解释》第2条第2款体现了这一精神。

② 对这一问题的认识，学界有不同意见。参见王胜明主编：《〈中华人民共和国侵权责任法〉解读》，中国法制出版社2010年版，第127～128页。

二、“与有过失”的适用

（一）适用范围

依据《民法通则》和《侵权责任法》之规定，“与有过失”似乎仅适用于过错责任案件，因为法律条文强调了被侵权人“也有过错”，意味着侵权人当然有过错（过失）。而《民法典》第1173条的措辞发生了些微变化——“也有”被“有”所取代，暗含的侵权人有过错的条件被取消。这样的变化，使得我们更有理由认为，“与有过失”的抗辩不仅适用于过错侵权类型的案件，在法律没有特别规定的情况下，也一般地适用于无过错责任类型的案件。

（二）适用方法

在被侵权人存在过失，其基于过失的作为或者不作为行为构成同一损害发生或者扩大的部分原因时，对侵权人的过错与被侵权人的过错（过失）进行比较，主要是就各自过错行为对损害的发生或者扩大所起的作用进行比较。在一些情况下，我们也考虑过错的种类和程度，通过对过错的种类和程度的比较，确定减轻或者不减轻侵权人的责任以及减轻侵权人责任的具体数量。

（三）适用效果

1. 过错责任案件

侵权人因故意或者重大过失导致同一损害发生，被侵权人只有一般过失的，不减轻侵权人的责任。侵权人因一般过失导致同一损害发生，被侵权人有一般过失的，应适当减轻侵权人的责任。侵权人因一般过失导致同一损害发生，被侵权人有重大过失的，应当较大幅度减轻侵权人的责任。侵权人因一般过失导致同一损害发生，但是同一损害之扩大完全是由于被侵权人的过失行为造成的，对于扩大部分侵权人不承担责任。

2. 无过错责任案件

在无过错责任案件中，适用被侵权人“与有过失”减轻侵权人的侵权责任，一般采取比较谨慎的态度，避免因为“过失相抵”而损害无过错责任原则所追求的倾斜保护被侵权人的价值。因此，一般只有在被侵权人重大过失情况下才适用“与有过失”的抗辩，减轻行为人的部分侵权责任，或者说抵消被侵权人应得的部分损害赔偿请求。①

---

① 参见王利明：《侵权行为法归责原则研究》（修订版），中国政法大学出版社2004年版，第353页；张新宝：《中国侵权行为法》，中国社会科学出版社1998年版，第612页；朱卫国：《过失相抵论》，载梁慧星主编：《民商法论丛》（总第4卷），法律出版社1996年版，第437页。

【关联规定】

《侵权责任法》（2021 年 1 月 1 日废止）

第二十六条 被侵权人对损害的发生也有过错的，可以减轻侵权人的责任。

《民法通则》（2021 年 1 月 1 日废止）

第一百三十一条 受害人对于损害的发生也有过错的，可以减轻侵害人的民事责任。

《最高人民法院关于审理人身损害赔偿案件适用法律若干问题的解释》

第二条 受害人对同一损害的发生或者扩大有故意、过失的，依照民法通则第一百三十一条的规定，可以减轻或者免除赔偿义务人的赔偿责任。但侵权人因故意或者重大过失致人损害，受害人只有一般过失的，不减轻赔偿义务人的赔偿责任。

适用民法通则第一百零六条第三款规定确定赔偿义务人的赔偿责任时，受害人有重大过失的，可以减轻赔偿义务人的赔偿责任。

第一千一百七十四条 【受害人故意】损害是因受害人故意造成的，行为人不承担责任。

【条文主旨】

本条是关于受害人故意导致损害发生或者扩大，行为人不承担责任的规定。

【核心概念】

受害人故意

受害人故意是指受到损害的民事主体在主观上存在故意追求损害结果的发生或者明知损害结果发生具有极大的几率而放任损害结果发生的不良心理状态。如果受害人具有此等不良心理状态的行为造成了损害结果的发生，行为人不承担侵权责任。

【理解与适用】

一、对受害人故意的理解

（一）受害人而非被侵权人，行为人而非侵权人

本条对于相关当事人的称呼不同于前条，没有使用“侵权人”“被侵权人”的概念，而是使用“行为人”“受害人”的概念。这表明，立法不认为此等情况下的“行为人”是侵权人、“受害人”是被侵权人，进而可以推论的是：受害人故意造成损害（不要求是否为同一损害）的，并不构成行为人的侵权责任。比如，在“碰瓷”的案件中，受害人直接追求或者高度放任（间接故意）损害的发生，果真发生了死亡或者伤残的后果。在此，行为人的行为不过是被“受害人”利用，当然不构成侵权责任。“受害人”是对其遭受损害的一种客观描述——依常识其在人身、财产方面遭受了损失——没有附加法律价值上的评判，更不涉及他人的责任问题。

（二）受害人故意的形态和内容

受害人故意是一种不良的甚至恶劣的心理状态，分为两种形态：（1）受害人积极追求损害发生的不良乃至恶劣的心理状态；（2）明知损害会发生或者具有极大的发生几率而放任损害发生的不良心理状态。

受害人的故意如果仅停留在心理层面并不产生法律效果。只有在受害人在其故意的不良心态驱使下实施某种积极行为或者消极不作为，该积极行为或者消极不作为成为损害发生的原因导致损害的发生，受害人的故意才有法律上的意义——发生行为人不承担责任的效果。

如果法律对特定案件中受害人故意的内容作出了规定，依照其规定判断受害人是否存在故意。比如《道路交通安全法》第 76 条第 2 款规定：“交通事故的损失是由非机动车驾驶人、行人故意碰撞机动车造成的，机动车一方不承担赔偿责任。”此处的“故意”内容不是追求死亡或者伤残等交通事故后果的不良心态，而是“故意碰撞机动车”。“碰瓷”者无须有追求死亡或者伤残等交通事故后果的故意，只需存在碰撞机动车的故意。此等“受害人”与试图通过交通事故自杀的“受害人”在故意内容上是不同的。

二、行为人不承担责任

受害人故意导致全部损害发生的，行为人对该全部损害不承担责任。侵权人的行为导致全部损害发生的，侵权人对该全部损害承担责任；该损害之发生，被侵权人（受害人）有过失的，应当依据《民法典》第 1173 条的规定减轻侵权人的责任；受害人故意造成损害扩大的，应自己承担扩

大部分的损害后果，侵权人（行为人）对扩大部分的损害不承担责任。这里强调了受害人故意与损害结果之间的因果关系。

此外，在有些案件中受害人故意不仅导致自己遭受损害，而且导致行为人或者第三人的损害。在这样的案件中，受害人不仅要承受自己的损害后果，而且要对行为人遭受的损害和第三人的损害依法承担侵权责任。在对机动车故意“碰瓷”的案件中，实施“碰瓷”行为的受害人不仅要承受自己的人身、财产损失，而且应对机动车一方的损失（如车辆的修理费用等）承担赔偿责任。

对上述损害的承担和责任分配，体现了社会主义核心价值观和民法基本原则的要求。自古以来的法律谚语是：任何人不得从其不法行为中获得利益。受害人的故意致损行为属于不法行为，不仅不能从中获得利益即不能获得赔偿，而且造成行为人或者第三人损害的还应当依法承担赔偿责任。

三、事故保险责任之免除

受害人故意造成损害的，其本人或者相关人员请求保险公司支付责任保险金的，往往不被支持。此等情形，有时可能构成保险诈骗犯罪。依据《道路交通安全法》《机动车交通事故责任强制保险条例》等制定的“机动车交通事故责任强制保险条款”规定，因受害人故意造成的交通事故损失绝对不予赔付。

【关联规定】

《侵权责任法》（2021 年 1 月 1 日废止）

第二十七条 损害是因受害人故意造成的，行为人不承担责任。

第一千一百七十五条 【第三人过错】 损害是因第三人造成的，第三人应当承担侵权责任。

【条文主旨】

本条是关于第三人造成损害，由其承担侵权责任的规定。

【核心概念】

第三人原因造成的损害

本条规定的“第三人”是指行为人（第一人）和受害人（第二人）之外的民事主体。此等第三人以其行为（或者准侵权行为）介入行为人的行为与受害人损害的因果关系环节，进而导致原有的因果关系中断，新的因果关系产生。第三人的行为（或者准侵权行为）成为受害人损害发生或者扩大的原因，因而行为人对此等损害不承担侵权责任，而由第三人承担侵权责任。

【理解与适用】

一、第三人造成损害：作为外来原因的抗辩事由

（一）两种基本的责任抗辩事由

行为人被受害人请求承担侵权责任，可以从两个方面提出抗辩，以达到全部或者部分抵消被侵权人请求的效果——他可以从其行为的正当性方面提出抗辩，比如主张正当防卫、紧急避险、自愿施救、自愿承担风险、自助等；也可以从因果关系的角度（即外来原因）提出抗辩，比如主张不可抗力、受害人故意或者过失、第三人造成损害等。我国《民法典》在第一编总则第八章“民事责任”和第七编侵权责任第一章“一般规定”中，分别对这两类抗辩事由作出了规定，本条规定与2021年1月1日废止的《侵权责任法》第28条内容完全相同，是从因果关系的角度（即外来原因）规定的抗辩事由。需要指出的是，由于《民法典》第一编总则第八章“民事责任”和第七编侵权责任第一章“一般规定”中都对侵权责任的抗辩事由作出了一些规定，因此应当将这两处的规定结合起来考虑，综合判断一个案件的行为人是否具有合格的责任抗辩事由。

（二）外来原因的抗辩

外来原因的抗辩，是指在行为人的行为与受害人的损害因果关系发生的构成中，在行为人和受害人之外的人的行为或者客观事件加入因果关系的进程，导致正在进行的因果关系中断，已有的原因（行为人的行为）不再是损害发生的原因，新加入的第三人的行为或者客观事件代替了原来的原因，继续因果关系之进行和形成，成为导致结果发生的原因。或者，新加入的第三人的行为或者客观事件不代替已有的原因，而是与已有的原因一起共同发生作用，继续因果关系的进行和完成。就原因而言，对于

前者，原来的原因不再是损害发生的原因；对于后者，原来的原因不再是损害发生的唯一原因，而是损害发生的原因之可分部分或者不可分部分。就责任而言，对于前者，原来的原因行为实施者（或者准侵权行为人），无须承担侵权责任；对于后者，原来的原因行为实施者（或者准侵权行为人）可能需要与新加入的第三人（实施了侵权行为或者准侵权行为）对同一损害承担某种共同的责任，如连带责任、按份责任或者补充责任。

本条规定，损害是因第三人造成的，第三人应当承担责任。对于作为被告的侵权人（行为人）来说，是一项外来原因的抗辩。是否能够完全免予责任，取决于第三人行为介入正在进行的因果关系导致的因果关系进行与完成所发生的变化。本条规定中，“因”“造成”等文字，界定了第三人行为（准侵权行为）作为损害发生或者扩大的原因这一基本要素。

二、第三人造成损害抗辩事由的适用

（一）关于“第三人原因”范围

本条仅规定：损害是因第三人造成的，第三人应当承担侵权责任。没有规定造成损害的“第三人原因”只包括第三人的积极行为，还是既包括其积极行为也包括其消极不作为行为。依文义解释，笔者倾向于认为，本条规定的“第三人原因”既包括其造成损害的积极行为也包括其造成损害的消极行为。

同样，法律没有区分第三人实施的侵权行为和应当承担侵权责任的准侵权行为。依文义解释，笔者倾向于认为，“第三人原因”既包括第三人自己实施的侵权行为，也包括第三人应当承担侵权责任的准侵权行为。

（二）关于因果关系中断与原因加入

完全是第三人原因造成被侵权人损害，第三人的介入导致正在进行的因果关系中断，第三人的侵权行为或准侵权行为完全代替行为人的行为发挥致害的原因作用，此等情况下，第三人应当对由此产生的损害承担全部责任，在先的行为人不承担责任。如果被被侵权人起诉请求其承担侵权责任，该在先的行为人可以依据本条规定主张完全免责。

在先行为人的行为已经造成被侵权人损害，第三人的介入导致正在进行的因果关系变化，加入的第三人原因扩大了损害或者导致新的损害，在先的行为人应当对已经造成的损害承担侵权责任，第三人则应当对扩大的损害或者新的损害承担侵权责任。

第三人介入的侵权行为或者准侵权行为与在先行为人的侵权行为或者准侵权行为共同发生作用，导致损害的发生或者扩大，是否可以适用本条规定，抑或应该适用本法第 1168 条或者第 1171 条的规定处理他们对被侵权人应当承担的责任，法律没有作出明确规定。笔者倾向于认为，在不对被侵权人请求权的实现产生不利影响的情况下，在先的侵权行为人可以进行选择：他可以选择适用本条主张第三人承担相应的责任，也可以选择第三人与其承担按份责任或者连带责任。

【关联规定】

《侵权责任法》（2021 年 1 月 1 日废止）

第二十八条　损害是因第三人造成的，第三人应当承担侵权责任。

《最高人民法院关于审理人身损害赔偿案件适用法律若干问题的解释》

第六条第二款　因第三人侵权导致损害结果发生的，由实施侵权行为的第三人承担赔偿责任……

第一千一百七十六条　【自甘风险】自愿参加具有一定风险的文体活动，因其他参加者的行为受到损害的，受害人不得请求其他参加者承担侵权责任；但是，其他参加者对损害的发生有故意或者重大过失的除外。

活动组织者的责任适用本法第一千一百九十八条至第一千二百零一条的规定。

【条文主旨】

本条有两款。第 1 款是关于具有一定风险的文体活动参加者“自甘风险”的规定，第 2 款是关于组织者责任不适用本条的规定。

【理解与适用】

一、对“具有一定风险的文体活动”的理解

（一）具有一定风险的文体活动

文体活动指文化活动和体育活动两类活动。文艺表演，如相声、曲艺表演、杂技魔术表演等，属于文化活动。所谓风险，是指从事某类活动发生意外人身伤害等事故的危险性。凡事故率较高的为“高风险”，不出事故或者事故率低的为“零风险”或者“低风险”。有些文化活动没有风险

或者风险极低，如歌唱、相声表演；有些文化活动具有一定的风险，如杂技、魔术表演、武术、气功表演等。体育活动也是如此，一些体育活动没有风险或者风险较低，如在社区使用供群众特别是老年人健身的器材，只有极低的风险；但是，大多数竞技体育项目特别是身体直接接触的竞技体育项目则有较高程度的风险。而拳击一类的体育项目则有极高的风险。

本条所称具有一定风险的文体活动，应当是合法的文体活动，至少是不为法律、行政法规和相关管理规定禁止的活动。赌博、封建迷信活动、“地下拳击”比赛、非法“飙车”等活动具有违法性质，不属于本条所称的“具有一定风险的文体活动”。

（二）风险程度的判断标准

法律、法规和相关管理性规定将某些文体活动界定为较高风险文体活动的，依照其规定。依据常识和生活经验，一个理性人能够判断某项活动为“具有一定风险的文体活动”，则认定此等文体活动为具有一定风险的文体活动。对风险程度的判断，以通常参加此等活动对其有较充分全面了解的“理性人”之认知为判断依据。其认知的基础，往往包括但是不限于：活动的性质、周围环境对安全的影响、对抗的激烈程度、发生事故特别是人身伤害的几率、发生人身损害的严重程度、防范措施、救助和救济手段能力等。

二、作为抗辩事由的“自甘风险”之适用

（一）自甘风险作为抗辩事由的构成要件

以受害人“自甘风险”——受害人自愿冒险参加具有一定风险的文体活动即使发生意外损害也不追究相关他人的侵权责任——为抗辩事由主张不承担侵权责任，需要符合以下构成要件：

1. 受害人适格

如果某项具有一定风险的文体活动对参加者的条件或者资格具有一定要求，受害人应是符合此等条件和资格的参加者。不符合条件和资格的，参加此类文体活动遭受损害，不宜使用本条作为责任抗辩事由，而应该按照过错责任以及受害人过错等规则处理。

2. 受害人知晓风险

参加具有一定风险的文体活动者，知道该活动的风险也自甘风险作为责任抗辩事由的构成要件。如果参加者都不知道或者不可能知道风险之所在，就无从讨论其“自愿承担损害后果”的问题。受害人知晓风险可以从两个方面判断：其一，活动的组织者对风险进行了明确和充分的告知或者提示；其二，依据参加者的经验和知识应当知道风险的存在和风险的程

度，从而推定参加者应当知道风险。比如，参加 F1 方程式锦标赛选手，当然知道或者应当知道此等赛事的高风险性。

3. 受害人自愿参加

受害人自愿参加具有一定风险的文体活动，而不是被强迫、胁迫、欺骗参加此等活动。在自愿参加的前提下，受害人以明示或者默示的方式表示自己愿意承受活动的风险，如果发生意外损害不追究他人的侵权责任。自甘风险包含两层自愿的含义，一是自愿参加具有一定风险的文体活动，二是自愿接受此等活动的风险以及可能造成的损害。受害人自愿也是自甘风险的构成要件。

（二）适用对象

1. 文体活动的其他参加者

依据本条规定，自甘风险适用于与受害人一起参加文体活动的其他参加者，如篮球（足球等）赛的对方球员或者本方队友、拳击赛的对方拳手。实践中，对方人员致害发生较多，己方人员致害也偶有发生。法律并不区别对方人员或者己方人员，作为其他参加者的对方人员和己方人员，与其行为致害之情形均可以援引本条作为抗辩事由不承担侵权责任。

需要指出的是，作为其他参加者的对方人员和己方人员在相关文体活动中对损害发生有故意或者重大过失的，不能援引自甘风险作为侵权责任的抗辩事由。即使受害人一方符合自甘风险的全部构成要件，但是致害的其他参加者由于对损害的发生具有故意或者严重过失而不能免予侵权责任。比如，在体育比赛中故意犯规、恶意冲撞他人身体等行为造成损害的，不能援引本条主张免责。

法律在规定自甘风险作为责任抗辩事由的同时，规定了故意和重大过失的当然可归责性，体现了社会主义核心价值观（如“友善”）和民法基本原则（如“诚实信用”）对民事活动的根本要求。

2. 其他适用问题讨论

本条措辞上限定适用于“具有一定风险的文体活动”，在立法过程中也有人主张扩大适用范围，但是这一主张没有被采纳。在实施中，本条是否可以适用于一定风险文体活动之外的其他活动呢？笔者倾向于认为：（1）不宜直接引本条作为其他活动中的责任抗辩依据，因为本条的文义限定在“一定风险的文体活动”，其适用范围是确定和封闭的，没有用“等”字样留下扩张的空间。（2）本条规定所包含的法律原理和精神源于民法的自愿原则、诚实信用原则和过错责任原则。这些原则在其他案件包括类似于“一定风险的文体活动”致害案件中也是适用的，可以提供对这些原则的理解和适用并援引最接近的条文（如《民法典》第1173条中的被侵权人过错）作出正确的判决。

3. 关于“受害人同意”

有些国家将“受害人同意”作为与受害人自甘风险并列的责任抗辩事由加以规定。理论上认为：受害人同意作为一种正当理由的抗辩事由，是指由于受害人事先明确表示自愿承担某种损害后果，行为人在其所表示自愿承担的损害后果的范围内对其实施侵害，而不承担民事责任。也有学者称之为“受害人承诺”①。受害人的同意构成一种正当理由的抗辩，应当同时具备以下要件：（1）受害人事先明示的真实意思表示。受害人的同意应当是在加害行为实施之前表示出来的意思，而不是事后表示的意思。（2）行为人主观上的善意。行为人主观上的善意应当是受害人同意这种正当理由的抗辩事由的构成要件，否则，行为人有可能利用受害人的同意。（3）不超过同意的范围和限度。行为人对受害人实施加害，不得超过受害人同意的范围和限度，否则，应对超出限度和范围的损害承担侵权责任。（4）受害人之同意不违反法律与社会公序良俗。②《民法典》没有将受害人同意作为责任抗辩事由单独加以规定，遇此等情况如果也符合受害人自甘风险的构成要件，可以解释为受害人自甘风险。

三、活动组织者的责任不适用本条规定

本条规定适用于具有一定风险的文体活动的其他参加者，明确规定不适用于文体活动的组织者。有关组织者的侵权责任问题，适用《民法典》第1198条至第1201条关于违反安全保障义务承担侵权责任的规定。

第一千一百七十七条　【自助】 合法权益受到侵害，情况紧迫且不能及时获得国家机关保护，不立即采取措施将使其合法权益受到难以弥补的损害的，受害人可以在保护自己合法权益的必要范围内采取扣留侵权人的财物等合理措施；但是，应当立即请求有关国家机关处理。

受害人采取的措施不当造成他人损害的，应当承担侵权责任。

---

① 参见杨立新：《侵权法论》（第2版），人民法院出版社2004年版，第212页。

② 参见张新宝：《侵权责任法》（第4版），中国人民大学出版社2016年版，第60页。

【条文主旨】

本条有两款。第1款是关于自助的规定，第2款是关于自助措施不当造成他人损害应当承担侵权责任的规定。

【理解与适用】

一、自助的概念与意义

（一）法律规定的产生

自《民法通则》出台以来，我国有关侵权责任的立法和司法解释一直没有对作为侵权责任抗辩事由的自助作出规定。《民法典》第一次在民事立法上规定自助作为侵权责任的抗辩事由，同时规定了受害人采取的措施不当造成他人损害的应当承担侵权责任，以规范自助的正确适用，妥善平衡相关当事人的权利保护与救济。

（二）自助的概念

自助，是指受害人（通常是债权受到威胁者）于情况紧急无法求助国家机关保护自己的合法权益时，而对他人（通常是债务人）的财产或者人身自由采取合理限度的强制措施以保护自己合法权益的行为。

自助作为民法确认的侵权责任抗辩事由，其抗辩效果在于：受害人在紧急情况下，于必要范围内采取合理的措施自力救济保护其合法权益，不对因此等自助行为给侵权人（债务人）造成的损害承担侵权责任。

自助属于“私力救济”，即民事主体以自己的能力而不是以国家的公权力保护其合法权益。自助属于临时性的强制措施，在实施自助行为之后应当立即请求国家机关处理相关纠纷，通过公权力保护其合法权益。

（三）自助的意义

远古法崇尚私力救济，鼓励同态复仇。人类进入文明社会以来，私力救济受到严格限制，同态复仇更是被完全禁止。因此，民法规定自助作为保护受害人合法权益的一种私力救济方式属于近现代法治的例外情形。所以，有些国家的民法并不承认自助属于合格的侵权责任抗辩事由。即使承认自助作为侵权责任抗辩事由的，也对其适用条件等作出了较为严格的规定。

自助的积极意义是毋庸置疑的。在紧急情况下，受害人或者可能的受害人通过采取临时的强制措施比如扣留侵权人的财物，能够有效保护自己免受损失，比如避免债权落空。法律给予这种有限的私力救济一定的空间，对于保护受害人的合法权益、维护社会秩序的和谐稳定具有积极意义。

二、自助的适用条件

（一）目的条件

自助之所以能够在较严格条件下被认可为侵权责任的抗辩事由之一，在于这种行为具有正当性。这种行为的正当性，是通过行为目的的合法性体现出来的。受害人实施自助行为，其目的是保护自己的合法权益。这与正当防卫和紧急避险的目的不尽相同，后二者可以是为了保护他人合法权益或公共利益，也可以是为了保护自己的合法权益。对于非法利益，任何人不得采取自助方式进行自我保护。

（二）情势条件

自助行为必须于情势紧急且无法求助国家机关之时为之。如有寻求国家机关保护的机会和渠道，则不能实施自助行为进行自我保护和救济。实践中，债权人扣留准备逃逸的债务人的财物，即属于比较典型的自助行为。只有在债务人存在逃逸的现实紧迫性，其一旦逃逸债权将无法实现、产生“难以弥补的损失”的情况下，债权人才能采取必要的措施扣留其财物作为债务人履行债务的担保。

（三）对象条件

理论上认为，自助行为必须是针对侵权人的财产或人身自由实施必要的强制，比如扣留其财物或者暂时限制其人身自由。不得对他人（如其亲属）的人身和财产实施自助行为。①

依据本条规定，在必要范围内被侵权人可以采取“扣留侵权人的财物等合理措施”。显然，针对侵权人（债务人）的财物采取必要范围内的合理措施（如扣留）是法律所许可的自助行为方式。但是“等”字里面是否包含有其他“合理措施”，特别是是否包含对侵权人（债务人）人身自由进行临时限制的“合理措施”，立法没有作出明确界定，将这一问题留给了将来的司法实践以及最高人民法院的司法解释等来解决。

笔者认为，这里的“等”似乎不排除对侵权人（债务人）人身自由的临时强制，但是采取限制人身自由的措施应该特别谨慎，尤其不得造成人身伤害。在采取限制人身自由的措施后，应当立即请求有关国家机关处理。

---

① 参见张新宝：《侵权责任法》（第4版），中国人民大学出版社2016年版，第70页。

三、自助适用的具体要求

（一）必要范围和合理限度要求

对侵权人（债务人）实施自助行为，不得超过必要范围和合理限度。如果是对其财物实施扣留措施，以足以保护被侵权人（债权人）的权益（如与债务的数额相当）为限，不得超出这一范围和限度扣留更多的财物；如果是对其人身自由实施强制措施，以足以控制、其不能脱逃为限。

自助超过必要范围和合理限度，或假借自助行为趁机损坏侵权人（债务人）的财产、加害其人身，行为人均应承担相应的侵权责任，不能主张自助而免于对其所造成的损失之侵权责任。

（二）立即报告要求

受害人（债权人）对侵权人（债务人）于紧急情况在必要范围内采取扣留侵权人的财物等合理措施，属于临时性的措施，应当立即请求有关国家机关处理。对于是否达到“立即”的要求，有法定标准的，依法定标准判断；无法定标准的，按照习惯或者理性人的正常处理方法和速度判断。

四、不当采取自助措施造成损害的侵权责任

（一）不当采取自助措施造成损害的侵权责任

本条第 2 款规定，受害人采取的自助行为不当造成他人损害的，应当承担侵权责任。本款适用于三种情况：（1）不符合自助的构成要件，不当对侵权人（债务人）的财物等采取自助措施，导致侵权人（债务人）人身、财产损害的，受害人应当对此等损害承担全部责任。（2）超过必要范围对侵权人（债务人）的财物等采取自助措施，导致不应有损害的，受害人应当对不应有损害部分承担责任。（3）自助行为采取的措施不合理或者不是法律及司法解释认可的合理措施，造成损害的，受害人对此等损害应当承担侵权责任。

（二）违反安全保障义务造成损害的侵权责任

受害人对侵权人（债务人）的财物进行扣留或者对其人身自由进行限制，使得侵权人（债务人）的财产或者人身处于其控制之下。对于受制于自己的他人财产、人身权益，采取自助措施的受害人负有安全保障义务。违反安全保障义务导致损害发生的，受害人应当依过错责任原则承担侵权责任。

受害人在此等情况下负有安全保障义务，应当达到一个善良管理人的注意程度，关照受制于自助措施的他人财产和人身安全。如果没有达到这样的注意程度，就是有过错的，造成损害则应当承担侵权责任。

第一千一百七十八条　【特别规定优先适用】本法和其他法律对不承担责任或者减轻责任的情形另有规定的，依照其规定。

【条文主旨】

本条是关于不承担责任或者减轻责任的法律规定之指引性（提示性）规定。提示本法和其他法律对不承担责任或者减轻责任的情形另有规定的，依照其规定。

【理解与适用】

一、本条的指引意义

在一部法律或者法典中，少许条文没有直接的规范内容，而是指引和提示如何正确适用法律以及法律条文之间的相互关系等。这样的条文称为“指引性条文”、“提示条文”或者“提示条款”。

本条提示，除了《民法典》第七编第一章规定的不承担或者减轻责任的条文（第1173～1177条）外，在《民法典》中对不承担责任或者减轻责任的情形另有规定的，应当依照其规定适用之；在《民法典》之外的其他法律中，对不承担责任或者减轻责任的情形另有规定的，应当依照其规定适用之。

二、《民法典》中对不承担责任或者减轻责任“另有规定”的情形

《民法典》第一编总则第八章民事责任第180～184条集中规定了不承担责任或者减轻责任的情形。这些条文既适用于违约责任也适用于侵权责任，故规定在《民法典》总则编。现将这些条文收录于之后的“关联规定”中，具体理解和适用可查阅笔者《〈中华人民共和国民法总则〉释义》一书的相关内容。①

三、其他法律中对不承担责任或者减轻责任“另有规定”的情形

以下是其他法律中对不承担责任或者减轻责任“另有规定”的一些列举，非完全列举。

---

① 参见张新宝：《〈中华人民共和国民法总则〉释义》，中国人民大学出版社2017年版，第391～400页。

《专利法》第 69 条规定：“有下列情形之一的，不视为侵犯专利权：(一) 专利产品或者依照专利方法直接获得的产品，由专利权人或者经其许可的单位、个人售出后，使用、许诺销售、销售、进口该产品的；(二) 在专利申请日前已经制造相同产品、使用相同方法或者已经作好制造、使用的必要准备，并且仅在原有范围内继续制造、使用的；(三) 临时通过中国领陆、领水、领空的外国运输工具，依照其所属国同中国签订的协议或者共同参加的国际条约，或者依照互惠原则，为运输工具自身需要而在其装置和设备中使用有关专利的；(四) 专为科学研究和实验而使用有关专利的；(五) 为提供行政审批所需要的信息，制造、使用、进口专利药品或者专利医疗器械的，以及专门为其制造、进口专利药品或者专利医疗器械的。”

《民用航空法》第 125 条规定：“……旅客随身携带物品或者托运行李的毁灭、遗失或者损坏完全是由于行李本身的自然属性、质量或者缺陷造成的，承运人不承担责任……因发生在航空运输期间的事件，造成货物毁灭、遗失或者损坏的，承运人应当承担责任；但是，承运人证明货物的毁灭、遗失或者损坏完全是由于下列原因之一造成的，不承担责任：(一) 货物本身的自然属性、质量或者缺陷；(二) 承运人或者其受雇人、代理人以外的人包装货物的，货物包装不良；(三) 战争或者武装冲突；(四) 政府有关部门实施的与货物入境、出境或者过境有关的行为……”

《旅游法》第 70 条第 2 款规定：“由于旅游者自身原因导致包价旅游合同不能履行或者不能按照约定履行，或者造成旅游者人身损害、财产损失的，旅行社不承担责任。”

《电子商务法》第 57 条规定：“用户应当妥善保管交易密码、电子签名数据等安全工具。用户发现安全工具遗失、被盗用或者未经授权的支付的，应当及时通知电子支付服务提供者。未经授权的支付造成的损失，由电子支付服务提供者承担；电子支付服务提供者能够证明未经授权的支付是因用户的过错造成的，不承担责任……”

【关联规定】

《民法典》

第一百八十条　因不可抗力不能履行民事义务的，不承担民事责任。法律另有规定的，依照其规定。

不可抗力是不能预见、不能避免且不能克服的客观情况。

第一百八十一条　因正当防卫造成损害的，不承担民事责任。

正当防卫超过必要的限度，造成不应有的损害的，正当防卫人应当承担适当的民事责任。

第一百八十二条 因紧急避险造成损害的，由引起险情发生的人承担民事责任。

危险由自然原因引起的，紧急避险人不承担民事责任，可以给予适当补偿。

紧急避险采取措施不当或者超过必要的限度，造成不应有的损害的，紧急避险人应当承担适当的民事责任。

第一百八十三条 因保护他人民事权益使自己受到损害的，由侵权人承担民事责任，受益人可以给予适当补偿。没有侵权人、侵权人逃逸或者无力承担民事责任，受害人请求补偿的，受益人应当给予适当补偿。

第一百八十四条 因自愿实施紧急救助行为造成受助人损害的，救助人不承担民事责任。

案例分析

蒋海某、曾某诉覃维某、苏燕某生命权纠纷案①

【案件基本事实】

被告覃维某和死者曾某某的爷爷曾开某均在同一片菜地租地种菜并居住在菜地工棚。本案原告即死者曾某某的父母事发当天去附近的工厂上班，将曾某某交由爷爷奶奶照看。2015年1月15日上午，被告苏燕某到菜地捡菜时，将几个当地人俗称大蕉（芭蕉）的食物送给覃维某的孙子覃光某。覃维某夫妇看到覃光某在吃大蕉，在询问苏燕某并确认大蕉是苏燕某给的之后，两人对此并没有提出异议，其后苏燕某离开。11时许，曾某某来到覃维某的菜地找覃光某一起玩耍，两人每人吃了一根大蕉，当时两人并无异常。大约14时，在菜地里装菜的覃维某突然听到覃光某大叫，覃维某夫妇跑到覃光某和曾某某身边，发现曾某某倒地不省人事，两手发抖，面色发青，口吐白沫，地上掉落一根没有吃完的大蕉。覃维某呼叫在附近菜地干活的曾开某，并一同将曾某某送至医院进行救治。医护人员在抢救期间从曾某某喉咙挖出一块直径约5厘米表面带血的大蕉，后于15时20分宣布曾某某死亡，死亡原因是异物吸入窒息。原告蒋海某、曾某诉诸

---

① 参见《最高人民法院公报》2016年第11期。

法院，请求判决：1. 两被告共同向原告赔偿死亡赔偿金 651974 元、丧葬费 29672. 50 元、误工费 10000 元、交通费 3000 元、住宿费 3000 元及精神损害抚慰金 50000 元；2. 两被告承担本案诉讼费。在二审诉讼期间，原告蒋海某、曾某自愿撤回对被告苏燕某的上诉请求，将其上诉请求变更为仅要求覃维某赔偿。

【争议焦点】

被告覃维某和苏燕某的行为有无过错，其行为与曾某某进食芭蕉窒息死亡之间是否具有因果关系，二者是否应当承担侵权责任。

【法院判决】

广东省佛山市南海区人民法院一审认为：（1）被告苏燕某的大蕉没有毒，符合食用的安全要求。苏燕某只是将大蕉分给了被告覃维某的孙子覃光某并且得到了覃维某夫妇的同意，苏燕某没有将大蕉交给曾某某，事发时苏燕某亦不在现场。苏燕某不可能预见大蕉最终会交到曾某某手上，更不可能预见曾某某在进食大蕉时因噎窒息。苏燕某在事件当中并无过错，其将大蕉交给覃光某的行为与曾某某窒息死亡的事实之间亦不存在因果关系。（2）曾某某前来与覃光某玩耍时进食大蕉，不论大蕉是覃维某、覃光某交给曾某某还是曾某某自行取食，覃光某或覃维某均并非故意侵害曾某某。而且，曾某某已经五周岁并就读幼儿园，根据普通人的认知，曾某某的年龄及就学经历足以让其习得对常见食物独自进食的能力。虽然覃维某当时在场，但其对曾某某不负有法定的监护职责，而其对曾某某独自进食大蕉的行为未加看管，也是基于普通人对事实的合理判断及善意信赖。另外，在发现曾某某倒地不醒后，覃维某及时通知曾某某的家人并协助送曾某某前往就医，覃维某已实施了合理的救助行为。因此，覃维某没有主观故意或过失做出侵害曾某某的行为，覃维某在事件中没有过错。（3）苏燕某将大蕉分给覃光某或者覃维某的行为，以及覃光某将大蕉分给曾某某的行为，都是邻里朋友之间善意的分享行为。这种分享食物的行为本身并不会造成死亡的结果。曾某某是由于在进食过程中一时咬食过多、吞咽过急的偶发因素导致窒息死亡，是无法预见而令人惋惜的意外事件。覃维某、苏燕某的行为与曾某某死亡这个严重的损害后果之间只存在事实的联结，但并不存在法律上的因果关系。两被告没有追求或放任损害结果的发生，均没有法律上的过错或道德上的不当。两原告痛失爱女确属不幸，但仅因为事实上的关联，而将不幸归咎于法律上没有过错、道德上亦无不当的两被告，这不是法律追求的公平正义。据此，一审法院判决驳回原告的诉讼请求。

广东省佛山市中级人民法院二审认为：被上诉人覃维某在本案中的行为是否存在过错是本案的争议焦点。一般而言，过错包括故意和过失。根据本案查明的事实，覃维某无故意加害曾某某的目的和行为，且本案也无证据证明覃维某在明知曾某某有不能独立进食芭蕉的特殊体质的情况下，仍放任曾某某独立进食芭蕉，故覃维某不存在故意侵权行为。同时，法院认为覃维某对于曾某某进食芭蕉窒息死亡不存在过失，理由有如下三点：（1）事发时，曾某某是已满五周岁的学龄前儿童，从一般生活经验来看，其已具备独立进食包括本案芭蕉在内的常见食物的能力，比曾某某年幼的覃维某的孙子覃光某事发当天也独立进食芭蕉，由此可见，覃维某对于曾某某独立进食芭蕉的注意标准与其处理自己同样事务的标准一致。（2）对于并非曾某某临时监护人的覃维某，不能苛求其一直照看曾某某，并且事发当日早上，曾某某已经与覃光某一起进食过芭蕉，当时并没有异常，而事发时为当日下午，才发现曾某某进食芭蕉窒息，对此后果无法预见，事后其也尽力协助救治曾某某，不能据此认为覃维某存在疏忽或者懈怠。（3）从民法的基本价值立场出发，民法应是鼓励民事主体积极地展开社会交往，如果将小孩之间分享无明显安全隐患食物的行为定性为过失，无疑限制人之行为自由，与过错责任原则的立法宗旨不符。据此，二审判决驳回上诉，维持原判。

【法理分析】

《民法典》第1165条第1款规定："行为人因过错侵害他人民事权益造成损害的，应当承担侵权责任。"本条款是对过错责任原则的规定。从其表述中可以看出，过错责任有四项构成要件：不法行为、损害、因果关系以及过错。而本案的争议即聚焦在过错和因果关系这两项构成要件上。

就被告苏燕某而言，其将芭蕉赠送给覃光某的行为得到了覃维某夫妻的默示同意，且其随后便离开菜地，事发时其本人也并不在现场。这表明对案涉芭蕉享有控制力的人已经由苏燕某转变为覃维某夫妻。案涉芭蕉本身符合食用的安全要求，苏燕某将其作为一般的食品分享给邻里朋友属于人之常情。不论覃维某夫妻和覃光某是自行食用芭蕉，还是将芭蕉再分享给其他人食用，苏燕某都不需要为案涉芭蕉的后续流转尽到额外的注意。而且覃光某将芭蕉再次分享给曾某某更多是出于偶然的因素，曾某某因食用芭蕉而窒息死亡与苏燕某将芭蕉赠送给覃光某的行为之间只具有很微弱的事实上的联系，并不具有高度可能的因果关系。苏燕某不可能预见芭蕉最终会交到曾某某手上，更不可能预见曾某某在进食芭蕉时因噎窒息。因此，被告苏燕某的行为不具有过错，其与曾某某死亡的损害结果之间也不具有因果关系。

就被告覃维某而言，其行为与曾某某窒息死亡之间有着更为紧密的事实上的联系。但是，这并不意味着覃维某的行为必然具有过错。覃维某如果寸步不离地照看曾某某，的确有可能发现曾某某食用芭蕉过快过急，可能会避免悲剧的发生。但是，要求覃维某尽到此种极高的注意义务无疑是不合理的。年满五周岁的孩童已经具有一定程度的辨识能力，一般而言具备食用诸如芭蕉之类常见食物的独立进食能力，成年人对此不需要尽到高度注意并加以看管。覃维某夫妻虽然对曾某某独立进食芭蕉的行为未加看管，但是这种未加看管的行为并未违反理性人的注意标准，因而不具有过失。二审法院对这一问题的判断无疑是正确的。

过错责任原则是我国民法典侵权责任编中最为基础性、最具有一般性的归责原则。过错责任原则的含义是，有损害不一定有责任，只有在行为人具有过错且不法行为与损害后果之间具有因果关系的情况下，行为人才需要承担损害赔偿责任。本案中，原告提出的“因案涉芭蕉是被告苏燕某提供的，因此被告需要承担责任”以及“因曾某某窒息死亡时被告覃维某在场，因此被告需要承担责任”等主张实际上是“有损害必有责任”思想的体现。需要警惕的是，“有损害必有责任”的思想会过分限制行为自由，使得人们动辄得咎，妨碍正常的社会交往。在实践中适用过错责任原则时，应当注意严格把握过错要件与因果关系要件的判断标准，不可因存在损害就放宽二者的判断标准，否则将会导致过错责任的滥用。当行为人的行为不具有过错，或者其行为与损害后果之间不具有因果关系时，即使损害结果较为严重，一般而言法院也应当明确拒绝“有损害必有责任”的思想，否定侵权责任的成立，从而树立符合公平正义理念的社会价值观。

（本案例由曹权之同学整理）

第二章　损害赔偿

◎ 本章提要

本章是关于损害赔偿的规定，共9个条文（第1179条至第1187条）。第1179条至第1181条是关于人身损害赔偿的规定。第1182条至第1184条分别规定侵害人身权益造成财产损失、精神损害的损害赔偿，以及财产损失的损害赔偿规则。第1185条是关于故意侵害知识产权情节严重情形承担惩罚性赔偿责任的规定。第1186条是关于受害人和行为人分担损失的指引性条文。第1187条是关于赔偿费用支付方式的规定。损害赔偿或者说赔偿损失，是侵权责任法的责任方式之一种，除此以外还包括恢复原状、停止侵害、排除妨碍、消除危险、消除影响、恢复名誉、赔礼道歉等（《民法典》第179条）。侵权责任编以专章规定损害赔偿，凸显了这种责任方式的主导地位。

第一千一百七十九条　【人身损害赔偿范围】侵害他人造成人身损害的，应当赔偿医疗费、护理费、交通费、营养费、住院伙食补助费等为治疗和康复支出的合理费用，以及因误工减少的收入。造成残疾的，还应当赔偿辅助器具费和残疾赔偿金；造成死亡的，还应当赔偿丧葬费和死亡赔偿金。

【条文主旨】

本条是关于侵权行为或者准侵权行为造成被侵权人人身损害，赔偿项目的规定。

【核心概念】

死亡赔偿金

死亡赔偿金是指被侵权人因侵权人的侵害行为而死亡，侵权人应当支付给被侵权人近亲属的金钱赔偿。死亡赔偿金的意义在于维持近亲属与被侵权人死亡前大致相当的物质生活水平。①

残疾赔偿金

残疾赔偿金是指在人身损害侵权案件中，被侵权人受害致残，侵权人应当向被侵权人支付的金钱赔偿。

【理解与适用】

一、我国人身损害赔偿制度的发展

（一）法律和司法解释建立起来的人身损害赔偿制度

1986 年《民法通则》第 119 条对人身损害赔偿制度作出了规定，赔偿的项目包括：医疗费、因误工减少的收入、残废者生活补助费等费用；造成死亡的，应当支付丧葬费、死者生前扶养的人必要的生活费等费用。

2003 年《最高人民法院关于审理人身损害赔偿案件适用法律若干问题的解释》第 17 条规定的赔偿项目包括：（1）一般情形下为赔偿医疗费、误工费、护理费、交通费、住宿费、住院伙食补助费、必要的营养费；（2）对于侵权致残情形，还包括赔偿残疾赔偿金、残疾辅助器具费、被扶养人生活费以及因康复护理、继续治疗实际发生的必要的康复费、护理费、后续治疗费；（3）对于侵权致死情形，除了赔偿一般情形产生的费用外，还应赔偿丧葬费、被扶养人生活费、死亡补偿费以及受害人亲属办理丧葬事宜支出的交通费、住宿费和误工损失等其他合理费用。

《侵权责任法》第 16 条规定的赔偿项目包括：（1）医疗费、护理费、交通费等为治疗和康复支出的合理费用，以及因误工减少的收入。（2）造成残疾的，还应当赔偿残疾生活辅助具费和残疾赔偿金。（3）造成死亡的，还应当赔偿丧葬费和死亡赔偿金。《最高人民法院关于适用〈中华人民共和国侵权责任法〉若干问题的通知》规定："……人民法院适用侵权

---

① 参见张新宝：《〈侵权责任法〉死亡赔偿制度解读》，载《中国法学》2010 年第 3 期。

责任法审理民事纠纷案件，如受害人有被抚养人的，应当依据《最高人民法院关于审理人身损害赔偿案件适用法律若干问题的解释》第二十八条的规定，将被抚养人生活费计入残疾赔偿金或死亡赔偿金……”

《民法典》第1179条的规定与《侵权责任法》第16条的规定几乎完全相同。

（二）几项重要制度的发展

1. 死亡赔偿金和残疾赔偿金制度的确立

《民法通则》没有规定死亡赔偿金和残疾赔偿金。依其规定侵权行为导致被侵权人死亡的，如果生前没有被抚养人，无须对死亡这一损害进行赔偿。如果生前有被抚养人的，则需要赔偿被抚养人生活费。2003年《最高人民法院关于审理人身损害赔偿案件适用法律若干问题的解释》试图改变这种状况，在赔偿项目中除保留被抚养人生活费外，增加了死亡赔偿金。“死亡赔偿金按照受诉法院所在地上一年度城镇居民人均可支配收入或者农村居民人均纯收入标准，按二十年计算。但六十周岁以上的，年龄每增加一岁减少一年；七十五周岁以上的，按五年计算。”（该司法解释第29条）但是这一城乡“同命不同价”的规定一直受到质疑。《侵权责任法》直接规定了死亡赔偿金项目，《民法典》承继了相关规定，《最高人民法院关于适用〈中华人民共和国侵权责任法〉若干问题的通知》要求“将被抚养人生活费计入残疾赔偿金或死亡赔偿金”。至此，死亡赔偿金正式作为人身损害赔偿项目得以确认，被抚养人生活费计入残疾赔偿金或者死亡赔偿金项目。

残疾赔偿金作为人身损害赔偿项目的确认历程与死亡赔偿金大致相同。所不同的是，计算标准不涉及城乡二元结构问题，产生的争议比较小。被扶养人生活费，也计入残疾赔偿金项下。

2. 被抚养人生活费被吸收

《民法通则》第119条中的被抚养人生活费被后来的《侵权责任法》第16条和《民法典》第1179条规定的死亡赔偿金和残疾赔偿金吸收，计入死亡赔偿金或残疾赔偿金。

3. 精神损害赔偿性质的变化

《民法通则》没有对死亡赔偿金和残疾赔偿金作出规定，也没有规定人身损害案件中被侵权人的精神损害赔偿请求权。2001年的司法解释①规

---

①《最高人民法院关于确定民事侵权精神损害赔偿责任若干问题的解释》（法释〔2001〕7号）。

定：（1）生命权、健康权、身体权受到侵害的，被侵权人一方得请求精神损害赔偿（第 1 条）；（2）精神抚慰的方式包括死亡赔偿金和残疾赔偿金（第 9 条）。至此，虽然法律没有对死亡赔偿金和残疾赔偿金作出规定，但是司法解释规定了死亡和残疾的精神损害赔偿，精神损害赔偿似乎起到了死亡赔偿金和残疾赔偿金的作用。

2003 年的《最高人民法院关于审理人身损害赔偿案件适用法律若干问题的解释》[①] 明确确认死亡赔偿金项目和残疾赔偿金项目，并将二者界定为财产性质的赔偿（第 31 条），同时保留相关的精神损害赔偿（第 18 条）。至此，死亡赔偿金和残疾赔偿金与精神损害赔偿并存。《侵权责任法》吸收了司法解释的这一成果，于第 16 条规定了死亡赔偿金和残疾赔偿金，第 22 条规定的精神损害赔偿也适用于死亡和残疾的案件。《民法典》承继了《侵权责任法》的规定。

二、医疗费、护理费、交通费、营养费、住院伙食补助费

（一）医疗费

医疗费是指为医治受伤的被侵权人所花费的诊疗费、医药费、住院费等费用，包括抢救医疗费用和相关的一般治疗的医疗费用；也包括即时医疗费用和后续医疗费用；被侵权人死亡前发生的医疗费用也属于应当赔偿的医疗费用。《最高人民法院关于审理人身损害赔偿案件适用法律若干问题的解释》规定：医疗费根据医疗机构出具的医药费、住院费等收款凭证，结合病历和诊断证明等相关证据确定。赔偿义务人对治疗的必要性和合理性有异议的，应当承担相应的举证责任。

（二）护理费

护理费是指被侵权人受到人身伤害在医疗、康复期间使用护理人员发生的费用，以及因残疾而使用护理人员照护日常生活发生的费用。《最高人民法院关于审理人身损害赔偿案件适用法律若干问题的解释》规定：（1）护理费根据护理人员的收入状况和护理人数、护理期限确定。（2）护理人员有收入的，参照误工费的规定计算；护理人员没有收入或者雇用护工的，参照当地护工从事同等级别护理的劳务报酬标准计算。护理人员原则上为一人，但医疗机构或者鉴定机构有明确意见的，可以参照确定护理人员人数。（3）护理期限应计算至被侵权人恢复生活自理能力时止。被侵权人因残疾不能恢复生活自理能力的，可以根据其年龄、健康状况等因素

---

① 《最高人民法院关于审理人身损害赔偿案件适用法律若干问题的解释》（法释〔2003〕20 号）。

确定合理的护理期限，但最长不超过20年。(4) 受害人定残后的护理，应当根据其护理依赖程度并结合配制残疾辅助器具的情况确定护理级别。

(三) 交通费

交通费是指处理人身损害相关事项发生的交通费用。《最高人民法院关于审理人身损害赔偿案件适用法律若干问题的解释》规定：交通费根据被侵权人及其必要的陪护人员因就医或者转院治疗实际发生的费用计算。交通费应当以正式票据为凭；有关凭据应当与就医地点、时间、人数、次数相符合。在目前使用自有乘用车的情况下，使用自有乘用车发生的费用如燃油费、过路费等，似乎也应当计入可以获得赔偿的交通费。

(四) 营养费

营养费是指为了促进被侵权人身体康复、技能和体能恢复购买必要营养食品所发生的费用。《最高人民法院关于审理人身损害赔偿案件适用法律若干问题的解释》规定，营养费根据被侵权人伤残情况参照医疗机构的意见确定。笔者认为，购买没有明确疗效或缺乏科学依据的"保健品"，其费用一般不能计入可以获得赔偿的"营养费"。

(五) 住院伙食补助费

住院伙食补助费是指被侵权人在住院期间为了治疗和康复需要提高、改善膳食而额外增加的伙食费用。此等费用，以治疗和康复之必要为限。

三、误工减少的收入

误工减少的收入，是指被侵权人受到人身损害导致不能正常工作而减少的工资收入或其他类型的合理收入。法律规定，侵权人应当赔偿被侵权人因误工减少的收入损失。《最高人民法院关于审理人身损害赔偿案件适用法律若干问题的解释》规定：(1) 误工费（误工收入）根据被侵权人的误工时间和收入状况确定。(2) 误工时间根据被侵权人接受治疗的医疗机构出具的证明确定。被侵权人因伤致残持续误工的，误工时间可以计算至定残日前一天。(3) 被侵权人有固定收入的，误工费按照实际减少的收入计算。被侵权人无固定收入的，按照其最近三年的平均收入计算；被侵权人不能举证证明其最近三年的平均收入状况的，可以参照受诉法院所在地相同或者相近行业上一年度职工的平均工资计算。

四、残疾生活辅助器具费用

被侵权人受到人身损害，身体健康和肢体、器官功能受损，需要借助辅助器具帮助维持相对正常的生活，因而法律规定对于因侵权行为致残者所需的生活辅助器具费用，侵权人应当予以赔偿。常见的辅助器具包括义眼、假肢、轮椅等。

《最高人民法院关于审理人身损害赔偿案件适用法律若干问题的解释》规定：（1）残疾辅助器具费按照普通适用器具的合理费用标准计算。（2）伤情有特殊需要的，可以参照辅助器具配制机构的意见确定相应的合理费用标准。（3）辅助器具的更换周期和赔偿期限参照配制机构的意见确定。

五、丧葬费

（一）丧葬费的概念

丧葬费是指被侵权人死亡情形下，为火化、安葬等支出的必要费用。尽管有些国家（或者其特定的州）的法律拒绝丧葬费的赔偿，认为人迟早是要死的，应当为自己的死亡“买单”，但我国古代法以来就确认丧葬费的赔偿，名称上有所谓“烧埋银”等。《民法通则》实施以来，丧葬费一直是人身损害（侵权致死）赔偿的一个项目。

（二）丧葬费的标准

丧葬费按照受诉法院所在地上一年度职工月平均工资标准，以六个月总额计算。这是一个动态的计算标准，如果受诉法院所在地上一年度职工月平均工资提高，丧葬费也将提高。

六、死亡赔偿金

（一）死亡赔偿金的性质

依据我国法律和司法解释的规定，死亡赔偿是财产性质的损害赔偿而非精神损害赔偿；是对近亲属自身利益受损进行的救济，而不是对生命本身的赔偿，所以不存在“同命同价”或者“同命不同价”的问题；是近亲属自身依法享有的损害赔偿请求权，而不是从死者处继承来的损害赔偿请求权（《民法典》第1181条第1款）。

（二）死亡赔偿金的计算标准

司法解释规定：死亡赔偿金按照受诉法院所在地上一年度城镇居民人均可支配收入或者农村居民人均纯收入标准，按二十年计算。但六十周岁以上的，年龄每增加一岁减少一年；七十五周岁以上的，按五年计算。[①]司法解释确定的死亡赔偿金城乡二元计算标准一直受到争议。缓和此等争议的实践做法是：（1）不以户口所在地，而以实际的工作、生活、上学地作为判断“城镇居民”的标准，将没有城镇户口但是在城镇工作、生活、学习的人认定为“城镇居民”。（2）试点取消此等二元标准，统一适用城

① 参见《最高人民法院关于审理人身损害赔偿案件适用法律若干问题的解释》第29条。

镇居民可支配收入标准计算死亡赔偿金。[①]

与《侵权责任法》第16条一样，《民法典》第1179条没有对死亡赔偿的标准或者数额作出规定，这一问题仍然有赖于最高人民法院通过司法解释等方式解决。过分简单化的城乡二元赔偿标准缺乏足够的公平正义基础，而完全相同数额的死亡赔偿金则更不妥。笔者认为，未来侵权案件中死亡赔偿金的计算，应当更多考虑死者的个体差异，特别是其生前的收入情况。

七、残疾赔偿金

（一）残疾赔偿金的性质

残疾赔偿是财产性质的损害赔偿，不是精神损害赔偿。残疾赔偿是对被侵权人丧失或者部分丧失劳动能力即挣钱能力的赔偿，而不是对被侵权人精神损害的赔偿。对于被侵权人因残疾而遭受的精神损害，法律设定了专门条文予以救济（《民法典》第1183条）。

（二）残疾赔偿金的计算标准

1. 三种不同价值取向主导的残疾赔偿金计算标准

残疾赔偿金的计算标准或者说数额确定取决于其立法上的价值取向：（1）如果是为了维持被侵权人的生存或者最低生活水准，则无疑会确定较低的残疾赔偿金。（2）如果是为了维持被侵权人与当地居民相当的社会水准，就会以当地城镇居民人均可支配收入或者农村居民人均纯收入作为标准确定赔偿数额。（3）如果是以“恢复原状”为赔偿的价值取向，损害赔偿的目的在于救济被侵权人，使其维持与受害前大致相当的物质生活水平，就会较多考虑与其劳动能力、收入状况相关的个人因素。《民法通则》及其实践确定的残疾赔偿标准，大致反映了第一种价值取向；《最高人民法院关于审理人身损害赔偿案件适用法律若干问题的解释》以及其后的实践，大致反映了第二种价值取向；笔者理解从第一种价值取向至第二种价值取向的变化，向往未来能够实现第三种价值取向。

2. 司法解释规定的计算标准

《最高人民法院关于审理人身损害赔偿案件适用法律若干问题的解释》规定：（1）残疾赔偿金根据被侵权人丧失劳动能力程度或者伤残等级，按照受诉法院所在地上一年度城镇居民人均可支配收入或者农村居民人均纯收入标准，自定残之日起按二十年计算。但六十周岁以上的，年龄每增加一岁减少一年；七十五周岁以上的，按五年计算。（2）被侵权人因伤致残

① 参见最高人民法院《关于授权开展人身损害赔偿标准城乡统一试点的通知》。

但实际收入没有减少，或者伤残等级较轻但造成职业妨害严重影响其劳动就业的，可以对残疾赔偿金作相应调整。

【关联规定】

《侵权责任法》（2021 年 1 月 1 日废止）

第十六条　侵害他人造成人身损害的，应当赔偿医疗费、护理费、交通费等为治疗和康复支出的合理费用，以及因误工减少的收入。造成残疾的，还应当赔偿残疾生活辅助具费和残疾赔偿金。造成死亡的，还应当赔偿丧葬费和死亡赔偿金。

《民法通则》（2021 年 1 月 1 日废止）

第一百一十九条　侵害公民身体造成伤害的，应当赔偿医疗费、因误工减少的收入、残废者生活补助费等费用；造成死亡的，并应当支付丧葬费、死者生前扶养的人必要的生活费等费用。

《最高人民法院关于审理人身损害赔偿案件适用法律若干问题的解释》

第十七条　受害人遭受人身损害，因就医治疗支出的各项费用以及因误工减少的收入，包括医疗费、误工费、护理费、交通费、住宿费、住院伙食补助费、必要的营养费，赔偿义务人应当予以赔偿。

受害人因伤致残的，其因增加生活上需要所支出的必要费用以及因丧失劳动能力导致的收入损失，包括残疾赔偿金、残疾辅助器具费、被扶养人生活费，以及因康复护理、继续治疗实际发生的必要的康复费、护理费、后续治疗费，赔偿义务人也应当予以赔偿。

受害人死亡的，赔偿义务人除应当根据抢救治疗情况赔偿本条第一款规定的相关费用外，还应当赔偿丧葬费、被扶养人生活费、死亡补偿费以及受害人亲属办理丧葬事宜支出的交通费、住宿费和误工损失等其他合理费用。

第一千一百八十条　【以相同数额确定死亡赔偿金】因同一侵权行为造成多人死亡的，可以以相同数额确定死亡赔偿金。

【条文主旨】

本条是关于同一侵权行为造成多人死亡可以以相同数额确定死亡赔偿金的规定。

【核心概念】

多人死亡

本条规定的多人死亡，是指较多自然人的死亡，其数量足以适用特别的规则：以相同数额确定死亡赔偿金。

【理解与适用】

一、本条的体系解释

《民法典》第1179条是关于人身损害赔偿的一般规定，涉及一般情况下的损害赔偿，也对死亡、残疾情况下的损害赔偿尤其是赔偿项目（赔偿范围）作出了规定。但是，如前所述，该条对死亡赔偿金和残疾赔偿金的计算标准没有作出规定。

本条延续了前条的规范范围，仍然是对人身损害赔偿问题进行规定。但是它不再是对人身损害赔偿作出全面的规定，甚至不是对侵权致人死亡的损害赔偿作出全面的规定，它所聚焦的是侵权致人死亡案件中死亡赔偿金问题，而且是特定情形的死亡赔偿金问题。它也没有对死亡赔偿金的计算标准或者具体数额给出确定的答案，而只是规定特定情形下对死亡的多人之近亲属可以以相同数额确定死亡赔偿金。这个“特定情形”就是“同一侵权行为造成多人死亡”。

基于以上讨论可以看出：前条规定了人身损害赔偿的一般情形，本条是规定人身损害赔偿的特别情形，二者是“普通法与特别法”的关系。同时，由于前条对死亡赔偿的标准和数额没有作出规定，本条也没有对死亡赔偿的标准和数额作出规定，但是对部分侵权死亡赔偿案件（多人死亡）的近亲属获得死亡赔偿金的“相同数额”作出了赋予法官裁量权的规定，可以理解为是对前条的补充规定。

基于两条法律规定，“普通法与特别法”的关系以及补充与被补充的关系，体系解释的结果是：（1）遇到“同一侵权行为造成多人死亡”的情形，在决定给予多个近亲属原告死亡赔偿金时，可以选择相同数额或者不同数额。是否为相同数额，取决于法官对各种相关情况的裁量。（2）从本条的规定反观前条，得出的结论是“一般情况下死亡赔偿金的数额是不相同的”。否则，就不用本条特意规定“同一侵权行为造成多人死亡”的情形可以以相同数额确定死亡赔偿金了。

二、本条的文义解释

（一）同一侵权行为

本条中的“同一侵权行为”，包括行为人实施的同一侵权行为，也包括同一致害原因的准侵权行为。在实践中，恶性交通事故、矿难事故、空难事故、生产事故、环境事故等，作为“同一侵权行为”造成多人死亡的情况比较常见。这里的“同一”，一般应从侵权行为或者准侵权行为作为同一原因来界定。单一原因造成损害（多人死亡）、数个原因结合发生作用导致多人死亡，属于本条规定的“同一侵权行为”造成多人死亡。

（二）多人死亡

法律和司法解释没有对“多人”到底是多少人或者多少人以上作出规定，学界对此存在争议，有人认为三人以上即为多人。① 笔者倾向于认为，此处的“多人”不宜从人们一般理解的文义上进行界定，而应该从立法目的上进行理解。法律如果区别二人死亡与三人死亡，设专门条文规定前者不适用相同数额的死亡赔偿金、后者可以适用相同数额的死亡赔偿金，是没有任何意义的。法律之所以设本条处理多人死亡的死亡赔偿金问题，旨在及时处理案件，避免影响社会稳定。而能影响社会稳定的，绝非三人、四人，而应该是众多的多人。所以，笔者倾向于认为，这条法律主要适用于死亡人数众多，如数十人、数百人等大规模侵权案件。交通事故责任中死亡三人或者死亡二人，并无本质区别，也无设置特别规定处理死亡赔偿金的必要。

（三）“可以”就是“可以”

有学者曾主张《侵权责任法》第 17 条规定的“可以”是“应该”的意思。在此等案件中法官应该判决相同数额的死亡赔偿金对死亡的多人之近亲属予以赔偿救济；如果适用不同数额的死亡赔偿金，则应说明理由。② 笔者认为，这里的“可以”就是“可以”而不是“应该”。如果立法者要限制法官的裁量权，使其原则上都判决相同数额的死亡赔偿金，就会使用

---

① 有学者认为多人应当理解为二人及二人以上，如此更有利于衡平个案利益，促使侵权责任法内在逻辑的一致性。参见叶鑫欣、林振泰：《论多人死亡交通事故中死亡赔偿金制度的适用——对〈侵权责任法〉第 17 条的解读》，载《法律适用》2011 年第 5 期。相似观点可参见徐彰：《同命该如何同价——浅析侵权责任法第十七条》，载《东南大学学报》2012 年第 6 期。

② 参见王利明：《侵权责任法》，中国人民大学出版社 2016 年版，第 179 页。相似观点可参见叶名怡：《论死亡赔偿范围》，载《法商研究》2010 年第 5 期。

“应该”的措辞而不是使用“可以”。如果《侵权责任法》立法没能使用“正确”的措辞，而立法者的本意是“应该”，也会在本次《民法典》编纂中予以纠正，使用“应该”。但是立法并没有做这样的修正，本条沿用了《侵权责任法》第17条的规定。这表明立法者在此希望表达的仍然是“可以”而不是“应该”。

在法律条文的文义解释上，“可以”可解释为“可以”和“可以不”两种情况。依此解释，于同一侵权行为造成多人死亡的，法官可以以相同数额确定死者近亲属的死亡赔偿金，也可以以不同数额确定死者近亲属的死亡赔偿金。法官在此等情形下享有依据情势作出不同选择的裁量权。

【关联规定】

《侵权责任法》（2021年1月1日废止）

第十七条 因同一侵权行为造成多人死亡的，可以以相同数额确定死亡赔偿金。

第一千一百八十一条 【被侵权人死亡时请求权主体的确定】被侵权人死亡的，其近亲属有权请求侵权人承担侵权责任。被侵权人为组织，该组织分立、合并的，承继权利的组织有权请求侵权人承担侵权责任。

被侵权人死亡的，支付被侵权人医疗费、丧葬费等合理费用的人有权请求侵权人赔偿费用，但是侵权人已经支付该费用的除外。

【条文主旨】

本条有两款规定。第1款有两项内容：一是关于在被侵权人死亡情况下近亲属的损害赔偿请求权的规定；二是关于被侵权人为组织，该组织分立、合并的，承继权利的组织有权请求侵权人承担侵权责任的规定。

第2款是关于适格的案外第三人有权请求侵权人赔偿医疗费、丧葬费等合理费用的规定。

【核心概念】

组织的合并和分立

组织的合并和分立，主要指法人的合并和分立，是《民法典》总则编所调整的内容（《民法典》第 67 条）。基本法律规则是：如果没有法律的特别规定或者当事人的特别约定安排，合并后的法人承继合并前各法人的权利义务。于法人分立情形，则分立后的数个法人承继分立前法人的权利义务（成立连带债权和连带债务）。非法人组织的分立和合并，权利义务的承继规则与法人的基本相同（《民法典》第 108 条）。

【理解与适用】

一、被侵权人死亡的，其近亲属有权请求侵权人承担侵权责任

被侵权人死亡的，一系列损害赔偿权无法通过其自身的行为实现。这些请求权包括已经发生的医疗费、护理费、交通费、营养费等费用。此外，由于死亡事实的出现，对近亲属造成供养损失和精神损害，同时还需要支付丧葬费和交通费等费用。被侵权人死亡，其近亲属“有权请求侵权人承担侵权责任”，此等请求权有些继受于被侵权人，主要是指对已经发生的医疗费、护理费、交通费、营养费等费用的损害赔偿请求权；有些是因为自己的合法权益遭受损害而产生的损害赔偿请求权，主要是指死亡赔偿金请求权、精神损害赔偿请求权、丧葬费等费用的赔偿请求权。在被侵权人死亡的情形，其近亲属享有两种不同性质、不同来源的损害赔偿请求权。

二、被侵权人为组织，该组织分立、合并的，承继权利的组织有权请求侵权人承担侵权责任

民法原理认为，法人和非法人组织发生分立、合并的，承继其权利的法人或者非法人组织承继其权利也承担其对他人的义务。《民法典》第 67 条规定：“法人合并的，其权利和义务由合并后的法人享有和承担。法人分立的，其权利和义务由分立后的法人享有连带债权，承担连带债务，但是债权人和债务人另有约定的除外。”第 108 条规定：“非法人组织除适用本章规定外，参照适用本编第三章第一节的有关规定。”

对于侵权责任法上之损害赔偿请求权和赔偿义务，也同样适用这一原理。故本条规定，在被侵权人为组织（法人或者非法人组织）的情形下，该组织分立、合并的，承继权利的组织有权请求侵权人承担侵权责任。

三、适格的案外第三人有权请求侵权人赔偿医疗费、丧葬费等合理费用

在某些情况下，案外第三人本来没有义务和责任支付被侵权人医疗费、丧葬费等合理费用，但是出于救助紧急危难或者其他原因而支付了此等费用。此等行为本质上构成无因管理，作为管理人的案外第三人有权向受益人追偿，在这样的案件中，侵权人有义务支付此等费用，因他人的支付而免于支付，是受益人。故案外第三人有权请求侵权人赔偿其所支付的医疗费、丧葬费等合理费用。

在另一些情况下，法律规定某些主体有义务垫付医疗费等紧急发生的费用，如交强险的保险人、道路交通事故救助基金等。此等主体在垫付了医疗费等费用后，有权向侵权人追偿（请求赔偿）。

案外第三人之所以有权请求侵权人赔偿医疗费、丧葬费等合理费用，是因为其支付了相关费用。在先支付相关费用是案外第三人“适格”的必要条件。此外，如侵权人自己已经进行了此等支付，则不产生案外第三人的赔偿请求权。如果案外第三人重复进行了此等支付，则可以以返还不当得利为由请求接受支付者返还。

【关联规定】

《侵权责任法》（2021 年 1 月 1 日废止）

第十八条 被侵权人死亡的，其近亲属有权请求侵权人承担侵权责任。被侵权人为单位，该单位分立、合并的，承继权利的单位有权请求侵权人承担侵权责任。

被侵权人死亡的，支付被侵权人医疗费、丧葬费等合理费用的人有权请求侵权人赔偿费用，但侵权人已支付该费用的除外。

第一千一百八十二条　【侵害他人人身权益造成财产损失的赔偿计算方式】侵害他人人身权益造成财产损失的，按照被侵权人因此受到的损失或者侵权人因此获得的利益赔偿；被侵权人因此受到的损失以及侵权人因此获得的利益难以确定，被侵权人和侵权人就赔偿数额协商不一致，向人民法院提起诉讼的，由人民法院根据实际情况确定赔偿数额。

【条文主旨】

本条是关于侵害他人人身权益造成财产损失损害赔偿的规定。

【核心概念】

侵权获利

侵权获利是指侵权人因侵害他人民事权益的行为获得利益，主要是指财产（经济）性质的利益。此等获利没有法律规定或者当事人约定的合法性基础，属于广义上不当得利。依据我国法律规定，被侵权人可以在损害赔偿请求中，请求将此等获利作为其受到的损害予以赔偿，无须另行提起返还不当得利之诉。

【理解与适用】

一、适用范围

本条规定基本上继受了《侵权责任法》第 20 条的规定，只是在几个赔偿标准的适用顺序上作出了适当调整。

本条适用于侵害人身权益造成被侵权人财产损失的情况，是关于此等情况下财产损失损害赔偿标准及其标准的适用顺序的规定。以下两种情况不适用本条的规定：（1）侵害被侵权人人身权益只造成精神损害没有造成财产损失的，不适用本条规定；（2）侵害被侵权人财产权益的，不适用本条的规定。

是否所有侵害被侵权人人身权益并造成财产损失案件的财产损失之损害赔偿都适用本条规定呢？法律条文没有明确排除某些类型的案件。但是考虑到本法第 1179 条对侵害生命权、身体权、健康权造成人身损害和财产损失的损害赔偿作出了全面规定，医疗费、护理费、交通费、营养费等为治疗和康复支出的合理费用以及误工减少的收入、残疾赔偿金、死亡赔偿金和丧葬费等都纳入了该条的赔偿范围，本条似乎没有适用的余地和空间。因此，本条虽然写明适用于“侵害他人人身权益造成财产损失的”案件之财产损失的损害赔偿，但是似乎并不适用于侵害生命、身体、健康权造成财产损失的损害赔偿，而只适用于侵害其他人身权益造成财产损失的损害赔偿，如侵害人身自由和人格尊严、姓名权、名称权、名誉权、荣誉权、隐私权、婚姻自主权以及个人信息等受到侵害造成财产损失的案件。

人身自由和人格尊严、姓名权、名称权、名誉权、荣誉权、隐私权、婚姻自主权以及个人信息，学理上一般称为“非物质性人身权益”。

二、按照被侵权人因此受到损失赔偿或者侵权人因此获得的利益赔偿

侵害被侵权人的人身权益包括侵害“非物质性人身权益”，除可能产生其他损害后果外，还可能造成被侵权人的财产损失。这样的“财产损失”往往不是侵权行为导致的主要损害后果，而是次要的、“附带”的或者衍生的后果，如被侵权人为了保护和救济自己受到侵害的人身权益而花费的律师费、交通费、差旅费以及误工减少的收入等。本条对被侵权人因此遭受的财产损失予以救济，规定了损害赔偿的标准和标准值适用顺序。

在发生此等损害赔偿时，法律规定按照被侵权人因此受到的损失赔偿或者侵权人因此获得的利益赔偿。这里规定了两个损害赔偿标准：按照被侵权人因此受到的损失进行赔偿、按照侵权人因此获得的利益进行赔偿。这两个标准是并列的和可选择的，被侵权人可以选择其中对自己更为有利的一个标准请求赔偿。

被侵权人主张财产损失的损害赔偿，需要对其遭受的财产损失或者被侵权人因为实施侵权行为获得的财产（经济）利益进行举证和证明。被侵权人进行选择通常会考虑两个因素，一是可能获得赔偿的数额，二是举证的难度。

三、赔偿数额协商不成的由人民法院根据实际情况确定

在无法适用上述两个损害赔偿标准的情况下，双方当事人可以就赔偿数额进行协商，达成一致的协议。在此等协议不违反法律、第三人利益和公序良俗的情况下，法院应当予以认可。而在不能达成协议的情况下，由法院根据具体情况确定赔偿数额。至于根据哪些“具体情况”，需要进行个案化的考量。

在刘某诉《××购物指南》报社等侵害其肖像权的案件①中，一审法院判决侵权责任不构成、原告败诉；二审法院撤销一审法院的判决，改判侵权责任构成、原告（上诉人）胜诉。而对于原告提出的高达百万元的赔偿请求，二审法院并没有支持，而是仅判决数万元的赔偿。其理由为：（1）原告没有对自己遭受的实际损失提供证据加以证明；（2）原告没有对被告获得利益的情况进行举证和证明；（3）双方当事人未能就赔偿协商一致、达成协议。在这样的情况下，二审法院“根据实际情况确定赔偿数额”，赔偿的数额大致等同于原告支付的律师服务费用。这一经典案例

---

① 参见北京市第一中级人民法院（2005）一中民终字第8144号民事判决书。

可以帮助人们较好地理解“由人民法院根据实际情况确定赔偿数额”的旨趣。

【关联规定】

《侵权责任法》（2021 年 1 月 1 日废止）

第二十条　侵害他人人身权益造成财产损失的，按照被侵权人因此受到的损失赔偿；被侵权人的损失难以确定，侵权人因此获得利益的，按照其获得的利益赔偿；侵权人因此获得的利益难以确定，被侵权人和侵权人就赔偿数额协商不一致，向人民法院提起诉讼的，由人民法院根据实际情况确定赔偿数额。

第一千一百八十三条　【精神损害赔偿】侵害自然人人身权益造成严重精神损害的，被侵权人有权请求精神损害赔偿。

因故意或者重大过失侵害自然人具有人身意义的特定物造成严重精神损害的，被侵权人有权请求精神损害赔偿。

【条文主旨】

本条有两款。第 1 款是关于侵害自然人人身权益造成严重精神损害的损害赔偿规定。第 2 款是关于侵害自然人具有人身意义的特定物造成严重精神损害的损害赔偿规定。

【核心概念】

精神损害

精神损害是指自然人因人身权益遭受侵害而产生的精神痛苦、肉体疼痛或其他精神严重反常情况。在我国目前法律规定框架下，死亡、残疾属于人身损害，不属于精神损害。但是死亡事实可能导致近亲属精神损害，残疾后果可能导致被侵权人精神损害。精神损害从受害的主体上划分，可以分为被侵权人的精神损害与其近亲属的精神损害，我国法律对二者都予以救济；精神损害从程度上可以划分为轻微精神损害、一般精神损害与严重精神损害，我国法律仅对严重精神损害予以救济。

自然人具有人身意义的特定物

自然人具有人身意义的特定物是指自然人所有或者合法占有的具有唯一性或不可替代性的附着人身意义的物品，如家谱、老照片等。

【理解与适用】

一、我国精神损害赔偿制度的建立与发展

精神损害赔偿是以支付赔偿金的方式救济被侵权人一方因人身权益遭受侵害而产生的精神损害的一项损害赔偿制度。[①]《民法通则》颁布后较长一段时间，法律规定和司法实践中不承认精神损害赔偿。直到2001年《最高人民法院关于确定民事侵权精神损害赔偿责任若干问题的解释》（法释〔2001〕7号）出台，精神损害赔偿才作为一项正式的侵权责任制度得以确立。该司法解释对精神损害赔偿的适用范围、请求精神损害赔偿的合格主体、确定精神损害赔偿数额的因素等基本内容作出了确定。2009年颁布的《侵权责任法》第22条吸收了该司法解释的主要内容，但是将死亡赔偿金、残疾赔偿金从精神损害中排除了出去，从立法上建立了我国的精神损害赔偿制度。《民法典》第1183条与《侵权责任法》第22条的内容大致相同，继受了业已形成的精神损害赔偿制度，而且增加第2款的规定，在此吸收《最高人民法院关于确定民事侵权精神损害赔偿责任若干问题的解释》第4条的成果，规定了侵害自然人具有人身意义的特定物造成严重精神损害的损害赔偿。

二、精神损害赔偿的适用范围

（一）对主体的适用范围

对主体的适用范围，决定被侵权人一方为哪些民事主体时可以依法主张精神损害赔偿。本条法律规定，仅自然人的人身权益受到侵害或者其具有人身意义的特定物受到侵害的，作为被侵权人的自然人有权提出精神损害赔偿的请求。其他民事主体包括法人和非法人组织，不得提出精神损害赔偿请求。法人和非法人组织不具有自然人的思想情感，它们不可能出现类似于自然人精神损害的痛苦、疼痛等，因此不得请求精神损害赔偿。但

---

① 杨立新教授指出："精神损害赔偿是民事主体因其人身权利受到不法侵害，使其人格利益和身份利益受到损害或遭受精神痛苦等无形损害，要求侵权人通过财产形式的赔偿等方法，进行救济和保护的民事法律制度。"参见杨立新：《侵权法论》，人民法院出版社2004年版，第688页。

是法人或非法人组织在其名称权、名誉权、荣誉权、商誉和信用等受到他人侵害而导致财产损失时，可请求财产上的损害赔偿。

依据相关法律和司法解释的规定及其精神，有以下情况之一的，近亲属享有精神损害赔偿请求权：（1）相关被侵权人死亡（不同于死亡赔偿金）；（2）死者的名誉、隐私、姓名、肖像、遗体、遗骨等受到侵害。

（二）对保护权益的适用范围

1. 自然人的人身权益

本条第 1 款规定，侵害自然人人身权益造成严重精神损害的，被侵权人有权请求精神损害赔偿。精神损害赔偿主要适用于对自然人人身权益造成严重精神损害的案件。

2. 自然人具有人身意义的特定物

本条第 2 款规定，侵害自然人具有人身意义的特定物造成严重精神损害的，被侵权人有权请求精神损害赔偿。

3. 侵害债权、物权或者不履行财产性给付义务的合同不适用精神损害赔偿

债权和物权，本质上属于财产权不属于人身权益，对其侵害造成的是财产性质的损害，应当以赔偿财产损失等方式予以救济，而不能以精神损害赔偿予以救济。但是，侵权人实施侵害债权或者物权的行为同时造成被侵权人人身权益受到损害的，被侵权的自然人可依据本条主张精神损害赔偿。

不履行财产性给付义务的违约行为给合同的对方当事人造成财产损失，应当依据合同法的有关规定承担违约责任。但是违约行为同时给对方（自然人）造成人身权益方面损害的，对方（被侵害的自然人）可对因人身权益被侵害产生的精神损害请求精神损害赔偿。

在以“精神愉悦”等为主要给付内容的合同中，一方当事人不履行或者不适当履行其主给付义务，没有满足对方当事人“精神愉悦”需求甚至产生精神不快或痛苦的，违约一方应当承担违约责任包括精神损害赔偿责任。此等“精神损害赔偿”不属于侵害自然人人身权益造成精神损害的损害赔偿，仍然属于违约的损害赔偿。在旅游合同等服务类合同中，常出现此等违约以及责任承担的问题。

（三）对侵权人的过错种类或程度要求

本条第 2 款要求，侵权人承担精神损害赔偿责任，须有主观上的故意或者重大过失。侵权人只有在故意或者重大过失情况下实施侵害自然人人身权益或者侵害自然人具有人身意义的特定物造成严重精神损害的，才承担精神损害赔偿责任。

（四）对精神损害之损害程度要求

本条第1款和第2款均要求被侵权的自然人遭受了“严重精神损害”，侵权人才承担精神损害赔偿责任。如果被侵权的自然人只是一般程度的精神损害或轻微的精神损害，则侵权人不承担精神损害赔偿责任。

（五）对无过错责任案件的适用

一般而言，无过错责任案件的责任之构成并不以行为人的过错为要件（《民法典》第1166条），故无须查明行为人是故意还是过失造成被侵权人的损害。而精神损害赔偿以侵权人的故意或者重大过失为主观上的构成要件，因此如果被侵权的自然人在无过错责任案件中主张精神损害赔偿，则需要对行为人（侵权人）的故意或者重大过失进行举证和证明。此外，在无过错责任案件中，如果法律有特别规定适用精神损害赔偿的，依其规定处理。比如，《俄罗斯联邦民法典》明确规定，高度危险来源造成公民生命、健康损害的，适用精神损害赔偿的侵权责任方式。

三、侵害自然人人身权益造成严重精神损害的损害赔偿

本条第1款规定，侵害自然人人身权益造成严重精神损害的，被侵权人有权请求精神损害赔偿。正确理解和适用本款规定需要把握：（1）仅自然人可以请求精神损害赔偿，法人和非法人组织不能请求精神损害赔偿；（2）自然人的人身权益受到侵害；（3）受到侵害的自然人之精神损害达到严重程度。

（1）和（3）所要求的，已经在上面讨论。自然人的人身权益，是指其各项人身权和法律保护的人身利益，具体规定在《民法典》第一编总则第109条至第112条以及第四编人格权第990条至第1039条。特别需要注意第990条第2款的规定：“除前款规定的人格权外，自然人享有基于人身自由、人格尊严产生的其他人格权益。”

四、侵害自然人具有人身意义的特定物造成严重精神损害的损害赔偿

本条第2款规定了侵害自然人具有人身意义的特定物造成严重精神损害的损害赔偿。正确理解和适用本款规定需要把握：（1）仅自然人可以请求精神损害赔偿，法人和非法人组织不能请求精神损害赔偿；（2）自然人的具有人身意义的特定物受到侵害造成被侵权人精神损害；（3）受到侵害的自然人之精神损害达到严重程度。

（1）和（3）所要求的，已经在上面讨论。具有人身意义的特定物是特定物而非种类物。这种特定物具有人身意义，承载其所有人或者合法占有人某种特殊记忆和情感，如老照片、家谱以及记载特定事件的影视物品、文件等。对于此等具有人身意义的特定物，仅以物权法的保护方式及以侵害财产的损害赔偿保护方式，不足以保护其所有人或者合法占有人的精神情感利益，故法律设专门规定予以精神损害赔偿的救济。

侵害自然人具有人身意义的特定物，是指对该具有人身意义的特定物造成毁损灭失，使其部分或者完全失去表彰特定“人身意义”的功能。对此等特定物的毁损灭失损害，可能承担两种不同性质的损害赔偿责任：基于精神损害的精神损害赔偿责任和基于物损的财产损失赔偿责任。

五、精神损害赔偿数额的确定

（一）决定精神损害赔偿数额的考虑因素

最高人民法院在司法解释中多次对确定精神损害赔偿数额的考虑因素作出规定，这些考虑因素包括：（1）侵权人的过错程度，法律另有规定的除外；（2）侵害的手段、场合、行为方式等具体情节；（3）侵权行为所造成的后果；（4）侵权人的获利情况；（5）侵权人承担责任的经济能力；（6）受诉法院所在地平均生活水平。此外，法律对精神损害赔偿数额有明确规定的，适用其规定。①

1. 侵权人过错程度

过错程度是精神损害赔偿数额的决定因素之一。侵权人故意甚至恶意侵害他人人身权益的，应当承担较高数额的精神损害赔偿责任；具有重大过失的侵权人可能承担较高数额的精神损害赔偿。侵权人仅因为轻微过失或者一般过失侵害他人造成精神损害的，不赔偿精神损害。

2. 侵害的手段、场合、行为方式

侵权人具体侵权情节的不同，反映出侵权人的主观恶意程度和行为社会危害性大小的不同。比如在诽谤（侵害名誉权）的案件中，口头传播还是利用大众媒体或者自媒体传播、侵权行为实施于私人场合还是公众场合、侵权手段一般还是极其卑鄙下流……这些具体情节的差异都反映出侵权人的主观恶性程度以及侵权行为的客观社会影响。此外，具体情节的不同，给被侵权人带来的心理痛苦程度也是不同的，从而损害程度也不同。因此，侵害的手段、场合、行为方式是确定精神损害赔偿数额的重要考虑因素。

3. 侵权行为所造成的后果

精神损害赔偿原则上以侵权行为造成被侵权人严重精神损害后果为要件：在损害后果不严重的情况下，无须精神损害赔偿；后果严重，则精神损害也更严重，侵权人的赔偿责任也更重。可见，侵权行为所造成的后果也是确定精神损害赔偿数额的重要考虑因素。

---

① 参见《最高人民法院关于确定民事侵权精神损害赔偿责任若干问题的解释》第10条。

4. 侵权人的获利情况

确定精神损害赔偿数额，之所以要考虑侵权人的获利情况，是因为在有些情况下，可能被侵权人仅遭受了精神损害，没有经济利益的损失，但侵权人获得了利益，如果不考虑侵权人的获利情况而允许侵权人赔偿后仍然获得利益，显然不合理，无法体现精神损害赔偿对侵权人的惩戒与对被侵权人的抚慰功能。

5. 侵权人承担责任的经济能力

对于侵权人承担责任的经济能力是否为考虑因素之一的问题，有不同意见。肯定说认为，人们的经济状况千差万别，同样数额的财产损失对不同经济状况的人来说，影响显然不同，如果仅拘泥于形式上的平等，让不同财产状况的人赔偿同等的金额，有可能使富有的侵权人得不到有效惩戒而相应的被侵权人也得不到抚慰。① 否定说则认为，不能以侵权人的“钱袋深浅”决定赔偿额的多少，否则将会在同样程度精神损害的案件中出现过于悬殊的赔偿后果，不同被侵权人获得的赔偿差异过大，这样的结果有悖司法的统一性。

6. 受诉法院所在地平均生活水平

受诉法院所在地的平均生活水平之所以影响精神损害赔偿数额，主要是因为精神损害赔偿的补偿和抚慰功能的实现依赖于被侵权人对金钱的态度，而这种态度又与当地平均生活水平有关。② 一般来说，一定的物质生活条件决定人们一定的精神世界，包括对精神损害的感知和感受。

（二）精神损害赔偿具体数额的确定

尽管最高人民法院的有关司法解释对于确定精神损害赔偿数额时要求必须考虑各种情况，但是对于具体赔偿数额或者说赔偿的上限、下限等没有作出规定。确定精神损害赔偿的具体数额时，首先应当考虑的是我国民法设立此项金钱赔偿制度的目的。我国民法设立这一制度，既具有与西方

---

① 对此有不同观点。参加《最高人民法院关于确定民事侵权精神损害赔偿责任若干问题的解释》起草的陈现杰高级法官认为，侵权人的赔偿能力是“从平均的正义向分配的正义的发展，是现代社会立法和司法解释中一个带有趋势性的重要现象”。参见陈现杰：《最高人民法院关于确定民事侵权案件精神损害赔偿责任若干问题的解释的理解与适用》，载祝铭山主编：《典型案例与法律适用·名誉权纠纷》，中国法制出版社 2003 年版，第 288 页。

② 《俄罗斯联邦民法典》第 1101 条规定：精神损害补偿的数额，由法院根据给被侵权人造成身体和精神痛苦的性质决定。当以过错为损害赔偿的依据时，法院还要根据致害人的过错程度确定赔偿数额。在确定精神损害的补偿数额时，应斟酌请求的合理性和公正性。被侵权人身体和精神痛苦的性质，由法院根据被侵权人精神被损害的实际情况以及被侵权人的个人特点作出评定。

国家民法相应制度相同的意义（即补偿性与惩罚性），又有自己的特殊性：我国民法规定了对精神损害进行救济的其他侵权责任方式（如赔礼道歉、消除影响、恢复名誉等），因此，赔偿精神损害与否并不是用以宣示争讼双方胜败的必要或者唯一手段。考虑到这一点，极低数额的精神赔偿（如有的案件判决1元人民币的赔偿），在我国民法理论上和实践中都是不可取的。

既然精神损害赔偿的目的是补偿（填补）与惩罚（教育），那么赔偿的数额就应当与赔偿目的的要求相一致。过低的赔偿数额既无法补偿被侵权人所受到的损害，也难以惩戒、教育侵权人，难以使其规范自己的行为、保持应有的注意、以后不再为侵权行为，更无法警戒社会的其他成员。因此，在目前条件下，数百元至十多万元的精神损害赔偿请求，都是可以支持的；超过这一幅度，则需要极其特殊的理由。对某些案件法院判决了很高的赔偿金额，除了考虑精神损害赔偿外，还考虑到侵权人的获利情况和对不当获利的剥夺与返还。因为赔偿法有谚语：任何人都不得从不法行为中得到利益。

【关联规定】

《侵权责任法》（2021年1月1日废止）

第二十二条 侵害他人人身权益，造成他人严重精神损害的，被侵权人可以请求精神损害赔偿。

《最高人民法院关于确定民事侵权精神损害赔偿责任若干问题的解释》①

第四条 具有人格象征意义的特定纪念物品，因侵权行为而永久性灭失或者毁损，物品所有人以侵权为由，向人民法院起诉请求赔偿精神损害的，人民法院应当依法予以受理。

第一千一百八十四条 【财产损失的计算】 侵害他人财产的，财产损失按照损失发生时的市场价格或者其他合理方式计算。

① 本司法解释制定的依据《民法通则》于2021年1月1日废止后，笔者认为该司法解释应相应失效。

【条文主旨】

本条是关于侵害他人财产的，财产损失计算方式的规定。

【核心概念】

财产损失

财产损失，是指财产利益或者经济利益上的损失，包括已有财产的减少和未来可得财产利益的丧失。

【理解与适用】

一、本条的适用范围和财产损失的损害赔偿原则

（一）适用范围

本条适用于侵害财产权益造成财产损失的案件，不适用于侵害人身权益造成财产损失的案件。后者适用《民法典》第1183条。此处的“财产”是指财产权益，包括物权、知识产权、继承权、股权和其他投资性权利以及数据和网络虚拟财产等。侵权责任法保护财产权益的核心部分是动产和不动产权益。对于其他财产权益的保护，除了适用本条的规定外，通常还有特别法加以规定。

（二）财产损失的损害赔偿原则

对财产损失可以以不同的标准进行分类。常见的分类有直接损失与间接损失，既有利益的损失与可得利益的损失，积极财产损失和消极财产损失等。对于财产损失之损害赔偿，理论上通常认为应当遵循以下规则：

1. 完全赔偿（赔偿实际损失）的原则

完全赔偿原则也可以称为赔偿实际损失的原则，其基本含义是：侵权人对自己的侵权行为或者准侵权行为给被侵权人一方造成的实际损失或者说全部财产损失承担赔偿责任。这一赔偿原则主要适用于“物损”的情况，即在被侵权人的有体物财产遭受损害的情况下通常适用完全赔偿的原则。比如，撞坏他人的车辆，赔偿全部损失（也可能以等量的修理费予以赔偿）；摔坏他人的一只杯子，赔偿这只杯子的全部价值。之所以对“物损”等损害后果适用完全赔偿的原则，是因为传统侵权责任法将对所有权的保护置于优先地位，而“所有权神圣”的私法原则要求对“物损”予以完全的赔偿。适用完全赔偿原则，需要注意以下几点：（1）适用的范围原

则上为“物损”和其他直接财产损失的案件，即作为财产所有权客体的有体物因侵权发生毁损、灭失的损害后果；（2）“物损”的价值是可以计算的；（3）法律对赔偿原则另有规定者，依照其规定。

2. 适当赔偿的原则

适当赔偿原则是完全赔偿原则的例外，其含义是，综合考虑案件的各种情况，对被侵权人的财产损失予以“适当”的赔偿而非完全的赔偿。“适当”赔偿并非“少许”“些许”赔偿，民法或者说侵权责任法上的“适当”往往具有两层含义：一是从法律的价值观、利益平衡角度来看是合适的和妥当的；二是与某些特定的情况相适应或者说相当，如与侵权人的过错大小相适应，或者说与案件双方经济状况的比较结果相当。适当赔偿的结果往往是少于完全赔偿的数额。

适当赔偿的原则往往适用于以下财产损失赔偿的案件：（1）赔偿间接财产损失或者可得利益的案件；（2）赔偿“纯粹经济损失”的案件；（3）难以准确确定财产损失数额的案件。而在“物损”为损害后果的侵权责任案件中，对“物损”部分的赔偿，一般不适用适当赔偿的原则。[①] 此外，法律对赔偿的最高限额和最低限额作出规定的，也可以被认为是适当赔偿原则的适用。

3. 损益相抵原则

“损”即被侵权人遭受的财产损失，“益”是指被侵权人在遭受侵害的同时发生财产上的收益，包括财产的积极增加和消极增加，如给付义务的减轻或免除。被侵权人因遭受侵害而发生财产增加的，应当在损害赔偿中减去增加的部分，这是所谓“损益相抵”的要求。有些国家的侵权责任法规定了损益相抵原则，[②] 有些国家没有规定。

4. 法定赔偿范围与法定计算标准相结合的原则

法律或者法规对某些案件中的全部或者部分财产损失的损害赔偿计算标准作出了明确的规定，适用这样的规定确定财产损失的赔偿，谓之适用法定赔偿原则的赔偿。法定赔偿原则可以是对赔偿范围的法定化，也可以是对赔偿数额计算标准的法定化。有法定赔偿标准的，优先适用。

---

① 在个别案件中，侵权行为的危害性与损害后果的严重性不成比例，如北京的“天价葡萄案”，需要考虑公平原则来限制侵权人的赔偿责任，适用适当赔偿的原则。

② 参见［德］克雷斯蒂安·冯．巴尔：《欧洲比较侵权行为法》（下卷），张新宝译，法律出版社 2004 年版，第 515～524 页。

二、按照损失发生时的市场价格计算

（一）按照损失发生时的市场价格计算概述

依据本条规定，侵害他人财产的，财产损失应当按照损失发生时的市场价格计算。这一规定是财产损失的赔偿金额之计算的主要标准，它包含了市场价格要素和时间要素两个方面的规定性。

市场是各种有交换价值的产品和服务进行交易的场所，经济学上也认为其是为各种资源进行配置的场所。一个产品或者服务的市场价格实际上是市场主体对其价值的认可。而在市场经济条件下，绝大多数产品和服务都是具有相对明确的市场价格的，因此，对于财产损失的赔偿金额以损失发生时的市场价格计算最能够客观反映市场经济规律对法律（赔偿制度）的要求，相对而言也最具有客观性、公正性。需要指出的是：（1）市场价格标准多适用于"物损"的赔偿数额之确定；（2）在某一物同时存在多个交易市场的情况下，应当综合考虑相关因素作出判断。如被侵权人从旧货市场（第一市场）以 500 元"淘"来一件古玩，在藏友之间（第二市场）可以获得 5000 元的交易价格，在拍卖会（第三市场）可以获得 10000 元的售价。如果其在被送往拍卖公司的途中被侵权人撞倒，发生完全的"物损"，应当按照哪一个市场的价格确定赔偿数额呢？第一市场、第二市场和第三市场的"市场价格"相差巨大，需要综合考虑各种情况作出判断。

（二）市场价格的时间标准

市场价格永远处在变动之中，对于某些价格波动大的物品而言，以什么时间作为赔偿标准对于被侵权人的影响甚巨。例如，甲在 1 月 1 日盗走乙的 500 克黄金，此时黄金价格为每克 270 元；1 月 20 日甲将黄金以每克 290 元的价格卖出；3 月 1 日乙起诉甲时黄金价格为每克 280 元；6 月 1 日法院判决时黄金价格为每克 320 元。① 究竟该以什么时间的价格来确定被侵权人的损失呢？从现实生活来看，可能发生的情形很多：假如黄金不曾被盗，被侵权人乙一直持有黄金，其损失如何？被侵权人乙中途卖出黄金，其损失如何？被侵权人乙卖出又买入，其损失如何？其中涉及市场风险与操作风险，涉及对未发生事件的假定，最终被侵权人的损失是一件无法完全客观确定的事情。然而，法律的任务不在于提供绝对真理，而是提供适当的纠纷解决方式，所以要考虑现实各种情形确定比较合理的时间点

---

① 参见王利明主编：《中华人民共和国侵权责任法释义》，中国法制出版社 2010 年版，第 91 页。

来衡量被侵权人的损失。

本条对计算财产损失的时间标准作出了明确的规定，这就是“损失发生时”，而不是其他任何时间。相对于人身损害赔偿而言，财产损失之计算的时间标准是比较容易确定的：财产损失的发生时间往往是一个比较容易被人们认识和认可的确定时间，而人身损害由于具有潜伏性、迁延性等情况，其发生时间往往难以确定。

法律不将财产损失的计算时间标准确定为“侵权行为实施时”“被侵权人知道或者应当知道损害发生时”“被侵权人提起诉讼时”或“法院一审辩论结束前”，突出了侵权责任法填补损害（而主要不是制裁侵权行为）的立法旨趣，同时有利于排除当事人乃至审判人员对案件客观事实确定的人为因素影响。①

（三）关于市场价格的地点标准

法律仅对财产损失计算的市场标准和时间标准作出了规定，没有对地点标准即“依哪一个地方的市场价格”作出明确规定。可供选择的地点有：（1）侵权行为实施地；（2）财产损失发生地；（3）受诉法院所在地。考虑到法律明确将损害发生的时间确定为财产损失计算的时间标准，排除了侵权行为实施的时间，似可推断排除侵权行为实施地作为财产损失计算的地点，也应符合立法者的意图。笔者认为，财产损失发生时和发生地的市场价格应为计算财产损失的基本标准。②

三、按照其他合理方式计算

（一）法律条文措辞的完善

《侵权责任法》第 19 条规定了以市场价格之外的“其他方式计算”损害赔偿。本条则对其内容稍加调整，规定为以“其他合理方式计算”损害赔偿。法律表达更为严谨科学，将法官的裁量权限定在“合理”的范围内，而不是任意计算。

（二）对“其他合理方式计算”的理解

侵害他人财产，财产损失可以按照其他合理方式计算。这条法律规定的“其他合理方式”，是指市场价格标准之外的计算方式。对此，比较法上也有类似的经验。《荷兰民法典》第 6：97 条规定：“法官以与损害之性

---

① 我国台湾地区有学者对时间标准持不同观点。参见高圣平主编：《中华人民共和国侵权责任法立法争点、立法例及经典案例》，北京大学出版社 2010 年版，第 247 页。

② 相同观点，参见王利明、周友军、高圣平：《中国侵权责任法教程》，人民法院出版社 2010 年版，第 336 页。

质最相适应的方式对损害进行估价。于不能精确确定损害范围之情形，对其进行估定。”① 采用“其他合理方式”需要考虑的因素包括：（1）该受损害物的形成（成本）价值；（2）合理的增值或者减值；（3）基于衡平价值观的综合判断。

有学者认为，“条文所谓的‘其他标准’，应当指依法不能自由买卖的‘财产’，因无‘市场’价格，只能采用别的计算标准”②。笔者认为，大多数限制流转物是有市场价格的，仍然可以适用“市场价格标准”；某些自由流转物，由于数量少等原因，却没有形成市场，难以发现其市场价格，因而需要以其他方式确定赔偿数额。

正确理解和适用法律规定的以“其他合理方式计算”财产损失，需要把握以下几个方面：（1）与“市场价格计算”标准一样，“其他合理方式计算”标准也只适用于侵权人的侵权行为或准侵权行为侵害被侵权人的财产权益造成财产损失的案件，而不适用于侵害被侵权人人身权益造成财产损失的案件；（2）“市场价格计算”标准主要适用于“物损”并有可供参考的市场价格因素的财产损失案件，“其他合理方式计算”标准主要适用于非“物损”（如纯粹经济损失）的财产损失案件，以及缺乏可供参考的市场价格因素的“物损”案件；（3）法律没有明确规定“市场价格计算”标准与“其他合理方式计算”标准为并列关系还是具有先后顺序，笔者倾向于认为，在有条件适用“市场价格计算”标准时应当优先适用，以避免法官过多的任意裁量带来的法律适用不统一的不良后果，背离本条规定的“合理”要求。③

【关联规定】

《侵权责任法》（2021 年 1 月 1 日废止）

第十九条 侵害他人财产的，财产损失按照损失发生时的市场价格或者其他方式计算。

---

① 转引自张新宝主编：《侵权法评论》，人民法院出版社 2004 年版，第 192 页。

② 参见高圣平主编：《中华人民共和国侵权责任法立法争点、立法例及经典案例》，北京大学出版社 2010 年版，第 249 页，转引的相关观点。

③ 杨立新教授强调了“坚持客观标准”。参见杨立新：《〈中华人民共和国侵权责任法〉精解》，知识产权出版社 2010 年版，第 85 页。

第一千一百八十五条　【故意侵害知识产权的惩罚性赔偿责任】故意侵害他人知识产权，情节严重的，被侵权人有权请求相应的惩罚性赔偿。

【条文主旨】

本条是关于故意侵害他人知识产权情节严重的，被侵权人有权请求相应惩罚性赔偿的规定。

【核心概念】

惩罚性赔偿

惩罚性赔偿（punitive damages）是指损害赔偿中，超过被侵权人或者合同的守约一方遭受的实际损失范围的额外赔偿。即在赔偿了实际损失之后，再加罚一定数额或者一定倍数的赔偿金。侵权责任法上的惩罚性赔偿对侵权人具有鲜明的惩罚性。而这种平等主体之间的惩罚不大为德国侵权责任法理论所接受，却为英美法系特别是美国侵权责任法所推崇。我国《民法典》扩大了惩罚性赔偿的适用范围。

【理解与适用】

一、本条规定惩罚性赔偿的意义

虽然知识产权包括著作权、专利权和商标权属于广义上的民事权利，但是我国一直单独制定《著作权法》《专利法》《商标法》，有关侵害知识产权的损害赔偿责任也规定在这些单行法律中。《民法典》设本条规定具有以下意义。

（一）落实《民法典》总则的有关规定

《民法典》第一编总则第八章“民事责任”第179条第2款有关于惩罚性赔偿的规定。《民法通则》没有关于惩罚性赔偿的规定。《侵权责任法》也只有一个条文规定严格条件下的惩罚性赔偿（第47条），以往的民事立法和司法实践对惩罚性赔偿采取了比较谨慎的态度。《民法典》第179条第2款作出“白地条款”的规定，为惩罚性赔偿的扩大适用提供了基础。

（二）宣示加强对知识产权保护的决心，为有关单行法的修改指引方向

立法适应改善营商环境的需要，作出本条规定强化对知识产权的保护加重侵权人的损害赔偿责任，既是一项重要的立法政策宣示，也为几个单行法特别是尚未规定惩罚性赔偿的《著作权法》和《专利法》在未来的修改中指引了方向和奠定了基调，未来这些法律的修改也应引入惩罚性赔偿。

（三）作为可以直接适用的裁判规则和指引性规范

虽然本条的规定较为简略，但是它对适用的对象和范围（侵害知识产权的案件）、适用的主客观要件等都作出了明确的规定，可以直接作为裁判规则。同时，作为《民法典》中的“普通法”条文，也可以帮助指引“特别法”的规定，正确发现、理解和适用《商标法》等单行法规定的惩罚性赔偿。

二、惩罚性赔偿的意义与适用条件

（一）惩罚性赔偿的意义

惩罚性赔偿的制度意义在于惩罚责任人（侵权人或者违约方）而不在于救济被侵权人的损失。被侵权人的损失在对其实际损失的赔偿部分即已获得救济。侵权责任法规定惩罚性赔偿，有利于特别警示和一般警示人们尊重他人的民事权益、不为侵权行为，从而实现社会的和谐稳定。

（二）惩罚性赔偿的适用条件

合同法上，不少违约责任包含惩罚性因素。如定金规则，两倍返还或者没收定金就包含着对违约方的惩罚，约定的违约金往往也包含一定的惩罚性。

依据《民法典》第 179 条第 2 款和相关条文的规定，在我国适用惩罚性赔偿需要具备以下条件：（1）法律对特定种类的侵权责任案件适用惩罚性赔偿作出了特别规定；（2）一般要求侵权人有故意或者重大过失的主观要件；（3）一般要求侵权行为情节严重（如本条）或者损害后果严重（如《民法典》第 1207 条）。

三、本条适用的几个主要问题

（一）侵权人故意

本条规定，侵权人故意侵害他人知识产权情节严重的，被侵权人有权请求惩罚性赔偿。侵权人故意是其承担惩罚性赔偿责任的主观要求。

《商标法》第 63 条规定承担惩罚性赔偿的主观要件是“恶意”，恶意是比一般故意更恶劣的故意。在侵害商标权的情形下确定侵权人的惩罚性赔偿责任，到底是要求其为故意还是要求其为恶意呢？笔者认为，侵权人故意就符合惩罚性赔偿的主观要件要求。理由是：（1）新法规定优于旧法规

定；（2）虽然《民法典》是普通法，《商标法》是特别法，但是普通法和特别法对同一事项作出不同规定的，不宜使用特别法优先的原则；（3）立法目的在于扩大适用惩罚性赔偿保护知识产权惩罚侵权人，故而应采用相对宽松的主观要件（故意）而不是采用更为严格的主观要件（恶意）来适用惩罚性赔偿，基于同样考虑，如果法律对主观要件作出了更宽松规定的（如规定为重大过失），则应适用该更宽松的主观要件规定。

（二）侵权行为情节严重

侵害他人知识产权，情节严重包括但是不限于以下情形：（1）以侵权为职业或者主要营业；（2）对特定的被侵权人多次、反复侵权；（3）对多个被侵权人侵权；（4）在受到查处或者判决承担相关侵权责任后仍然实施侵权行为；（5）采取隐蔽、隐藏、转移等方式逃避调查和处罚。

（三）关于惩罚性赔偿的赔偿倍数或者具体数额

有些法律对惩罚性赔偿的倍数或者计算方法作出了明确的规定，应依其规定确定惩罚性赔偿的数额。法律没有明确规定惩罚性赔偿的赔偿倍数或者计算标准的，应当考虑侵权人的主观故意或恶意、行为的情节严重程度以及给被侵权人造成的损害等方面的因素确定惩罚性赔偿的具体数额。

【关联规定】

《民法典》

第一百七十九条第二款 法律规定惩罚性赔偿的，依照其规定。

《著作权法》

第四十九条 侵犯著作权或者与著作权有关的权利的，侵权人应当按照权利人的实际损失给予赔偿；实际损失难以计算的，可以按照侵权人的违法所得给予赔偿。赔偿数额还应当包括权利人为制止侵权行为所支付的合理开支。

权利人的实际损失或者侵权人的违法所得不能确定的，由人民法院根据侵权行为的情节，判决给予五十万元以下的赔偿。

《著作权法（修订草案送审稿）》（2014 年发布）

第七十二条 侵犯著作权或者相关权，违反本法规定的技术保护措施或者权利管理信息有关义务的，应当依法承担停止侵害、消除影响、赔礼道歉、赔偿损失等民事责任。

第七十六条 侵犯著作权或者相关权的，在计算损害赔偿数额时，权利人可以选择实际损失、侵权人的违法所得、权利交易费用的合理倍数或者一百万元以下数额请求赔偿。

对于两次以上故意侵犯著作权或者相关权的，人民法院可以根据前款计算的赔偿数额的二至三倍确定赔偿数额。

人民法院在确定赔偿数额时，应当包括权利人为制止侵权行为所支付的合理开支。

人民法院为确定赔偿数额，在权利人已经尽力举证，而与侵权行为相关的账簿、资料主要由侵权人掌握的情况下，可以责令侵权人提供与侵权行为相关的账簿、资料；侵权人不提供或者提供虚假的账簿、资料的，人民法院可以根据权利人的主张判定侵权赔偿数额。

《商标法》

第六十三条第一款 侵犯商标专用权的赔偿数额，按照权利人因被侵权所受到的实际损失确定；实际损失难以确定的，可以按照侵权人因侵权所获得的利益确定；权利人的损失或者侵权人获得的利益难以确定的，参照该商标许可使用费的倍数合理确定。对恶意侵犯商标专用权，情节严重的，可以在按照上述方法确定数额的一倍以上五倍以下确定赔偿数额。赔偿数额应当包括权利人为制止侵权行为所支付的合理开支。

《专利法》

第六十五条 侵犯专利权的赔偿数额按照权利人因被侵权所受到的实际损失确定；实际损失难以确定的，可以按照侵权人因侵权所获得的利益确定。权利人的损失或者侵权人获得的利益难以确定的，参照该专利许可使用费的倍数合理确定。赔偿数额还应当包括权利人为制止侵权行为所支付的合理开支。

权利人的损失、侵权人获得的利益和专利许可使用费均难以确定的，人民法院可以根据专利权的类型、侵权行为的性质和情节等因素，确定给予一万元以上一百万元以下的赔偿。

《专利法修正案（草案）》（2019 年发布）

第七十二条 侵犯专利权的赔偿数额按照权利人因被侵权所受到的实际损失确定；实际损失难以确定的，可以按照侵权人因侵权所获得的利益确定。权利人的损失或者侵权人获得的利益难以确定的，参照该专利许可使用费的倍数合理确定。对故意侵犯专利权，情节严重的，可以在按照上述方法确定数额的一倍以上五倍以下确定赔偿数额。

权利人的损失、侵权人获得的利益和专利许可使用费均难以确定的，人民法院可以根据专利权的类型、侵权行为的性质和情节等因素，确定给予十万元以上五百万元以下的赔偿。

赔偿数额还应当包括权利人为制止侵权行为所支付的合理开支。

人民法院为确定赔偿数额，在权利人已经尽力举证，而与侵权行为相关的账簿、资料主要由侵权人掌握的情况下，可以责令侵权人提供与侵权行为相关的账簿、资料；侵权人不提供或者提供虚假的账簿、资料的，人民法院可以参考权利人的主张和提供的证据判定赔偿数额。

第一千一百八十六条　【公平分担损失】受害人和行为人对损害的发生都没有过错的，依照法律的规定由双方分担损失。

【条文主旨】

本条是关于双方对损害发生都没有过错，法律规定由双方分担损失的，应当依法分担损失的规定。

【核心概念】

“公平责任”

“公平责任”或称“公平责任原则”，并非法律规定的归责原则，而是部分学者的学术主张，即以《侵权责任法》第 24 条等条文为依据，认为我国侵权责任的归责原则包括过错责任原则、无过错责任原则和公平责任原则。由于该条文在《民法典》中的实质性修改，再将《民法典》第 1186 条作为“公平责任”或者“公平责任原则”的依据似有较大解释论上的困难。无论是过错责任还是无过错责任（主要以危险控制为责任基础）都是公平的，都符合民法的公平原则。而离开可归责的事由讨论“公平责任”可能是不公平的。

【理解与适用】

一、本条的修改与形成

本条与《侵权责任法》第 24 条有一定的承继关系，但也有重大变化。相同之处在于：都是对双方没有过错情况下的损害分担的规定；不同之处在于：《侵权责任法》第 24 条是可以直接适用的条文，而本条是一个指引性条文不能直接适用。

自《侵权责任法》生效以来，其第 24 条的适用就成为一个比较有争议的问题。突出表现为：（1）不顾“受害人和行为人对损害的发生都双方没有过错”的限制性规定，将其适用于过错责任之外的无过错责任案件；（2）不顾任何赔偿损失、恢复原状的责任之构成需要有侵权行为（或者准侵权行为）与损害之间存在因果关系的公理性要求，在行为人的行为与受害人的损害不存在因果关系的情况下，也依据该规定判决双方分担损失。基于对这条规定的不当理解，出现了一些错误的裁判。“郑州电梯劝烟案”一审判决就是此等错误判决的典型代表。①

在学理上，对《侵权责任法》第 24 条也存在一些不同的认识。有人认为该条是关于“公平责任”规定，还有人基于该条规定认为我国侵权责任法存在“公平责任原则”。②

为了纠正“双方分担损失”被滥用的倾向，在《民法典》侵权责任编立法过程中，一些人主张直接删除此等规定。但是考虑到近十年来“公平责任”对公众造成的“公平”认识之影响，直接删除可能引起误会或误解。基于立法政策考虑，《民法典》没有直接删除这一规定，但是通过删除“可以根据实际情况”和增加“依照法律的规定”，使得新法的条文成为一个指引性条文而不是可以直接适用判案的条文。其是否适用，实际上取决于是否有其他法律的相关规定。这样的条文也就变成了一个没有独立意义的条文，更不可能成为所谓“公平责任原则”的依据。

二、本条理解和适用的主要问题

（一）本条是一条指引性条文

本条是一条指引性规定，并不能独立适用作为裁判相关侵权责任案件的实体法依据。只有在符合本条规定的适用条件，且法律有明确规定“由双方分担损失”的情形下，方能按照法律的规定由双方分担损失。

（二）本条仅适用于过错责任案件

本条的措辞是：“受害人和行为人对损害的发生都没有过错。”在无过错责任案件中，责任之构成不考虑行为人的过错（《民法典》第 1166 条），因此，即使行为人和受害人都没有过错，行为人也应该依法承担侵权责任，不发生“由双方分担损失”的问题。只有在适用过错责任原则进行归责的案件中，才存在“由双方分担损失”的适用空间。

---

① 参见河南省郑州市金水区人民法院（2017）豫 0105 民初 14525 号民事判决书。

② 有关公平责任原则的论述可参见王利明：《侵权责任法》，中国人民大学出版社 2016 年版，第 70～80 页；王利明：《我国侵权责任法的体系构建——以救济法为中心的思考》，载《中国法学》2008 年第 4 期。

（三）行为人的行为与损害之间须有因果关系

尽管本条没有对因果关系专门作出规定，但是因果关系是行为人承担责任的客观要件之一，也是其对损害承担损害赔偿责任的法理基础之所在。“分担损失”尽管美其名曰不是承担损失，没有对其行为作出否定性评价，但是如同赔偿损失一样也是“真金白银地”支付金钱。因此，行为人的行为与受害人的损害之间仍然需要有因果关系。否则，任何一个路人都可能会依据本条的规定（结合其所指向的相关条文）承担“分担损失”的后果。这将是世间再冤枉不过的事情了。近几年的司法实践矫正了过去的错误认识，认为“适用《中华人民共和国侵权责任法》第二十四条的前提是行为与损害结果之间有法律上的因果关系，且受害人和行为人对损害的发生都没有过错。”①

（四）本条规定的“过错”仅指过失

本条规定的“过错”仅指过失，不包括故意。不能将故意纳入本条的适用范围进行讨论。在本编中，有部分条文规定的“过错”都应当作限缩解释，其内涵仅指过失不包括故意，如《民法典》第 1218 条等。

（五）指向的“法律的规定”

本条指向的“法律的规定”既包括《民法典》的相关规定，也包括其他法律中可能的相关规定。例如，《民法典》第 1190 条第 1 款大致属于此等“分担损害”的规定：“完全民事行为能力人对自己的行为暂时没有意识或者失去控制造成他人损害有过错的，应当承担侵权责任；没有过错的，根据行为人的经济状况对受害人适当补偿。”此外，《民法典》第 1254 条第 1 款规定：“……经调查难以确定具体侵权人的，除能够证明自己不是侵权人的外，由可能加害的建筑物使用人给予补偿……”这一规定也或多或少含有双方“分担损失”的精神。在其他法律中，暂时没有发现基于双方没有过错而分担损失的规定。

【关联规定】

《侵权责任法》（2021 年 1 月 1 日废止）

第二十四条　受害人和行为人对损害的发生都没有过错的，可以根据实际情况，由双方分担损失。

---

① 参见河南省郑州市中级人民法院（2017）豫 01 民终 14848 号民事判决书（田九某、杨某生命权、健康权、身体权纠纷案）。

第一千一百八十七条 【赔偿费用的支付方式】 损害发生后，当事人可以协商赔偿费用的支付方式。协商不一致的，赔偿费用应当一次性支付；一次性支付确有困难的，可以分期支付，但是被侵权人有权请求提供相应的担保。

【条文主旨】

本条是关于协商赔偿费用支付方式以及协商不一致情况下支付方式的规定。

【核心概念】

赔偿费用的支付

赔偿费用的支付，是指在损害赔偿责任成立、赔偿数额确定的情况下，侵权人以何种方式、在什么时间向被侵权人支付赔偿费用的问题。依据法律规定，当事人可以对此进行协商，协商不成的原则上应当一次性支付。一次性支付确有困难的，可以分期支付，但被侵权人有权请求提供相应的担保。在民法学理上，有对未来将要发生的损害赔偿一次性支付的“布茨莱尼公式”和“定期金”支付制度等。

【理解与适用】

一、一次性支付与分期支付

在损害赔偿金的数额确定之后，被侵权人与侵权人之间的关系转化为金钱之债的关系。在这种金钱之债关系中，被侵权人是债权人，有权请求侵权人支付数额已经确定的赔偿金；侵权人是债务人，有义务依被侵权人的请求向其支付该赔偿金。

对于损害赔偿金的支付时间和支付方式，双方当事人可以进行协商，这体现了民法对当事人意思自治的保护，且不违反侵权之债为法定之债的原理：因侵权造成他人损失的，侵权人依法应当承担损害赔偿责任，赔偿的范围和计算标准等由法律加以规定，一方或者双方当事人不得依其意思改变。这是侵权之债“法定性”的要求。在侵权责任确定之后，当事人可以就履行（支付赔偿金等）的时间和方式进行协商，甚至权利人（被侵权人）一方可以放弃请求。这又体现了债的共通性即“任意性”的本质特征。

本条法律规定，双方当事人可以约定赔偿金的支付方式，包括一次性支付和定期支付等。

二、协商不成：一次性支付为原则，分期支付需担保

本条规定，如果双方当事人不能对一次性支付或者分期支付经过协商达成一致的，法院原则上应当判决侵权人一次性支付确定数额的赔偿金。只有在一次性支付确有困难的情况下，法院才能判决适用分期支付。法院判决分期支付的，被侵权人有权请求侵权人提供相应的担保。所谓“相应”，是指与赔偿金的数额相适应和与分期的延缓履行期限相适应。“担保”包括抵押、质押或者人的保证。

需要指出的是：（1）只有在协商不成且一次性支付确有困难的情况下，法院才能依职权判决适用分期支付；（2）在法院依职权判决分期支付的情况下，被侵权人有权请求侵权人提供相应的担保，法院应当在判决中满足被侵权人的这一请求；（3）本条规定的是“被侵权人有权请求提供相应的担保”，而不是侵权人必须提供担保，这不同于《侵权责任法》第25条的相关规定。

对于本条，“请求提供相应的担保”是被侵权人的权利，其可以行使也可以放弃；一旦行使，法院应当支持。对于《侵权责任法》第25条，“但应当提供相应的担保”则是侵权人的强制性义务，必须履行。《民法典》对此进行调整，将侵权人的强制性义务改为被侵权人的权利，更加凸显了民法“权利本位”的本质特征——从权利人享有和行使权利的角度来规范当事人的关系，而不是从义务人的角度规定其所承担的（强制性）义务来规范当事人的关系。

三、关于损害赔偿的“定期金”支付方式

《最高人民法院关于审理人身损害赔偿案件适用法律若干问题的解释》第33条和第34条规定了“定期金”的损害赔偿支付方式。“定期金”作为损害赔偿的支付方式，是指法院判决侵权人在未来的一定时间内分期如按年或者按月向被侵权人支付赔偿金额。对于被侵权人身体、健康等造成损害以及未来的相应费用支出之损害赔偿，采用“定期金”的支付方式。①

“定期金”支付方式与分期支付方式有相似之处也有较大区别。前者主要适用于对未来将要发生的金钱损失（如未来的医疗费、护理费等）的

① 参见张新宝主编：《人身损害赔偿案件的法律适用》，中国法制出版社2004年版，第423页。

赔偿，且支付的时间长短或分期数在判决时并不确定而是取决于被侵权人将来的实际生命期限。“定期金”支付方式在许多国家的民法中被采用。我国司法解释也试图引入这一制度，但是《侵权责任法》和《民法典》在立法上没有采纳，大概与案件的后续执行之管理难度有关。

【关联规定】

《侵权责任法》（2021 年 1 月 1 日废止）

第二十五条 损害发生后，当事人可以协商赔偿费用的支付方式。协商不一致的，赔偿费用应当一次性支付；一次性支付确有困难的，可以分期支付，但应当提供相应的担保。

《最高人民法院关于审理人身损害赔偿案件适用法律若干问题的解释》

第三十三条 赔偿义务人请求以定期金方式给付残疾赔偿金、被扶养人生活费、残疾辅助器具费的，应当提供相应的担保。人民法院可以根据赔偿义务人的给付能力和提供担保的情况，确定以定期金方式给付相关费用。但一审法庭辩论终结前已经发生的费用、死亡赔偿金以及精神损害抚慰金，应当一次性给付。

第三十四条 人民法院应当在法律文书中明确定期金的给付时间、方式以及每期给付标准。执行期间有关统计数据发生变化的，给付金额应当适时进行相应调整。

定期金按照赔偿权利人的实际生存年限给付，不受本解释有关赔偿期限的限制。

案例分析

周某某诉中建荣真建材公司肖像权、姓名权纠纷案①

【案件基本事实】

2017 年 1 月 11 日，被告中建荣真建材公司的官网首页显示“把森林带回家七天毛坯变豪宅省心省工省时省力”的宣传广告。该宣传广告边上配有原告周某某的照片，下方注有“城市森林携手‘星爷’一起见证生态墙板真功夫”的文字。此外，该公司网站某页面的终端风采 VI 展示处有

① 参见《最高人民法院公报》2020 年第 2 期。

"城市森林携手'星爷'一起见证生态墙板真功夫"的宣传广告。该宣传广告配有原告照片，与涉案网页上的"整屋快装，省心、省工、省时、省钱，7 天毛坯变豪宅"的宣传广告语共同在页面上展示。2017 年 1 月 13 日，原告周某某委托律师向被告中建荣真建材公司发送律师函。2017 年 6 月 19 日，"创业邦"网站的页面同样显示有上述宣传广告。2017 年 9 月 5 日，原告周某某的委托代理人在上海市虹桥火车站购得一本《旅伴》杂志（2017 年第 2 期，总第 243 期）。被告中建荣真建材公司在《旅伴》杂志上发布广告，该期杂志的广告页有标题为"全生态整屋快装，7 天毛坯变豪宅"的文章，文章上方出现"城市森林，全生态整屋快装，把森林搬回家""源自欧洲博洛尼亚缔造城市生态生活空间"的宣传广告。在该宣传广告右侧配有原告周某某肖像和签名的照片，照片上注有小字体文字"《功夫》剧组主演周某某携手城市森林环保产业"，照片旁配有文字"代表作：《功夫》《长江七号》《大话西游》《少林足球》《美人鱼》等，周某某是华语影坛标志性人物之一，从他无厘头的喜剧表演方式中，观众往往能感受到喜剧背后揭示的一些深刻道理。年初上映的《美人鱼》将环保话题推向大众视野，这也与城市森林'生态环保'的初衷不谋而合"。原告认为，被告以营利为目的，未经原告同意利用其姓名及肖像做广告，侵犯了原告的姓名权和肖像权，遂诉诸法院，请求判决：1. 被告立即停止在其官网及《旅伴》杂志中使用原告的肖像、姓名和艺名；2. 被告赔偿 31125001 元，其中包括财产性损害赔偿 3000 万元、合理费用支出 112.50 万元、精神损害赔偿 1 元；3. 被告在其官网、《旅伴》杂志、新浪、搜狐以及一份全国性报纸上就侵害原告姓名权与肖像权发表致歉声明，持续时间为 90 日。

【争议焦点】

本案中被告因侵权而应承担的损害赔偿责任的数额如何确定。

【法院判决】

上海市第一中级人民法院经审理认为：（1）被告以营利为目的，分别在其官方网站、创业邦网站以及《旅伴》杂志上使用原告的肖像，盗用原告的姓名和艺名并突出显示，且未获得原告肖像权或姓名权的使用许可，构成对原告肖像权和姓名权的侵犯。（2）关于停止侵害。由于本案现没有证据证实被告仍继续在网站和杂志上实施侵犯原告周某某肖像权和姓名权的行为，因此原告要求被告立即停止侵害的主张，法院不予支持。（3）关于赔礼道歉。法院认为公开赔礼道歉的范围应与侵权行为造成的影响程度相适应，因此原告要求被告在其官网、《旅伴》杂志上刊登致歉声明的该部分主张，法院予以支持。（4）关于赔偿损失。法院认为，一方面，肖像和姓名可以将该自然人与其他自然人区别开来，并体现出肖像权和姓名权人的人格尊严、名誉等，构成肖像权、姓名权人的精神利益；另一方面，自然人对肖像、姓名的利用可以带来一定的商业利益。原告周某某作为知名艺人、演员，能够通过参演影视节目、广告代言等活动获取相应的经济利益，其肖像权、姓名权具有一定的商业化利用价值。被告中建荣真建材公司对原告肖像权、姓名权的侵害，导致原告人格权权能中包含经济性利益的部分受损，有损原告形象的商业价值，故应当对非法使用原告肖像、姓名造成的财产损失予以赔偿。本案中，原告要求参照可口可乐的代言费用来计算赔偿金额，但其所提供的证据与本案不具有直接关联性，不足以证明所受损失，原告亦未举证证明被告的获利情况。现原告的财产损失或被告因侵权获得的利益难以确定，双方就赔偿数额亦未能协商一致。法院根据原告的职业身份、知名度、肖像许可使用情况，被告的侵权行为持续时间、主观过错程度、涉案侵权广告范围、网站公开程度、杂志发行量及可能造成的影响等情节，酌情认定财产性损害赔偿为50万元，此外还包括合理费用支出8万元，共计58万元。（5）关于精神损害赔偿。本案中，被告中建荣真建材公司侵害原告周某某肖像权、姓名权的行为造成人格权权能中包含经济性利益的部分受损，但并未达到严重精神损害的程度，故法院对原告要求精神损害赔偿1元的诉讼请求不予支持。

【法理分析】

本案涉及的重点问题是侵害肖像权、姓名权等人格权的损害赔偿数额如何确定的问题。侵害他人的人身权益，既有可能导致财产性的损害，也有可能导致精神性的损害。《民法典》第1179～1183条对侵害他人人身权益的损害赔偿范围作出了规定。其中，侵害生命权、身体权和健康权造成人身损害时，被侵权人遭受的财产损失具有一定程度的典型性，如医疗费、护理费、交通费等费用，为治疗和康复支出的合理费用，因误工减少的收入，丧葬费等。《民法典》为了对被侵权人一方予以更方便的救济，在第1179～1181条中对这一类型的财产损失作出类型化的明确规定，构成了我国的人身损害赔偿制度。[①] 除上述情况外，侵害人身权益而导致的财产损失问题由《民法典》第1182条进行调整。例如，侵害他人姓名权、

① 参见张新宝：《侵权责任法》（第4版），中国人民大学出版社2016年版，第100页。

名称权、肖像权、隐私权、个人信息等人身权益可能会导致被侵权人为了制止侵权行为而支出一定的合理费用，也有可能导致被侵权人丧失将这些人身权益进行商业化利用从而获得利益的机会。由于这部分财产损失具有较大程度的不确定性，因此《民法典》第1182条对此专门作出了规定。而精神损害赔偿的问题则由《民法典》第1183条进行调整。

《民法典》第1182条规定："侵害他人人身权益造成财产损失的，按照被侵权人因此受到的损失或者侵权人因此获得的利益赔偿；被侵权人因此受到的损失以及侵权人因此获得的利益难以确定，被侵权人和侵权人就赔偿数额协商不一致，向人民法院提起诉讼的，由人民法院根据实际情况确定赔偿数额。"本案原告周某某遭受侵犯的姓名权与肖像权自然属于该条规定的"人身权益"的范畴。与《侵权责任法》第20条相比，《民法典》第1182条将"被侵权人因此受到的损失"与"侵权人因此获得的利益"规定在同一分句中，明确赋予被侵权人在二者之间进行自由选择的权利。被侵权人可以不必拘束于二者之间的先后顺序，在可以证明侵权人的获利大于自己受到的损失的情况下，主张按照侵权人的获利进行赔偿。这样做可以有效地保护被侵权人的合法权益，同时也有利于剥夺侵权人的非法获利，预防和制止侵权行为的发生。① 如果既无法适用"赔偿实际损失"规则，也无法适用"赔偿侵权所获得的利益"规则，且被侵权人和侵权人无法就赔偿数额协商达成一致，则人民法院可以根据案件的实际情况确定赔偿数额。本案中，法院在酌定赔偿数额时，对原告的职业身份、知名度、肖像许可使用情况，以及被告的侵权行为持续时间、主观过错程度、涉案侵权广告范围、网站公开程度、杂志发行量及可能造成的影响等情节进行了综合考量，这一做法值得借鉴。

侵害他人的人身或财产权益，都有可能导致被侵权人遭受精神痛苦。但是，这种精神痛苦却不一定能够转化为具有可赔偿性的精神损害。一般而言，如果因侵权致人精神损害，但是未造成严重后果的，被侵权人请求赔偿精神损害的主张不会得到人民法院的支持。人民法院可以根据情形判令侵权人停止侵害、恢复名誉、消除影响、赔礼道歉。《民法典》第1183条第1款规定："侵害自然人人身权益造成严重精神损害的，被侵权人有权请求精神损害赔偿。"第2款规定："因故意或者重大过失侵害自然人具有人身意义的特定物造成严重精神损害的，被侵权人有权请求精神损害赔

① 程啸：《论〈民法典〉对人格权中经济利益的保护》，载《新疆师范大学学报（哲学社会科学版）》2020年第6期。

偿。”可见，只有严重的精神损害才有可能是具有可赔偿性的精神损害。本案中，被告中建荣真建材公司侵害原告周某某肖像权、姓名权的行为虽然造成原告人格权权能中包含经济性利益的部分受损，但是并未对原告造成严重精神损害，同时由于我国也并未规定象征性精神损害赔偿制度，因此法院对原告要求精神损害赔偿1元的诉讼请求未予支持。

（本案例由曹权之同学整理）

第三章　责任主体的特殊规定

◎ 本章提要

本章是关于责任主体的特殊规定，共 14 个条文（第 1188 条至第 1201 条）。侵权责任法的基本原理是，行为人对自己造成的损害承担侵权责任而不对他人造成的损害承担侵权责任；例外情形是，基于某种既有的法律关系，某些民事主体尽管自己没有实施侵权行为造成他人损害，但是要对特定主体造成的他人损害承担侵权责任。本章主要是关于此等例外情形的规定，少量条文涉及密切关联的“自己行为责任”。本章第 1188 条至第 1189 条是关于被监护人造成他人损害的侵权责任承担之规定。第 1190 条是关于完全民事行为能力人暂时没有意识或者失去控制造成他人损害以及因醉酒、滥用麻醉药品或者精神药品造成他人损害的责任之规定。第 1191 条至第 1192 条是关于使用人（用人单位、个人劳务接受一方）替代责任的规定。第 1193 条是关于承揽人责任的规定。第 1194 条至第 1197 条是关于网络侵权责任的规定。第 1198 条是关于违反安全保障义务之侵权责任的规定。第 1199 条至第 1201 条是关于幼儿园、学校或者其他教育机构相关侵权责任的规定。

第一千一百八十八条　【监护人责任】无民事行为能力人、限制民事行为能力人造成他人损害的，由监护人承担侵权责任。监护人尽到监护职责的，可以减轻其侵权责任。

有财产的无民事行为能力人、限制民事行为能力人造成他人损害的，从本人财产中支付赔偿费用；不足部分，由监护人赔偿。

【条文主旨】

本条有两款。第1款是关于无民事行为能力人、限制民事行为能力人造成他人损害的，由监护人承担侵权责任以及减轻责任的规定。第2款是关于从无民事行为能力人、限制民事行为能力人本人财产中支付赔偿费用，不足部分由监护人赔偿的规定。

【核心概念】

监护人责任

监护，是为了监督和保护无民事行为能力人和限制民事行为能力人的合法权益而设立的一项民事制度。负有监督、保护职责的人为监护人，被监督、保护的人为被监护人。① 父母亲是未成年子女的法定监护人，对未成年子女负有抚养、教育和保护的义务。成年子女对父母亲负有赡养、扶助和保护的义务。此外，《民法典》还规定了成年人监护制度。② 被监护人造成他人损害，监护人承担侵权责任。监护人承担此等责任为无过错责任，不以监护上存在过错为责任构成要件。

侵权责任能力

侵权责任能力是指民事主体能够认识自己行为及其可能造成的后果的能力。只有具备此等认识能力，方有能力承担侵权责任；如果没有此等认识能力，也就没有能力承担侵权责任。这是德国法上的制度，法国法不承认侵权责任能力。我国侵权责任法既没有完全接受德国法理论，也没有完全接受法国法理论，故而《民法典》第1188条貌似德国法和法国法的混合体，更具有中国特色。

【理解与适用】

一、监护人责任概述

（一）监护人责任的概念

监护人责任，是指监护人对于其所监护的被监护人造成他人损害所承

---

① 参见马俊驹、余延满：《民法原论》，法律出版社2007年版，第873页。

② 参见《民法典》第26条、第28条、第33条等条文。

担的侵权责任。法律条文中的“无民事行为能力人、限制民事行为能力人造成他人损害”，大致可以简称为“被监护人造成他人损害”。理解监护人责任的概念，需要准确把握监护人与被监护人的含义和范围。

（二）监护人责任的特征

1. 对他人造成的损害承担责任

监护人责任属于典型的替代责任，即监护人替他人（被监护人）对造成的损害承担赔偿责任。侵权责任法中的特殊侵权责任主要有两类：一类是对他人的不法行为造成损害承担责任；另一类是对物件致害承担责任。监护人责任是对他人的行为承担责任的重要情形。在此，存在着行为主体与责任主体的分离：实际造成损害的主体是被监护的无民事行为能力人或者限制民事行为能力人，承担责任的主体则是监护人。

2. 无过错责任

我国监护人责任的归责原则是无过错责任，监护人承担责任不以存在过失为必要。即使监护人尽到了监护职责，也只能减轻其侵权责任而不能免除。可见，我国的监护人责任在采纳无过错责任的同时，引入了一点公平衡量的因素，以此来缓解无过错责任的严格性。

3. 补充责任

我国法律这一规定在世界范围内独树一帜，确立了监护人的补充责任。这里的补充责任，是指先从造成他人损害的被监护人的财产中支付赔偿费用，其不足部分全部由监护人承担。如果被监护人的财产足以支付赔偿费用，那么监护人实际上不承担责任。这种补充责任是“缺多少补多少”的完全补充责任，不同于“相应的补充责任”。

（三）监护人责任的构成要件

监护人责任需要两个方面的构成要件：一是监护人与被监护人之间存在监护关系；二是被监护人的不法致害“行为”① 符合侵权责任的构成要件。我国法律规定监护人责任是一种无过错责任，监护人承担责任不以监护人具有过错为前提，被侵权人不需要证明监护人的过错。只要被监护人的不法致害“行为”满足了侵权责任的构成要件，即应当由监护人承担责任。因而，考察监护人是否承担责任的核心问题是被监护人的不法“行

---

① “行为”通常是指人的以一定意志支配的活动。无民事行为能力人缺乏必要的意志，故而其所实施的不是真正意义上的“行为”。在侵权责任法理论上，此等“行为”被当作“准侵权行为”看待，与饲养动物造成损害的法律意义大致相同。监护人对被监护人造成他人损害承担侵权责任，大致等于动物的饲养人或者管理人承担的相关侵权责任，都是“准侵权责任”。这里没有歧视或者贬损无民事行为能力人人格的意思呢，笔者也曾年幼和年少、年轻过。

为”是否符合侵权责任的构成要件：

1. 损害

损害是承担赔偿责任的前提条件。如果没有损害，则不必考虑损害赔偿责任，监护人自然不承担责任。[①]

2. 被监护人实施了不法“行为”

（1）被监护人

被监护人与监护人相对应，是指我国《民法典》第 33 条规定的未成年人、精神病人和丧失或者部分丧失行为能力的成年人。其中，未成年人是指不满 18 周岁的自然人，但是不包括 16 周岁以上的、以自己的劳动收入为主要生活来源而被视为完全民事行为能力人的未成年人；精神病人是精神健康状况存在问题的人。是否属于精神病人，应当经过医学鉴定或者参照当地群众认知而综合判断。需要注意的是，未成年的精神病人属于未成年人的范畴，其被监护人的身份不需要进行精神病鉴定，其监护人的确认也按照未成年人的监护人范围和顺序来确定。

（2）被监护人的不法“行为”

这里的不法“行为”，是指被监护人没有正当理由而侵害了他人的合法权益。此处的不法，包括结果不法与行为不法两个层面。从结果不法的角度看，被监护人的“行为”不存在正当理由（如正当防卫、紧急避险之类）。从行为不法的角度看，被监护人的“行为”不符合理性人的注意义务标准，即没有达到社会大众对于普通社会成员的合理期待。需要强调的是：判断被监护人的“行为”合法与否的标准是客观的理性人标准。适用该标准会发生两个结果：第一，只要被监护人的“行为”没有达到理性人的标准，监护人就要对被监护人的不法致害承担责任。这里根本不考虑被监护人的特殊情况，如未成年人的行为虽然没有达到理性人的标准，但是达到了同龄人的注意义务标准，因为所涉及的是监护人的责任而不是被监护人自己的责任，监护人承担责任的原理就在于通过监护人弥补被监护人的不足来满足社会大众对于理性人标准的安全期待。第二，如果被监护人的“行为”达到了理性人标准，监护人就不承担赔偿责任。在被监护人造成他人损害的情形，如果行为人是正常的成年人，该成年人都不应承担责任的话，未成年人的行为在客观上就不构成侵权行为，从而监护人也不承

---

① 《侵权责任法》第 32 条和《民法典》第 1188 条、第 1189 条所规定的监护人责任等侵权责任，是一种财产性质的损害赔偿责任，停止侵害、消除危险等承担侵权责任方式不在考虑之列。

担责任。①

为说明以上关系，列表如下：

被监护人的不法“行为”	低于同龄人标准	符合同龄人标准但低于理性人标准	符合理性人标准
监护人的责任	监护人承担责任	监护人承担责任	监护人不承担责任

3. 不法“行为”与损害之间存在因果关系

因果关系是侵权责任的过滤器，也是所有侵权责任必然要求的构成要件。监护人责任问题上的因果关系并无特殊之处，适用通行的规则与理论，即要求被监护人的不法“行为”与被侵权人遭受的损失之间存在因果关系。

二、监护人承担侵权责任

（一）监护人承担“替代”的侵权责任

依据本条第1款的规定，在被监护人的不法“行为”造成被侵权人损害，符合上述责任构成要件的情况下，如果被监护人没有自己的财产，监护人则应当依法承担损害赔偿责任。这种责任是无过错责任，即责任之构成与承担不以监护人有过错为要件。这种责任的“替代责任”，即为他人（被监护人）造成的损害承担赔偿责任，而不是为自己的行为造成的损害承担责任。

（二）监护人责任的减轻

尽管监护人承担的是无过错责任，责任之构成与承担不以其存在监护上的过失为要件，监护人也不得以“没有过失”主张免除其替代责任，但是本条第1款规定“监护人尽到监护职责的，可以减轻其侵权责任”。

所谓“监护人尽到监护职责”，是指：（1）监护人在日常的教育、管理、监督、保护被监护人方面达到了一个理性人的注意程度，不存在过失；（2）就造成损失的事件而言，监护人不存在具体的过失。如果监护人尽到了监护职责，被监护人造成损害的，可以减轻监护人的侵权责任。

三、被监护人“买单”，监护人承担完全补充责任

在被监护人有财产的情况下，本条第2款规定，被监护人造成损害的损害赔偿金额“从本人财产中支付赔偿费用；不足部分，由监护人赔偿”。从被监护人本人财产中支付赔偿费用，等于被监护人承担了财产责任。由

① 参见［德］克雷斯蒂安·冯·巴尔：《欧洲比较侵权行为法》（上册），张新宝译，法律出版社2001年版，第201页以下。

此可见，我国对于被监护人责任作出了较为独特的规定。[①] 被监护人是否承担责任，不取决于其有无相应的责任能力，也不取决于相关的注意义务标准，而仅与财产相关。对于被监护人来说，其是否承担责任以及责任大小取决于其有无财产以及财产多少。

从理论上讲，监护人就被监护人造成他人损害的行为承担责任，属于代人受过，而代人受过的缘由在于被监护人往往没有财产，不能赔偿被侵权人。所以，如果被监护人有财产，就可以让被监护人承担首位责任，而由监护人承担补充责任甚至不承担责任。由此看来，我国法律的规定也是合乎情理的。从某种意义上说，我国法律的务实规定具有相当的优越之处。被监护人承担责任以其拥有财产为限，既可以避免被监护人无力赔偿被侵权人，又可以避免被监护人背负沉重的债务负担而影响其个性成长与未来生活。

本条第2款同时规定了监护人的补充责任：被监护人财产不足以支付全部损害赔偿金额的，不足部分由监护人承担。此处监护人承担的是一种完全的补充责任，即不足部分“缺多少补多少”的补充责任，而不是“相应”的补充责任。

【关联规定】

《侵权责任法》（2021年1月1日废止）

第三十二条 无民事行为能力人、限制民事行为能力人造成他人损害的，由监护人承担侵权责任。监护人尽到监护责任的，可以减轻其侵权责任。

有财产的无民事行为能力人、限制民事行为能力人造成他人损害的，从本人财产中支付赔偿费用。不足部分，由监护人赔偿。

《最高人民法院关于贯彻执行〈中华人民共和国民法通则〉若干问题的意见（试行）》（第88条、第94条、第115条、第117条、第118条、第177条被《最高人民法院关于废止2007年底以前发布的有关司法解释（第七批）的决定》废止）

159. 被监护人造成他人损害的，有明确的监护人时，由监护人承担民事责任；监护人不明确的，由顺序在前的有监护能力的人承担民事责任。

---

① 关注被监护人的财产绝不是中国法律的独创之举。尽管不像我国的规定那么突出，但俄罗斯、蒙古国、越南也都明确规定：在未成年人的财产不足赔偿时，父母承担补充责任。其中，《越南民法典》的措辞与我国的几乎完全一样：“监护人以被监护人的财产赔偿损害；同时以自己的财产补足。”

第一千一百八十九条 【委托监护时监护人的责任】 无民事行为能力人、限制民事行为能力人造成他人损害，监护人将监护职责委托给他人的，监护人应当承担侵权责任；受托人有过错的，承担相应的责任。

【条文主旨】

本条是关于委托监护情况下被监护人造成他人损害，监护人承担侵权责任、受托人承担相应过错责任的规定。

【核心概念】

委托监护

无民事行为能力人、限制民事行为能力人的监护人可以将监护职责委托给他人行使，谓之委托监护。于委托监护之情形，监护人（委托人）仍然是监护人，受托行使监护职责的人并不取得监护人的地位。因此，在此等情形下被监护的无行为能力人、限制行为能力人造成他人损害，仍然由监护人承担无过错的侵权责任，受托人只是在有过错的情况下承担相应的过错责任。

【理解与适用】

一、监护人承担侵权责任

依本条规定，监护人可以根据需要将对被监护人的教育、管理、监督、保护的监护职责委托他人，但是并不能因为此等委托而免于承担监护人的侵权责任。即使在这种委托情形下，被监护人造成他人损害的，监护人也应依法承担侵权责任。

二、受托人有过错的承担相应的责任以及相关的“不真正连带责任”

（一）有过错的受托人承担相应的责任

尽管受托人接受委托，负责对被监护人进行监护，行使监护职责，但是不作为监护人承担无过错责任。在被监护人造成他人损害的情况下，作为委托人的监护人仍然依据本条承担侵权责任。如果受托人在履行监护职责过程中有过错（通常是过失），应依过错的大小与严重程度承担相应的过错责任。

（二）委托人责任与受托人责任的关系

于此等情况，被侵权人享有两个请求权：对监护人的无过错责任（替代责任）请求权和对受托人的过错责任请求权。对这两种请求权的关系，法律没有作出明确规定，笔者倾向于认为它们之间构成不真正连带关系：如果在一个侵权案件中全部损害是10000元，认定受托人因过错应当承担的相应责任是4000元，则被侵权人可以向监护人请求10000元的损害赔偿，作这种选择就不得再向受托人请求4000元或者任何其他数额的损害赔偿；如果被侵权人向受托人请求4000元的损害赔偿，就只能向监护人请求6000元的损害赔偿。无论如何，被侵权人只能提出总计不超过10000元的损害赔偿请求。监护人或受托人在赔偿了相应数额的金钱后，无权向对方（受托人或监护人）追偿。在这样的案件中，赔偿4000元构成不真正连带侵权责任，监护人对6000元独立承担无过错的监护人责任。但是，如果其尽到监护职责的，可以依据前条规定减轻侵权责任。

【关联规定】

《最高人民法院关于审理人身损害赔偿案件适用法律若干问题的解释》

第七条第一款 对未成年人依法负有教育、管理、保护义务的学校、幼儿园或者其他教育机构，未尽职责范围内的相关义务致使未成年人遭受人身损害，或者未成年人致他人人身损害的，应当承担与其过错相应的赔偿责任。

第一千一百九十条 【暂时丧失意识后的侵权责任】 完全民事行为能力人对自己的行为暂时没有意识或者失去控制造成他人损害有过错的，应当承担侵权责任；没有过错的，根据行为人的经济状况对受害人适当补偿。

完全民事行为能力人因醉酒、滥用麻醉药品或者精神药品对自己的行为暂时没有意识或者失去控制造成他人损害的，应当承担侵权责任。

【条文主旨】

本条有两款规定。第1款是关于完全民事行为能力人因过错对自己的行为暂时没有意识或者失去控制造成他人损害应当承担侵权责任的规定，以及在没有过错情况下进行补偿的规定。第2款系对前款“有过错”的列举规定。

【核心概念】

无过错补偿

完全民事行为能力人在没有过错的情况下对自己的行为暂时没有意识或者失去控制，造成他人损害，不承担侵权责任。但是，出于分担损害后果的考虑，法律规定应当根据行为人的经济状况对受害人适当补偿。

【理解与适用】

一、完全民事行为能力人有过错造成他人损害：应当承担侵权责任

年满18周岁的精神健全的人具有完全民事行为能力，能够正确认识自己行为的性质和可能发生的后果，进而作出理性的判断和行为选择。一个完全民事行为能力人基于理性判断作出的行为选择，往往也是其他人的理性判断和选择，达到了理性人的注意标准。在这样的情况下，该完全民事行为能力人的行为被认为是没有过错的，如果没有特别的法律规定（如《民法典》第1166条），即使此等行为造成了损害也不承担侵权责任。

完全民事行为能力人在一般情况下对自己的行为具有清醒的意识并且具有适当的控制。但是也会出现暂时失去意识或者暂时失去控制的情况。暂时没有意识或者失去控制，如果是由于完全民事行为能力人自身的原因造成的，应当依据本条规定承担侵权责任。此处法律归责于该完全民事行为能力人，不是因为其对损害的发生有疏忽大意的过失或者轻信的过失，而是因为其在实施行为造成损害时处于“暂时失去意识或者暂时失去控制”的状态，已经无法进行正常的思维和判断，进而也就无法构成“疏忽大意”或者轻信。此处法律对该完全民事行为能力人进行归责，是因为其有过错才使得自己陷入了“暂时没有意识或者失去控制”的状态：其追求自己陷入此等状态，或者疏忽大意没有谨慎意识到陷入此等状态的风险而陷入此等状态；或者轻信自己不会陷入但还是陷入了此等状态。承担本条规定的侵权责任之过错，不是完全民事行为能力人实施侵权行为时的故意或者过失，而是其使得自己陷入暂时没有意识或者失去控制状态的过失。如果存在这样的过失，完全民事行为能力人造成他人损害的应当承担侵权责任。

二、没有过错造成他人损害：适当补偿

完全民事行为能力人陷入暂时没有意识或者失去控制状态，可能是由

于自己的过错造成的，也可能不是由于自己的过错而是由于意志以外的主客观原因造成的。于前者，完全民事行为能力人应当承担侵权责任。于后者，由于缺乏过错，则不应承担侵权责任。

导致完全民事行为能力人陷入暂时没有意识或者失去控制状态的意志以外的原因，常见的有不可预知或防范的意外事件和疾病，如梦游、突发心肌梗死。

法律规定，完全民事行为能力人陷入暂时没有意识或者失去控制状态没有过错的，不承担其行为导致损害的侵权责任，但是根据行为人的经济状况对受害人适当补偿。这一规定的含义是：（1）行为人不承担侵权责任；（2）行为人可能需要对其行为造成的损害予以适当的补偿；（3）是否补偿以及补偿的金钱数额等，取决于行为人的经济状况。如果其有能力补偿的应进行补偿，如果其经济条件相对于受害人更好的，则应当为较大份额的补偿。反之，则不补偿或者仅为较小份额的补偿。

适用本条第1款后半段的规定，可以考虑《民法典》第1186条规定的法律精神。本条也可以看作第1186条“依照法律的规定”之具体例证情况。此外，本条仅适用于过错侵权案件，不适用于无过错责任案件。因为无过错责任案件之责任构成不要求行为人有过错，即使是在无过错情况下陷入暂时没有意识或者失去控制状态，实施行为造成他人损害也是应当承担侵权责任的。

三、醉酒、滥用麻醉药品或者精神药品造成他人损害：应当承担侵权责任

本条第2款规定，完全民事行为能力人因醉酒、滥用麻醉药品或者精神药品对自己的行为暂时没有意识或者失去控制造成他人损害的，应当承担侵权责任。这一规定可以理解为对本条第1款“有过错的”的列举性规定：完全民事行为能力人因醉酒、滥用麻醉药品或者精神药品对自己的行为暂时没有意识或者失去控制造成他人损害，其实施行为时已经处于暂时没有意识或者失去控制状态，自然无法认定其对损害的发生是故意的或者有过失，但是其对自己陷入暂时没有意识或者失去控制状态是有过错的。基于这样的过错，法律要对其进行归责，规定此等行为人造成损害的应当承担侵权责任。①

正常人摄入过量的酒精会醉酒，进而可能实施不当行为乃至侵权、违法犯罪行为。这是任何一个完全民事行为能力人应具有的常识。一个完全

---

① 《刑法》第18条第4款规定：“醉酒的人犯罪，应当负刑事责任。”

民事行为能力人违反这一常识，好酒贪杯使自己陷入醉酒状态，属于没有达到理性人的注意程度，通常是具有轻信的过失。而滥用麻醉药品或者精神药品本身具有违法性，行为人的过错昭然。

理论上往往会讨论“病理性醉酒”问题,[①] 即行为人对酒精的依赖已经达到病理状态，其无法控制自己饮酒。这样的人是否对自己陷入暂时没有意识或者失去控制状态有过错？笔者认为，如果行为人对酒精的病理性依赖已经达到自己无法控制的程度，似乎应当对其完全民事行为能力提出质疑：其很可能不再具有完全民事行为能力乃至完全丧失民事行为能力。在此等情况下实施侵权行为造成他人损害，应当按照《民法典》第1188条的规定确定侵权责任之承担。

【关联规定】

《侵权责任法》（**2021年1月1日废止**）

第三十三条　完全民事行为能力人对自己的行为暂时没有意识或者失去控制造成他人损害有过错的，应当承担侵权责任；没有过错的，根据行为人的经济状况对受害人适当补偿。

完全民事行为能力人因醉酒、滥用麻醉药品或者精神药品对自己的行为暂时没有意识或者失去控制造成他人损害的，应当承担侵权责任。

第一千一百九十一条　【用人单位责任和劳务派遣单位、劳务用工单位责任】用人单位的工作人员因执行工作任务造成他人损害的，由用人单位承担侵权责任。用人单位承担侵权责任后，可以向有故意或者重大过失的工作人员追偿。

劳务派遣期间，被派遣的工作人员因执行工作任务造成他人损害的，由接受劳务派遣的用工单位承担侵权责任；劳务派遣单位有过错的，承担相应的责任。

---

① 我国刑法学界普遍认为，醉酒分为生理性醉酒和病理性醉酒，病理性醉酒属于精神病的一种，不具有刑事责任能力。病理性醉酒人的危害行为不构成犯罪，不应适用刑罚。参见高铭暄：《中华人民共和国刑法的孕育和诞生》，法律出版社1981年版，第42页；赵秉志：《病理性醉酒人的危害行为与刑事责任》，载《西北政法学院学报》1988年第3期；高秀东：《对“醉酒驾车造成重大伤亡”事件的刑法学分析》，载《法律适用》2010年第6期。

【条文主旨】

本条有两款。第 1 款是关于用人单位对其工作人员因执行工作任务造成他人损害承担责任的规定。第 2 款是关于劳务派遣的工作人员因执行工作任务造成他人损害，接受劳务派遣的用工单位和劳务派遣单位责任的规定。

【核心概念】

用人单位责任

用人单位责任，又称使用人责任、雇佣人责任，即传统上所说的雇主责任①，是指用人单位对其工作人员在从事职务活动时给他人造成的损害承担侵权责任。在用人单位责任中，用人单位与工作人员（被使用人）是一对核心的概念。用人单位，是指任用工作人员（被使用人），通过对其活动进行委派、指示来实现自己特定目的的人。用人单位涵盖企业、个体经济组织、民办非企业单位等组织以及国家机关、事业单位、社会团体等。② 工作人员（被使用人）与用人单位相对应，是指接受用人单位的指示，根据用人单位的意思提供劳动或劳务的人。

劳务派遣

劳务派遣，是指由劳务派遣单位与被派遣的工作人员签订劳动合同，由被派遣的工作人员向接受劳务派遣的实际用工单位提供劳动服务并领取报酬的特殊劳动关系。在劳务派遣关系中，存在劳务派遣单位、被派遣的工作人员、接受派遣的实际用工单位三方主体，体现了雇佣单位与用工单位的分离状态，是现代社会一种新的用工手段。

【理解与适用】

一、用人单位的替代责任与追偿权

（一）用人单位责任有以下特征

1. 用人单位责任是一种替代责任。侵权责任可以分为两类：对自己行

---

① 雇主责任是一个含糊、笼统的说法，通常并不需要技术意义上的雇主—雇员关系，事实上是用包括多数情形的雇主责任来指代全部的用人单位责任。参见［德］克雷斯蒂安·冯·巴尔：《欧洲比较侵权行为法》（上册），张新宝译，法律出版社 2001 年版，第 233 页。

② 参见《劳动合同法》第 2 条。

为的责任和对他人行为或者物件致害的责任。用人单位责任属于自己责任的例外，是用人单位对他人的侵权行为致害承担责任，是典型的替代责任（vicarious liability）。

2. 适用无过错责任原则。对用人单位责任，多数立法例采无过错责任原则，不考虑用人单位的选任、监督过失，在法律上直接将被使用人的侵权责任归由用人单位承担。对于用人单位责任，适用无过错归责原则是世界立法的趋势，我国法律肯定用人单位责任是一种无过错责任。只要被使用人在职务活动中造成他人损害，该责任即由用人单位承担，并不考虑用人单位的过错。需要注意的是，用人单位责任属于无过错责任，仅涉及用人单位的环节，不涉及被使用人的环节，用人单位承担责任的前提是被使用人的行为满足了侵权责任的构成要件，通常是被使用人有过错。所以，无过错责任是指不考虑用人单位的过错，而不是不考虑被使用人的过错。

3. 用人单位责任以用人单位与直接侵权行为人存在特定关系为前提，即用人单位与被使用人的关系。替代责任人（用人单位）处于特定的地位，这种特定的地位主要指支配性的地位（选任、指示、监督、管理等）。判断侵权行为人是被使用人还是独立的民事主体，取决于用人单位能否对侵权行为人的活动进行指示、控制、监督、管理等。

4. 用人单位责任是用人单位对被使用人在执行职务活动中的致害行为承担责任，要求侵权行为人处于特定的状态，包括从事雇佣活动、执行职务等，即被使用人应该在从事用人单位交代的任务或者履行自己的职务过程中造成他人损害。

（二）用人单位责任的构成要件

1. 工作人员造成损害构成侵权责任

用人单位责任属于替代责任，由用人单位承担工作人员造成损害的侵权责任。只有工作人员的行为满足了侵权责任的构成要件，产生了侵权责任，才可能由用人单位来承担该项侵权责任。如果不属于特殊侵权责任，工作人员的行为必须构成一般侵权责任，用人单位才需要承担责任。通常情况下，用人单位承担责任的前提是工作人员有过错。

就一般侵权责任而言，工作人员的行为构成侵权责任要求具备：（1）损害；（2）不法行为；（3）行为与损害之间的因果关系；（4）过错。以上四个要件的判断适用侵权责任法的一般规则和理论，并无特殊之处。

2. 工作人员实施的侵权行为属于"完成工作任务"的行为

（1）"完成工作任务"的概念和特征

用人单位对工作人员的行为承担责任的主要依据在于享有其利益者承

受损害的报偿理论，如此，用人单位承担责任的前提自然是存在享有利益的可能性，即要求工作人员是为了用人单位的利益而行为。该种行为通常被称作“完成工作任务”的行为，也称作执行职务行为。

“完成工作任务”的行为具有如下特征：（a）以存在用人单位与工作人员之间广义上的雇佣即支配与被支配、使用与被使用关系为前提。只有确定了用人单位和工作人员的身份，才有可能把工作人员的行为界定为“完成工作任务”的行为。（b）用人单位支配工作人员的活动的可能性。“完成工作任务”的行为可能是工作人员受用人单位直接委派或者命令，也可能是工作人员出于维护用人单位利益的目的而自主决定，但必须存在用人单位对工作人员支配的可能性。如果不存在这种支配的可能性，直接侵权行为人就应当被界定为独立承担人而不是工作人员，用人单位不承担责任。（c）工作人员的活动与用人单位利益的相关性。如果工作人员从事的是完全与用人单位利益无关的行为，该项行为的风险就应当由工作人员承担。

（2）“完成工作任务”的判断

如何认定“完成工作任务”的行为属于理论上和实践中的疑难问题。该项难题的解决，可以考虑三种模式：第一种是借助某项统一的理论模型来认定，如德国的“内在关联性”理论、日本的外观理论以及我国通行的客观说。[①] 第二种是综合考虑相关因素而具体判断，如英美法的做法。第三种是借助判例、学说的努力而逐步实现类型化。以上三种模式中，第一种模式抽象度高、弹性大，第二种模式具体判断仍有相当的不确定性，第三种模式较为理想，不过需要通过判例、学说的长期努力，在我国目前情况下尤其需要假以时日。

有关“完成工作任务”的判断方法，《最高人民法院关于审理人身损害赔偿案件适用法律若干问题的解释》进行了有益的探索。该解释第 9 条第 2 款规定：“前款所称‘从事雇佣活动’，是指从事雇主授权或者指示范围内的生产经营活动或者其他劳务活动。雇员的行为超出授权范围，但其表现形式是履行职务或者与履行职务有内在联系的，应当认定为‘从事雇佣活动’。”因此，工作人员的行为是否为从事雇佣活动的行为，应当从行为人的主观意思和行为的客观性质两个方面加以判断。一般来说，工作人员主观上认为是从事雇佣活动的行为，而且在客观上又不悖于情理，就可

---

① 参见王利明、周友军、高圣平：《中国侵权责任法教程》，人民法院出版社 2010 年版，第 495 ~ 496 页。

认定该行为是从事雇佣活动的行为。“从事雇佣活动”通常包括：(a) 工作人员依据用人单位的指示在自己职权范围内的行为；(b) 为了完成职权范围内的事务所为的辅助行为；(c) 为了用人单位之利益的合理行为（也可能是超越职权的行为），此等行为应当具有客观上的合理性。将第三种行为纳入工作人员从事雇佣活动的行为，主要是为了保护被侵权人的利益，使其较为容易得到补偿。①

“完成工作任务”的行为是一个弹性概念，具体判断需要结合个案进行认定，重点考虑的因素有时间要素、地点要素、控制力要素和利益归属要素。在具体案件中，应综合考虑时间、地点、控制力、利益归属四个因素，然后作出判断。

（三）用人单位的追偿权

考虑到工作人员是直接侵权行为人，用人单位似乎可以向工作人员进行完全追偿，要求工作人员承担终局责任。但是用人单位对工作人员的责任追偿既受到两者之间合同关系的约束，也受到劳动法以及其他法律的限制。国外立法多限制用人单位向工作人员追偿的情形，如仅在工作人员故意或者存在重大过失时可以追偿；也有不少立法限制追偿的数额。②

《侵权责任法》未规定工作人员自己的责任，也不涉及用人单位对工作人员的追偿权。但是《最高人民法院关于审理人身损害赔偿案件适用法律若干问题的解释》第 9 条第 1 款作出了相关规定：“雇员在从事雇佣活动中致人损害的，雇主应当承担赔偿责任；雇员因故意或者重大过失致人损害的，应当与雇主承担连带赔偿责任。雇主承担连带赔偿责任的，可以向雇员追偿。”该条规定明确工作人员在故意或者存在重大过失时需要和用人单位承担连带责任，并且用人单位可以向工作人员追偿。

本条第 1 款后半段增加规定，用人单位承担侵权责任后，可以向有故意或者重大过失的工作人员追偿。单位承担无过错责任有利于保护被侵权人的利益。但工作人员在执行工作任务活动时出现酒后作业、野蛮施工、违章操作等现象，在其因故意或者重大过失造成他人损害的情况下仍然让用人单位单独承担责任，又可能陷入另一个不公平——对用人单位不公平。具有故意或者重大过失的工作人员，对其行为后果毫不顾及，对他人

---

① 参见张新宝：《中国侵权行为法》（第 2 版），中国社会科学出版社 1998 年版，第 161 页。

② 参见王利明、周友军、高圣平：《中国侵权责任法教程》，人民法院出版社 2010 年版，第 507 页。

的利益极不尊重，法律当然要对这种不法行为人进行归责。规定用人单位享有求偿权，一方面能弥补用人单位的损失，另一方面能督促雇员在工作中谨慎工作，尽量减少损害的发生。

二、劳务派遣情况下被派遣工作人员因执行工作任务造成他人损害的责任

（一）接受劳务派遣单位的替代责任

针对劳务派遣中实际用工单位和劳务派遣单位对被派遣的工作人员因执行工作任务造成损害的侵权责任之特殊性，本条第 2 款规定："劳务派遣期间，被派遣的工作人员因执行工作任务造成他人损害的，由接受劳务派遣的用工单位承担侵权责任；劳务派遣单位有过错的，承担相应的责任。"接受劳务派遣的用工单位被视为用人单位，对被派遣的工作人员因执行工作任务造成他人损害，承担无过错性质的替代责任：对工作人员造成实际的损害"买单"，且不考虑实际用人单位有无过错（关于被派遣的工作人员过错的要求，见对前款的相关论述）。在劳务派遣关系中，接受派遣的用工单位对被派遣的工作人员进行实际的管理、支配，同时利用被派遣的工作人员进行生产经营活动的行为以扩大规模、增加利润，应当被认定为用人者，对被派遣的工作人员因执行工作任务给他人造成的损害承担无过错性质的替代责任。

（二）派遣单位的相应过错责任

在劳务派遣关系中，劳务派遣单位从被派遣的工作人员身上获取利润，与被派遣的工作人员的行为具有利益相关性。但是，这种利益链条是通过实际用工单位对被派遣工作人员的使用而实现的，相对而言是一种稍远的利益关系，而且没有对被派遣的工作人员进行现场支配、指令的可能性。所以，派遣劳务的单位通常不被认定为用人单位，进而不对被派遣的工作人员因执行工作任务造成他人损害承担替代责任、无过错责任。但是如果劳务派遣单位有过错，则应当承担相应的过错责任。

【关联规定】

《民法典》

第六十二条 法定代表人因执行职务造成他人损害的，由法人承担民事责任。

法人承担民事责任后，依照法律或者法人章程的规定，可以向有过错的法定代表人追偿。

《侵权责任法》（2021 年 1 月 1 日废止）

第三十四条 用人单位的工作人员因执行工作任务造成他人损害的，由用人单位承担侵权责任。

劳务派遣期间，被派遣的工作人员因执行工作任务造成他人损害的，由接受劳务派遣的用工单位承担侵权责任；劳务派遣单位有过错的，承担相应的补充责任。

《最高人民法院关于审理人身损害赔偿案件适用法律若干问题的解释》

第九条 雇员在从事雇佣活动中致人损害的，雇主应当承担赔偿责任；雇员因故意或者重大过失致人损害的，应当与雇主承担连带赔偿责任。雇主承担连带赔偿责任的，可以向雇员追偿。

前款所称“从事雇佣活动”，是指从事雇主授权或者指示范围内的生产经营活动或者其他劳务活动。雇员的行为超出授权范围，但其表现形式是履行职务或者与履行职务有内在联系的，应当认定为“从事雇佣活动”。

第一千一百九十二条 【个人劳务关系中的侵权责任】 个人之间形成劳务关系，提供劳务一方因劳务造成他人损害的，由接受劳务一方承担侵权责任。接受劳务一方承担侵权责任后，可以向有故意或者重大过失的提供劳务一方追偿。提供劳务一方因劳务受到损害的，根据双方各自的过错承担相应的责任。

提供劳务期间，因第三人的行为造成提供劳务一方损害的，提供劳务一方有权请求第三人承担侵权责任，也有权请求接受劳务一方给予补偿。接受劳务一方补偿后，可以向第三人追偿。

【条文主旨】

本条有两款。第 1 款是关于个人劳务情况下提供劳务一方因劳务造成他人损害由接受劳务一方承担侵权责任和追偿的规定，以及关于提供劳务一方因劳务自己受到损害的根据双方各自的过错承担相应责任的规定。第 2 款是关于第三人造成提供劳务一方损害之侵权责任的规定。

【核心概念】

个人劳务关系

个人劳务关系，是指自然人个人之间的雇佣与被雇佣、接受劳动服务与提供劳动服务的民事法律关系。在这种民事法律关系中，雇佣者或者说接受劳动服务者为“接受劳务一方”，被雇佣者或者提供劳动服务者为“提供劳务一方”。这种民事法律关系为有偿关系，前者支付报酬，后者接受报酬；但是个人劳务关系不以支付报酬为构成要件。个人劳务关系可以是较长时间的雇佣关系（如住家保姆），也可以是临时雇佣的钟点工或者临时个别事务的处理者。

【理解与适用】

一、接受劳务一方的替代责任与相关追偿权

在个人劳务关系中，接受劳务的一方对另一方有指导、指示的权利，提供劳务一方接受前者的指导、指示。因此，个人劳务关系不同于承揽关系，承担侵权责任的规则也不一样。

依据本条第 1 款规定，接受劳务一方与上条规定的用人单位责任规则一样，对提供劳务一方因履行劳务造成他人损害的，由接受劳务一方承担无过错的替代责任。接受劳务一方在承担提供劳务一方因提供劳务造成他人损害的责任之后享有追偿权，前提是提供劳务一方造成他人损害有故意或者重大过失。

法律作此等规定，弥补了《侵权责任法》第 35 条的缺陷，使得接受劳务一方与提供劳务一方在利益上更为平衡。同时，这一追偿权规定，有利于促进提供劳务一方谨慎行为，避免造成他人的损害。

二、提供劳务一方自身受到损害的侵权责任承担

本条第 1 款规定，提供劳务一方自己因劳务受到损害的，根据双方各自的过错承担相应的责任。此等损害，有些类似于“工伤损害”，不是严格意义上对他人造成损害情况下的替代责任的适用对象。这一规定采用了过错责任原则以及比较过失规则：接受劳务一方有过错的应当承担侵权责任；如果双方都有过错的，比较过错的大小承担相应的责任或者分担相应份额的损失。

三、第三人造成提供劳务一方损害的侵权责任承担

本条第 2 款规定，在提供劳务期间，第三人给提供劳务一方造成损害的，提供劳务一方有权选择第三人或者选择接受劳务的一方承担侵权责任。选择造成损害的第三人承担侵权责任，是因为第三人造成了此等损害，按照自己责任和过错责任原理，其承担侵权责任天经地义。选择接受劳务的一方承担侵权责任，则是基于提供劳务一方的诉讼便利及更可能获得赔偿的考虑。本质上，接受劳务的一方没有承担此等侵权责任的法理基础，其所承担的责任既不是对自己行为造成损害的责任，也不是替他人行为造成损害的替代责任，而是一种基于诉讼便利或者弱者保护考虑的“代负责任”。如果接受劳务一方代替造成损害的第三人承担了这一侵权责任，有权依据本条第 2 款向该第三人全额追偿。

需要指出的是，此处提供劳务一方的两个请求权是竞合的或者相互排斥的：如果选择造成损害的第三人主张损害赔偿就不得向接受劳务的一方请求承担侵权责任；反之亦然。

【关联规定】

《侵权责任法》（2021 年 1 月 1 日废止）

第三十五条　个人之间形成劳务关系，提供劳务一方因劳务造成他人损害的，由接受劳务一方承担侵权责任。提供劳务一方因劳务自己受到损害的，根据双方各自的过错承担相应的责任。

第一千一百九十三条　【承揽关系中的侵权责任】承揽人在完成工作过程中造成第三人损害或者自己损害的，定作人不承担侵权责任。但是，定作人对定作、指示或者选任有过错的，应当承担相应的责任。

【条文主旨】

本条是关于承揽人在完成工作过程中造成第三人损害或者自己损害之侵权责任承担的规定。

【核心概念】

承揽关系

承揽关系由承揽合同确定。承揽合同是一种双务有偿合同，在这种合同关系中，承揽人按照定作人的要求完成工作，交付工作成果，定作人给付报酬。在承揽合同中，完成工作并交付工作成果的一方为承揽人，接受工作成果并支付报酬的一方为定作人。建筑工程合同是最典型、最常见的承揽合同。由于其典型性和普遍性，《民法典》合同编对此等合同作出了专门规定（第十七章、第十八章）。

【理解与适用】

一、定作人不承担责任

（一）承揽关系概述

在承揽关系中，一方面，定作人有选任、指示和提出定作要求等方面的权利，这一权利对承揽人完成具体工作产生宏观层面的影响。另一方面，承揽人有独立完成工作、交付工作成果的权利和义务，因此在完成工作的过程中并不需要在细节上听命于定作人。正因如此，承揽人在完成工作的过程中对第三人造成损害或者造成自身损害的，定作人不承担责任。定作人只是对定作、指示或者选任有过错的，应当承担相应的责任。

（二）定作人不承担责任规则的确立

承揽人因独立完成工作，原则上对完成工作过程中造成他人损害和自身损害承担责任或者后果，定作人不承担责任。这是大多数国家侵权责任法确认的规则。2003 年的《最高人民法院关于审理人身损害赔偿案件适用法律若干问题的解释》接受了这一规则。但是，2009 年《侵权责任法》没有采纳这条司法解释规定。当时有人认为：既然是规定定作人不承担责任，就没有规定的必要了，因为《侵权责任法》主要是规定应当承担责任的情况以及如何承担责任，而不承担责任的情况是千万不可列举的。这种认识在法律逻辑上似乎有些道理，但是也有局限性：此等规则不仅规定定作人不承担责任，也规定其在有过错情况下应当承担相应的责任；规定定作人不承担责任，也就从另一个方面明确了承揽人的责任。此外，承揽关系与委托、雇佣等有相似之处，也有性质上的区别，法律对承揽关系中的侵权责任承担作出明确规定有利于司法实践中对相关案件的处理。只是考虑到大陆法系相关国家的立法经验，考虑到司法解释的成果，更重要的是考虑到设定相关裁判规则的重要意义，《民法典》第1193条基本接受《最高人民法院关于审理人身损害赔偿案件适用法律若干问题的解释》第10条的规定，在立法上确立了定作人不承担责任的相关规则。

（三）侵权责任的承担

在定作人没有相关过错的情况下，定作人不对承揽人在完成工作过程中造成第三人损害或者自己损害承担侵权责任。到底谁对此等损害承担侵权责任，本条法律没有作出明确规定。笔者认为，确定此等损害的侵权责任主体，主要适用其他相关法律条文的规定：（1）如果是一个过错侵权案件，适用《民法典》第1165条的规定；（2）如果是一个无过错责任案件，适用《民法典》第1166条及相关无过错责任规范的规定；（3）如果涉及被侵权人（受害人）过错，适用《民法典》第1173条或第1174条的规定；（4）如果是工作人员或者个人劳务提供者在执行工作任务或者提供劳务过程中造成的损害，适用《民法典》第1191条或者第1192条的规定。

二、定作人的过错责任

（一）定作人的过错

依据《民法典》第1165条的规定，行为人对自己的过错行为造成的损害应当承担侵权责任。定作人虽然原则上不对承揽人在完成工作过程中对他人造成的损害或者自己的损害承担责任，但是如果有特定的过错，也应当依据本条规定承担相应的侵权责任。

本条规定的定作人过错应当理解为过失，具体包括定作人的定作过失、指示过失和选人过失三种过失。“定作过失”是指项目上的过失，比如发包一个违法违章建设项目、定作某种标的违法的工作成果，以及在监督、检查等方面存在过失。“指示过失”是指定作人对承揽人发出错误或者违规违法的具体执行或操作指令，如指示承揽人违反安全保护规范要求野蛮施工。“选任过失”也称为“选人过失”，是指定作人选择承揽人不当，如选择了没有相应资质的建筑施工单位。定作人有以上过失之一，且该过失对损害的发生有原因力的，即应承担相应的过错责任。

（二）定作人承担相应的责任

定作人有上述过错的，应当依据本条的规定承担相应的责任：如果是第三人受到损害，向第三人承担责任；如果是承揽人受到损害，向承揽人承担责任。承担责任的大小，取决于过错大小和程度以及原因力大小。

【关联规定】

《最高人民法院关于审理人身损害赔偿案件适用法律若干问题的解释》

第十条 承揽人在完成工作过程中对第三人造成损害或者造成自身损害的，定作人不承担赔偿责任。但定作人对定作、指示或者选任有过失的，应当承担相应的赔偿责任。

第一千一百九十四条　【网络侵权责任】网络用户、网络服务提供者利用网络侵害他人民事权益的，应当承担侵权责任。法律另有规定的，依照其规定。

【条文主旨】

本条是关于网络侵权责任的一般规定。

【核心概念】

网络用户

网络用户，俗称网民，是指接入互联网，使用互联网服务的自然人、法人和非法人组织。

网络服务提供者

网络服务提供者是指通过信息网络向公众提供信息服务，或者以获取网络信息等为目的提供服务的机构，包括网络上一切提供硬件设施、信息和中介以及接入等技术服务的个人或者组织。根据提供的服务类型不同，网络服务提供者具体可以分为网络接入服务提供者、网络平台服务提供者、网络内容提供者及产品服务提供者等。

【理解与适用】

一、网络侵权责任概述

（一）网络侵权的概念

网络侵权，是指网络用户、网络服务提供者利用互联网侵犯他人的民事权益的侵权行为。侵权人为网络用户（网民）和网络服务提供者。被侵权人为一般民事主体，包括自然人、法人和非法人组织。根据本法的相关规定和司法解释的精神，网络侵权行为所侵害的民事权益包括人身权益，如姓名权、名称权、名誉权、荣誉权、肖像权、隐私权和个人信息，以及知识产权，特别是著作权、网络信息传播权。

（二）网络侵权责任的法律适用

关于网络侵权责任，除适用本条和《民法典》相关条文的规定外，其他法律和行政法规有规定的，适用其规定。最高人民法院对网络侵权责任有几个司法解释，也适用于网络侵权责任案件。

二、网络侵权的基本特征

（一）网络侵权发生在网络空间

网络空间也称为虚拟空间，与现实物理空间相对应。网络侵权发生在网络空间，是网络用户、网络服务提供者利用互联网侵犯他人的民事权益的侵权行为。在互联网上发布诽谤他人的信息属于网络侵权行为，在互联网上侵害他人隐私或者非法传播他人的个人信息属于网络侵权行为。

有些侵权行为是网上行为与网下行为的结合，根据具体情况可以视为网络侵权行为，也可以不视为网络侵权行为。这取决于网络行为部分的作用大小。但是，无论是否归入网络侵权行为，都不影响行为的性质、侵权责任的构成和侵权责任的承担。

（二）网络侵权主要侵害人格权和知识产权

由于网络侵权发生在网络空间，因此对有体物毁损或者侵占的侵权无法在网络空间实施。对自然人的生命权、身体权和健康权的直接侵害也无法在网络空间实施。网络侵权主要侵害的是非物质性的人身权以及以无体物等作为权利客体的民事权益。

（三）网络侵权涉及网络用户的责任和网络服务提供者的责任

网络侵权可能是由网络用户实施的，也可能是由网络服务提供者实施的，它们作为侵权行为人要对自己的侵权行为承担侵权责任。同时，尽管网络服务提供者没有实施网络侵权行为，如果网络使用者在其拥有或者管理的网络空间实施了侵权行为，在符合特定构成要件且不具有特定免责事由的情况下，网络服务提供者也要对网络使用者的网络侵权行为造成的损害承担责任，包括可能的连带责任。

（四）部分网络侵权表现为“大规模侵权”

一些网络侵权行为涉及的被侵权人在规模上没有显著特征，但是侵害个人信息等网络侵权行为则往往表现为众多受害人的个人信息被侵害。因此，行政和刑事处罚常常适用于此等案件，集体或集团诉讼常常被选作民事救济的方式，甚至也有尝试采取公益诉讼方式保护被侵权人个人信息的。

（五）网络侵权责任适用过错责任原则

尽管本条没有对网络侵权责任的归责原则作出明确规定，但是由于网络侵权行为不是特殊危险行为，不宜采用无过错责任原则进行归责。在处理网络侵权行为的个案时，损害赔偿等责任之构成仍然需要满足《民法典》第1165条第1款规定的要件要求。至于停止侵害、排除妨碍、消除危险等责任方式之适用，则需要满足《民法典》第1167条规定的要件要求。

【关联规定】

《侵权责任法》（2021年1月1日废止）

第三十六条第一款 网络用户、网络服务提供者利用网络侵害他人民事权益的，应当承担侵权责任。

《最高人民法院关于审理利用信息网络侵害人身权益民事纠纷案件适用法律若干问题的规定》①

第一条 本规定所称的利用信息网络侵害人身权益民事纠纷案件，是指利用信息网络侵害他人姓名权、名称权、名誉权、荣誉权、肖像权、隐私权等人身权益引起的纠纷案件。

第一千一百九十五条 【“通知与取下”制度】网络用户利用网络服务实施侵权行为的，权利人有权通知网络服务提供者采取删除、屏蔽、断开链接等必要措施。通知应当包括构成侵权的初步证据及权利人的真实身份信息。

网络服务提供者接到通知后，应当及时将该通知转送相关网络用户，并根据构成侵权的初步证据和服务类型采取必要措施；未及时采取必要措施的，对损害的扩大部分与该网络用户承担连带责任。

权利人因错误通知造成网络用户或者网络服务提供者损害的，应当承担侵权责任。法律另有规定的，依照其规定。

---

① 本司法解释中部分内容与《民法典》规定抵触，笔者认为相应内容将会失效。

【条文主旨】

本条有三款，是关于“通知—取下”权利义务与责任规则的规定。第1款是关于权利人有权发出通知的规定。第2款是关于网络服务提供者“通知—取下”的责任规则。第3款是关于错误通知造成损害的侵权责任规定。

【核心概念】

“避风港规则”

“避风港规则”也称为“安全港规则”，是指在发生著作权网络侵权案件时，网络服务提供者只提供空间服务，并不制作网页内容，如果网络服务提供者被告知侵权，则有删除的义务，否则就被视为侵权。如果侵权内容既不在网络服务提供者的服务器上存储，又没有被告知哪些内容应该删除，则网络服务提供者不承担侵权责任。后来“避风港规则”也被应用在搜索引擎、网络存储、在线图书馆等方面。

【理解与适用】

一、权利人发出通知的权利

（一）权利人的通知与请求概述

本条第1款有两层含义：一是规定权利人有权通知网络服务提供者采取删除、屏蔽、断开链接等必要措施；二是规定通知的内容。

“权利人”是指自己的民事权益在网络上受到侵害或者自认为受到侵害的自然人、法人或者非法人组织。

“网络服务提供者”是指为网络用户提供信息交流和技术支持的服务提供者。网络服务提供者的组成比较复杂，主要包括网络信息传输基础服务提供者、网络接入服务提供者、网络内容服务提供者、网络空间服务提供者、网络信息搜索服务提供者、网络链接服务提供者以及综合服务提供者。

“网络用户”俗称“网民”，是指利用网络服务提供者的服务在互联网空间进行各种活动的人。网络用户包括自然人用户和企业用户等类型。网络实名制要求网络用户以真实的个人信息注册。

权利人发现自己的民事权益在网络上受到侵害，有权请求网络服务提供者采取删除、屏蔽、断开链接等必要措施，达到停止侵害和防止损害扩大以保护其民事权益的效果。

（二）通知的内容要求

依据本条第1款规定，权利人的通知需要符合两个方面的要求：一是应当包括构成侵权的初步证据，二是权利人的真实身份。

构成侵权的初步证据也称为“构成侵权的初步证明材料”，包括：（1）涉嫌侵权的网络用户的姓名（名称）、联系方式、网络地址等信息；[①]（2）用以认定侵权的事实，如侵权信息所在的网络页面位置等；[②]（3）通知人要求删除相关信息的理由。[③] 发出通知的权利人应当向接受通知的网络服务提供者提供自己的真实身份信息，包括通知人的姓名（名称）和联系方式。[④] 权利人发送的通知未满足上述条件，网络服务提供者主张免除责任的，人民法院应予支持。

法律要求权利人提出构成侵权的初步证据，其意义在于网络服务提供者因此获得进行判断的基础，并进一步作出处理。

二、“通知—取下”的责任规则

（一）取下侵权信息：不承担侵权责任

网络服务提供者在接到权利人的通知后，应当：（1）及时将该通知转送给相关网络用户；（2）根据构成侵权的初步证据和服务类型采取必要措施，即通过删除、屏蔽、断开链接等从网络上“取下”侵权信息。网络服务提供者履行以上义务实施了相应的行为，就不对此项网络侵权承担责任。

认定网络服务提供者采取的删除、屏蔽、断开链接等必要措施是否及时，应当根据网络服务的性质、有效通知的形式和准确程度，网络信息侵害权益的类型和程度等因素综合判断。

---

① 《信息网络传播权保护条例》第14条第1款第2项、《最高人民法院关于审理利用信息网络侵害人身权益民事纠纷案件适用法律若干问题的规定》第5条第1款第2项。

② 《最高人民法院关于审理利用信息网络侵害人身权益民事纠纷案件适用法律若干问题的规定》第4条。

③ 《最高人民法院关于审理利用信息网络侵害人身权益民事纠纷案件适用法律若干问题的规定》第5条第1款第3项。

④ 《最高人民法院关于审理利用信息网络侵害人身权益民事纠纷案件适用法律若干问题的规定》第5条第1款第1项。

（二）不取下侵权信息：对扩大的损害承担连带责任

网络服务提供者未及时将通知转送给相关网络用户，或者未采取删除、屏蔽、断开链接等必要措施从网络上“取下”权利人声称侵权的信息，则可能导致损害扩大。依据本条的规定，网络服务提供者与实施侵权行为的网络用户一起对扩大的损害承担连带责任。当然，实施侵权行为的网络用户要对通知之前的损害承担单独的责任。

是否网络服务提供者不取下声称的侵权信息就当然要对扩大的损害部分承担连带责任呢？这取决于声称的“侵权信息”最终是否被法院认定侵权：如果权利人声称侵权的信息最终被法院认定构成侵权，实施侵权行为的网络用户要对通知前的损害承担单独的侵权责任，还要与网络服务提供者一起对扩大的损害承担连带责任。反之，如果权利人声称的侵权信息最终被法院认定不构成侵权，网络用户则无需承担单独的责任，网络服务提供者也无需对扩大的损害与网络用户一起承担连带责任。

三、错误通知造成损害的侵权责任

本条第 3 款规定，权利人发出错误通知不当请求取下声称的侵权信息，给网络用户或者网络服务提供者造成损害的，应当承担侵权责任。[①]因“错误通知”造成损害承担侵权责任需要满足以下要件：（1）声称某一网络信息构成侵权，但是最终被法院认定不构成侵权；（2）被投诉或者被起诉的网络用户、网络服务提供者受到损害；（3）错误通知行为与网络用户、网络服务提供者遭受损害之间存在因果关系；（4）发出错误通知有过错，或为故意或为过失，没有到达一个理性人应当达到的注意程度。

依据本条第 3 款承担侵权责任的方式包括赔偿损失、恢复网络信息、解除屏蔽、恢复链接等。赔礼道歉、消除影响、恢复名誉的责任方式也可以适用于此等案件。

---

① 《最高人民法院关于审理利用信息网络侵害人身权益民事纠纷案件适用法律若干问题的规定》第 8 条规定：“因通知人的通知导致网络服务提供者错误采取删除、屏蔽、断开链接等措施，被采取措施的网络用户请求通知人承担侵权责任的，人民法院应予支持。被错误采取措施的网络用户请求网络服务提供者采取相应恢复措施的，人民法院应予支持，但受技术条件限制无法恢复的除外。”

【关联规定】

《侵权责任法》（2021 年 1 月 1 日废止）

第三十六条第二款 网络用户利用网络服务实施侵权行为的，被侵权人有权通知网络服务提供者采取删除、屏蔽、断开链接等必要措施。网络服务提供者接到通知后未及时采取必要措施的，对损害的扩大部分与该网络用户承担连带责任。

《最高人民法院关于审理利用信息网络侵害人身权益民事纠纷案件适用法律若干问题的规定》

第五条 依据侵权责任法第三十六条第二款的规定，被侵权人以书面形式或者网络服务提供者公示的方式向网络服务提供者发出的通知，包含下列内容的，人民法院应当认定有效：

（一）通知人的姓名（名称）和联系方式；

（二）要求采取必要措施的网络地址或者足以准确定位侵权内容的相关信息；

（三）通知人要求删除相关信息的理由。

被侵权人发送的通知未满足上述条件，网络服务提供者主张免除责任的，人民法院应予支持。

第六条 人民法院适用侵权责任法第三十六条第二款的规定，认定网络服务提供者采取的删除、屏蔽、断开链接等必要措施是否及时，应当根据网络服务的性质、有效通知的形式和准确程度，网络信息侵害权益的类型和程度等因素综合判断。

第七条 其发布的信息被采取删除、屏蔽、断开链接等措施的网络用户，主张网络服务提供者承担违约责任或者侵权责任，网络服务提供者以收到通知为由抗辩的，人民法院应予支持。

被采取删除、屏蔽、断开链接等措施的网络用户，请求网络服务提供者提供通知内容的，人民法院应予支持。

第八条 因通知人的通知导致网络服务提供者错误采取删除、屏蔽、断开链接等措施，被采取措施的网络用户请求通知人承担侵权责任的，人民法院应予支持。

被错误采取措施的网络用户请求网络服务提供者采取相应恢复措施的，人民法院应予支持，但受技术条件限制无法恢复的除外。

第一千一百九十六条　【“反通知”制度】网络用户接到转送的通知后，可以向网络服务提供者提交不存在侵权行为的声明。声明应当包括不存在侵权行为的初步证据及网络用户的真实身份信息。

网络服务提供者接到声明后，应当将该声明转送发出通知的权利人，并告知其可以向有关部门投诉或者向人民法院提起诉讼。网络服务提供者在转送声明到达权利人后的合理期限内，未收到权利人已经投诉或者提起诉讼通知的，应当及时终止所采取的措施。

【条文主旨】

本条有两款，是关于接到通知的网络用户提交声明及相关法律效果的规定。第 1 款是关于收到通知的网络用户可以提交不存在侵权的声明以及此等声明应当包括的必要内容的规定。第 2 款是关于网络服务提供者转送、告知义务以及逾期后应当及时终止所采取措施的规定。

【核心概念】

网络用户声明

网络用户声明，也称为“反通知”，是指网络用户接到网络服务提供者转送的权利人发出的通知后向网络服务提供者提交的不存在侵权行为的声明。网络服务提供者接到声明后应当将该声明转送发出通知的权利人，并告知其可以向有关部门投诉或者向人民法院起诉。

【理解与适用】

一、收到转送通知的网络用户可以提交不存在侵权行为的声明

依据前条规定，权利人有权向网络服务提供者发出通知，请求采取删除、屏蔽、断开链接等措施。依据本条规定，网络服务提供者接到通知后应当及时将该通知转送相关网络用户。收到转送通知的网络用户可以向网络服务提供者提交不存在侵权的声明。该声明应当包括不存在侵权行为的初步证据。具体而言，“不存在侵权行为的初步证据”包括：（1）通知所

指的侵权事实不存在或者不真实；（2）尽管存在相关事实，但是不构成侵权；或者（3）具有不承担侵权责任的抗辩事由。

二、网络服务提供者的准时转送、告知义务

网络服务提供者在收到此等声明后，应当将该声明转送发出通知的权利人，并告知其可以向有关部门投诉或者向人民法院起诉。此时，网络服务提供者承担两项义务：一是转送义务，二是告知义务。这两项义务都不是给付性的义务，而是程序性的义务。网络服务提供者只需要在程序上完成这两项义务即可，不产生实体意义上的给付义务。

三、网络服务提供者终止所采取措施的义务

权利人接到网络服务提供者转送来的声明后会有两种选择：（1）认可声明的内容和主张，明示不再要求采取删除、屏蔽、断开链接等措施，或者默示不作出进一步的要求；（2）不认可声明的内容和主张，向有关部门投诉或者向人民法院起诉。这里的“有关部门”，指国家网络信息管理部门，如国家互联网信息办公室（国家网信办）。

权利人接到声明并明示不再要求采取删除、屏蔽、断开链接等措施的，网络服务提供者应当终止已经采取的措施。网络服务提供者在转送声明到达权利人后的合理期限内没有收到权利人已经投诉或者起诉的通知，应当及时终止已经采取的相关措施，恢复网络信息、解除屏蔽、恢复链接。这里的“合理期限”应当依据具体情况确定。

网络服务提供者在转送声明到达权利人后的合理期限内收到权利人已经投诉或者起诉的通知，应当按照投诉程序或者民事诉讼法的有关规定，接受行政调查或者参加民事诉讼，执行有关的决定和裁判。

【关联规定】

《信息网络传播权保护条例》

第十六条 服务对象接到网络服务提供者转送的通知书后，认为其提供的作品、表演、录音录像制品未侵犯他人权利的，可以向网络服务提供者提交书面说明，要求恢复被删除的作品、表演、录音录像制品，或者恢复与被断开的作品、表演、录音录像制品的链接。书面说明应当包含下列内容：

（一）服务对象的姓名（名称）、联系方式和地址；

（二）要求恢复的作品、表演、录音录像制品的名称和网络地址；

（三）不构成侵权的初步证明材料。

服务对象应当对书面说明的真实性负责。

第一千一百九十七条　【网络服务提供者与网络用户的连带责任】网络服务提供者知道或者应当知道网络用户利用其网络服务侵害他人民事权益，未采取必要措施的，与该网络用户承担连带责任。

【条文主旨】

本条是关于网络服务提供者知道或者应当知道网络用户利用其网络服务侵害他人民事权益而未采取必要措施，应当与该网络用户承担连带责任的规定。

【核心概念】

“红旗规则”

“红旗规则”是“避风港规则”的例外规则，是指在网络服务提供者的网络系统中存在侵权信息或者被链接的侵权信息，像一面显眼的旗帜一样在网络服务提供者面前飘扬，以至于其知道或者应当知道此等侵权信息的存在。此时，网络服务提供者就应当采取必要措施如删除、屏蔽、断开链接，而不是采取鸵鸟政策消极不作为。

【理解与适用】

一、“知道或者应当知道”的判断

在法学理论上，一般用“不知道”“可能知道”“应当知道”“明知”等来表述认知者（民事主体）与被认知对象之间的认知关系。在侵权责任法上，“明知或者应知”通常是认定侵权人承担侵权责任的主观上的要求。“明知”通常是故意或者重大过失的认知基础，“应当知道”则通常是过失的认知基础。

本条使用“知道或者应当知道”的概念来表述网络服务提供者与“网络用户利用其网络服务侵害他人民事权益”的行为这一事实之间的认知关系。最高人民法院在司法解释中对此进行了一些界定。《最高人民法院关于审理利用信息网络侵害人身权益民事纠纷案件适用法律若干问题的规定》第 9 条规定，人民法院依据《侵权责任法》第 36 条第 3 款认定网络服务提供者是否“知道”，应当综合考虑下列因素：（一）网络服务提供者是否以人工或者自动方式对侵权网络信息以推荐、排名、选择、编辑、整理、修改等方式作出处理；（二）网络服务提供者应当具备的管理信息的能力，以及所提供服务的性质、方式及其引发侵权的可能性大小；（三）该网络信息侵害人身权益的类型及明显程度；（四）该网络信息的社会影响程度或者一定时间内的浏览量；（五）网络服务提供者采取预防侵权措施的技术可能性及其是否采取了相应的合理措施；（六）网络服务提供者是否针对同一网络用户的重复侵权行为或者同一侵权信息采取了相应的合理措施；（七）与本案相关的其他因素。

二、网络服务提供者与实施侵权行为的网络用户的连带责任

依据本条规定，网络服务提供者知道网络用户利用其网络服务侵害他人民事权益未采取必要措施的，与实施侵权行为的网络用户承担连带责任。

适用本条规定，被侵权人无需按照《民法典》第1195条的规定通知网络服务提供者，而是可以直接起诉到人民法院，请求网络服务提供者与实施侵权行为的网络用户承担连带责任。其所需要证明的是：（1）作为被告的网络用户实施了侵害其民事权益的侵权行为；（2）网络服务提供者知道网络用户利用其网络服务侵害他人民事权益未采取必要措施，关键是对“知道”的举证和证明。

【关联规定】

《侵权责任法》（2021年1月1日废止）

第三十六条第三款 网络服务提供者知道网络用户利用其网络服务侵害他人民事权益，未采取必要措施的，与该网络用户承担连带责任。

第一千一百九十八条 【违反安全保障义务的侵权责任】 宾馆、商场、银行、车站、机场、体育场馆、娱乐场所等经营场所、公共场所的经营者、管理者或者群众性活动的组织者，未尽到安全保障义务，造成他人损害的，应当承担侵权责任。

因第三人的行为造成他人损害的，由第三人承担侵权责任；经营者、管理者或者组织者未尽到安全保障义务的，承担相应的补充责任。经营者、管理者或者组织者承担补充责任后，可以向第三人追偿。

【条文主旨】

本条有两款，是关于安全保障义务以及违反安全保障义务缺陷侵权责任的规定。第 1 款是关于经营者、管理者或者组织者未尽到安全保障义务造成他人损害的侵权责任的规定。第 2 款是关于第三人造成损害情形的侵权责任规定。

【核心概念】

安全保障义务

安全保障义务，是指宾馆、商场、银行、车站、机场、体育场馆、娱乐场所等经营场所、公共场所的经营者、管理者或者群众性活动的组织者，对于进入该等经营场所、公共场所的消费者、活动参与者（被组织者）等所承担的保障其人身安全、财产安全的义务。

【理解与适用】

一、未尽到安全保障义务造成他人损害的侵权责任概述

（一）安全保障义务的理论起源

一般认为，安全保障义务的法理基础源自德国法上的“社会交往安全义务”。这种义务并不是《德国民法典》明文规定的一项义务，而是通过 1902 年“枯树案”、1903 年“道路撒盐案”等一系列判例形成的。在“枯树案”中，原告起诉被告（国库）要求赔偿损失的原因是，生长在属于被告的一条公共道路边的一棵树因枯死而折断，原告被砸伤。在“道路撒盐案”中，原告起诉某市一个区的政府，要求赔偿损失，原因是被告没有对积雪的路面喷洒除雪剂和进行清扫，使得原告在用于公共交通的石阶上跌倒。在案件审理过程中，帝国最高法院提出：“如果某人的物品可能造成他人损害，而该人应该对他人的利益尽到合理的注意义务以防止这种损害

的发生时，那么他就要为这种损害的发生承担责任。”所有者负有保证其物品符合交往安全的责任。[①]

早期罗马法中，只有积极的致害行为才会导致责任的产生，对于不作为不允许请求赔偿。而在上述案例中，德国法院突破了罗马法“不作为不允许请求赔偿”的理论，提出了“交往安全义务”，并将其广泛适用于交往安全领域。后来随着社会的不断发展，这一义务扩及其他的社会交往活动中。德国法认为，违反交往安全义务的责任的核心功能就在于避免和防止危险，每个人都应该在自己掌控的范围内采取一切措施来防止给他人造成损害。[②] 我国学者在21世纪初引入安全保障义务理论，[③] 2003年《最高人民法院关于审理人身损害赔偿案件适用法律若干问题的解释》规定了违反安全注意义务造成他人损害的侵权责任。《侵权责任法》和《民法典》均吸收司法解释的经验，规定了未尽到安全保障义务的侵权责任。

（二）安全保障义务的性质

1. 作为义务

安全保障义务是一项作为义务，即安全保障义务人必须为积极的作为，保障公众的人身安全和财产安全。具体而言，就是要有符合法律、法规要求或者行业惯例的相关保障措施。作为义务的内容主要体现在相关场所的两个方面：（1）硬件方面，包括设施和人员配备。公共场所使用的建筑物及配套设施、设备应当安全可靠。有国家强制标准的，应当符合国家强制标准；没有国家强制标准的，应当符合行业标准；没有行业标准的，也应当达到从事该行业所需要的安全标准。同时，在日常管理中应当保证各种设施、设备处于良好的运行状态。公共场所应当配备相应的消防设备，并保证其能够随时使用；应当设置合理的紧急疏散通道，以便紧急状态下公共场所内的人员有序疏散。同时，公共场所的管理者和群众活动的组织者还应当采取有效措施防范和制止第三人对活动参与人实施侵害。公共场所，尤其是一些经营场所，应当配备具有相关行业安全保障知识和能力的专业人员。（2）软件方面，包括管理和告知义务。公共场所的管理人员或群众性活动的组织者应当对进入场所或参加活动的公众进行相应事项

---

① 参见［德］马克西米利安·福克斯：《侵权行为法》，齐晓琨译，法律出版社2006年版，第100～101页。

② 参见［德］马克西米利安·福克斯：《侵权行为法》，齐晓琨译，法律出版社2006年版，第102页。

③ 参见张新宝、唐青林：《经营者对服务场所的安全保障义务》，载《法学研究》2003年第3期。

的告知，特别是一些具有危险性的活动，要将注意事项逐项提前告知。比如，在电影院开场之前告知观众紧急出口及观众自己所处的位置；又如，某些体育运动项目应当注意哪些问题、哪些人不能从事该项运动；等等。软件方面的管理和告知义务没有一个统一的标准，而是与承担安全保障义务的场所的性质、主体的能力、管理者所能控制的范围等因素相关的。

消极的不作为往往构成对安全保障义务的违反。安全保障义务人不采用符合安全规范要求的设施或设备，不采取适当的安全措施，不设置必要的警示或不进行必要的劝告、说明，不配备适当的保安或救生员等，均属于违反安全保障义务的行为。①

2. 法定义务

安全保障义务原则上属于法定义务。合同上义务的观点无法解决那些与安全保障义务人没有合同关系的受害人的损害赔偿问题，也无法解决当事人在合同中未约定或者约定不明确事项的损害赔偿问题。在特殊情况下，即使有合同关系存在，合同中也有相应的约定义务，但根据违约责任获得的赔偿也远远小于根据侵权责任所获得的赔偿。另外，尽管理论上可以将部分安全保障义务解释为合同法上的附随义务，但从我国立法实践看，大量法律、法规规定了各种情况下的安全保障义务，而《合同法》却没有（也不可能）对此作出明确的列举性规定。因此，将我国安全保障义务原则上确定为法定义务比较妥当，符合我国法律、法规所建立起来的义务体系的模式。违反安全保障义务造成损害的，承担的是侵权责任而非违约责任。

3. 与附随义务的关系

附随义务是20世纪以来大陆法系的判例和学说依据诚实信用原则而提出的概念。附随义务并非在给付义务之始确定，而是随着债的关系的发展而在个别情况下要求当事人有所作为或不作为，以维护相对人的利益。附随义务又分为独立的附随义务和非独立的附随义务。非独立的附随义务依其功能可分为辅助实现债权人之给付利益（如照顾义务、说明义务、忠实义务、不作为义务等）和避免侵害债权人之人身或财产上利益（如保护义务）两类。其中保护义务（德国法上统称为Schutzpflicht）的性质与侵权责任法上之交往安全义务的性质相同，而与给付义务的关联较为疏远。②

① 参见张新宝、唐青林：《经营者对服务场所的安全保障义务》，载《法学研究》2003年第3期。

② 参见王泽鉴：《民法学说与判例研究（第4册）》，中国政法大学出版社2005年版，第84页。

安全保障义务的性质以法定义务为原则，但不排除特定情况下当事人之间的约定义务。对于法律没有规定的安全保障义务，如果当事人之间以合同进行约定或者当事人之间合同约定的保障义务高于法律规定的安全保障义务，则可以按照合同的约定处理当事人之间的纠纷。

安全保障义务是一项法定义务，在法律没有规定安全保障义务的情况下，当事人之间基于先前行为而产生的信赖利益同样应当受到保护。

（三）未尽到安全保障义务造成他人损害的侵权责任

本条规定了未尽到安全保障义务情况下造成他人损害的几种侵权责任。第 1 款规定了安全保障义务人未尽到安全保障义务造成他人损害的过错责任。第 2 款规定了第三人的侵权责任以及第三人侵权责任与安全保障义务人的相应补充责任的关联情况。

二、经营者、管理者或者组织者的过错侵权责任

（一）责任主体

本条对承担责任的主体之列举比《侵权责任法》第 37 条的列举更为详细，增加了更多场所的经营者和管理者，同时区分了经营场所和公共场所。依据本条规定，未尽到安全保障义务造成他人损害应当承担侵权责任的主体包括：（1）宾馆、商场、银行、车站、机场、体育场馆、娱乐场所等经营场所、公共场所的经营者、管理者；（2）群众性活动的组织者。

（二）责任依据

1. 过失说

按照过错责任理论，过错是行为人承担民事责任的基础。之所以由行为人承担相应的民事责任，是因为其主观上有可归责的事由（故意或者过失）。正如德国著名法学家耶林所述：不是损害而是过错使侵害者负有赔偿义务。过失说认为，既然安全保障义务人对于损害结果的发生有过失，就应承担因过失而产生的侵权责任。

2. 控制说

控制说认为，安全保障义务人对于潜在的危险具有控制力。正如克雷斯蒂安·冯·巴尔教授所言：在属于不作为责任之原始形态的对他人侵权行为之责任领域内，（倘若未规定严格责任）监督者控制潜在危险的义务来源于其对危险源的控制力。① 公共场所的管理人和群众性活动的组织者如果了解服务设施、设备的性能以及相应的管理法律、法规的要求，了解

---

① 参见［德］克雷斯蒂安·冯·巴尔：《欧洲比较侵权行为法》（下册），焦美华译，张新宝审校，法律出版社 2001 年版，第 269 页。

服务场所和活动场所的实际情况，就具有更为强大的力量和更加专业的知识，更能预见可能发生的危险和损害，更有可能采取必要的措施（如警示、说明、劝告、救助）防止损害发生或减轻损害。而消费者或者群众性活动的参与者，在接受服务或者参加群众性活动时，就有合理的理由相信公共场所的管理人和群众性活动的组织者能够保护其人身利益和财产利益不受侵害。

3. 利益说

利益说主张风险与收益相一致的理论，该理论主要针对获取经济利益的经营者。克雷斯蒂安·冯·巴尔教授认为，除特定信任关系也受侵权行为法保护的法律观念外，从危险源中获取经济利益者也经常会被视为具有制止危险义务的人。[①] 服务场所的经营者所从事的是一种营利性的活动，能够从中得到收益，尽管有的消费者并不一定接受服务并支付费用，而只是参观甚至路过，但是作为整体的消费者群无疑会向经营者支付费用而使其获利。经营者当然要为每一位潜在的消费者尽安全保障方面的义务。而如果每个经营者都做到“各扫门前雪”的话，虽然可能会增加经营成本，但也会改善消费环境，促使消费者走出家门去消费，进而间接地促进经济的繁荣。这样又会增进消费，从而有利于经营者作为一个整体获得更大的长远利益，最终还是有利于经营者的。可见，法律要求他们承担这个义务是合理的。因此，根据收益与风险相一致的理论，经营者应当承担安全保障义务。

对于非营利性公共场所的管理者和群众性活动的组织者而言，其活动也许无法获取即期的有形的经济利益，但其管理和组织行为是服务于长远的经济利益或者整体的社会利益的。因此，公共场所的管理者和群众性活动的组织者也应当对进入自己管理的场所的人员的人身安全和财产安全承担保障义务。

4. 经济分析说

经济分析说主张从社会经济学的角度比较预防损害的发生和对损害进行赔偿哪个成本更低。对于节约社会总成本而言，要求安全保障义务人承担避免和减少损害发生的成本显然比进行损害赔偿的成本要低。因此，要求安全保障义务人承担安全保障义务，避免损害发生，从社会整体角度而言更具有经济性。

---

① 参见［德］克雷斯蒂安·冯·巴尔：《欧洲比较侵权行为法》（下册），焦美华译，张新宝审校，法律出版社 2001 年版，第 271 页。

（三）责任的承担

尽管在理论上对未尽到安全保障义务造成他人损害应当承担侵权责任的责任基础存在一定的争议，但是将其作为一种过错责任以及按照过错责任的构成要件来处理相关的责任承担问题并不存在争议。基于这样的认识，本条第 1 款规定的各种主体承担本条规定的侵权责任，需要满足以下构成要件方面的要求：（1）过错，即未尽到安全保障义务要求，表现为过失；（2）侵权行为，多表现为消极不作为；（3）造成他人的损害；（4）消极不作为行为与损害之间存在因果关系：如果积极作为、正确作为，可以避免损害的发生；但是安全保障义务人没有按照安全保障义务的要求积极作为和正确作为，使得损害发生的风险显著增加，损害之发生变得难以避免。

三、第三人的侵权责任

依据本条第 2 款的规定，第三人造成他人损害的，由实施侵权行为的第三人承担侵权责任。安全保障义务人未尽到安全保障义务的，应当承担相应的补充责任。这里的第三人仅指法律上完全独立于安全保障义务人的自然人、法人或其他组织，不包括安全保障义务人的雇员、被监护人。

第三人造成他人损害承担侵权责任，是对其过错承担侵权责任，是过错责任原则的要求。第三人承担此等侵权责任，需要具备过错侵权责任的全部要件，即：（1）实施了不法侵害他人民事权益的行为；（2）他人的民事权益遭受损害；（3）侵害行为与损害之间有因果关系；（4）第三人主观上有故意或者过失的过错。

四、第三人的侵权责任 + 经营者、管理者或者组织者的补充责任

（一）侵权责任的构成要件

第三人实施的侵权行为导致损害结果发生的，由实施侵权行为的第三人承担赔偿责任；安全保障义务人未尽到安全保障义务，对损害的发生有过错的，应当在其能够防止或者制止损害的范围内承担相应的补充赔偿责任。此等侵权责任之构成，需要符合以下构成要件。

1. 损害是由于第三人的侵权行为造成的

在安全保障义务人因第三人在自己负有安全保障义务的场所内或者组织的群众性活动中实施侵权行为，造成他人损害而承担补充责任的情形下，损害是由于第三人的直接侵权行为造成的，而非由于安全保障义务人的过失行为造成的。第三人的侵权行为是损害发生的直接的、事实上的原因。

2. 安全保障义务人有过失

在第三人致害情况下，安全保障义务人承担相应的补充责任，仍适用过错责任原则。在这种情况下，既不构成共同侵权，也不适用原因力理论。安全保障义务人之所以对第三人致害的行为承担补充的侵权责任，是由于其对于损害的发生具有过失。在第三人实施侵权行为的情况下，安全保障义务人的过失在于：有义务防止或者制止损害的发生，而没有防止或者制止损害的发生；有义务避免损害的扩大，而没有防止或者制止损害的扩大。当然，其防止或制止损害发生的义务以及避免损害扩大的义务范围，应当在其能够防止或者制止损害发生或者避免损害扩大的范围内确认，如普通的餐馆老板不可能防止或制止全副武装的攻击事件，更不可能防止或制止精心策划的恐怖爆炸事件。安全保障义务人如果尽到了安全保障义务，则不需要承担侵权责任。

3. 被侵权人遭受人身损害或财产损失

所谓无损害则无救济。受害人在安全保障义务人管理的场所内或者组织的活动中遭受人身损害或者财产损失，才可以要求安全保障义务人承担补充责任。

4. 因果关系

第三人的侵权行为足以导致损害的发生。第三人实施的侵权行为是造成损害结果的直接的、事实上的原因，其行为足以导致损害的发生。也就是说，不论安全保障义务人是否怠于履行安全保障义务，该第三人的侵权行为都将导致损害的发生。在第三人致害的情况下，安全保障义务人未尽到安全保障义务的行为仅仅是损害发生或扩大的间接原因或者说是损害发生或扩大的“条件”，因为造成损害发生的直接原因是第三人的侵权行为。

（二）相应的补充责任之承担

在第三人致害情况下，安全保障义务人未尽到安全保障义务的，应当承担补充责任。补充责任的含义是：因第三人侵权导致损害结果发生的，由实施侵权行为的第三人承担责任。安全保障义务人有过错的，应当在其能够防止或者制止损害的范围内承担相应的补充赔偿责任。所谓补充责任，则意味着安全保障义务人承担的是第二顺位的赔偿责任。在第三人致害的情况下，实施直接侵权行为的第三人作为直接责任人承担的是第一顺位的赔偿责任，安全保障义务人作为补充责任人承担的是第二顺位的赔偿责任。只有当第一顺位的直接责任人无力赔偿时，第二顺位的安全保障义务人才作为补充责任人承担赔偿责任。

所谓相应的补充责任，是指安全保障义务人承担责任的大小取决于直接责任人承担责任的大小。由实施侵权行为的第三人或其他负有责任的人（如加害人的雇主、监护人）承担责任的，安全保障义务人不承担责任；只有在直接侵权行为人无法确定时，才由安全保障义务人承担相应的补充责任；如果虽能够确定直接侵权行为人，但其财力不足以承担全部责任时，则先由直接侵权行为人尽力承担责任，剩余部分由负有安全保障义务的人承担相应的补充责任。所谓“相应”，是指与其过错大小和程度相当。“相应的补充责任”并不意味着“全部补充”。

（三）追偿权

司法解释规定，安全保障义务人在承担了相应的补充责任之后有权向造成损害的第三人追偿，但是《侵权责任法》没有确认这一追偿权。《民法典》吸收司法解释的成果，规定“经营者、管理者或者组织者承担补充责任后，可以向第三人追偿”。

法律没有规定安全保障义务人在承担了补充责任后是有权向造成损害的第三人全部追偿还是部分追偿。这一问题有待司法实践摸索经验来解决。追偿权的行使是否能够实现，不影响未尽到安全保障义务的经营者、管理者或者组织者承担相应的补充责任。承担此等相应补充责任的经营者、管理者或者组织者，也承担追偿不能的风险，即尽管其承担了相应的补充责任，实际上却存在这样的风险——无法全部或者部分从造成损害的第三人一方得到追偿。

【关联规定】

《侵权责任法》（2021 年 1 月 1 日废止）

第三十七条 宾馆、商场、银行、车站、娱乐场所等公共场所的管理人或者群众性活动的组织者，未尽到安全保障义务，造成他人损害的，应当承担侵权责任。

因第三人的行为造成他人损害的，由第三人承担侵权责任；管理人或者组织者未尽到安全保障义务的，承担相应的补充责任。

《最高人民法院关于审理人身损害赔偿案件适用法律若干问题的解释》

第六条 从事住宿、餐饮、娱乐等经营活动或者其他社会活动的自然人、法人、其他组织，未尽合理限度范围内的安全保障义务致使他人遭受人身损害，赔偿权利人请求其承担相应赔偿责任的，人民法院应予支持。

因第三人侵权导致损害结果发生的，由实施侵权行为的第三人承担赔偿责任。安全保障义务人有过错的，应当在其能够防止或者制止损害的范围内承担相应的补充赔偿责任。安全保障义务人承担责任后，可以向第三人追偿。赔偿权利人起诉安全保障义务人的，应当将第三人作为共同被告，但第三人不能确定的除外。

《公共场所卫生管理条例》

第二条 本条例适用于下列公共场所：

（一）宾馆、饭馆、旅店、招待所、车马店、咖啡馆、酒吧、茶座；

（二）公共浴室、理发店、美容店；

（三）影剧院、录像厅（室）、游艺厅（室）、舞厅、音乐厅；

（四）体育场（馆）、游泳场（馆）、公园；

（五）展览馆、博物馆、美术馆、图书馆；

（六）商场（店）、书店；

（七）候诊室、候车（机、船）室、公共交通工具。

第一千一百九十九条 【教育机构对无民事行为能力人受到人身损害的过错推定责任】无民事行为能力人在幼儿园、学校或者其他教育机构学习、生活期间受到人身损害的，幼儿园、学校或者其他教育机构应当承担侵权责任；但是，能够证明尽到教育、管理职责的，不承担侵权责任。

【条文主旨】

本条是关于无民事行为能力人在幼儿园、学校或者其他教育机构学习、生活期间受到人身损害的侵权责任的规定。

【核心概念】

幼儿园、学校或者其他教育机构

幼儿园是指从事幼儿托管、教育的机构；学校或者其他教育机构是指从事国民小学、中学教育或者特殊教育的机构。

【理解与适用】

一、幼儿园、学校或者其他教育机构对无民事行为能力人受到人身损害的侵权责任概述

（一）幼儿园、学校或者其他教育机构对无民事行为能力人人身损害的侵权责任制度的建立与发展

《民法通则》并无关于幼儿园、学校或者其他教育机构侵权责任的规定。《最高人民法院关于贯彻执行〈中华人民共和国民法通则〉若干问题的意见（试行）》第160条规定："在幼儿园、学校生活、学习的无民事行为能力人或者在精神病院治疗的精神病人，受到伤害或者给他人造成损害，单位有过错的，可以责令这些单位适当给予赔偿。"2003年《最高人民法院关于审理人身损害赔偿案件适用法律若干问题的解释》第7条规定："对未成年人依法负有教育、管理、保护义务的学校、幼儿园或者其他教育机构，未尽职责范围内的相关义务致使未成年人遭受人身损害，或者未成年人致他人人身损害的，应当承担与其过错相应的赔偿责任。第三人侵权致未成年人遭受人身损害的，应当承担赔偿责任。学校、幼儿园等教育机构有过错的，应当承担相应的补充赔偿责任。"

《侵权责任法》第38条规定了幼儿园、学校或者其他教育机构对无民事行为能力人受到人身损害的侵权责任。《民法典》第1199条基本上承继了《侵权责任法》第38条的规定，只是作了少许措辞上的修改，使得法律条文的意义更为准确。

（二）幼儿园、学校或者其他教育机构对无民事行为能力人受到人身损害的侵权责任分类

本条及《民法典》第1201条规定了幼儿园、学校或者其他教育机构对无民事行为能力人受到人身损害的侵权责任，包括：（1）幼儿园、学校或者其他教育机构的过错责任；（2）第三人造成损害的侵权责任；（3）第三人造成损害的侵权责任+幼儿园、学校或者其他教育机构的补充责任。幼儿园、学校或者其他教育机构所承担的对无民事行为能力人受到人身损害的侵权责任与本法第1198条规定的未尽到安全保障义务造成他人损害所承担的侵权责任大致相同。所不同的是，本条法律规定推定幼儿园、学校或者其他教育机构有过错，其所承担的是过错责任中的推定过错责任。

（三）无民事行为能力人受到的损害仅限于人身损害

本条仅救济无民事行为能力人受到的人身损害，包括一般人身伤害、伤残、死亡等（参见《民法典》第1179条）。无民事行为能力人受到的其

他损害如财产损失和精神损害等，其救济不适用本条的规定，而适用《民法典》其他条文，如第 1182 条、第 1183 条和第 1184 条的规定。

二、幼儿园、学校或者其他教育机构对无民事行为能力人受到人身损害的侵权责任的承担

（一）过错的判断标准

幼儿园、学校或者其他教育机构的过错，包括此等机构的过错及其工作人员在进行教育相关活动中的过错。教育部《学生伤害事故处理办法》第 9 条对学校（等教育机构）应当承担责任（有过错）的情况进行了规定：(1）学校的校舍、场地、其他公共设施，以及学校提供给学生使用的学具、教育教学和生活设施、设备不符合国家规定的标准，或者有明显不安全因素的；(2）学校的安全保卫、消防、设施设备管理等安全管理制度有明显疏漏，或者管理混乱，存在重大安全隐患，而未及时采取措施的；(3）学校向学生提供的药品、食品、饮用水等不符合国家或者行业的有关标准、要求的；(4）学校组织学生参加教育教学活动或者校外活动，未对学生进行相应的安全教育，并未在可预见的范围内采取必要的安全措施的；(5）学校知道教师或者其他工作人员患有不适宜担任教育教学工作的疾病，但未采取必要措施的；(6）学校违反有关规定，组织或者安排未成年学生从事不宜未成年人参加的劳动、体育运动或者其他活动的；(7）学生有特异体质或者特定疾病，不宜参加某种教育教学活动，学校知道或者应当知道，但未予以必要的注意的；(8）学生在校期间突发疾病或者受到伤害，学校发现，但未根据实际情况及时采取相应措施，导致不良后果加重的；(9）学校教师或者其他工作人员体罚或者变相体罚学生，或者在履行职责过程中违反工作要求、操作规程、职业道德或者其他有关规定的；(10）学校教师或者其他工作人员在负有组织、管理未成年学生的职责期间，发现学生行为具有危险性，但未进行必要的管理、告诫或者制止的；(11）对未成年学生擅自离校等与学生人身安全直接相关的信息，学校发现或者知道，但未及时告知未成年学生的监护人，导致未成年学生因脱离监护人的保护而发生伤害的；(12）学校有未依法履行职责的其他情形的。

幼儿园、学校或者其他教育机构有以上情况之一的，即可认定有过错。如果此等有过错的行为造成无民事行为能力人损害，应当承担侵权责任。以上的列举是否为周延的完全列举呢？笔者认为不是周延的完全列举，而是对典型情况的列举。法律、行政法规另有规定的，应当依照其规定。此外，即使没有被列举出来，如果幼儿园、学校或者其他教育机构的某些行为没有达到一个“理性的学校或教育机构”应当达到的注意程度，也可以认定其存在过错。

（二）过错推定

依据本条规定，无民事行为能力人在幼儿园、学校或者其他教育机构学习、生活期间受到人身损害的，幼儿园、学校或者其他教育机构承担过错推定的过错责任：被侵权人一方无需对侵权人的过错承担举证责任；幼儿园、学校或者其他教育机构证明自己尽到教育管理职责的不承担侵权责任，否则将承担侵权责任（综合因果关系等构成要件作出判断）。

幼儿园、学校或者其他教育机构如何证明尽到了教育、管理职责呢？首先，它应当证明自己不存在《学生伤害事故处理办法》第9条所列举的任何一种情况；其次，它可以证明是在《学生伤害事故处理办法》第12条规定的6种情况或者第13条规定的4种情形之一发生的造成无民事行为能力人的人身损害后果的事故，如果幼儿园、学校或者其他教育机构行为并无不当的，不承担事故责任；事故的侵权责任应当按有关法律法规或者其他规定认定。

此外，因学校教师或者其他工作人员与其职务无关的个人行为，或者因学生、教师及其他个人故意实施的违法犯罪行为，造成学生人身损害的，由造成损害的人依法承担相应的责任。

（三）造成损害的场所和期间

本条以及随后的第1200条和第1201条均规定，无民事行为能力人或限制民事行为能力人是在学校（幼儿园）或者其他教育机构学习、生活期间受到人身损害。这是对被侵权人受害场所和期间的规定。只有在符合场所和期间要求的情况下，幼儿园、学校或者其他教育机构才承担本条以及随后的第1200条和第1201条规定的侵权责任。因为只有在此等特定的场所和期间，幼儿园、学校或者其他教育机构才对相关的无民事行为能力人和限制民事行为能力人负有教育管理职责和相应的安全保障义务。

（四）损害范围

本条仅适用于无民事行为能力人遭受人身损害的情况，不适用于对其财产损失的救济。其财产损失的救济，应当适用《民法典》第1182条和第1184条的规定。有关精神损害赔偿的确定，适用《民法典》第1183条的规定。

【关联规定】

《侵权责任法》（2021 年 1 月 1 日废止）

第三十八条　无民事行为能力人在幼儿园、学校或者其他教育机构学习、生活期间受到人身损害的，幼儿园、学校或者其他教育机构应当承担责任，但能够证明尽到教育、管理职责的，不承担责任。

《最高人民法院关于审理人身损害赔偿案件适用法律若干问题的解释》

第七条　对未成年人依法负有教育、管理、保护义务的学校、幼儿园或者其他教育机构，未尽职责范围内的相关义务致使未成年人遭受人身损害，或者未成年人致他人人身损害的，应当承担与其过错相应的赔偿责任。

第三人侵权致未成年人遭受人身损害的，应当承担赔偿责任。学校、幼儿园等教育机构有过错的，应当承担相应的补充赔偿责任。

《学生伤害事故处理办法》

第九条　因下列情形之一造成的学生伤害事故，学校应当依法承担相应的责任：

（一）学校的校舍、场地、其他公共设施，以及学校提供给学生使用的学具、教育教学和生活设施、设备不符合国家规定的标准，或者有明显不安全因素的；

（二）学校的安全保卫、消防、设施设备管理等安全管理制度有明显疏漏，或者管理混乱，存在重大安全隐患，而未及时采取措施的；

（三）学校向学生提供的药品、食品、饮用水等不符合国家或者行业的有关标准、要求的；

（四）学校组织学生参加教育教学活动或者校外活动，未对学生进行相应的安全教育，并未在可预见的范围内采取必要的安全措施的；

（五）学校知道教师或者其他工作人员患有不适宜担任教育教学工作的疾病，但未采取必要措施的；

（六）学校违反有关规定，组织或者安排未成年学生从事不宜未成年人参加的劳动、体育运动或者其他活动的；

（七）学生有特异体质或者特定疾病，不宜参加某种教育教学活动，学校知道或者应当知道，但未予以必要的注意的；

（八）学生在校期间突发疾病或者受到伤害，学校发现，但未根据实际情况及时采取相应措施，导致不良后果加重的；

（九）学校教师或者其他工作人员体罚或者变相体罚学生，或者在履行职责过程中违反工作要求、操作规程、职业道德或者其他有关规定的；

（十）学校教师或者其他工作人员在负有组织、管理未成年学生的职责期间，发现学生行为具有危险性，但未进行必要的管理、告诫或者制止的；

（十一）对未成年学生擅自离校等与学生人身安全直接相关的信息，学校发现或者知道，但未及时告知未成年学生的监护人，导致未成年学生因脱离监护人的保护而发生伤害的；

（十二）学校有未依法履行职责的其他情形的。

第十条 学生或者未成年学生监护人由于过错，有下列情形之一，造成学生伤害事故，应当依法承担相应的责任：

（一）学生违反法律法规的规定，违反社会公共行为准则、学校的规章制度或者纪律，实施按其年龄和认知能力应当知道具有危险或者可能危及他人的行为的；

（二）学生行为具有危险性，学校、教师已经告诫、纠正，但学生不听劝阻、拒不改正的；

（三）学生或者其监护人知道学生有特异体质，或者患有特定疾病，但未告知学校的；

（四）未成年学生的身体状况、行为、情绪等有异常情况，监护人知道或者已被学校告知，但未履行相应监护职责的；

（五）学生或者未成年学生监护人有其他过错的。

第十一条 学校安排学生参加活动，因提供场地、设备、交通工具、食品及其他消费与服务的经营者，或者学校以外的活动组织者的过错造成的学生伤害事故，有过错的当事人应当依法承担相应的责任。

第十二条 因下列情形之一造成的学生伤害事故，学校已履行了相应职责，行为并无不当的，无法律责任：

（一）地震、雷击、台风、洪水等不可抗的自然因素造成的；

（二）来自学校外部的突发性、偶发性侵害造成的；

（三）学生有特异体质、特定疾病或者异常心理状态，学校不知道或者难于知道的；

（四）学生自杀、自伤的；

（五）在对抗性或者具有风险性的体育竞赛活动中发生意外伤害的；

（六）其他意外因素造成的。

第十三条 下列情形下发生的造成学生人身损害后果的事故，学校行为并无不当的，不承担事故责任；事故责任应当按有关法律法规或者其他有关规定认定：

（一）在学生自行上学、放学、返校、离校途中发生的；

（二）在学生自行外出或者擅自离校期间发生的；

（三）在放学后、节假日或者假期等学校工作时间以外，学生自行滞留学校或者自行到校发生的；

（四）其他在学校管理职责范围外发生的。

第十四条 因学校教师或者其他工作人员与其职务无关的个人行为，或者因学生、教师及其他个人故意实施的违法犯罪行为，造成学生人身损害的，由致害人依法承担相应的责任。

第一千二百条 【教育机构对限制民事行为能力人受到人身损害的过错责任】限制民事行为能力人在学校或者其他教育机构学习、生活期间受到人身损害，学校或者其他教育机构未尽到教育、管理职责的，应当承担侵权责任。

【条文主旨】

本条是关于限制民事行为能力人在学校或者其他教育机构学习、生活期间受到人身损害之侵权责任的规定。

【核心概念】

学校或者其他教育机构的职责

学校或者其他教育机构的职责，是指学校或者其他教育机构依据《义务教育法》等法律法规承担的教育、管理等职责。

【理解与适用】

前条规定无民事行为能力人在幼儿园、学校或者其他教育机构学习、生活期间受到人身损害的侵权责任，本条规定限制民事行为能力人在学校或者其他教育机构学习、生活期间受到人身损害的侵权责任。二者的立法目的完全相同，法律规定的相关侵权责任的构成要件等也基本相同。唯一的差异是：对无民事行为能力人受到人身损害的，幼儿园、学校或者其他教育机构承担过错推定的过错责任；对限制民事行为能力人受到人身损害的，学校或者其他教育机构承担一般过错责任，不推定其有过错，而是需要被侵权人举证证明其过错。

【关联规定】

《侵权责任法》（2021 年 1 月 1 日废止）

第三十九条 限制民事行为能力人在学校或者其他教育机构学习、生活期间受到人身损害，学校或者其他教育机构未尽到教育、管理职责的，应当承担责任。

第一千二百零一条 【受到校外人员人身损害时的责任分担】 无民事行为能力人或者限制民事行为能力人在幼儿园、学校或者其他教育机构学习、生活期间，受到幼儿园、学校或者其他教育机构以外的第三人人身损害的，由第三人承担侵权责任；幼儿园、学校或者其他教育机构未尽到管理职责的，承担相应的补充责任。幼儿园、学校或者其他教育机构承担补充责任后，可以向第三人追偿。

【条文主旨】

本条是关于第三人造成无民事行为能力人、限制民事行为能力人人身损害的责任以及幼儿园、学校或者其他教育机构补充责任的规定。

【核心概念】

补充责任

补充责任，是指在第一顺序责任人承担责任之后承担的补充性质的责任，分为完全的补充责任和相应的补充责任两种类型。前者缺多少补多少，后者与过错大小等相适应。

【理解与适用】

一、第三人的侵权责任

依据本条第 1 句规定，幼儿园、学校或者其他教育机构之外的第三人造成在幼儿园、学校或者其他教育机构学习、生活期间的无民事行为能力人或者限制民事行为能力人人身损害的，由该第三人承担侵权责任。这一侵权责任为过错责任，且不推定，贯彻过错原则：侵权人对自己有过错的行为承担侵权责任。尽管本条第1句后半段规定了幼儿园、学校或者其他教育机构的补充责任，但是这两种侵权责任既不构成按份关系，也不构成连带关系。在被侵权人选择幼儿园、学校或者其他教育机构承担补充责任的情形下，就此部分构成不真正连带关系，但是只存在单向追偿权：如果被侵权人作此等选择，则不能向作为侵权人的第三人对此部分（幼儿园、学校或者其他教育机构承担相应补充责任的部分）主张损害赔偿。如果被侵权人不选择幼儿园、学校或者其他教育机构承担相应补充责任而是选择作为侵权人的第三人承担全部赔偿责任，该第三人则应当承担全部赔偿责任。

二、幼儿园、学校或者其他教育机构的补充责任

依据本条第1句后半段的规定，幼儿园、学校或者其他教育机构未尽到管理职责的，承担相应的补充责任。这里的侵权责任是过错责任，是补充责任。

幼儿园、学校或者其他教育机构承担的过错责任是相应的补充责任，其所承担的责任大小，与过错程度、有过错的行为（消极不作为或者乱作为）、发生损害或者扩大损害后果之间的因果关系等有关。

三、幼儿园、学校或者其他教育机构向第三人的追偿权

本条第2句为新增加的规则，规定了幼儿园、学校或者其他教育机构承担补充责任之后可以向作为侵权人的第三人追偿。作为侵权人的第三人被追偿具有公平正义的基础：作为侵权人的第三人的行为足以导致全部损害的发生，其最终承担全部赔偿责任是合理的。

此等追偿权是单向的，即仅幼儿园、学校或者其他教育机构承担补充责任之后可以向作为侵权人的第三人追偿；如果被侵权人选择作为侵权人的第三人承担全部赔偿责任，其承担全部赔偿责任后无权向可能应当承担相应补充责任的幼儿园、学校或者其他教育机构追偿。

【关联规定】

《侵权责任法》（2021年1月1日废止）

第四十条 无民事行为能力人或者限制民事行为能力人在幼儿园、学校或者其他教育机构学习、生活期间，受到幼儿园、学校或者其他教育机构以外的人员人身损害的，由侵权人承担侵权责任；幼儿园、学校或者其他教育机构未尽到管理职责的，承担相应的补充责任。

案例分析

蒋任某等诉金城建筑公司等机动车交通事故责任纠纷再审案①

【案件基本事实】

2012年10月11日，李某驾驶商务车沿宁牌线由欧江岔往益阳方向行驶途中，撞到同方向行驶由蒋任某驾驶的两轮摩托车，造成蒋任某受伤的交通事故。益阳市公安局交通警察支队直属三大队作出道路交通事故认定书，认定李某负事故全部责任，蒋任某无责任。李某系金城建筑公司员工，从事汽车驾驶员工作。李某驾驶的商务车系金城建筑公司所有，该车在保险公司投保了机动车交通事故责任强制保险和20万元的商业第三者责任险，且购买不计免赔，事故发生在保险期间内。事发当日，李某下班后将车开出接朋友到益阳，在接朋友的过程中发生交通事故。本案交通事故发生后，李某于2012年10月19日向金城建筑公司出具一份检讨书，内容为："我于2012年10月11日晚未经公司同意，公车私用，私自驾驶公司的湘A×××××号小车外出，在泉交河地段发生严重交通事故，给公司造成严重损失，因此，我特向公司作出深刻检讨，并承诺愿意承担所有因事故引起的相关法律和经济责任。"蒋任某向法院起诉，请求判令：1. 被告金城建筑公司赔偿原告医药费、误工费等13项损失共计1730204.37元，被告已支付30万元，还应赔偿1430204.37元；2. 保险公司在交强险及三责险范围内承担连带赔偿责任；3. 两被告承担全部诉讼费用。应金城建筑公司申请，一审法院追加李某为被告。

【争议焦点】

1. 被告李某公车私用的行为是否属于履行职务行为；2. 被告李某与被告金城建筑公司应当承担何种赔偿责任。

【法院判决】

湖南省益阳市赫山区人民法院一审认为：依据《最高人民法院关于审理道路交通事故损害赔偿案件适用法律若干问题的解释》第16条之规定，保险公司在交强险责任限额内先对蒋任某予以赔偿，不足部分损失，由保

① 参见湖南省高级人民法院（2017）湘民再107号民事判决书。

险公司在三者险保险范围内依据保险合同予以赔偿，仍有不足的，由李某一方依据交通事故责任书认定的责任予以赔偿。因李某系金城建筑公司的驾驶员，驾驶公司车辆在下班后私用期间发生交通事故，属公车私用，公车私用发生交通事故，应由单位承担责任，故金城建筑公司对蒋任某的损失应承担赔偿责任。驾驶员李某在此次交通事故中具有重大过错，依据《最高人民法院关于审理人身损害赔偿案件适用法律若干问题的解释》第 9 条的规定，应与金城建筑公司承担连带赔偿责任。

湖南省益阳市中级人民法院二审认为：李某是在下班后擅自驾驶公司车辆接送朋友，交通事故发生时李某的驾驶行为与履行职务无关，不是履行职务行为。本案交通事故发生的根本原因是李某驾驶机动车夜间行驶未降低行驶速度，没有与前车保持足以采取紧急制动措施的安全距离，驾驶员李某应承担赔偿责任。但金城建筑公司作为车辆的管理人，未对工作人员及车辆进行有效管理，未对车辆进行妥善保管。根据《最高人民法院关于审理道路交通事故损害赔偿案件适用法律若干问题的解释》第 2 条的规定，应承担相应的赔偿责任即按份责任，因蒋任某在本案事故中无责任，酌情认定金城建筑公司承担 48% 的赔偿责任、李某承担 52% 的赔偿责任为宜。

湖南省高级人民法院再审认为：李某与金城建筑公司签订《临时人员雇用合同》，合同约定李某承担驾驶员工作，李某属金城建筑公司的雇佣人员。根据事故发生后李某向金城建筑公司出具的检讨书等证据，可以认定本案交通事故中李某驾驶车辆未经公司同意，不是公司授权或指示范围内的劳务活动，也与李某履行职务没有内在联系。因此，李某所办事务不是“从事雇佣活动”，不宜适用《最高人民法院关于审理人身损害赔偿案件适用法律若干问题的规定》第 9 条的规定。本案中，虽然涉案交通事故发生时李某不是“从事雇佣活动”，但李某驾驶公司车辆与其在公司工作具有一致性，庭审中金城建筑公司认可其相关管理制度并未严格落实，金城建筑公司具有对雇员和车辆未有效管理等过错；由于金城建筑公司未有效管理，即对雇员擅自驾驶公司车辆处于放任状态，相应地会使可能发生的事故风险处于放任状态。因此，按过错大小金城建筑公司应当承担较多的过错责任。二审适用法律正确，但确定金城建筑公司承担 48% 的责任略有不当，需要调整。本院酌情确定金城建筑公司承担 70% 的责任。

【法理分析】

《民法典》第 1191 条和第 1192 条规定了用人者责任制度。根据用人者的不同类型，这两个条文将用人者责任分为用人单位责任（《民法典》

第1191条第1款)、劳务派遣中用工单位与劳务派遣单位的责任(《民法典》第1191条第2款)以及接受劳务一方的责任(《民法典》第1192条)。本案涉及的是《民法典》第1191条第1款所规定的用人单位责任。

《民法典》第1191条第1款规定:“用人单位的工作人员因执行工作任务造成他人损害的,由用人单位承担侵权责任。用人单位承担侵权责任后,可以向有故意或者重大过失的工作人员追偿。”该条款规定的用人单位责任具有三个方面的构成要件:(1)用人单位与被使用人之间存在广义上的雇佣关系,即支配与被支配、使用与被使用的关系。本案中,李某系金城建筑公司员工,从事汽车驾驶员工作。李某与金城建筑公司之间显然存在着雇佣关系。(2)被使用人实施了侵权行为致他人损害并应当承担侵权责任。用人单位责任属于替代责任,由用人单位承担被使用人的侵权责任。只有在被使用人的行为满足了侵权责任的构成要件,产生了侵权责任的情况下,才可能由用人单位“替代”被使用人承担该项侵权责任。[①] 因此,被使用人的行为应当满足一般侵权行为或者特殊侵权行为的各项构成要件。本案中,被告李某驾驶商务车与原告蒋任某驾驶的两轮摩托车相撞。公安交警部门作出的交通事故认定书认定李某负事故全部责任,蒋任某无责任。李某的行为属于特殊侵权行为,应当根据《民法典》第1208条和《道路交通安全法》第76条第1款第1项的规定承担侵权责任。(3)被使用人实施的侵权行为属于“完成工作任务”的行为。如何判断某项行为是否属于“完成工作任务”的行为一直是理论和实践中的疑难问题,《民法典》对于这一问题也未进行明确的规定。在判断时,一般而言可以考虑如下四种因素:第一,时间因素,发生在上班时间的行为更容易被认定为完成工作任务的行为;第二,地点因素,在工作场所实施的行为更容易被认定为完成工作任务的行为;第三,控制力因素,用人单位对被使用人的控制力越强,被使用人的行为越容易被认定为完成工作任务的行为;第四,利益因素,当被使用人主观上明显具有为用人单位的利益而着想的目的,或者被使用人的行为客观上明显对用人单位有利时,被使用人的行为更容易被认定为完成工作任务的行为。在判断时应当对以上四种因素进行综合考量,个别因素的缺乏并不一定意味着被使用人的行为不属于完成工作任务的行为。本案中,李某下班后在未经公司同意的情况下,擅自使用公车接送朋友,并在途中发生交通事故。不论是从时间因素、地点因素来看,还是从控制力因素、利益因素来看,李某公车私用的行为与其

---

① 参见张新宝:《侵权责任法》(第4版),中国人民大学出版社2016年版,第151页。

职务之间的关联都是非常微弱的。因此，李某公车私用的行为不属于“完成工作任务”的行为，金城建筑公司不需要为此承担用人单位责任。二审法院改判被告金城建筑公司不承担用人单位责任是有充分依据的。值得注意的是，一审法院在论证过程中援引了《最高人民法院关于审理人身损害赔偿案件适用法律若干问题的解释》第 9 条第 1 款的规定：“雇员在从事雇佣活动中致人损害的，雇主应当承担赔偿责任；雇员因故意或者重大过失致人损害的，应当与雇主承担连带赔偿责任。雇主承担连带赔偿责任的，可以向雇员追偿。”而根据《民法典》第 1191 条第 1 款的规定，在用人单位的工作人员有故意或重大过失的情况下，工作人员并不需要与用人单位承担连带赔偿责任，而是应当由用人单位承担替代责任，随后再由用人单位向工作人员追偿。

不过，本案中被告金城建筑公司虽然不需要承担用人单位责任，但是有可能因自身具有过错而承担一般侵权责任。二审法院与再审法院均指出，金城建筑公司作为案涉车辆的所有人和管理人，具有对雇员和车辆未能进行有效管理等过错。金城建筑公司对雇员擅自驾驶公司车辆的行为采放任态度，最终导致本案事故的发生，同样应当为其过错行为承担相应的责任。《民法典》第 1212 条规定：“未经允许驾驶他人机动车，发生交通事故造成损害，属于该机动车一方责任的，由机动车使用人承担赔偿责任；机动车所有人、管理人对损害的发生有过错的，承担相应的赔偿责任，但是本章另有规定的除外。”在此种情况下，机动车所有人、管理人与机动车使用人承担的均是按份责任，实际的损害赔偿份额应当由机动车所有人、管理人与机动车使用人按照过错大小分担。再审法院认为，金城建筑公司作为机动车的所有人和管理人，对损害的发生具有较大的过错，最终判决被告金城建筑公司承担 70% 的责任，被告李某则承担剩余 30% 的责任。

（本案例由曹权之同学、陈依然同学整理）

第四章　产品责任

◎ 本章提要

本章是关于产品责任的规定，共 6 个条文（第 1202 条至第 1207 条）。由于《民法典》没有将产品责任的诸多基础性概念和规则整合到侵权责任编，因此理解和适用本章的规定，应当与《产品质量法》的相关条文相联系，作整体的体系解释。第 1202 条是关于产品责任的一般规定，产品责任原则上为生产者的无过错责任。第 1203 条规定被侵权人可以向缺陷产品生产者请求赔偿也可以向其销售者请求赔偿，同时规定了二者的追偿权。第 1204 条规定生产者、销售者对第三人的追偿权。第 1205 条是关于停止侵害、排除妨碍、消除危险请求权的规定。第 1206 条是关于停止销售、警示、召回等补救措施的规定。第 1207 条是关于惩罚性赔偿的规定。

第一千二百零二条　【产品生产者侵权责任】因产品存在缺陷造成他人损害的，生产者应当承担侵权责任。

【条文主旨】

本条是关于因产品缺陷造成他人损害，生产者应当承担侵权责任的规定。

【核心概念】

产品

产品是指经过加工、制作用于销售的产品，限于动产产品。

缺陷

《产品质量法》第46条规定："本法所称缺陷，是指产品存在危及人身、他人财产安全的不合理的危险；产品有保障人体健康和人身、财产安全的国家标准、行业标准的，是指不符合该标准。"

【理解与适用】

一、产品概念与范围

（一）产品概念的立法规定

本条没有对"产品"概念进行定义。《产品质量法》第2条第2款规定："本法所称产品是指经过加工、制作，用于销售的产品。"1985年《欧共体产品责任指令》（85/374号）第2条规定，本指令所称"产品"，是指一切动产，包括添附于其他动产或不动产的动产，但初级农产品及猎获物除外。所谓"初级农产品"，是指土地、畜牧场及渔场所生产的产品，但已经初级加工者除外。"产品"包括电力。这一规定将初级农产品及猎获物排除在产品之外。1999年的《产品责任指令》（99/34号）则取消了这一排除规定。欧洲共同体1999年《产品责任指令》（99/34号）第1条规定，85/374号指令修正如下：（1）第2条以下列条文取代之："本指令所称产品，是指一切动产，包括添附于其他动产或不动产的动产。产品包括电力。"（2）第15条第1项（a）款删除。[①] 欧洲共同体（欧盟）的这一改变也值得我们认真研究。

（二）产品的范围讨论

产品是动产。产品不包括不动产本身，但是添附于不动产的动产（如建筑物的空调系统）属于产品；产品包括电力；产品是否包括初级农产品是一个有争议的问题，我国法律没有作出明确规定，在理解上主要是是否符合"经过加工、制作"的要求；人体器官、人类血浆不是产品，但是经过加工、制作的血液制品（如胰岛素、血清制剂等）属于产品。

此外，依据《产品质量法》第73条的规定，军工产品质量监督管理办法，由国务院、中央军事委员会另行制定。因核设施、核产品造成损害的赔偿责任，法律、行政法规另有规定的，依照其规定。

---

① 欧盟各国按照新的指令修改了其产品责任法。例如，《荷兰民法典》第6：187条规定："为本节之目的，'产品'是指动产，即使在其成为另一件动产或不动产的部件以后仍为可移动的，产品还包括电能。"

二、缺陷的判断标准与分类

（一）产品缺陷的判断标准

依据上述法律规定，产品缺陷的判断标准有两条，即：（1）存在危及人身、他人财产的不合理危险；或者（2）违反或者达不到保障人体健康和人身、财产安全的国家标准、行业标准。

判断某一产品是否存在缺陷的标准，分为一般标准和法定标准。

（1）一般标准。即“不合理危险”标准，产品存在危及人身、他人财产的不合理危险就是缺陷产品。人们有权期望的安全性，即一个理性人在正常情况下对一件产品所应具备的安全性的期望。比如，人们有权期望任何一种供饮用的白酒不含其他毒素，但不会期望它不致人酒精中毒。如果白酒含有毒素，这种危及人身安全的危险是不合理的。白酒含有酒精，酒精对人身具有危险，可致人酒精中毒（甚至死亡），但这种危险是合理的。

（2）法定标准。除一般标准外，国家和行业对某些产品（尤其是食品和药品）制定了保障人体健康、人身和财产安全的专门标准，我们将这种标准称为“法定标准”。如果产品达不到或不符合这一法定标准，即可认定该产品属于缺陷产品。如果产品达到国家和行业标准中的其他要求，而没有达到其保障人体健康、人身和财产安全方面的要求，则不能认为产品为“合格产品”或“没有缺陷”。如果国家或行业标准中没有包括保障人体健康、人身和财产安全的具体要求，则不能以此作为判断有无缺陷的标准。

产品符合法定标准中关于保证人身、财产安全的要求，却致人损害，该产品是否可以被认定为缺陷产品？其生产者是否需要承担产品责任？比较一致的学术观点是，应当采用单一的一般标准衡量产品是否有缺陷，在确定产品责任时“符合法定标准”不能作为免除责任的抗辩事由。

（二）产品缺陷的分类

我国《产品质量法》《侵权责任法》和《民法典》均未直接对缺陷进行分类，而是分别规定生产者和销售者的产品质量责任和义务。在这些规定中，分别涉及缺陷的不同类别。在理论上，我们可以将缺陷分为设计缺陷、制造缺陷和营销缺陷。[①] 而《侵权责任法》和《民法典》（第1206条）接受新的理论观点，还规定了“跟踪缺陷”。

---

① 也有将缺陷划分为结构缺陷、设计缺陷和警示（或说明）缺陷的，参见美国《标准统一产品责任法》第104条。美国法学会《美国侵权法（第三次）重述·产品责任》第2条将产品缺陷分为制造缺陷、设计缺陷、说明或警示不充分的缺陷三类。

1. 设计缺陷

设计缺陷是指生产者在设计产品时，其产品的结构、配方等方面存在不合理的危险性，如锅炉设计不符合国家规定的安全标准，药品配方中含有高出国家规定的副作用成分等。判断一件产品是否有设计缺陷，其标准是：（1）其设计存在危及人身、财产安全的不合理危险；或（2）其设计不符合保障人体健康、人身和财产安全的国家或者行业标准。

设计缺陷的特点是，在批量生产中，存在设计缺陷的产品往往不是单独一件（某些特别定做的产品除外），而是基于该设计方案生产的所有产品均为设计缺陷产品；设计缺陷是因设计产品时忽视产品应有的安全性所致，因此在生产和销售过程中难以克服产品的设计缺陷；批量的具有设计缺陷的产品投入市场后，受害者往往人数众多，在实践中有可能形成集团诉讼。[①] 应当指出的是，认定某件产品是否具有设计缺陷，只有在将其用于其所设计的用途时存在不合理的危险的情况下才能作出判断。如果将产品用于其所设计的用途以外的情形，即使该产品存在“不合理危险”，也不能认为存在设计缺陷。此外，讨论一件产品是否存在设计缺陷，应考虑当时的科学技术发展状况、有无类似的可以替代的设计方案等因素。而且，我们没有理由指望生产者为了产品的安全付出过分高昂的成本而牺牲生产效益，生产者有理由在安全与效益之间保持平衡。

2. 制造缺陷

一个产品生产者可能以两种主要的方式违反其制造“非缺陷”产品的义务：其一，制造该产品的原材料或配件存在物理学上的缺陷；其二，尽管单个的配件并无缺陷，但在装配成最终产品时犯了某种错误。[②] 据此，我们可以抽象出制造缺陷的概念：制造缺陷是指因产品原材料或配件存在缺陷或者在装配成最终产品的过程中出现某种错误，而导致产品具有不合理的危险性。判断一件产品是否有制造缺陷，其标准是：（1）产品存在危及人身、他人财产安全的不合理危险；或（2）产品的质量检查、工艺流程等不符合保障人体健康、人身和财产安全的国家或者行业标准。

与设计缺陷不同，设计缺陷产品的问题出自设计本身，而制造缺陷产品的问题在于制造该产品的原材料以及配件的质量和总装工艺的质量。因

---

① 如美国 DES 案、Agent Orange 案。参见张新宝：《美国有害物体侵权行为法介评》，载《外国法译评》1994 年第 1 期。

② 参见［美］W. Page Keeton 等：《产品责任与安全》，the Foundation Press 1988 年版，第 244 页。

此，制造缺陷与设计无关，生产者如果严把原材料、配件及总装工艺等工序的质量关，则可减少乃至避免制造缺陷之发生。

3. 营销缺陷

营销缺陷是指生产者没有提供警示与说明，或者没有提供适当的警示与说明，致使其产品在使用、储运等情形下具有不合理的危险。"生产者对其所销售的产品负有一些说明的义务。只有当一件产品附带适当的、能够使得消费者在使用该产品时具有合理的安全性的信息'软件'时，才能认为该产品是'合理'安全（或非'缺陷'）的。"① 因为没有提供适当的警示与说明，某一产品可能被认定为缺陷产品，这种缺陷称为营销缺陷或者说明与警示不充分的缺陷。我国《产品质量法》有两条规定涉及营销缺陷。第27条规定："产品或者其包装上的标识必须真实，并符合下列要求……（五）使用不当，容易造成产品本身损坏或者可能危及人身、财产安全的产品，应当有警示标志或者中文警示说明……"第28条规定："易碎、易燃、易爆、有毒、有腐蚀性、有放射性等危险物品以及储运中不能倒置和其他有特殊要求的产品，其包装质量必须符合相应要求，依照国家有关规定作出警示标志或者中文警示说明，标明储运注意事项。"正确地理解营销缺陷，关键是正确地认识与把握"适当的警示或说明"。

"警示"亦称警告，一般是指对产品本身所具有的危险性所作的警告性标记，可以用标志（如剧毒品所使用的骷髅标志、高压电源使用的闪电形标志）作为警示，也可以用文字作为警示。"说明"一般是指介绍有关产品的主要性能、正确的使用方法以及错误使用可能招致的危险等事项的文字。判断警示与说明适当与否的基本标准是：如果产品是为大众所消费、使用的，警示与说明应为社会上不具专门知识的一般人所能引起注意、知晓、理解；如果产品是为特定人所消费、使用的，警示与说明应为具备专门知识的特定人所能引起注意、知晓、理解。标志与文字之内容应当是正确无误，不会引起误解、歧义的；标志与文字之形式，应当是醒目的、易于辨认的；标志应为公众一般可以接受的；在中国境内销售之产品（包括进口产品）应当有中文的文字说明；在我国少数民族聚集生活的地区销售的产品，应当有中文和当地通行的少数民族语言文字的说明。没有适当的警示与说明，在产品的消费、使用过程中造成他人人身、财产损害，则可能认为产品存在营销缺陷，为缺陷产品。相反，如果消费者、使

① 参见［美］W. Page Keeton等：《产品责任与安全》，the Foundation Press 1988年版，第315页。

用者无视警示与说明，不按说明的用途、用法使用产品，即使受到损害也不认为产品为缺陷产品。

4. 跟踪缺陷

产品的生产者对于自己投入流通的产品负有质量跟踪义务，即使是该产品投入流通时不能发现缺陷的存在，通过跟踪能够发现缺陷的，应当及时采取警示、召回等补救措施。未及时采取补救措施或者补救措施不力，造成损害的，应当承担侵权责任。

三、损害的范围与损害赔偿

（一）损害的范围

1. 人身损害与“他人财产”损害

《产品质量法》第 41 条第 1 款规定：“因产品存在缺陷造成人身、缺陷产品以外的其他财产（以下简称他人财产）损害的，生产者应当承担赔偿责任。”本条规定将被侵权人遭受的人身损害以及缺陷产品之外的财产损失作为产品责任可救济的损害，缺陷产品的生产者应当承担赔偿责任。

法律将缺陷产品本身的损害赔偿排除在产品责任的救济范围之外，是因为考虑到被侵权人可以依据买卖合同的品质担保等获得救济，同时也可以避免将违约责任与侵权责任混淆。缺陷产品本身的价金损害，属于合同责任方面的问题。①《欧共体产品责任指令》对财产损害作出了两项限定：其一，它是对缺陷产品之外的财产损坏或毁灭；其二，它的最低限度为 500 欧元。

2. 精神损害

此外，《产品质量法》第 44 条第 2 款后半段规定：“受害人因此遭受其他重大损失的，侵害人应当赔偿损失。”结合《民法典》的有关规定，此处的“其他重大损失”可以理解为严重精神损害。

（二）各种损害的救济

1. 人身损害赔偿

因产品存在缺陷造成被侵权人人身伤害的，侵害人应当赔偿医疗费、治疗期间的护理费、因误工减少的收入等费用；造成残疾的，还应当支付残疾者生活自助具费、生活补助费、残疾赔偿金以及由其扶养的人所必需的生活费等费用；造成被侵权人死亡的，应当支付丧葬费、死亡赔偿金以及由死者生前扶养的人所必需的生活费等费用（《产品质量法》第 44 条第 1 款）。

---

① 参见［美］史蒂芬·J. 里柯克：《美国产品责任法概述》，邹海林译，载《外国法译评》1994 年第 4 期。

2. 财产损失赔偿

因产品存在缺陷造成被侵权人财产损失的，侵害人应当恢复原状或者赔偿损失。这里的财产损失，不包括缺陷产品本身的价值，而是指缺陷产品以外的其他财产损失。

被侵权人因此遭受其他重大损失的，侵害人应当赔偿损失（《产品质量法》第44条第2款后半段）。

3. 精神损害赔偿

被侵权人因产品缺陷遭受严重精神损害的，适用《民法典》第1183条第1款的规定进行救济。

四、“生产者”界定

（一）生产者的一般界定

依据本条规定，因缺陷产品造成他人损害的，该缺陷产品的生产者应当承担侵权责任。法律没有对生产者进行界定。学理上认为，生产者是指以制造、加工产品为业者；或者自己作为产品的生产者，在产品上标示其姓名、商号、商标及其他标识者；[①] 或者根据产品的制造、加工或有关贩卖形态的其他事项可以被认为是产品的实质的生产者的自然人或者法人。产品的进口商，视为产品的生产者。[②]

（二）最终生产者为生产者

原则上，产品的生产者包括产品之生产者、原料之生产者、零配件之生产者，以及任何将其姓名、商标或者其他区别性标志标示于产品以表明自己是生产者的人。[③] 但是，在具体案件中将如此多的“生产者”都作为被告往往是不现实的。一件缺陷产品如果是由多个生产者合作生产的，如甲厂提供部分配件，乙厂提供另一部分配件，丙厂负责装配，如何确定缺陷产品的责任主体呢？对此，我国《产品质量法》没有作出规定。笔者以

---

① 《最高人民法院关于产品侵权案件的受害人能否以产品的商标所有人为被告提起民事诉讼的批复》（最高人民法院审判委员会2002年7月4日通过，同年7月28日起施行），就《北京市高级人民法院关于荆其廉、张新荣等诉美国通用汽车公司、美国通用汽车海外公司损害赔偿案诉讼主体确立问题处理结果的请示报告》明确表示：“我们认为，任何将自己的姓名、名称、商标或者可资识别的其他标识体现在产品上，表示其为产品制造者的企业或个人，均属于《中华人民共和国民法通则》第一百二十二条规定的‘产品制造者’和《中华人民共和国产品质量法》规定的‘生产者’。本案中美国通用汽车公司为事故车的商标所有人，根据受害人的起诉和本案的实际情况，本案以通用汽车公司、通用汽车海外公司、通用汽车巴西公司为被告并无不当。”

② 参见梁慧星主编：《中国民法典草案建议稿》，法律出版社2003年版，第322页。

③ 参见《欧共体产品责任指令》（85/374号）第3条第1款。

为，从保护被侵权人的利益出发，原则上以该产品的最终生产者为生产者。[1] 而提供配件、原料的厂家一般不属于该最终产品的生产者。之所以确定最终生产者为产品责任上的“生产者”，是因为其对于产品的质量有最终的也是最重要的控制力。

【关联规定】

《侵权责任法》（2021 年 1 月 1 日废止）

第四十一条　因产品存在缺陷造成他人损害的，生产者应当承担侵权责任。

《产品质量法》

第二条　在中华人民共和国境内从事产品生产、销售活动，必须遵守本法。

本法所称产品是指经过加工、制作，用于销售的产品。

建设工程不适用本法规定；但是，建设工程使用的建筑材料、建筑构配件和设备，属于前款规定的产品范围的，适用本法规定。

第四条　生产者、销售者依照本法规定承担产品质量责任。

第四十一条第一款　因产品存在缺陷造成人身、缺陷产品以外的其他财产（以下简称他人财产）损害的，生产者应当承担赔偿责任。

第四十六条　本法所称缺陷，是指产品存在危及人身、他人财产安全的不合理的危险；产品有保障人体健康和人身、财产安全的国家标准、行业标准的，是指不符合该标准。

第一千二百零三条　【被侵权人请求损害赔偿的途径和先行赔偿人追偿权】因产品存在缺陷造成他人损害的，被侵权人可以向产品的生产者请求赔偿，也可以向产品的销售者请求赔偿。

产品缺陷由生产者造成的，销售者赔偿后，有权向生产者追偿。因销售者的过错使产品存在缺陷的，生产者赔偿后，有权向销售者追偿。

---

① 王利明教授主持起草的《民法典·侵权行为法草案》第 42 条持这样的态度：“向生产者提供有缺陷的原、辅材料，生产者用该材料制造的产品存在缺陷致人损害的，由生产者承担侵权责任。生产者有权向原、辅材料提供者追偿。”

【条文主旨】

本条有两款。第 1 款是关于被侵权人可以选择承担赔偿责任主体的规定；第 2 款是关于缺陷产品生产者或者销售者在承担赔偿责任后追偿权的规定。

【核心概念】

产品的生产者

产品的生产者是指实际生产产品的制造者，还包括同意在产品及其包装等上面将其姓名（名称）、企业标识等作为生产者显示的民事主体。进口商品的进口商，被认为是该产品的生产者。

产品的销售者

产品的销售者是指以批发、零售、易货、融资租赁等方式销售产品的自然人、法人或者非法人组织。

【理解与适用】

一、被侵权人对损害赔偿承担者的选择权

（一）债权人选择权的基本理论与被侵权人的选择权

在债的关系中，一方当事人或者双方当事人对债的要素有选择权的，谓之选择之债。如果选择权在债权人一方，谓之选择债权；如果选择权在债务人一方，则谓之选择债务。

依据我国产品责任的有关法律规定，被侵权人作为债权人有权选择缺陷产品的生产者请求损害赔偿，也有权选择该缺陷产品的销售者请求损害赔偿。但是，这两个选择权是竞合的或者说是相互对立的：如果选择了缺陷产品的生产者请求损害赔偿，就不得再向销售者请求损害赔偿；同样，如果选择了缺陷产品的销售者请求损害赔偿，就不得再向生产者请求损害赔偿。

（二）选择缺陷产品的生产者赔偿损失

1. 生产者承担无过错责任

本条法律规定，被侵权人有权选择缺陷产品的生产者请求其承担赔偿责任。缺陷产品的生产者承担修改的产品责任具有充分的依据。从世界范

围来看，产品责任原则上为生产者的责任，在例外情形下销售者（供货商）得被认定为生产者承担责任或以销售者身份承担责任。我国法律规定缺陷产品的生产者对该缺陷产品造成的人身损害、他人财产损失承担无过错责任。

如果被侵权人选择了向缺陷产品的生产者请求承担赔偿责任，则不得再请求销售者承担相关的产品责任。缺陷产品的生产者被被侵权人选择承担赔偿责任，因为其生产了具有不合理危险的产品并将其投入市场，当然应当承担无过错责任。如果缺陷不是在生产环节产生的而是在流通环节产生的，依据本条规定该生产者也应先行承担赔偿责任，然后向销售者追偿。

2. 生产者的特别抗辩事由

我国《产品质量法》第 41 条第 2 款规定："生产者能够证明有下列情形之一的，不承担赔偿责任：（一）未将产品投入流通的；（二）产品投入流通时，引起损害的缺陷尚不存在的；（三）将产品投入流通时的科学技术水平尚不能发现缺陷的存在的。"

（1）未将产品投入流通

生产者虽然生产了某种产品（包括成品和零部件），但未将其投入流通，即使该产品存在缺陷并致人损害，生产者也不因此而承担产品责任法上的责任。未将产品投入流通是各国产品责任法公认的免责条件。"投入流通"的含义是：任何形式的出售、出租、租赁、租卖以及抵押、质押、典当。如果产品仍处于生产阶段或紧接着生产完毕的仓储阶段，则不认为已投入流通。

（2）产品投入流通时引起损害的缺陷尚不存在

如果产品投入流通时引起损害的缺陷尚不存在，生产者应免责。但此处所免除的是直接责任还是最终责任，抑或二者之全部呢？我国《产品质量法》对此未作出明确规定，但从该法第 43 条的规范精神来看，免除的应当是最终责任而不是直接责任。质言之，如果产品的缺陷是由于运输者、仓储者或销售者的过错所致，该缺陷产品致人损害，被侵权人向产品生产者主张赔偿，生产者也应先行赔偿，然后向有过错的运输者、仓储者或销售者追偿。这是我国产品责任立法中对生产者免责条件规定的一个特殊性，而这一特殊性又是由立法意图将产品责任区分为直接责任与最终责任这一原因所决定的。

（3）科技发展水平

科技发展水平（the state of art）是许多产品责任案被告的一个重要抗

辩，也是各国产品责任法公认的法定免责条件。其基本含义是：如果将产品投入流通时的科学技术水平不能发现缺陷的存在，即使其后由于科学技术的进一步发展而认识到产品存在缺陷，生产者也不对该已投入流通的产品致人损害承担产品责任法上的赔偿责任。在此，有两个问题需要讨论：①时间。这一免责条件所限定的时间是“投入流通时”，而不是设计产品时、制造产品时或投入流通后。因此，衡量有关科学技术水平，应以产品投入流通时为时间标准。但有些产品是多次投入流通的，每次投入流通的时间相距可能较长，在不断投入的过程中，科学技术可能发展到了能够发现缺陷存在的水平，于此情形如何处理呢？笔者以为，既不能以第一次投入流通时间为准，也不能以最后一次投入流通时间为准，应以与“科学技术发展到了能够发现缺陷存在的水平”的时间最接近的一次投入流通的时间为准——对此之前投入流通的产品，生产者免责；对此之后投入流通的产品，生产者不能免责。②水平。这里的水平是指科学技术的发展水平。衡量科学技术的发展水平能否发现缺陷之存在，应考虑以下因素：（a）一个产品的生产者应当被认为同时也是处在该领域科学技术的前沿者；（b）所要考虑的科学技术水平不是指某一地区或国家的状况，而是指在该领域世界科学技术水平的状况；（c）有无同类替代产品以及科学文献（著作及学术刊物的文章）通常被用来认定科学技术的发展水平。

（三）选择缺陷产品的销售者赔偿损失

1. 销售者的过错责任

产品的销售者包括：（1）产品的批发商；（2）产品的零售商；（3）以保留所有权等方式销售产品者；（4）以融资租赁等方式销售产品者；（5）以易货贸易等方式销售产品者；（6）以任何其他方式将产品有对价转让给他人者。在互联网上从事上述经营活动的（如“直播带货”），属于销售者。

《产品质量法》第42条规定，由于销售者的过错使产品存在缺陷，造成人身、他人财产损害的，销售者应当承担赔偿责任。销售者不能指明缺陷产品的生产者也不能指明缺陷产品的供货者的，销售者应当承担赔偿责任。

2. 被侵权人选择销售者请求损害赔偿

本条法律规定，被侵权人有权选择缺陷产品的销售者请求其承担赔偿责任。一旦被侵权人选择缺陷产品的销售者请求其承担赔偿责任，则不得再请求生产者承担相关责任。即使销售者对缺陷的产生没有过错，也要承担本该由生产者承担的无过错责任，然后向生产者追偿。

二、承担损害赔偿责任后生产者或者销售者的追偿权

（一）本条追偿权确立的三个规则

本条规定的追偿权确立的规则是：（1）无论被侵权人向缺陷产品的生产者还是销售者请求承担赔偿责任，只要产品责任成立，被请求的缺陷产品生产者或者销售者都应当承担责任，不得推诿。（2）如果承担的赔偿责任本来就是该自己承担的，则不发生追偿的问题。（3）如果承担了本该由另一方（缺陷产品的生产者或者销售者）承担的责任，则产生相应的追偿。

（二）代付责任关系

缺陷产品的生产者与销售者不构成对被侵权人的连带责任，也不构成对被侵权人的按份赔偿责任，更不构成“不真正连带”赔偿责任。缺陷产品生产者的责任是独立的责任，销售者的责任也是独立的责任。这两种责任既不连带也不相互补充，实际上是相互对立的：如果生产者应当承担赔偿责任，则销售者不应当承担赔偿责任；如果销售者应当承担赔偿责任，则生产者不应当承担赔偿责任。

本条法律规定追偿权，是因为一方代替另一方承担了赔偿责任，不是责任的分担或者超出份额的追偿。法律规定这种代付责任的主要意义在于方便被侵权人诉讼和及时获得赔偿。而承担了代付责任的一方，则有可能因为被追偿的一方支付困难而陷入追偿不能的风险。

【关联规定】

《侵权责任法》（2021 年 1 月 1 日废止）

第四十三条　因产品存在缺陷造成损害的，被侵权人可以向产品的生产者请求赔偿，也可以向产品的销售者请求赔偿。

产品缺陷由生产者造成的，销售者赔偿后，有权向生产者追偿。

因销售者的过错使产品存在缺陷的，生产者赔偿后，有权向销售者追偿。

《产品质量法》

第四十二条　由于销售者的过错使产品存在缺陷，造成人身、他人财产损害的，销售者应当承担赔偿责任。

销售者不能指明缺陷产品的生产者也不能指明缺陷产品的供货者的，销售者应当承担赔偿责任。

第四十三条　因产品存在缺陷造成人身、他人财产损害的，受害人可以向产品的生产者要求赔偿，也可以向产品的销售者要求赔偿。属于产品

的生产者的责任，产品的销售者赔偿的，产品的销售者有权向产品的生产者追偿。属于产品的销售者的责任，产品的生产者赔偿的，产品的生产者有权向产品的销售者追偿。

第一千二百零四条　【生产者、销售者的第三人追偿权】 因运输者、仓储者等第三人的过错使产品存在缺陷，造成他人损害的，产品的生产者、销售者赔偿后，有权向第三人追偿。

【条文主旨】

本条是关于相关运输者、仓储者等第三人不直接承担侵权责任，承担赔偿责任的生产者、销售者赔偿后有权向此等第三人追偿的规定。

【核心概念】

运输者

运输者也称为承运人，是指将产品从甲地运输到乙地的货运服务提供者。运输者与托运人之间的权利义务关系由《民法典》第三编第十九章规范，以他们之间订立的货运合同确定。运输者不对其所运输的产品之缺陷造成他人损害承担产品责任。

仓储者

仓储者也称为保管人，是为存货人的货物提供储存服务的营业者。仓储者与存货人之间的权利义务关系由《民法典》第三编第二十二章规范，以他们之间订立的仓储合同确定。仓储者不对其所储存的产品之缺陷造成他人损害承担产品责任。

【理解与适用】

一、运输者、仓储者等第三人不直接承担赔偿责任

缺陷产品的缺陷可能发生在生产环节，也可能发生在销售环节。对于前者，生产者应当承担无过错责任，销售者则可能承担代付责任然后向生

产者追偿。对于后者，销售者应当承担过错责任，生产者则可能承担代付责任然后向销售者追偿。而还有一种情况是，缺陷既不是在生产环节造成的，也不是在销售环节造成的，而是在运输、仓储等物流环节由于运输者、仓储者等第三人的过错造成的。在这种情况下，被侵权人不得直接向有过错的第三人请求赔偿，而只能向缺陷产品的生产者或者销售者请求赔偿。

法律作出此等规定，基于以下理由：（1）债的相对性原理。缺陷产品的生产者因缺陷产品致人损害与被侵权人发生债的关系；销售者则因为销售此等产品与被侵权人（买受人）发生债的关系。在这两种债的关系中，生产者和销售者都对该产品负有瑕疵担保义务。相反，运输者、仓储者等第三人与被侵权人则不存在债的关系。（2）运输、仓储等物流关系较为复杂，被侵权人也难以查明。

二、产品的生产者、销售者赔偿后，有权向有过错的第三人追偿

虽然运输者、仓储者等第三人无需向被侵权人承担赔偿责任，但是产品的生产者、销售者向被侵权人赔偿后有权向第三人追偿。此等追偿权的行使需要符合以下要件要求：（1）生产者或者销售者进行了赔偿，承担了关系的损害赔偿责任；（2）产品的缺陷是在运输、仓储等物流环节造成的；（3）被追偿的第三人对在物流环节造成产品缺陷有过错。

生产者或者销售者与运输者、仓储者等第三人对此等责任的追偿有事先约定的，依其约定；没有约定的，一般以追偿生产者或销售者向被侵权人赔偿的金额为限，并可以考虑将其为解决相关纠纷支出的必要费用纳入追偿范围。

【关联规定】

《侵权责任法》（2021 年 1 月 1 日废止）

第四十四条　因运输者、仓储者等第三人的过错使产品存在缺陷，造成他人损害的，产品的生产者、销售者赔偿后，有权向第三人追偿。

第一千二百零五条　【产品缺陷危及他人人身、财产安全的侵权责任】 因产品缺陷危及他人人身、财产安全的，被侵权人有权请求生产者、销售者承担停止侵害、排除妨碍、消除危险等侵权责任。

【条文主旨】

本条是关于适用停止侵害、排除妨碍、消除危险等侵权责任方式的规定。

【核心概念】

预防性侵权责任方式

侵权责任方式大致分为两类：填补损害的侵权责任方式与预防损害发生或者扩大的侵权责任方式。前者包括赔偿损失、恢复原状、消除影响、恢复名誉、赔礼道歉等，称为广义的“损害赔偿”，旨在救济已经发生的损害，使得被侵权人的人身、财产尽可能恢复到受害前的状态。后者包括停止侵害、排除妨碍、消除危险等，旨在预防损害的发生或者阻止损害的扩大。停止侵害、排除妨碍、消除危险等预防损害发生或者扩大的侵权责任方式与“绝对权请求权”可能存在竞合。本条规定，产品缺陷危及他人人身、财产安全的，无论实际损害是否已经发生，被侵权人都有权请求生产者、销售者承担停止侵害、排除妨碍、消除危险等侵权责任。

【理解与适用】

缺陷产品存在危及他人人身、财产安全的，被侵权人有权请求该缺陷产品的生产者、销售者承担停止侵害、排除妨碍、消除危险等侵权责任。依据《民法典》第 1167 条的规定，承担此等侵权责任无需已经造成人身损害或者财产损害，也不要求缺陷产品的生产者、销售者有过错。

【关联规定】

《侵权责任法》（2021 年 1 月 1 日废止）

第四十五条 因产品缺陷危及他人人身、财产安全的，被侵权人有权请求生产者、销售者承担排除妨碍、消除危险等侵权责任。

第一千二百零六条　【生产者、销售者的补救措施及费用承担】 产品投入流通后发现存在缺陷的，生产者、销售者应当及时采取停止销售、警示、召回等补救措施；未及时采取补救措施或者补救措施不力造成损害扩大的，对扩大的损害也应当承担侵权责任。

依据前款规定采取召回措施的，生产者、销售者应当负担被侵权人因此支出的必要费用。

【条文主旨】

本条有两款。第 1 款是关于采取警示、召回等补救措施的规定。第 2 款是关于采取召回措施产生费用承担的规定。

【核心概念】

产品召回

产品召回是指产品的生产者、销售者对其投入流通后的产品发现存在缺陷而采取的补救措施，包括公开要求产品的购买人、使用者等送回有缺陷（安全隐患）的产品以进行修理、更换或者退货，消除产品缺陷等内容。

【理解与适用】

一、跟踪义务和补救措施

（一）跟踪义务

产品投入流通后，生产者有义务跟踪产品的使用情况，特别是及时发现产品可能存在的安全隐患。发现存在缺陷的，应当依据本条的规定和相关的法律、法规规定及时采取补救措施。

（二）补救措施

1. 停止销售

停止销售是指在所有销售渠道和环节停止销售缺陷产品。商业实践中，将某种缺陷产品“下架”处理即典型的停止销售。停止销售是《民法典》新增加的补救措施。

2. 警示

警示是指缺陷产品的生产者、销售者对该缺陷产品的不合理危险进行警示，告知用户和其他可能的使用者、接触者等，避免发生相关的人身损害和财产损失。警示通常适用于不需要停止销售也不需要召回的缺陷产品，此等产品存在的缺陷往往是警示缺陷。

3. 召回

召回是指缺陷产品的生产者、销售者公开要求产品的购买人、使用者等送回有缺陷（安全隐患）的产品，以进行修理、更换或者退货，消除产品缺陷的一项补救措施。召回具有双重法律性质：一方面，召回是侵权责任法（产品责任）等法律规定的一项侵权责任；另一方面，召回也是合同法（特别是买卖合同法）规定的一项标的物品质担保义务和责任。在买卖合同中，出卖人负有担保出卖的标的物不存在隐蔽瑕疵的义务。发现此等隐蔽瑕疵（在一些情况下也属于缺陷），出卖人有义务更换、修理，严重者可能导致买受人解除合同。

在侵权责任法领域，召回可以分为自愿召回和强制召回，前者是生产者、销售者主动采取的补救措施，后者是国家管理部门依据职权强制要求生产者、销售者采取的补救措施。

国家对汽车、食品等制定了专项召回制度。国务院令第626号颁布的《缺陷汽车产品召回管理条例》自2013年1月1日起施行。《食品安全法》第63条第1款、第2款规定："国家建立食品召回制度。食品生产者发现其生产的食品不符合食品安全标准或者有证据证明可能危害人体健康的，应当立即停止生产，召回已经上市销售的食品，通知相关生产经营者和消费者，并记录召回和通知情况。""食品经营者发现其经营的食品有前款规定情形的，应当立即停止经营，通知相关生产经营者和消费者，并记录停止经营和通知情况。食品生产者认为应当召回的，应当立即召回。由于食品经营者的原因造成其经营的食品有前款规定情形的，食品经营者应当召回。"国家食品药品监督管理总局令第12号颁布的《食品召回管理办法》自2015年9月1日起实施。此外，还有一些有关产品召回的部门规定。

二、扩大损害的赔偿责任

依据本条规定，缺陷产品的生产者、销售者未及时采取补救措施或者采取补救措施不力造成损害扩大的，对扩大的损害也应当承担侵权责任。这里的"也"应当理解为在对其他相关损害承担侵权责任的同时，还要对此等扩大的损害承担侵权责任，而不仅仅是对扩大的损害承担侵权责任。

三、召回费用的承担

依据本条第1款采取召回措施的，缺陷产品的生产者、销售者应当负担被侵权人因此支出的必要费用。如果被侵权人也是买卖合同的一方当事人，在买卖合同中对召回费用有约定的，依其约定确定召回费用的数额；没有约定或者被侵权人不是买卖合同的一方当事人，召回费用的数额以实际发生的为准；法律法规对此等费用的计算有规定的，依照其规定确定召回费用的数额。

【关联规定】

《侵权责任法》（2021年1月1日废止）

第四十六条　产品投入流通后发现存在缺陷的，生产者、销售者应当及时采取警示、召回等补救措施。未及时采取补救措施或者补救措施不力造成损害的，应当承担侵权责任。

第一千二百零七条　【产品责任中的惩罚性赔偿】明知产品存在缺陷仍然生产、销售，或者没有依据前条规定采取有效补救措施，造成他人死亡或者健康严重损害的，被侵权人有权请求相应的惩罚性赔偿。

【条文主旨】

本条是关于缺陷产品生产者、销售者承担惩罚性赔偿的规定。

【核心概念】

惩罚性赔偿

惩罚性赔偿是指超过被侵权人实际损害的金钱赔偿，对侵权人具有惩罚性。惩罚性赔偿的适用，一般有特殊的条件要求，如侵权人的故意或者明知、损害后果严重（如被侵权人死亡或者严重健康损害）等。

【理解与适用】

一、惩罚性赔偿的体系解释

惩罚性赔偿（punitive damages）是指在损害赔偿中，超过被侵权人或者合同的守约一方遭受的实际损失范围的额外赔偿。即在赔偿了实际损失（补偿性赔偿）之后，再加罚一定数额或者一定倍数的赔偿金。惩罚性赔偿是依附于补偿性赔偿的。①

《民法典》第179条第2款规定："法律规定惩罚性赔偿的，依照其规定。"本条即属于"法律规定惩罚性赔偿的"条文。此外，《民法典》第1185条规定："故意侵害他人知识产权，情节严重的，被侵权人有权请求相应的惩罚性赔偿。"第1232条规定："侵权人违反法律规定故意污染环境、破坏生态造成严重后果的，被侵权人有权请求相应的惩罚性赔偿。"以上条文也都是有关惩罚性赔偿的规定。其他法律对惩罚性赔偿也有规定，如《消费者权益保护法》第55条、《食品安全法》第148条第2款。

二、惩罚性赔偿的适用条件

适用本条确定缺陷产品的生产者、销售者承担惩罚性赔偿责任，应当符合相应的主观条件和客观条件。

（一）主观条件

1. 明知

"明知"是指缺陷产品的生产者、销售者确实、明确知道产品存在缺陷。从过错角度看，侵权人存在故意或者重大过失。"明知"排除一般过失和轻微过失。"明知"需要被侵权人一方证明。

2. 拒绝

与《侵权责任法》第47条比较，本条增加了"或者没有依据前条规定采取有效补救措施"的主观条件规定，即将生产者、销售者拒绝采取有效补救措施作为承担惩罚性赔偿的主观条件之一。

从法律条文的文义上看，"明知"与"拒绝"的关系是选择关系，即只要具备其中之一就满足主观条件的要求。但是，从认知逻辑上看，拒绝采取补救措施，一般也就已经明知存在缺陷了。

（二）客观条件

适用本条规定的惩罚性赔偿，需要符合的客观条件是造成他人死亡或者健康严重损害的后果。这里的"健康严重损害"是指残疾、完全丧失或者大部分丧失劳动能力以及永久病痛等情况。

本条法律没有对惩罚性赔偿的倍数或者其他计算标准作出规定，这有赖于未来的相关司法解释作出具体规定，以便人民法院准确适用本条法律规定。

---

① 参见黄忠顺：《惩罚性赔偿消费公益诉讼研究》，载《中国法学》2020年第1期。

【关联规定】

《侵权责任法》（2021 年 1 月 1 日废止）

第四十七条　明知产品存在缺陷仍然生产、销售，造成他人死亡或者健康严重损害的，被侵权人有权请求相应的惩罚性赔偿。

《民法典》

第一百七十九条第二款　法律规定惩罚性赔偿的，依照其规定。

《消费者权益保护法》

第五十五条　经营者提供商品或者服务有欺诈行为的，应当按照消费者的要求增加赔偿其受到的损失，增加赔偿的金额为消费者购买商品的价款或者接受服务的费用的三倍；增加赔偿的金额不足五百元的，为五百元。法律另有规定的，依照其规定。

经营者明知商品或者服务存在缺陷，仍然向消费者提供，造成消费者或者其他受害人死亡或者健康严重损害的，受害人有权要求经营者依照本法第四十九条、第五十一条等法律规定赔偿损失，并有权要求所受损失二倍以下的惩罚性赔偿。

《食品安全法》

第一百四十八条第二款　生产不符合食品安全标准的食品或者经营明知是不符合食品安全标准的食品，消费者除要求赔偿损失外，还可以向生产者或者经营者要求支付价款十倍或者损失三倍的赔偿金；增加赔偿的金额不足一千元的，为一千元。但是，食品的标签、说明书存在不影响食品安全且不会对消费者造成误导的瑕疵的除外。

案例分析

马某诉陕重公司等健康权纠纷案[①]

【案件基本事实】

2013 年 7 月 15 日，被告王某将其驾驶的案涉车辆送至“许昌传动轴厂东南维修站”进行水箱维修。因该车水箱位于驾驶室下部，该修理站维修工原告马某在将驾驶室举升起来，进入驾驶室下面修理水箱的过程中，

① 参见《最高人民法院公报》2015 年第 12 期（总第 230 期）。

案涉车辆的驾驶室举升缸轴座托架总成突然断裂，导致驾驶室落下将其砸伤。马某住院治疗17天，经医院治疗诊断为：创伤性截瘫，腰1椎体爆裂性骨折。案涉车辆生产厂商为被告陕重公司，该车系被告鸿安公司于2010年9月18日购买。事故发生之时，该车已进行了正常的年检，并办理了道路运输证。案涉车辆驾驶员被告王某持有b2驾驶证，并拥有道路货物运输驾驶员资格。案涉车辆自购买后未进行过改装。原告向法院提起诉讼，要求被告王某、鸿安公司、陕重公司共同赔偿其医疗费86007.6元，且三被告相互承担连带责任。

【争议焦点】

案涉车辆是否具有缺陷以及各被告的责任如何认定。

【法院判决】

江苏省南京市江宁区人民法院一审认为：本案中，原告马某所受之伤害系案涉车辆的举升缸轴座托架总成零部件断裂后驾驶室向后倾倒所致。本案的争议焦点在于，案涉车辆的举升缸轴座托架总成零部件断裂是什么原因导致的。对此，被告陕重公司应承担举证责任证明其生产的案涉车辆和零部件为合格产品，但其提供的车辆检测的合格证及零部件理化检验报告等证据均系陕重公司内部自行出具，且经法庭释明后，其并未对案涉车辆举升缸轴座托架总成零部件的断裂原因申请司法鉴定，故应推定案涉车辆举升缸轴座托架总成零部件存在产品质量缺陷。原告受伤与陕重公司生产的案涉车辆存在产品质量缺陷具有因果关系，陕重公司应对马某的受伤承担民事责任。被告陕重公司认为原告马某在修理过程中举升驾驶室时涉嫌违规操作，未将驾驶室举升至正确位置，但其未能提供证据证明，且其对零部件断裂与未将驾驶室举升至正确位置是否存在必然因果联系，亦无法作出合理说明，故对陕重公司的该辩称意见，法院未予采信。被告王某、鸿安公司将具有水箱故障的案涉车辆交由“许昌传动轴厂东南维修站”进行维修，双方形成了事实上的承揽法律合同关系。承揽人在完成工作过程中对第三人造成损害或者造成自身损害的，定作人不承担赔偿责任。故原告马某要求王某、鸿安公司对其因伤造成的损失承担连带赔偿责任的诉讼请求，于法无据，法院未予支持。综上，根据本案所查明的事实，被告陕重公司应对原告马某的伤后经济损失承担全部的责任。

江苏省南京市中级人民法院二审认为：根据查明的事实，被上诉人马某在修理案涉车辆水箱的过程中，该车辆驾驶室举升缸轴座托架总成突然断裂，导致驾驶室落下将马某砸伤。《产品质量法》第46条规定，产品缺陷是指产品存在危及人身、他人财产安全的不合理的危险；产品有保障人体健康和人身、财产安全的国家标准、行业标准的，是指不符合该标准。法院认为，国家标准和行业标准是产品应当符合的最低标准，符合"标准"的产品，也存在具有不合理危险的可能性。本案中，驾驶室举升缸轴座托架总成突然断裂，导致驾驶室落下致马某受伤。上诉人陕重公司辩称该车系合格产品，不存在产品缺陷，故其应对该零件断裂原因提供证据，以证明该零件断裂并非产品固有缺陷或由其他原因造成，但陕重公司以马某应承担零件断裂原因的举证责任为由，拒绝对零件断裂原因提供证据及申请鉴定，故陕重公司应当承担举证不能的法律后果。一审法院认定该零件断裂属于产品缺陷，有事实和法律依据，法院予以支持。产品责任对于生产者是无过错责任，被上诉人马某因案涉车辆产品缺陷受伤，上诉人陕重公司应对马某因此次受伤造成的损失承担全部赔偿责任。故二审法院判决驳回上诉，维持原判。

【法理分析】

《民法典》第1202条规定："因产品存在缺陷造成他人损害的，生产者应当承担侵权责任。"产品生产者承担的侵权责任属于无过错责任，只要因产品存在缺陷而导致他人损害，生产者就应当承担侵权责任。因此，产品缺陷的认定对于生产者的产品责任来说就显得尤为重要。

不过，《民法典》并未对缺陷的概念予以明确规定。对于缺陷的判断，目前依然要适用《产品质量法》第46条的规定："本法所称缺陷，是指产品存在危及人身、他人财产安全的不合理的危险；产品有保障人体健康和人身、财产安全的国家标准、行业标准的，是指不符合该标准。"所谓"不合理的危险"，指的是在对产品进行合理使用的过程中出现的危及使用者人身安全、财产安全的危险。[①] 消费者在合理使用产品时，有权对产品的质量产生一种合理期待，信任该产品不具有任何缺陷并且可以合理实现该产品的一般用途。如果在消费者合理使用产品的过程中产品对消费者的人身、财产造成了损害，一般而言产品即具有不合理的危险。对于不合理危险的判断，应当综合考虑各种因素，尤其是对产品的说明、对产品用途的合理预期以及产品投入流通的时间等因素。[②] 此种"不合理的危险"标准也是判断产品是否具有缺陷的一般标准。除一般标准外，《产品质量法》

---

① 程啸：《侵权责任法》(第2版)，法律出版社2015年版，第497页。

② 王利明：《侵权责任法研究》(第2版下卷)，中国人民大学出版社2016年版，第233页。

第46条还规定了缺陷判断的法定标准。国家和行业对某些产品（尤其是食品和药品）制定了保障人体健康、人身和财产安全的专门标准，此即法定标准。如果产品达不到或者不符合这一法定标准，即可认为产品存在不合理的危险，属于缺陷产品。① 但是，一般认为，达到或者符合国家和行业制定的法定标准并不意味着产品不可能存在缺陷。对于达到或者符合法定标准的产品而言，其是否具有缺陷，依然应当经过“不合理的危险”标准的检验才可最终得出结论。

本案中，被告陕重公司主张其生产的案涉车辆不存在缺陷，但其提供的车辆检测的合格证及零部件理化检验报告等证据均系陕重公司内部自行出具，不属于国家标准或行业标准。退一步讲，即使案涉车辆符合国家标准和行业标准的要求，也不排除其具有不合理危险的可能性，应当结合案件情况具体分析案涉车辆是否存在缺陷。本案中，原告马某在修理案涉车辆水箱的过程中，该车辆驾驶室举升缸轴座托架总成突然断裂，导致驾驶室落下将马某砸伤。对车辆进行一定程度的维修属于汽车产品使用过程中不可避免的一环，并未超出合理使用的范畴。被告陕重公司也未能举证证明原告马某在维修过程中存在任何违规操作。因此，原告马某在维修案涉车辆的过程中，对案涉车辆的质量安全享有一定的合理期待。而案涉车辆驾驶室举升缸轴座托架总成在维修过程中突然断裂，明显违反了一般理性人在此种情况下对产品质量安全所享有的合理期待。这一事实足以构成证明案涉车辆存在缺陷的表面证据，从而将产品缺陷的证明责任由原告处转移至被告处。一审法院和二审法院均认为，在案涉车辆驾驶室举升缸轴座托架总成突然断裂导致原告受伤的情况下，应当由被告陕重公司承担证明案涉车辆不存在缺陷的举证责任。此外，在法院对产品缺陷的证明责任问题予以释明之后，被告陕重公司并未对案涉车辆举升缸轴座托架总成零部件的断裂原因申请司法鉴定，故法院推定案涉车辆存在缺陷。这一做法是值得借鉴的。

关于被告王某、鸿安公司是否应当承担侵权责任的问题，一审法院认为，被告王某、鸿安公司将具有水箱故障的案涉车辆交由“许昌传动轴厂东南维修站”进行维修，双方形成了事实上的承揽法律合同关系。《民法典》第1193条规定：“承揽人在完成工作过程中造成第三人损害或者自己损害的，定作人不承担侵权责任。但是，定作人对定作、指示或者选任有过错的，应当承担相应的责任。”本案中，“许昌传动轴厂东南维修站”在

① 张新宝：《侵权责任法》（第4版），中国人民大学出版社2016年版，第234页。

维修资质方面并不存在任何问题，被告王某、鸿安公司在原告马某维修案涉车辆的过程中也未对原告进行任何指示，因此被告王某、鸿安公司在定作、指示或者选任方面不存在过错。在使用案涉车辆的过程中，被告王某、鸿安公司也未对其进行任何改装，不应当对案涉车辆的质量缺陷负责。故法院判决驳回原告马某要求被告王某、鸿安公司对其因伤造成的损失承担连带赔偿责任的诉讼请求。

（本案例由曹权之同学整理）

第五章　机动车交通事故责任

◎ 本章提要

本章是关于机动车交通事故责任的规定，共 10 个条文（第 1208 条至第 1217 条）。第 1208 条是关于交通事故责任法律适用的规定。因《民法典》未能将《道路交通安全法》的有关条文（尤其是第 76 条）整合到侵权责任编，故机动车交通事故责任主要适用《道路交通安全法》第 76 条等条文的规定，本章的规定大多具有补充性、辅助性。此外，最高人民法院对道路交通事故责任有专门的司法解释，也是理解和适用本章相关条文需要注意的。第 1209 条至第 1212 条分别对机动车使用人与所有人不一致的几种情况下责任主体之确定作出了规定。第 1213 条是关于涉及保险人赔付责任情况下相关责任主体承担责任顺序的规定。第 1214 条是关于买卖的拼装车等情况下发生机动车交通事故之责任的规定。第 1215 条是关于盗窃、抢劫或者抢夺的机动车发生交通事故之责任的规定。第 1216 条是关于发生交通事故后逃逸情形下强制责任保险人和救助基金赔偿、垫付等的规定。第 1217 条是关于“好意同乘”情形下发生交通事故之责任的规定。

第一千二百零八条　【机动车交通事故责任的法律适用】机动车发生交通事故造成损害的，依照道路交通安全法律和本法的有关规定承担赔偿责任。

【条文主旨】

本条是关于机动车发生交通事故造成损害，承担赔偿责任的法律适用之规定。

【核心概念】

机动车

依据《道路交通安全法》的规定，车辆包括机动车和非机动车。机动车是指以动力装置驱动或者牵引，上道路行驶的供人员乘用或者用于运送物品以及进行工程专项作业的轮式车辆。

机动车交通事故

依据《道路交通安全法》的规定，交通事故是指机动车在道路上因过错或者意外造成的人身伤亡或者财产损失的事件。

机动车交通事故责任

机动车交通事故是指机动车之间、机动车与非机动车之间以及机动车与行人之间在道路上发生的交通事故。机动车交通事故责任是指对于机动车交通事故所承担的侵权责任，主要包括责任主体的确定、赔偿范围的划定等。

机动车交通事故责任强制保险

机动车交通事故责任强制保险简称“交强险”。《机动车交通事故责任强制保险条例》第 3 条规定：“本条例所称机动车交通事故责任强制保险，是指由保险公司对被保险机动车发生道路交通事故造成本车人员、被保险人以外的受害人的人身伤亡、财产损失，在责任限额内予以赔偿的强制性责任保险。”

【理解与适用】

一、机动车交通事故责任概述

（一）机动车交通事故责任的法律变迁

1. 《民法通则》

20 世纪 80 年代制定《民法通则》时，我国处于改革开放初期，社会保有的机动车数量较少，自然人个人很少拥有乘用车。因此，机动车交通事故责任并没有在《民法通则》中专门规定，仅有第 123 条通过将高速运输工具纳入高度危险作业的方式，对其作出了概括规定：“从事高空、高压、易燃、易爆、剧毒、放射性、高速运输工具等对周围环境有高度危险的作业造成他人损害的，应当承担民事责任；如果能够证明损害是由受害人故意造成的，不承担民事责任。”

2. 《道路交通安全法》

21 世纪初制定《道路交通安全法》时，我国开始进入“汽车时代”，大量自然人拥有乘用车，其他种类机动车的社会保有量也大为增加。因此，在《民法通则》没有对机动车交通事故责任作出较细密规定的情况下，立法部门在《道路交通安全法》这样一部行政管理法中对机动车交通事故责任作出了较详细的规定。

3. 《侵权责任法》

制定《侵权责任法》之时也有人建议将《道路交通安全法》中有关机动车交通事故责任的规定纳入《侵权责任法》中，使《道路交通安全法》保留比较纯的行政法性质，也使得《侵权责任法》在内容和体系上更为完整。当时这一建议并没有被立法机关采纳，最终的方案是规定一个指引性条文，指向《道路交通安全法》的有关规定（特别是第 76 条）。《侵权责任法》第六章“机动车交通事故责任”规定的 6 个条文（第 48 条至第 53 条）基本上是对《道路交通安全法》第 76 条的补充。

4. 《民法典》

本次制定《民法典》，再次有机会考虑将《道路交通安全法》中有关机动车交通事故责任的规定纳入《民法典》侵权责任编。但是，这一建议依旧没有被采纳，其理由之一是立法部门将要对《道路交通安全法》的某些规定进行修改，但是改哪些、怎么改尚没有成熟的方案。如果在《民法典》中纳入现行《道路交通安全法》中对于道路交通事故责任的规定，将来与修改后的《道路交通安全法》如何协调存在一定难度。因此，《民法典》侵权责任编仍然保留了《侵权责任法》的模式和框架，规定“机动车发生交通事故造成损害的，依照道路交通安全法和本法的有关规定承担赔偿责任”。所以，目前调整机动车交通事故责任的主要法律规定仍然是《道路交通安全法》中的有关条文，核心是第 76 条。

（二）机动车交通事故责任的归责原则

依据《道路交通安全法》第 76 条的规定，道路交通事故责任的归责原则既不能简单地一概适用过错责任原则，也不能一概适用无过错责任原则或严格责任原则，而应该确立一个归责原则体系，对不同情况下的责任承担适用不同的归责原则，只有这样才最有利于对被侵权人的保护，同时也不至于给行为人科加过重的责任。

1. 交强险保险公司在第三者责任强制保险责任限额范围内承担无过错责任。如果肇事车辆参加了机动车第三者责任强制保险，一旦发生交通事故导致他人人身伤害或者财产损失，肇事车辆属于责任一方的，保险公司就应当在机动车交通事故责任强制保险责任限额范围内予以赔偿。

2. 道路交通事故社会救助基金对于被侵权人抢救费用的先行垫付适用无过错责任。设立道路交通事故社会救助基金的目的主要在于救济被侵权人，在肇事者无赔偿能力、没有投保交通事故责任强制保险或者无法找到肇事者的情况下，被侵权人的损失很可能得不到赔偿，只能通过道路交通事故社会救助基金进行救济。道路交通事故社会救助基金也是对交通事故责任强制保险的有力保障，两者相结合能更好地实现保护被侵权人的目标。因此，道路交通事故社会救助基金对于被侵权人抢救费用的先行垫付应该适用无过错责任，这与该基金设立的目的相一致。需要注意的是，道路交通事故社会救助基金的垫付对象并不严格限于被侵权人，而是包括交通事故中的所有受伤人员（《道路交通安全法》第75条）。

3. 机动车之间的交通事故责任适用过错责任。双方都有过错时适用过错相抵规则，按照双方的过错比例分担责任。

4. 机动车与非机动车驾驶人、行人之间的交通事故适用无过错责任。在机动车与非机动车驾驶人、行人之间发生交通事故时，非机动车驾驶人、行人没有过错的，由机动车一方承担责任；在被侵权人存在过失或者故意时，可以适当减轻或者免除机动车方的责任。

二、对于《道路交通安全法》第76条的理解

（一）交强险赔付

1. 交强险的意义

实行交强险制度，对于有效地解决道路交通事故赔偿问题，减少社会矛盾，促进社会稳定和保护公民的生命与财产安全有着重要的意义，具体表现在两个方面：一是加强对受害人权益的保护；二是分担肇事者的责任。分担被保险人的损失无疑是保险制度的一项重要功能，而且肇事者还可以从烦琐的赔偿解决程序中解脱出来，享有诉讼程序方面的便利。另外，有学者认为，责任保险还能推动民事责任制度的改进。

《机动车交通事故责任强制保险条例》第6条第1款规定：“机动车交通事故责任强制保险实行统一的保险条款和基础保险费率。国务院保险监督管理机构按照机动车交通事故责任强制保险业务总体上不盈利不亏损的原则审批保险费率。”

2. 保险的范围与保险人、被侵权人的权利和义务

（1）投保交强险的范围

目前，实行交强险的主要是个人保有的车辆以及在中国的一切外国人

的机动车。[1]《机动车交通事故责任强制保险条例》规定，投保人是在中华人民共和国境内道路上行驶的机动车的所有人或者管理人。

（2）保险公司的赔付义务、追偿权

第一，《道路交通安全法》第76条明确了保险公司的赔付义务：当被保险人的机动车发生交通事故致人损害时，保险公司在被保险人投保范围内对受害人（被侵权人）予以赔偿，被保险人在该范围内的赔偿责任得以免除。这里的“责任限额”，就是保险公司就机动车交强险所应当承担的最高赔偿限额。值得注意的是，在不同的实行交强险的国家，其保险公司的赔付范围并不相同，有的仅赔偿人身损害，有的还赔偿财产损害，而德国的承保范围还包括间接财产损失。我国《道路交通安全法》中规定的是“人身伤亡、财产损失”，对于财产损失，解释为直接的财产损失比较合适，而不应包括间接财产损失。保险公司的追偿权主要是指按照责任保险合同的约定对被保险人所享有的追偿权，主要情形有：保险人超出保险限额赔偿或者在合同约定的其他不需要承担保险责任的情况（如被保险人故意造成损害发生）下承担了给付义务。

第二，交强险、侵权责任与商业第三者责任保险（以下简称商业三责险）的相互关系和赔偿次序。在交强险与侵权责任的关系问题上，我国采取的是在一定范围内两者脱钩和相互分离的模式，更加重视对受害人的损失填补，强调交强险的基本社会保障功能。因此，发生交通事故后，应当首先，由交强险在其责任限额（包括分项限额）范围内予以赔偿。与交强险相对应，商业三责险是机动车的所有人或管理人为了分散因机动车运行所可能导致的侵权责任风险而购买的保险，在功能上，商业三责险更加注重对机动车所有人或管理人风险的分散。其次，我国的商业三责险是以交强险赔偿之后被保险人依法应当承担的侵权责任为保险标的的。因此，在确定交强险的赔偿责任之后，再确定违法行为人（被保险人）依法应当承担的侵权责任，然后根据商业三责险合同的约定和《保险法》的相关规定确定商业三责险保险公司的赔偿范围。最后，由违法行为人（被保险人）依照《侵权责任法》的相关规定承担剩余的侵权责任。另外，《最高人民法院关于审理道路交通事故损害赔偿案件适用法律若干问题的解释》（以下简称《交通事故损害赔偿司法解释》）第16条第2款吸收审判实践中的成熟经验，规定精神损害赔偿在交强险中的赔偿次序，由请求权人选择。

---

① 参见李薇：《日本机动车事故损害赔偿法律制度研究》，法律出版社1997年版，第265～266页。

第三，在无证驾驶、醉酒驾驶、吸毒后驾驶以及被保险人故意制造交通事故等情形下，承保交强险的保险公司仍应对第三人的人身损害承担赔偿责任。关于这几种违法情形下发生交通事故后，保险公司的责任和侵权人的责任如何承担的问题，在实践中存在争议。有观点认为，这几种违法情形下保险公司不应当承担交强险的赔偿责任，否则就放纵了此类违法行为，不利于制裁侵权人，不利于提高驾驶人的注意义务。《交通事故损害赔偿司法解释》未采纳这种观点，其主要原因是交强险的首要功能在于对受害人的保护，因而具有安定社会的功能，而被保险人风险分散的功能则居于次要地位。因此，在这些违法情形下，保险公司对第三人承担赔偿责任符合交强险制度的目的。同时，保险公司承担赔偿责任后可以向违法行为人追偿，并不会造成放纵违法行为人的后果。并且，保险公司的追偿能力与受害人相比，显然处于更有利的地位，更有利于实现制裁违法行为的目的。由保险公司先行赔偿、再对违法行为人进行追偿的处理方式更有利于实现交强险保护被侵权人权益、填补被侵权人损失的功能。如果在此类违法情形下，保险公司不承担赔偿责任，则显然在很多场合下将难以实现对于被侵权人权益的保护。

第四，违反强制投保义务即未投保交强险的责任承担。未依法投保交强险的机动车发生交通事故造成损害，由投保义务人在交强险责任限额范围内对第三人承担赔偿责任；投保义务人和违法行为人不一致的，由两者承担连带责任。保险公司违反法定承保义务拒保、拖延承保、违法解除交强险合同，也应承担相应的赔偿责任。但是，在承担责任的方式上有所不同，由投保义务人先向第三人赔偿，再向违反法定义务的保险公司追偿。

第五，多车事故下保险公司的责任承担。多辆机动车发生交通事故造成第三人损害，损失超出各机动车交强险责任限额之和的，由各保险公司在各自责任限额范围内承担赔偿责任；损失未超出各机动车交强险责任限额之和的，由各保险公司按照其责任限额与责任限额之和的比例承担赔偿责任。依法分别投保交强险的牵引车和挂车连接使用时发生交通事故造成第三人损害的，由各保险公司在各自的责任限额范围内平均赔偿。部分机动车未投保交强险的，依据交强险与侵权责任脱钩的逻辑，《交通事故损害赔偿司法解释》第 21 条规定，应当先由已承保交强险的保险公司在其责任限额内对第三人赔偿，但保险公司就超出其应承担的部分有权向未投保交强险的投保义务人追偿。

（3）被侵权人的直接请求权

在有些国家（或地区），法律规定发生交通事故后事故的被侵权人取得对保险公司的直接请求权，保险公司有义务直接对被侵权人给付赔偿金，如日本《机动车损害赔偿保障法》就规定被侵权人享有对保险公司的直接请求权。有学者认为，机动车事故被侵权人的直接请求权是法定请求权、独立请求权①，即被侵权人在保险事故发生后取得对保险公司的请求权来自法律的直接规定（在强制保险场合），并且该请求权是一种独立的请求权，在程序意义上，被侵权人在保险合同约定的赔偿范围内可以直接以原告的身份对保险公司提起赔偿诉讼。在我国台湾地区，1996 年的“强制汽车责任保险法”第 5 条内容为：“因交通事故致被侵权人体伤、残废或死亡者，侵权人不论有无过失，在相当于本法规定的保险金额范围内，被侵权人均得请求保险赔偿给付。”可见，其也赋予被侵权人直接请求权。我国《道路交通安全法》第 76 条的规定赋予了被侵权人直接请求权，在保险责任限额内保险人对被侵权人负有无条件支付义务。笔者认为，这种义务是法定义务，被侵权人的请求权是法定请求权，并且独立存在，这一点类似于日本的做法；在程序上将保险公司直接列为被告也有利于纠纷的及时解决。

（二）机动车之间的事故责任

1. 构成要件

（1）一方或者双方有过错

《道路交通安全法》第 76 条第 1 款第 1 项规定，机动车之间发生交通事故的，由有过错的一方承担赔偿责任；双方都有过错的，按照各自过错的比例分担责任。该款规定明确了机动车之间发生交通事故时适用过错责任原则。

机动车之间发生交通事故时适用过错责任的归责原则，由此可见：首先，只有机动车一方或双方存在过错的情况下，才由有过错的一方承担责任；在双方都没有过错的情况下，互不承担赔偿责任。其次，当事人各方承担与其过错程度相当的过错责任。

司法实践中，法院对事故责任的认定一般依据公安机关交通管理部门出具的交通事故认定书，法院很少作出与交通事故认定书中责任划分不一致的责任认定结论。但是，笔者认为，交通事故认定书只是公安机关对交通事故中有无违章行为及该违章行为与事故损害后果间的因果关系作出的事故认定，并不等同于民事法律责任的划分。在有其他充分证据足以推翻

---

① 参见李薇：《日本机动车事故损害赔偿法律制度研究》，法律出版社 1997 年版，第 238～241 页。

交通事故认定书中的事故认定结论时，法院应当采用新证据查清法律事实，而不应该仅依据交通事故认定书中的内容。《道路交通安全法》第73条规定："公安机关交通管理部门应当根据交通事故现场勘验、检查、调查情况和有关的检验、鉴定结论，及时制作交通事故认定书，作为处理交通事故的证据……"由此可见，交通事故认定书仅仅是法院审理案件的证据之一，而不是法律事实。

（2）一方或者双方存在肇事行为

机动车一方或双方实施了违反道路交通安全法规的不法行为，即存在肇事行为。机动车一方应遵守的规则集中体现在《道路交通安全法》第四章中，尤其第二节是关于机动车通行的专门规定。例如，道路通行规定实行右侧通行；道路划设专用车道的，在专用车道内，只准许规定的车辆通行，其他车辆不得进入专用车道内行驶；不得超过限速标志标明的最高时速；机动车通过交叉路口，应当按照交通信号灯、交通标志、交通标线或者交通警察的指挥通过；通过没有交通信号灯、交通标志、交通标线或者交通警察指挥的交叉路口时，应当减速慢行，并让行人和优先通行的车辆先行等。机动车一方如果违反了上述规定，就被认为存在肇事行为。

（3）造成一方或者双方损害

造成的损害包括人身伤亡和财产损失。根据《交通事故损害赔偿司法解释》第15条的规定，这里的财产损失包括：①维修被损坏车辆所支出的费用、车辆所载物品的损失、车辆施救费用；②因车辆灭失或者无法修复，为购买交通事故发生时与被损坏车辆价值相当的车辆重置费用；③依法从事货物运输、旅客运输等经营性活动的车辆，因无法从事相应经营活动所产生的合理停运损失；④非经营性车辆因无法继续使用，所产生的通常替代性交通工具的合理费用。

（4）肇事行为与损害之间存在因果关系

从事实角度讲，肇事行为与受害人的损害之间应当存在客观联系。判断客观联系依据必要条件理论，即：若没有肇事行为，损害不会发生，则该行为是损害的原因；反之，若无肇事行为，损害仍会发生，则肇事行为非损害之原因。在确定肇事行为与受害人的损害之间存在事实上的因果关系之后，需要进一步确定行为人是否需要承担损害赔偿责任。

2. 机动车之间的事故责任的承担

机动车之间的事故责任，由有过错的一方承担。质言之，过错是机动车之间承担责任的基础。在适用过错责任时，受害人除了应证明行为人的过错，还应证明行为人实施了侵害行为、受害人遭受了损害以及二者之间的因果关系。行为人除可以第三人过错、受害人过错进行抗辩外，还可以不可抗力、正当防卫、紧急避险等进行抗辩。

机动车双方都有过错的，按照各自过错的比例分担责任。行为人所应负的责任应与其过错程度相一致，能够确定过错程度的，各自承担相应的责任；难以确定过错程度的，平均承担赔偿责任。

（三）机动车与行人、非机动车之间的事故责任

1. 概述

机动车一方致非机动车、行人损害的责任问题在理论界和实践中争议颇多。《道路交通安全法》第 76 条第 1 款第 2 项于 2007 年修订，规定："机动车与非机动车驾驶人、行人之间发生交通事故，非机动车驾驶人、行人没有过错的，由机动车一方承担赔偿责任；有证据证明非机动车驾驶人、行人有过错的，根据过错程度适当减轻机动车一方的赔偿责任；机动车一方没有过错的，承担不超过百分之十的赔偿责任。"该条第 2 款还规定："交通事故的损失是由非机动车驾驶人、行人故意碰撞机动车造成的，机动车一方不承担赔偿责任。"这就是我国《道路交通安全法》关于机动车一方与非机动车、行人之间发生交通事故责任的规定。

2. 责任构成要件

（1）机动车一方不必有过错

因为机动车一方承担的是无过错责任，所以在责任构成时不必考虑机动车一方主观上是否有过错。关于机动车与非机动车、行人发生交通事故时的归责原则，主要存在无过错责任（危险责任）和过错推定责任两种观点。笔者认为，《道路交通安全法》对于机动车与非机动车、行人发生交通事故的规定适用的是无过错责任原则，理由是：

第一，除了极个别情况，机动车对非机动车、行人一方造成损害，机动车一方都是需要承担责任的，这并不因为责任的比例之大小而改变责任的归责原则。无论是承担 100% 的责任还是承担 90% 的责任抑或 10% 的责任，都是承担责任，而与机动车一方的过错没有关系。第二，《道路交通安全法》第 76 条第 1 款第 2 项后半段的规定是关于无过错责任中责任减轻或责任免除的规定。第三，机动车驾驶行为是一种具有高度危险性的活动，适用无过错责任符合现代侵权法的潮流和发展趋势。

机动车和非机动车、行人之间发生交通事故适用无过错责任原则，是对所谓"行人违章，撞了白撞"说法的否定，但我们所称的无过错责任也不是在任何情况下都由机动车驾驶人承担全部的损害赔偿责任。《道路交通安全法》对于机动车驾驶人一方的减责和免责事由作出了明确的规定，

在符合法定条件的情况下，机动车驾驶人是可以减轻甚至免除责任的。无过错责任是从整个社会利益之均衡、不同社会群体力量之对比，以及寻求补偿以息事宁人的角度来体现民法的公平原则的，它反映了高度现代化、社会化大生产条件下的公平正义观，也带有社会法学的某种痕迹。无过错责任对个别案件的适用可能有失公允，但它体现的是整体的公平和正义。为克服无过错责任原则的局限性，法律通常会设定一些减责或免责事由。

（2）机动车一方存在肇事行为

机动车一方违反了道路交通安全法规，实施了造成非机动车、行人一方损害的侵害行为。这种行为通常称为肇事行为。是否构成肇事行为，依据《道路交通安全法》及其实施条例的有关规定等进行判断。

（3）非机动车、行人遭受了损害

损害是承担赔偿责任的构成要件，在机动车交通事故责任案件中也不例外。《道路交通安全法》第 76 条将这里的“损害”界定为“人身伤亡”和“财产损失”。《交通事故损害赔偿司法解释》明确“人身伤亡”和“财产损失”的划分是以交通事故所侵害的客体为标准的：侵害被侵权人的生命权、健康权等人身权益所造成的损害，为“人身伤亡”；侵害被侵权人的财产权益所造成的损失，为“财产损失”。这样，“人身伤亡”包括医疗费、护理费、交通费等为治疗和康复而支出的合理费用，因误工减少的收入，残疾生活辅助具费和残疾赔偿金（造成残疾时），丧葬费和死亡赔偿金（造成死亡时），以及精神损害。

（4）肇事行为与损害之间存在因果关系

非机动车、行人一方的损害是由机动车的肇事行为造成的，二者之间存在因果关系。

3. 责任承担

因为机动车一方对非机动车、行人的损害承担无过错责任，所以机动车一方致非机动车、行人损害的责任承担主要根据非机动车、行人的主观状态而异：（1）非机动车驾驶人、行人没有过错的，由机动车一方承担全部的赔偿责任；（2）非机动车驾驶人、行人有过错的，根据过错程度适当减轻机动车一方的赔偿责任。需要注意的是，非机动车驾驶人、行人以“故意碰撞机动车”之外的其他故意、重大过失的行为造成交通事故的，只能减轻而不能免除机动车一方的赔偿责任。这里仅排除“故意碰撞机动车”一种情况；（3）机动车一方和非机动车、行人都没有过错的，机动车一方承担不超过 10% 的赔偿责任。

另外需要强调的是，机动车和非机动车、行人之间发生交通事故后，先由保险公司承担交通事故责任强制保险责任，超出交通事故责任强制保险责任限额的部分由承保第三者责任商业保险的保险公司根据保险合同予以赔偿；仍有不足的，才由机动车驾驶人承担无过错责任。因此，实际上机动车驾驶人的赔偿责任已经大大减轻了，不会因为一次交通事故而深陷财务危机。

4. 法定免责事由

因为机动车一方承担无过错责任，所以规定了法定的免责事由。《道路交通安全法》第76条第2款规定，仅在非机动车驾驶人、行人故意碰撞机动车造成交通事故的情况下，机动车一方不承担赔偿责任。受害人故意仅限于“非机动车驾驶人、行人故意碰撞机动车造成交通事故”的情况，主要指受害人自杀、自残或“碰瓷”（指故意和机动车相撞以骗取赔偿）的情况。在这些情况下，机动车一方来不及避让，也无法控制风险，因此机动车一方不具有可责难性，不应当承担赔偿责任。另外，受害人即使存在故意违反交通法规的情况，但是并没有故意碰撞机动车造成交通事故的，只能减轻机动车一方的责任，而不能作为免责事由。

【关联规定】

《侵权责任法》（2021年1月1日废止）

第四十八条 机动车发生交通事故造成损害的，依照道路交通安全法的有关规定承担赔偿责任。

《道路交通安全法》

第七十六条 机动车发生交通事故造成人身伤亡、财产损失的，由保险公司在机动车第三者责任强制保险责任限额范围内予以赔偿；不足的部分，按照下列规定承担赔偿责任：

（一）机动车之间发生交通事故的，由有过错的一方承担赔偿责任；双方都有过错的，按照各自过错的比例分担责任。

（二）机动车与非机动车驾驶人、行人之间发生交通事故，非机动车驾驶人、行人没有过错的，由机动车一方承担赔偿责任；有证据证明非机动车驾驶人、行人有过错的，根据过错程度适当减轻机动车一方的赔偿责任；机动车一方没有过错的，承担不超过百分之十的赔偿责任。

交通事故的损失是由非机动车驾驶人、行人故意碰撞机动车造成的，机动车一方不承担赔偿责任。

第一千二百零九条　【租赁、借用机动车交通事故责任】 因租赁、借用等情形机动车所有人、管理人与使用人不是同一人时，发生交通事故造成损害，属于该机动车一方责任的，由机动车使用人承担赔偿责任；机动车所有人、管理人对损害的发生有过错的，承担相应的赔偿责任。

【条文主旨】

本条是关于租赁、借用等情形下机动车所有人、管理人承担过错责任的规定。

【核心概念】

机动车一方

机动车一方为集合概念，包括机动车的使用人、所有人、管理人等。租赁、借用他人机动车并使用该机动车的，是使用人，属于“机动车一方”的侵权人。

【理解与适用】

一、机动车所有人、管理人过错责任的适用条件

（一）机动车所有、管理与使用分离的情形

多数情况下，机动车的所有人或者管理人使用其所有或者管理的机动车，所有人、管理人同时也是使用人。此时的“机动车一方”主体是单一或者同一的，发生交通事故由使用人承担责任，也就是由所有人、管理人承担责任。

本条适用于机动车所有、管理与使用分离的情况：使用机动车发生事故的人（使用人）不是机动车的所有人或者管理人，而是机动车所有人、管理人之外的其他人。在此等情况下，发生交通事故承担侵权责任的主体当然是机动车的使用人，但是机动车的所有人、管理人如果对事故的发生有过错的，也应承担相应的责任。

本条规定了机动车所有、管理与使用分离的原因，即借用和租赁等。借用为无偿民事法律行为，租赁为有偿民事法律行为，二者都是合法的民事法律行为。因此，我们可以认为，本条适用的范围既可以是基于无偿原因发生的所有、管理与使用的分离，也可以是基于有偿原因发生的所有、管理与使用的分离，但是不包括因不法占有、盗窃、抢劫、抢夺等非法行为发生的所有、管理与使用的分离。

（二）机动车一方对发生的交通事故有侵权责任

本条适用的条件还包括：机动车一方对交通事故负有侵权责任。在该机动车导致的交通事故中，机动车一方是否应当承担侵权责任，应当依据《道路交通安全法》第76条等法律规定作出判断。只有在机动车一方被认定应当承担此等侵权责任的情况下，才发生机动车的所有人、管理人是否具有相应过错责任的问题。反之，机动车的所有人、管理人不承担任何侵权责任。

（三）所有人、管理人有过错

适用本条，除需要满足前两个条件的要求外，还要求所有人、管理人有过错。只有在有过错的情况下，机动车的所有人、管理人才可能承担本条规定的相应的责任。如果机动车的所有人、管理人没有过错，则不承担本条规定的侵权责任。本条规定的机动车所有人、管理人的责任是过错责任而不是无过错责任，也不推定其存在过错。

（四）所有人、管理人的过错对于损害的发生存在一定的因果关系

虽然本条并未使用“因果关系”“因”等字眼，但是“对损害的发生有过错的”这一表达，已经暗含了因果关系这一责任构成要件。并非所有人、管理人存在任何过错都构成侵权责任，而只有在这一过错对损害的发生存在一定的因果关系时，所有人、管理人才承担过错责任。

二、机动车所有人、管理人过错的认定

（一）司法解释规定的过错认定标准

适用本条承担侵权责任以所有人、管理人有过错为要件。对于如何判断此等过错，司法解释作出了明确规定。《交通事故损害赔偿司法解释》第1条规定：“机动车发生交通事故造成损害，机动车所有人或者管理人有下列情形之一，人民法院应当认定其对损害的发生有过错，并适用侵权责任法第四十九条的规定确定其相应的赔偿责任：（一）知道或者应当知道机动车存在缺陷，且该缺陷是交通事故发生原因之一的；（二）知道或者应当知道驾驶人无驾驶资格或者未取得相应驾驶资格的；（三）知道或者应当知道驾驶人因饮酒、服用国家管制的精神药品或者麻醉药品，或者患有妨碍安全驾驶机动车的疾病等依法不能驾驶机动车的；（四）其它应当认定机动车所有人或者管理人有过错的。”

（二）其它认定标准

上述司法解释第4项规定，“其它应当认定机动车所有人或者管理人有过错的”应当认定其有过错。“其它”认定标准应当从两个方面进行判断：其一，法律法规和相关管理规定是否对机动车的所有人或者管理人的相关注意义务作出了规定，及其是否达到了此等规定所要求的注意程度；其二，作为一个“理性人”的机动车所有人、管理人在当时的条件下会达到何等注意程度，该机动车所有人或者管理人是否达到了该“理性人”标准所要求的注意程度。

三、机动车所有人、管理人责任的承担

依据本条规定，因租赁、借用等情形机动车所有人、管理人与使用人不是同一人时，发生交通事故造成损害，属于该机动车一方责任的，由机动车使用人承担赔偿责任；有过错的机动车所有人、管理人承担相应的赔偿责任。理解和适用本条规定时需要注意：

（一）租赁人、借用人作为使用人的行为责任

租赁、借用等情形下发生交通事故，责任属于机动车一方的，由机动车的使用人承担赔偿责任，而不是由机动车的所有人、管理人承担责任。本质上，机动车导致的交通事故责任属于行为责任而不是物件致害责任，因此承担责任的主体当然是使用人，而不是机动车的所有人或者管理人。在对非机动车、行人造成损害的情况下，使用人承担的是无过错责任；在与其他机动车发生交通事故造成损害的情况下，使用人承担的是过错责任。这两种责任都是行为责任，不仅适用于所有人、管理人使用机动车的情况，也适用于租赁人、借用人使用机动车的情况。

（二）所有人、管理人的相应责任

对于本条规定的情形，机动车的所有人、管埋人有过错的，承担相应的赔偿责任。此处的“相应的赔偿责任”是指赔偿的数额或者比例与其过错大小和程度相应。如果损害完全是由于机动车所有人、管理人的过错造成的，该机动车所有人、管理人应当承担全部责任；如果其过错对损害发生具有决定性影响，则应当承担主要责任；如果其过错对损害发生具有次要作用，则承担较少份额的责任。

（三）使用人责任与所有人（管理人）责任的关系

在机动车的所有人、管理人有过错的情形下，机动车使用人承担的赔偿责任+所有人、管理人应当承担的相应责任=被侵权人依法应当得到的全部损害赔偿，机动车使用人与所有人（管理人）各自承担责任后不发生相互的追偿。

【关联规定】

《侵权责任法》（2021 年 1 月 1 日废止）

第四十九条 因租赁、借用等情形机动车所有人与使用人不是同一人时，发生交通事故后属于该机动车一方责任的，由保险公司在机动车强制保险责任限额范围内予以赔偿。不足部分，由机动车使用人承担赔偿责任；机动车所有人对损害的发生有过错的，承担相应的赔偿责任。

《最高人民法院关于审理道路交通事故损害赔偿案件适用法律若干问题的解释》

第一条 机动车发生交通事故造成损害，机动车所有人或者管理人有下列情形之一，人民法院应当认定其对损害的发生有过错，并适用侵权责任法第四十九条的规定确定其相应的赔偿责任：

（一）知道或者应当知道机动车存在缺陷，且该缺陷是交通事故发生原因之一的；

（二）知道或者应当知道驾驶人无驾驶资格或者未取得相应驾驶资格的；

（三）知道或者应当知道驾驶人因饮酒、服用国家管制的精神药品或者麻醉药品，或者患有妨碍安全驾驶机动车的疾病等依法不能驾驶机动车的；

（四）其他应当认定机动车所有人或者管理人有过错的。

第一千二百一十条 【转让并交付但未办理登记的机动车侵权责任】 当事人之间已经以买卖或者其他方式转让并交付机动车但是未办理登记，发生交通事故造成损害，属于该机动车一方责任的，由受让人承担赔偿责任。

【条文主旨】

本条是关于已经转让并交付但是未办理过户登记的机动车造成他人损害责任承担主体的规定。

【核心概念】

机动车登记

依据《道路交通安全法》以及公安部《机动车登记规定》，国家对机动车实行登记制度，机动车必须经公安机关交通管理部门登记后，才能在道路上行驶。机动车为动产，动产物权的设立和转让，自交付时发生效力，但是法律另有规定的除外（《民法典》第224条）。机动车物权的设立、变更、转让和消灭，未经登记不得对抗善意第三人（《民法典》第225条）。

【理解与适用】

一、机动车登记制度及其对机动车事故责任的影响

（一）机动车登记制度概述

依据《道路交通安全法》以及公安部《机动车登记规定》，国家对机动车实行登记制度，机动车必须经公安机关交通管理部门登记后，才能在道路上行驶。所有权发生转移的，应当办理转移登记。一般来说，机动车所有权人就是在公安机关交通管理部门登记的单位或个人。实践中存在机动车已经通过买卖、赠与等方式转让，但当事人未及时变更登记的情形，甚至存在连环转让但都未办理变更登记的情形。

（二）机动车登记的物权效力

根据我国《民法典》物权编的有关规定，机动车物权变动采用登记对抗主义，未进行登记仅因缺乏公示手段而发生不得对抗善意第三人的效力，并不影响所有权的转移。在这样的情况下，便出现了登记在册的名义所有人与实际所有人不一致的情形。如果发生道路交通事故，究竟谁才是赔偿义务人？对此存在不同的理解：

一种观点认为，既然机动车的管理、支配以及收益的权利均不在名义所有人之手，那么名义所有人对于机动车发生交通事故就不具有防范与控制的能力，要求其承担责任显然是不合理的，赔偿义务人应当是实际所有人；另一种观点认为，机动车的原所有人在其对机动车的所有权发生变动之时，应当与新的所有人办理转移登记，而且这是法律所要求的，机动车名义所有人违反这一规定，当然要承担相应的风险。办理转移登记也就意味着要对机动车进行检验，从而消除机动车事故的隐患，正是由于没有办理登记，才增加了发生交通事故的可能性，原所有权人当然要承担一部分

责任。此外，也有观点认为，要求原所有人与新所有人承担连带责任对于受害人的保障也十分有利。①

（三）司法解释的态度

《最高人民法院关于连环购车未办理过户手续，原车主是否对机动车发生交通事故致人损害承担责任的请示的批复》（〔2001〕民一他字第32号）规定："连环购车未办理过户手续，因车辆已经交付，原车主既不能支配该车的营运，也不能从该车的营运中获得利益，故原车主不应对机动车发生交通事故致人损害承担责任。但是，连环购车未办理过户手续的行为，违反有关行政管理法规的，应受其规定的调整。"最高人民法院采取的是第一种观点，即将实际所有权人认定为赔偿义务人，未办理过户手续只是受到行政管理法规的调整，不影响赔偿义务的转移。我国《侵权责任法》第50条也规定："当事人之间已经以买卖等方式转让并交付机动车但未办理所有权转移登记，发生交通事故后属于该机动车一方责任的，由保险公司在机动车强制保险责任限额范围内予以赔偿。不足部分，由受让人承担赔偿责任。"《交通事故损害赔偿司法解释》第4条进一步明确："被多次转让但未办理转移登记的机动车发生交通事故造成损害，属于该机动车一方责任，当事人请求由最后一次转让并交付的受让人承担赔偿责任的，人民法院应予支持。"所以，尽管没有进行所有权的变更登记，但只要已经按合同合法交付了机动车，机动车所有权就发生了转移，就应当由新的所有人（受让人）承担赔偿责任。况且，机动车一经交付，受让人就实际占有、控制了该机动车并成为保有者，因此其有"实际的支配力"和"使用收益"，这一点并不受是否办理转移登记的影响。

二、受让人的责任

（一）法律规定的变迁：受让人承担赔偿责任

《侵权责任法》第50条规定，由保险公司在机动车强制保险责任限额范围内予以赔偿。不足部分，由受让人承担赔偿责任。本条删除了关于保险公司的责任，直接规定由受让人承担赔偿责任。这并不意味着在机动车上有合格交强险的情况下保险公司不承担赔偿责任，而是考虑到本条的主旨在于明确由受让人承担责任而不是由出让人承担责任。至于保险公司是

---

① 参见杨永清：《解读〈关于连环购车未办理过户手续，原车主是否对机动车发生交通事故致人损害承担责任的请示的批复〉》，载《解读最高人民法院请示与答复》，人民法院出版社2004年版，第119页。

否应该承担限额内的赔偿责任，应当依据《道路交通安全法》第 76 条的规定以及相关购买交强险的事实等确定。在发生事故时，肇事的机动车之上存在交强险等保险的，受让人可以依法请求承保的保险公司承担相应的赔偿责任。实践中，虽然存在机动车没有办理过户、交强险也没有办理过户而发生事故的情况，但是不应当影响保险公司承担相应的赔偿责任。

从《侵权责任法》第 50 条到《民法典》第 1210 条并经由相关司法解释，确立了这样一条责任承担规则：机动车已经以买卖或者其他方式转让并交付但是未办理登记，发生交通事故造成损害，属于机动车一方责任的，由受让人承担责任。这里需要提示的是以下两点。第一，只有在机动车一方有责任的情况下，受让人才依据本条承担赔偿责任。如果机动车一方没有责任，则受让人不承担任何赔偿责任。被多次转让但未办理登记的机动车发生交通事故造成损害，属于该机动车一方责任的，最后一次受让并接受交付的受让人应当承担赔偿责任。第二，如果因借用、租赁等而存在机动车所有人与使用人分离的情形，则本条所规定的受让人承担赔偿责任，仅仅是指承担所有人本应承担的相应责任。

（二）对“以买卖或者其他方式转让并交付机动车”的理解

本条法律规定的适用条件是“以买卖或者其他方式转让并交付机动车”。这里实际上规定了两个条件：（1）转让；（2）交付。转让的原因通常是买卖，但是不限于买卖，因此有“等”字保底。实践中，除了买卖，因赠与、抵债、互易、继承等发生的转让都应当认定为符合本条要求的转让。“交付”包括实际交付、简易交付（如占有改定）。

（三）关于附所有权保留的分期付款

在附所有权保留的分期付款机动车买卖的情形下，如果机动车已交付买受人，虽然出卖方仍保留机动车所有权，但并不影响买受人取得机动车的实际支配力和使用收益。因此，在发生道路交通事故时应由买受人承担赔偿责任。最高人民法院在《关于购买人使用分期付款购买的车辆从事运输因交通事故造成他人财产损失保留车辆所有权的出卖方不应承担民事责任的批复》中指出，采取分期付款方式购车，出卖方在购买方付清全部车款前保留机动车所有权的，购买方以自己名义与他人订立货物运输合同并使用该车运输时，因交通事故造成他人财产损失的，出卖方不承担民事责任。这一个案批复的精神可以扩张适用，不受购买人“从事运输”这一特定用途的限制。

【关联规定】

《侵权责任法》（2021 年 1 月 1 日废止）

第五十条 当事人之间已经以买卖等方式转让并交付机动车但未办理所有权转移登记，发生交通事故后属于该机动车一方责任的，由保险公司在机动车强制保险责任限额范围内予以赔偿。不足部分，由受让人承担赔偿责任。

《最高人民法院关于审理道路交通事故损害赔偿案件适用法律若干问题的解释》

第四条 被多次转让但未办理转移登记的机动车发生交通事故造成损害，属于该机动车一方责任，当事人请求由最后一次转让并交付的受让人承担赔偿责任的，人民法院应予支持。

第一千二百一十一条 【挂靠机动车交通事故责任】 以挂靠形式从事道路运输经营活动的机动车，发生交通事故造成损害，属于该机动车一方责任的，由挂靠人和被挂靠人承担连带责任。

【条文主旨】

本条是关于以挂靠形式从事道路运输经营活动的机动车发生交通事故造成损害，由挂靠人和被挂靠人承担连带责任的规定。

【核心概念】

机动车挂靠经营

机动车挂靠经营是我国交通运输行业普遍存在的经营方式，法律对此没有明确的定义。在学理上，机动车挂靠经营一般是指个人或企业出资购买机动车，经具有运输经营资质的运输企业同意后将车辆登记在该企业名下，以该运输企业的名义从事运输经营的行为。其中，出资购车人和实际经营者被称为挂靠人，有资质接受他人挂名经营的运输企业被称为被挂靠人。机动车挂靠经营的权利义务关系，一般是由挂靠人与被挂靠人缔结挂靠协议而定。挂靠人一般是不具有运输经营资质的个人或企业，之所以要以被挂靠人的名义从事经营活动，是因为运输行业市场准入较为严格，需得到行政许可方能从业。因此，所谓机动车挂靠经营，更为确切的表述应为运输经营权的挂靠。

【理解与适用】

一、相关法律规则的确立

在《侵权责任法》制定过程中，笔者提出过设置机动车挂靠经营侵权责任规则的建议，[①] 但是《侵权责任法》没有对这一问题作出规定。《交通事故损害赔偿司法解释》第3条规定："以挂靠形式从事道路运输经营活动的机动车发生交通事故造成损害，属于该机动车一方责任，当事人请求由挂靠人和被挂靠人承担连带责任的，人民法院应予支持。"《民法典》第1211条吸收司法解释的成果，规定了在机动车挂靠经营情况下，发生交通事故造成损害，属于机动车一方责任的，由挂靠人和被挂靠人承担连带责任。

二、连带责任的适用

适用本条法律规定，需要满足以下条件：（1）当事人之间存在机动车挂靠经营关系，即一方挂靠在另一方名下，以另一方的名义从事机动车道路运输经营活动；（2）挂靠的机动车发生交通事故造成挂靠人和被挂靠人之外的他人人身伤亡或者财产损失；（3）依据《道路交通安全法》等法律的规定，机动车一方对该交通事故造成的损害负有损害赔偿责任。

在满足上述条件的情况下，法律规定由挂靠人和被挂靠人对此等损害承担连带责任。

有观点认为，前述司法解释规定由挂靠人与被挂靠人承担连带责任的主要理由在于：首先，挂靠行为违反了现行的道路运输管理法规，违背了行政许可法律法规，规避了国家有关行业准入制度。被挂靠人不承担责任或者承担较小的责任，会纵容挂靠这种违反运输管理秩序、违反交通管理法规的行为；规定被挂靠人承担连带责任有利于以私法的手段实现公法的目的，维护法律体系的统一性。其次，被挂靠人是道路运输经营许可证的主体，由被挂靠人承担责任符合民法上的外观主义原则和信赖原则。以被挂靠人的经营许可证和名义从事运输经营，无论是对交易相对人还是对不特定的道路交通参与人而言，都使他们产生了一种信赖，信赖以此经营许

---

① 参见张新宝、解娜娜：《"机动车一方承担赔偿责任"：道路交通事故赔偿义务人解析》，载《法学家》2008年第6期。

可证和名义从事经营的人具有一定资力、具备一定的安全运输条件。再次，被挂靠人通过挂靠形式允许他人使用经营许可证，允许挂靠人以其名义将机动车投入运输经营，在某种意义上，是危险的开启者，同时也从此种危险活动中获取了包括但不限于经济方面的利益，依据侵权责任法及其理论，开启某种危险、从某种危险活动中获取利益的主体应当承担相应的责任。最后，从《侵权责任法》关于责任主体和连带责任的规定来看，《侵权责任法》更加关注对违法行为的制裁，更加注重对受害人权益的保护，因此，规定由挂靠人和被挂靠人承担连带责任也符合《侵权责任法》的立法精神。①

因为本条完全吸收了司法解释的规定，所以用以上论述来解释本条规定的连带责任的立法理由，也是合适的。

【关联规定】

《最高人民法院关于审理道路交通事故损害赔偿案件适用法律若干问题的解释》

第三条 以挂靠形式从事道路运输经营活动的机动车发生交通事故造成损害，属于该机动车一方责任，当事人请求由挂靠人和被挂靠人承担连带责任的，人民法院应予支持。

第一千二百一十二条 【擅自驾驶他人机动车交通事故责任】 未经允许驾驶他人机动车，发生交通事故造成损害，属于该机动车一方责任的，由机动车使用人承担赔偿责任；机动车所有人、管理人对损害的发生有过错的，承担相应的赔偿责任，但是本章另有规定的除外。

【条文主旨】

本条是关于未经允许驾驶他人机动车发生交通事故造成损害承担侵权责任的规定。

---

① 参见杜万华、贺小荣等：《〈关于审理道路交通事故损害赔偿案件适用法律若干问题的解释〉的理解与适用》，载《法律适用》2013 年第 3 期。

【核心概念】

盗驾他人机动车

盗驾他人机动车，是指没有得到机动车所有人、管理人等的许可私自驾驶他人机动车的行为。由于“盗驾”不以取得该机动车的财产权为目的，因此与盗窃他人机动车区别开来。盗驾他人机动车，实际上取得对该机动车行驶中的控制，盗驾者是机动车的使用人。

【理解与适用】

一、未经允许驾驶他人机动车的盗驾行为

未经允许驾驶他人机动车，是指行为人未经机动车的所有人或者管理人的允许私自驾驶他人机动车的行为，即“盗驾他人机动车”。实践中该行为常常发生于：(1) 行为人未经机动车的所有人或者管理人的允许私自驾驶他人停放在停车场等处的机动车；(2) 行为人未经机动车的所有人或者管理人的允许私自驾驶他人放置在机动车修理厂或者年检场地的机动车。

未经允许驾驶他人机动车，属于临时性无权占有和使用他人之物的侵权行为，但是不以取得机动车的所有权或者永久使用权为目的。因此，未经允许驾驶他人机动车在性质上不同于盗窃、抢劫或者抢夺他人机动车等犯罪行为。

未经允许驾驶他人机动车发生交通事故造成机动车所有人、管理人之外的他人人身伤亡、财产损害，属于机动车一方责任的，由机动车使用人依据本条承担责任。造成机动车毁损等损失的，使用人也应当依据《民法典》第1165条第1款和第1184条承担损害赔偿责任。

二、机动车使用人承担赔偿责任

盗驾他人机动车的机动车使用人依据本条规定承担赔偿责任，应当符合以下要求：

（一）未经允许驾驶他人机动车

未经允许驾驶他人机动车，是指没有得到机动车的所有人或者管理人的明示、默示同意，私自驾驶他人机动车的侵权行为。就此等侵权行为而言，行为人在主观上一般表现为故意或者重大过失。如果得到所有人、管理人的同意驾驶他人的机动车，或者驾驶的不是机动车而是非机动车，则不适用本条的规定。

（二）发生交通事故且属于该机动车一方的责任

行为人未经允许驾驶他人机动车发生交通事故造成损害，且属于机动车一方责任的，由机动车使用人承担赔偿责任。这里需要满足两个条件：(1) 发生交通事故而且造成了损害；(2) 依据有关法律规定，机动车一方对此等损害负有赔偿责任。如果没有发生交通事故，或者发生了交通事故没有造成损害，或者尽管发生了交通事故也造成了损害，但是机动车一方没有责任，则机动车使用人无需承担此等赔偿责任。

关于是否要求使用人有过错，取决于交通事故的类型：如果是机动车之间的交通事故，确定和承担责任以过错为基础；如果是机动车一方造成非机动车、行人损害，责任的构成则不要求机动车使用人有过错。凡此等等，可以纳入前述“属于机动车一方责任的”范围进行考量。

这里的损害包括对他人造成的人身损害和财产损失等。但是，是否包括对机动车所有人、管理人的损害以及是否包括涉及机动车本身的财产损失，法律没有作出排除性规定。但是，考虑到本条之规范目的，我们认为将本条规定的损害限定在对机动车所有人、管理人之外的他人造成的人身损害和财产损失比较合适。对机动车所有人、管理人的损害包括涉及机动车本身的财产损失，可以按照一般侵权行为处理，适用《民法典》第1165条及相关条文的规定确定损害赔偿责任。

三、机动车所有人、管理人的过错责任

依据本条的规定，机动车所有人、管理人有过错的承担相应的赔偿责任。这里的“相应”是指与其过错大小和程度相适应。在此等案件中，所有人、管理人的过错通常是遗忘机动车的启动钥匙、未关严机动车车门、将机动车停放在不宜停放的地方等。机动车的所有人、管理人对机动车存在管理上的过失，其没有达到作为一个“理性人”的所有人、管理人的注意程度。

但是，比较机动车所有人、管理人的过失，行为人未经允许驾驶他人机动车发生交通事故造成损害所具有的过错要严重得多。因此，机动车使用人应当对属于机动车一方的责任负全责，机动车所有人、管理人仅承担相应的责任。这个相应的责任可以是较小份额的按份责任，也可以与使用人应当承担的全部责任构成不真正连带责任：就该部分“相应责任”，被侵权人可以向机动车所有人、管理人请求，也可以向机动车使用人请求承担全部赔偿责任。如果已经向机动车所有人、管理人请求，则应在对使用人的损害赔偿请求中扣除该“相应”部分；如果已经向使用人主张全部损害赔偿，则不能再向机动车所有人、管理人主张该部分“相应”的损害赔偿。机动车使用人与所有人、管理人之间不发生追偿关系。

【关联规定】

《最高人民法院关于审理道路交通事故损害赔偿案件适用法律若干问题的解释》

第二条　未经允许驾驶他人机动车发生交通事故造成损害，当事人依照侵权责任法第四十九条的规定请求由机动车驾驶人承担赔偿责任的，人民法院应予支持。机动车所有人或者管理人有过错的，承担相应的赔偿责任，但具有侵权责任法第五十二条规定情形的除外。

第一千二百一十三条　【交通事故侵权救济来源的支付顺序】机动车发生交通事故造成损害，属于该机动车一方责任的，先由承保机动车强制保险的保险人在强制保险责任限额范围内予以赔偿；不足部分，由承保机动车商业保险的保险人按照保险合同的约定予以赔偿；仍然不足或者没有投保机动车商业保险的，由侵权人赔偿。

【条文主旨】

本条是关于机动车交通事故责任案件中赔偿责任承担顺序的规定。

【核心概念】

机动车交通事故第三者责任商业保险

机动车交通事故第三者责任商业保险，简称“商业三者险”，是指被保险人或其允许的驾驶人员在使用保险车辆过程中发生意外事故，致使第三者遭受人身伤亡或财产直接损毁，依法应当由被保险人一方承担赔偿责任的情况下，由承保商业三者险的保险公司在约定限额内负责赔偿的一个自愿购买的商业性质责任保险险种。在法律性质上，其具有自愿性、补充性等特征，其所保险的是被保险人或者其允许的驾驶人员在使用保险车辆过程中发生意外事故产生的损害赔偿责任，用以补充交强险赔偿的不足部分。商业三者险每次事故的最高赔偿限额是保险人计算保险费的依据，同时也是保险人承担商业三者险每次事故赔偿金额的最高限额，一般由投保人和保险人在签订保险合同时按 5 万元、10 万元、20 万元、50 万元、100 万元和 100 万元以上不超过 1000 万元的档次协商确定。

【理解与适用】

一、机动车交通事故责任案件中赔偿责任的承担顺序

依据本条和相关司法解释规定，机动车发生交通事故造成损害，属于机动车一方责任的，首先，由交强险的保险人在强制保险责任限额范围内予以赔偿；其次，不足部分，由机动车交通事故责任商业三者险的保险人在约定的额度范围内予以赔偿；最后，如果仍然有不足部分，则由依法应当承担损害赔偿责任的侵权人赔偿。

二、违法不投保交强险的责任

《机动车交通事故责任强制保险条例》第 2 条第 1 款规定："在中华人民共和国境内道路上行驶的机动车的所有人或者管理人，应当依照《中华人民共和国道路交通安全法》的规定投保机动车交通事故责任强制保险。"机动车的所有人、管理人违反此等规定不投保交强险的，除应当依法承担其他法律责任外，在机动车交通事故责任案件中，应先承担交强险应当赔偿的部分的赔偿责任。

【关联规定】

《最高人民法院关于审理道路交通事故损害赔偿案件适用法律若干问题的解释》

第十六条 同时投保机动车第三者责任强制保险（以下简称"交强险"）和第三者责任商业保险（以下简称"商业三者险"）的机动车发生交通事故造成损害，当事人同时起诉侵权人和保险公司的，人民法院应当按照下列规则确定赔偿责任：

（一）先由承保交强险的保险公司在责任限额范围内予以赔偿；

（二）不足部分，由承保商业三者险的保险公司根据保险合同予以赔偿；

（三）仍有不足的，依照道路交通安全法和侵权责任法的相关规定由侵权人予以赔偿。

被侵权人或者其近亲属请求承保交强险的保险公司优先赔偿精神损害的，人民法院应予支持。

第十七条 投保人允许的驾驶人驾驶机动车致使投保人遭受损害，当事人请求承保交强险的保险公司在责任限额范围内予以赔偿的，人民法院应予支持，但投保人为本车上人员的除外。

第一千二百一十四条　【拼装车、报废车交通事故责任】 以买卖或者其他方式转让拼装或者已经达到报废标准的机动车，发生交通事故造成损害的，由转让人和受让人承担连带责任。

【条文主旨】

本条是关于转让拼装或者已经达到报废标准的机动车发生交通事故造成损害，承担侵权责任的规定。

【核心概念】

拼装机动车

拼装机动车是指违反国家关于生产机动车方面的有关规定，私自拼凑零部件装配的机动车。

报废机动车

报废机动车是指已经达到报废标准的机动车。国家对达到报废标准的机动车实施强制报废。

【理解与适用】

一、拼装机动车、已经达到报废标准的机动车及其管理制度

（一）拼装机动车及其管理制度

《道路交通安全法》第16条规定：“任何单位或者个人不得有下列行为：（一）拼装机动车或者擅自改变机动车已登记的结构、构造或者特征；（二）改变机动车型号、发动机号、车架号或者车辆识别代号；（三）伪造、变造或者使用伪造、变造的机动车登记证书、号牌、行驶证、检验合格标志、保险标志；（四）使用其他机动车的登记证书、号牌、行驶证、检验合格标志、保险标志。”

凡发动机、底盘或外壳任何一种不属同一厂牌者，均称拼装车。拼装机动车一般都存在质量差、成本高、大多不符合安全检验及运行技术标准的问题，有的还会因装配技术问题造成事故。因此，拼装机动车依法不得上路运行。《道路交通安全法》第100条第1款规定：“驾驶拼装的机动车

或者已达到报废标准的机动车上道路行驶的，公安机关交通管理部门应当予以收缴，强制报废。”

（二）已经达到报废标准的机动车及其管理制度

已经达到报废标准的机动车是指：（1）达到规定使用年限的机动车；（2）经修理和调整仍不符合机动车安全技术国家标准对在用车有关要求的；（3）经修理和调整或者采用控制技术后，向大气排放污染物或者噪声仍不符合国家标准对在用车有关要求的；（4）在检验有效期届满后连续3个机动车检验周期内未取得机动车检验合格标志的。

《机动车强制报废标准规定》第2条规定：“根据机动车使用和安全技术、排放检验状况，国家对达到报废标准的机动车实施强制报废。”

二、转让人和受让人对相关损害承担连带赔偿责任

依据本条规定，以买卖等方式转让拼装或者已达到报废标准的机动车，发生交通事故造成损害的，由转让人和受让人承担连带责任。《交通事故损害赔偿司法解释》第6条进一步明确，此类车辆被多次转让的，由所有的转让人和受让人承担连带责任。法律规定如此严格的责任承担方式，是因为转让人和受让人违反了国家的禁止性规定，属于违法行为。

“第三人”是指转让人和受让人以外的第三人，但是否包括发生交通事故时的车上人员？交强险的赔偿对象不包括车上人员和被保险人。另外，如果受让人本人是驾驶员，则受让人不应被包括在内；如果实际驾驶人不是受让人，则应视其主观上是否明知该机动车是拼装的或应报废的情况而定：如果知悉，则适用过错相抵规则；反之，受让人和转让人应当承担连带责任。

需要注意的是本条规定的转让人与受让人的连带责任与交强险的关系问题。拼装车或应报废车依法不得上路，原则上其不具有投保资格。但是，如果是在投保之后拼装或应报废的，出于保护受害人的立法精神考量，笔者认为交强险承保公司仍然应当在限额范围内先予垫付抢救费用，其垫付后可向转让人与受让人追偿。另外，由于驾驶拼装车或应报废车上路这一行为本身就是严重的违法行为，因此原则上无需再考虑机动车一方的过错问题，而应该直接认定为具有过错。

【关联规定】

《侵权责任法》（2021年1月1日废止）

第五十一条 以买卖等方式转让拼装或者已达到报废标准的机动车，发生交通事故造成损害的，由转让人和受让人承担连带责任。

《最高人民法院关于审理道路交通事故损害赔偿案件适用法律若干问题的解释》

第六条 拼装车、已达到报废标准的机动车或者依法禁止行驶的其他机动车被多次转让，并发生交通事故造成损害，当事人请求由所有的转让人和受让人承担连带责任的，人民法院应予支持。

第一千二百一十五条 【盗抢机动车交通事故责任】 盗窃、抢劫或者抢夺的机动车发生交通事故造成损害的，由盗窃人、抢劫人或者抢夺人承担赔偿责任。盗窃人、抢劫人或者抢夺人与机动车使用人不是同一人，发生交通事故造成损害，属于该机动车一方责任的，由盗窃人、抢劫人或者抢夺人与机动车使用人承担连带责任。

保险人在机动车强制保险责任限额范围内垫付抢救费用的，有权向交通事故责任人追偿。

【条文主旨】

本条有两款。第 1 款是关于盗窃、抢劫或者抢夺的机动车发生交通事故造成损害赔偿责任的规定。第 2 款是关于承保交强险的保险公司垫付抢救费用及其追偿权的规定。

【核心概念】

作为机动车一方的盗窃者、抢劫者、抢夺者

盗窃、抢劫、抢夺他人机动车，盗窃者、抢劫者、抢夺者取得对机动车的实际控制和使用，在发生交通事故时，此等盗窃者、抢劫者、抢夺者作为“机动车一方”的使用人，对交通事故承担侵权责任。

【理解与适用】

一、盗窃人、抢劫人或者抢夺人承担赔偿责任

（一）责任依据

盗窃、抢劫或者抢夺机动车属于犯罪行为，盗窃人、抢劫人或者抢夺

人应当依法承担刑事责任。对此，《刑法》第263条、第264条和第267条作出了明确规定。盗窃、抢劫或者抢夺他人机动车，除应当依法承担刑事责任外，还负有返还机动车，赔偿被害人人身、财产损失等民事责任。

盗窃人、抢劫人或者抢夺人使用盗窃、抢劫或者抢夺来的机动车发生交通事故造成损害的，其对被侵权人承担赔偿责任。“一个窃贼永远是保有者。”① 机动车被盗窃、抢劫或抢夺以后，机动车的所有人或者管理人失去监管、支配机动车的能力，因而机动车产生的危险责任也应由盗窃者、抢劫者或抢夺者承担。这是绝大部分欧洲国家法律制度的观点。②《最高人民法院关于被盗机动车辆肇事后由谁承担损害赔偿责任问题的批复》规定：“使用盗窃的机动车辆肇事，造成被害人物质损失的，肇事人应当依法承担损害赔偿责任，被盗机动车辆的所有人不承担损害赔偿责任。”《民法典》第1215条承继《侵权责任法》第52条，规定盗窃人、抢劫人或者抢夺人使用盗窃、抢劫或者抢夺来的机动车发生交通事故造成损害的，对被侵权人承担赔偿责任。

（二）适用条件

需要指出的是，尽管法律条文没有写明适用本条需要符合“属于机动车一方的责任”，但笔者认为这一要件对于盗窃人、抢劫人或者抢夺人承担赔偿责任也是必要的。如果发生事故不属于机动车一方的责任，尽管盗窃人、抢劫人或者抢夺人使用盗窃、抢劫或者抢夺来的机动车，使用过程中也发生了交通事故，但是不承担赔偿责任。

（三）所有人、管理人过错

笔者认为，尚需要考虑机动车所有人、管理人是否尽到妥善保管的注意义务，即其对机动车的被盗或者被抢劫、抢夺有无过错。例如，车主忘记关车门或把钥匙忘在车上，使他人有机可乘。如果机动车的所有人、管理人有过错，则应当依据《民法典》第1165条第1款的规定承担其过错限度内的赔偿责任。这应当属于补充责任（忘关车门、遗忘钥匙等行为似乎不应在盗窃、抢劫、抢夺等情形下承担补充责任）。另外，机动车被盗或被抢后，所有人、管理人应当及时报警、报失，以便警方能够及时控制局面，减少可能造成的损失，否则应当承担相应的补充责任。这是对物之

---

① ［德］克雷斯蒂安·冯·巴尔：《欧洲比较侵权行为法》（上册），张新宝译，法律出版社2001年版，第281页。

② 参见卢森堡上诉法院1950年6月4日之判决，载Pas. luxemb. 15（1950—1953），第89页；法国最高法院综合审判庭1941年12月2日之判决，载D. C. 1942，25。

所有权人所要求的社会责任。如果没有及时报警、报失，则缺乏公示性，在具体案件中也很难举证机动车被盗窃、抢劫或抢夺以免责。

二、使用人与盗窃人、抢劫人或者抢夺人的连带责任

（一）关于连带责任的规定

机动车被盗窃、抢劫或者抢夺后，其所有人、管理人失去对机动车的控制，盗窃人、抢劫人或者抢夺人取得对机动车的实际控制。其后，被盗窃、抢劫或者抢夺的机动车可能由盗窃人、抢劫人或者抢夺人使用，也可能由其他人使用。其他人使用被盗窃、抢劫或者抢夺的机动车，可能是盗窃人、抢劫人或者抢夺人同意的，也可能未经其同意。无论是否经过其同意，此等机动车发生交通事故造成损害的，属于机动车一方责任的，法律规定由盗窃人、抢劫人或者抢夺人与机动车使用人承担连带责任。

（二）关于本条规定的连带责任的排斥条款

本条规定的上述责任规则，排斥《民法典》第1209条（关于租赁、借用等情形发生交通事故造成损害的责任）、第1211条（关于挂靠情形发生交通事故造成损害的责任）以及第1212条（关于未经允许驾驶他人机动车发生交通事故造成损害的责任）之适用。凡是使用盗窃、抢劫或者抢夺的机动车发生交通事故造成损害，属于机动车一方责任的，使用人与盗窃人、抢劫人或者抢夺人承担连带责任。（这似乎与上述所有人、管理人的过错补充责任存在一定矛盾。）

三、交强险保险公司垫付抢救费及其追偿权

（一）垫付义务

因犯罪行为以及犯罪相关行为造成的损害，不应通过保险来分散损失转嫁给所有投保人。但是，为了保护被侵权人的利益，特别是保障遭受人身损害的被侵权人及时得到救治，本条第2款规定了交强险保险公司垫付抢救费用的义务。按照《机动车交通事故责任强制保险条例》第31条第1款和第33条的规定，因抢救受伤人员需要保险公司支付或者垫付抢救费用的，保险公司在接到公安机关交通管理部门通知后，经核对应当及时向医疗机构支付或者垫付抢救费用。保险公司垫付抢救费用，需要向有关部门、医疗机构核实有关情况的，有关部门、医疗机构应当予以配合。

（二）追偿权

依据本条第2款规定，保险公司在机动车强制保险责任限额范围内垫付抢救费用的，有权向交通事故责任人追偿。交通事故责任人可以是盗窃人、抢劫人或者抢夺人，也可以是机动车的实际使用人（连带责任）。

【关联规定】

《侵权责任法》（2021 年 1 月 1 日废止）

第五十二条 盗窃、抢劫或者抢夺的机动车发生交通事故造成损害的，由盗窃人、抢劫人或者抢夺人承担赔偿责任。保险公司在机动车强制保险责任限额范围内垫付抢救费用的，有权向交通事故责任人追偿。

《机动车交通事故责任强制保险条例》

第三十一条第一款 保险公司可以向被保险人赔偿保险金，也可以直接向受害人赔偿保险金。但是，因抢救受伤人员需要保险公司支付或者垫付抢救费用的，保险公司在接到公安机关交通管理部门通知后，经核对应当及时向医疗机构支付或者垫付抢救费用。

第三十三条 保险公司赔偿保险金或者垫付抢救费用，救助基金管理机构垫付抢救费用，需要向有关部门、医疗机构核实有关情况的，有关部门、医疗机构应当予以配合。

第一千二百一十六条 【驾驶人逃逸责任承担规则】 机动车驾驶人发生交通事故后逃逸，该机动车参加强制保险的，由保险人在机动车强制保险责任限额范围内予以赔偿；机动车不明、该机动车未参加强制保险或者抢救费用超过机动车强制保险责任限额，需要支付被侵权人人身伤亡的抢救、丧葬等费用的，由道路交通事故社会救助基金垫付。道路交通事故社会救助基金垫付后，其管理机构有权向交通事故责任人追偿。

【条文主旨】

本条是关于逃逸情况下承保交强险的保险公司在责任限额范围内承担赔偿责任，以及道路交通事故社会救助基金在特定情况下垫付与追偿的规定。

【核心概念】

道路交通事故社会救助基金

《道路交通安全法》第 17 条规定，国家设立道路交通事故社会救助基金。《道路交通事故社会救助基金管理试行办法》第 2 条第 2 款规定，道路交通事故社会救助基金，是指依法筹集用于垫付机动车道路交通事故中受害人人身伤亡的丧葬费用、部分或者全部抢救费用的社会专项基金。

【理解与适用】

一、逃逸情况下交强险保险公司在责任限额内的赔偿责任

（一）机动车驾驶人发生交通事故后逃逸

机动车驾驶人发生交通事故后逃逸属于违法犯罪行为。一经查获，逃逸者应当承担相应的行政和刑事法律责任。《道路交通安全法》第 101 条第 2 款规定，造成交通事故后逃逸的，由公安机关交通管理部门吊销机动车驾驶证，且终生不得重新取得机动车驾驶证。

构成本条规定的“机动车驾驶人发生交通事故后逃逸”，需要符合以下要件：（1）发生了机动车事故，造成他人损害；（2）机动车驾驶人故意逃离事故现场。

（二）交强险保险公司的赔偿责任

依据本条的规定，在机动车驾驶人发生交通事故后逃逸的情况下，该机动车参加强制保险的，由保险公司在机动车强制保险责任限额范围内予以赔偿。这里需要注意的是：（1）此等情况下承保交强险的保险公司之所以承担该机动车强制保险责任限额范围内的赔偿责任，是因为该机动车参与了交强险。所谓“逃逸”是指机动车驾驶人在发生交通事故后逃逸，而发生交通事故的机动车以及该机动车的所有人、管理人是明确的，不同于本条后半段规定的“机动车不明”的情况。（2）承保交强险的保险公司仅在该机动车强制保险责任限额范围内承担赔偿责任，对于超出部分的损害不承担赔偿责任。

二、道路交通事故社会救助基金特定情况下的垫付与追偿

（一）道路交通事故社会救助基金概述

我国建立道路交通事故社会救助基金制度，从而能对被侵权人的权益进行更好的保护。被侵权人在以下几种情况下可能得不到足够的救济：被侵权人所受的损害超过交强险的赔偿范围；肇事者逃逸无法找到；肇事者没有投保交强险并没有足够的赔偿能力等。在国家设立道路交通事故社会救助基金之后，这些问题能得到较好的解决。建立道路交通事故社会救助基金也是对机动车交强险的有力保障。

依据《道路交通安全法》第 98 条第 2 款的规定，道路交通事故社会

救助基金的资金来源一部分是对于未投保机动车交强险的机动车所有人或管理人的罚款。省级人民政府应当设立救助基金。救助基金主管部门及省级以下救助基金管理级次由省级人民政府确定。

《机动车交通事故责任强制保险条例》第25条对救助基金的来源作了比较详细的规定，包括：（1）按照机动车交强险的保险费的一定比例提取的资金；（2）对未按照规定投保机动车交强险的机动车的所有人、管理人的罚款；（3）救助基金管理机构依法向道路交通事故责任人追偿的资金；（4）救助基金孳息；（5）其他资金。《道路交通事故社会救助基金管理试行办法》第6条规定，救助基金的来源包括：（1）按照机动车交通事故责任强制保险的保险费的一定比例提取的资金；（2）地方政府按照保险公司经营交强险缴纳营业税数额给予的财政补助；（3）对未按照规定投保交强险的机动车的所有人、管理人的罚款；（4）救助基金孳息；（5）救助基金管理机构依法向机动车道路交通事故责任人追偿的资金；（6）社会捐款；（7）其他资金。

《道路交通事故社会救助基金管理试行办法》第12条第1款规定，有下列情形之一时，救助基金垫付道路交通事故中受害人人身伤亡的丧葬费用、部分或者全部抢救费用：（1）抢救费用超过交强险责任限额的；（2）肇事机动车未参加交强险的；（3）机动车肇事后逃逸的。

（二）道路交通事故社会救助基金的垫付与追偿

1. 道路交通事故社会救助基金的垫付

在以下三种情形，道路交通事故社会救助基金应当进行垫付：肇事机动车不明；肇事的机动车没有参加机动车交强险；抢救费用超出了交强险的限额。肇事机动车不明，是指无法查明肇事机动车的情况。

垫付的范围包括被侵权人人身伤亡的抢救费用、丧葬费用等。抢救费用属于紧急情况下发生的医疗费用，不包括后续治疗费用、康复费用等。丧葬费用的标准和数额按照《民法典》第1181条以及有关司法解释的规定确定。

2. 道路交通事故社会救助基金的追偿

道路交通事故社会救助基金的管理机构在先行垫付抢救费用后，取得对交通事故实际责任人的追偿权，这种追偿权类似于保险法上的代位求偿权。[①] 道路交通事故社会救助基金管理机构的追偿权应当以其实际

① 代位求偿权也可称为代位追偿权，是指财产保险中保险人赔偿被保险人的损失后，可以取得在其赔付保险金的限度内，要求被保险人转让其对第三人享有的追偿的权利。

支出的费用为限，不得超出其支付范围追偿。如果管理机构追偿获得的赔偿金超过其实际支出的范围，应当将超出部分返还给被侵权人，因为被侵权人的损害赔偿请求权还存在，只是应当减掉道路交通事故社会救助基金已支出的部分。如果侵权人将抢救费用等相关费用全部付给了被侵权人，那么管理机构有权要求被侵权人返还其先行垫付的抢救费用等费用。①

【关联规定】

《侵权责任法》（2021年1月1日废止）

第五十三条　机动车驾驶人发生交通事故后逃逸，该机动车参加强制保险的，由保险公司在机动车强制保险责任限额范围内予以赔偿；机动车不明或者该机动车未参加强制保险，需要支付被侵权人人身伤亡的抢救、丧葬等费用的，由道路交通事故社会救助基金垫付。道路交通事故社会救助基金垫付后，其管理机构有权向交通事故责任人追偿。

第一千二百一十七条　【好意同乘规则】非营运机动车发生交通事故造成无偿搭乘人损害，属于该机动车一方责任的，应当减轻其赔偿责任，但是机动车使用人有故意或者重大过失的除外。

【条文主旨】

本条是关于无偿搭乘情况下减轻机动车使用人责任的规定。

【核心概念】

“好意同乘”

“好意同乘”是指非营利机动车的所有人、管理人或者使用人无偿许可他人搭乘机动车，为无对价的恩惠行为。

① 参见扈纪华主编：《中华人民共和国道路交通安全法释义》，中国法制出版社2003年版，第160页。

【理解与适用】

一、无偿搭乘减轻责任规则的基本内容

1. 无对价行为人的注意程度

无偿搭乘也称为“好意同乘”，本质上是机动车使用人给搭乘人提供的一种具体、免费、便利的恩惠行为。民法上的恩惠行为不存在对价：一方给予对方恩惠，对方不支付报酬或者价款。因此，恩惠行为也被认为是无对价的行为。讨论有无对价的意义在于确定施惠一方对接受恩惠一方应当达到的注意程度。一般认为，实施具有对价的行为或者在具有对价的民事法律关系中，行为人对相对人应当达到较高的注意程度，如达到一个理性人应当达到的注意程度；否则，将会被认定为是有过错的。相反，在实施没有对价的行为或者在没有对价的民事法律关系中，行为人的注意程度要相对低一些，对相对人的人身、财产安全的注意只需要达到如同对行为人自己的人身、财产安全的注意程度即可。本条确定的责任规则，是以无对价行为的注意标准为理论基础的：由于无偿搭乘没有对价，因此在发生交通事故造成无偿搭乘人损害时，机动车使用人（施惠人）承担的责任应当减轻。

2. 本条的适用条件与适用效果

（1）非营运机动车

本条仅适用于非营运机动车。凡是从事营运的机动车以及实际上收费（有对价）的机动车发生的相关损害，不适用本条的规定。实践中，在电商平台（如“滴滴出行”）营运的机动车等不宜认定为“非营运机动车”，因为滴滴公司的营运活动并非真正意义上的非营运活动而是属于营运活动。登记在“滴滴出行”等电商平台从事所谓“顺风车”搭乘活动的机动车使用者往往也是职业性或者半职业性的营运者。“营运”与“非营运”可以以实际收费（或者类似的对价）作为判断标准。分摊汽油费、过路费等，也属于实际收费。

（2）发生交通事故造成无偿搭乘人损害

本条适用于发生交通事故造成无偿搭乘人损害的情况。如果不存在无偿搭乘人或者无偿搭乘人没有受到损害而是其他人（如行人、非机动车一方）受到损害，则不适用本条的规定。

（3）发生交通事故属于机动车一方的责任

只有在发生交通事故属于机动车一方责任的情况下，才适用本条的规定减轻机动车使用人的责任。如果事故不属于机动车一方的责任而属

于其他主体如碰撞的对方机动车一方的责任、非机动车或者行人的责任等，机动车一方没有责任，自然也就不存在减轻责任的问题。是否属于机动车一方的责任，依据《民法典》《道路交通安全法》等法律法规的规定进行判断。需要注意的是，在机动车一方对非机动车、行人一方承担无过错责任的情形下，该无过错责任并不扩展到无对价搭乘人的损害。

在符合上述条件的情况下，适用本条规定达到减轻机动车使用人侵权责任的效果。减轻的程度根据案件的具体情况确定。在被侵权人（无偿搭乘人）也有过错的情况下，还应当依据《民法典》第1173条等条文的规定，进一步减轻机动车使用人的责任。

二、机动车使用人故意或者重大过失的除外规定

机动车使用人因故意或者重大过失造成本条所规范的损害时，不能减轻机动车使用人的赔偿责任。民法的基本价值要求是任何情况下都不得故意侵害他人的民事权益，也不得对他人的民事权益极端无视或忽视。即使在施惠于他人的情况下，对受惠人的安全注意可以有所降低，但是此等施惠行为并不赋予施惠人故意侵害受惠人或者极端无视或忽视受惠人安全和利益的权利。基于此等价值要求，机动车使用人存在故意或者重大过失的，不减轻其赔偿责任。

此外，实践中商业保险公司向机动车的所有人、管理人出售“车上成员险”。在发生本条所规范的无偿搭乘人人身损害时，承保此等责任险的保险公司应当依保险合同条款的约定进行赔付。

案例分析

钱甲、钱乙等诉李某、茅某等好意同乘机动车交通事故责任纠纷案[①]

【案件基本事实】

2016年1月27日，王某等人免费搭乘被告茅某驾驶的苏A号小型普通客车由江苏省南京市前往安徽省天长市。当日11时25分许，被告李某驾驶皖B号小型客车沿安徽省天长市天丰路由北向南行驶，途经职教大道

① 参见江苏省南京市玄武区人民法院（2016）苏0102民初1002号民事判决书。

与天丰路路口，与沿职教大道由西向东行驶的被告茅某驾驶的苏 A 号小型普通客车相撞，造成两车及道路设施损坏，苏 A 号小型普通客车乘坐人王某受伤后于当天抢救无效死亡以及其他同行乘客受伤。2016 年 2 月 17 日，天长市公安局交通管理大队出具《道路交通事故认定书》，认定李某负事故主要责任，茅某负事故次要责任。皖 B 号小型客车的车主是被告李某，李某为该车辆在被告太平洋保险滁州公司投保了交强险和商业三者险，商业三者险的限额为 50 万元，并投保了不计免赔险，本次事故发生在保险期限内。苏 A 号小型普通客车的车主系被告金纪公司。茅某系金纪公司的法定代表人，金纪公司将苏 A 号小型普通客车交由茅某实际使用。原告钱甲、钱乙分别系王某的丈夫、儿子，现向法院提起诉讼，请求判令被告李某、太平洋保险滁州公司、茅某、金纪公司连带赔偿两原告交通费 1680 元、住宿费 798 元、精神损害抚慰金 50000 元、死亡赔偿金 583882 元、丧葬费 30891.5 元、处理丧事的误工费 3560 元。

【争议焦点】

王某无偿搭乘被告茅某所驾驶车辆的行为是否应减轻茅某的赔偿责任。

【法院判决】

江苏省南京市玄武区人民法院经审理认为：（1）被告李某与被告茅某驾驶车辆相撞，致茅某所驾驶车辆的乘坐人王某死亡，公安机关交通管理部门已对事故责任作出认定，双方对公安机关交通管理部门所作的责任划分均无异议，法院对公安机关交通管理部门的责任划分予以采纳。王某因交通事故死亡，原告钱甲、钱乙作为王某的第一顺序继承人，有权要求被告承担赔偿责任。（2）李某所驾驶的车辆在被告太平洋保险滁州公司投保了交强险，故太平洋保险滁州公司应首先在交强险保险限额内承担赔偿责任。超出该赔偿限额的部分，因李某负事故主要责任，茅某负事故次要责任，双方均系机动车驾驶人，故李某应承担 70% 的赔偿责任，茅某应承担 30% 的赔偿责任。对李某须承担的赔偿责任部分，因李某所驾驶的车辆在被告太平洋保险滁州公司投保了商业三者险，故对李某所应承担的赔偿责任，被告太平洋保险滁州公司应按商业三者险保险合同约定进行赔偿。超出太平洋保险滁州公司赔偿限额和赔偿范围的部分，由李某赔偿。对茅某须承担的赔偿责任部分，因茅某所驾驶车辆的车主系被告金纪公司，金纪公司同意与茅某承担连带赔偿责任，故金纪公司应与茅某承担连带赔偿责任。（3）关于是否应当减轻被告茅某的赔偿责任问题。好意同乘是指车辆供乘者不以牟利为目的邀请或者允许搭乘人搭乘车辆的行为。好意同乘是一种好意施惠行为，这种行为本身不是民事法律行为。驾驶人只是基于良好的道德风尚邀请或允许同乘人搭乘，属于一种情谊行为，驾驶人与同乘人并没有设定法律上的权利义务关系，应由道德规范来调整。好意同乘是我国社会乐于助人的良好社会道德风尚的具体体现，其核心要素是车辆供乘者不以牟利为目的，而是旨在为他人提供帮助。虽然好意同乘行为本身系一种不受法律调整的情谊行为，但搭乘者无偿或以较小成本乘坐他人车辆并不意味着其甘愿冒一切风险，车辆供乘人因邀请或允许他人搭乘的情谊行为而负有保障搭乘者人身和财产安全的安全注意义务。在好意同乘中发生交通事故，造成搭乘人损害的情形下，好意同乘行为就转变为侵权行为，车辆驾驶人应对其过错承担法律责任。要求驾驶人承担法律责任并不是否定助人为乐的良好动机，而是要求驾驶人尽到合理注意义务，保障搭乘人的安全。关于在好意同乘中发生交通事故构成侵权行为的情况下，是否可以适当减轻驾驶人责任的问题，法院认为，为体现司法对情谊行为的有限介入，鼓励助人为乐、相互帮助的施惠行为，应当对施惠者采取宽容的态度，正如《合同法》第 189 条、第 374 条、第 406 条对赠与人、无偿保管人、无偿受托人均采取宽容的态度一样，对驾驶人提供无偿搭乘情谊行为发生交通事故的，也应当酌情宽容、减轻其侵权赔偿责任。本案中，王某等人无偿搭乘茅某所驾驶的车辆而发生交通事故，应适当减轻茅某的赔偿责任，综合全案案情，法院认为本案中茅某责任的减轻比例以 5%为宜。

【法理分析】

本案属于机动车交通事故责任纠纷。车主一般都会为车辆投保交强险，且有可能为车辆投保商业三者险等其他机动车商业保险，因此在划分各被告的责任时，首先应当明确保险公司和侵权人承担赔偿责任的先后顺序。《民法典》第 1213 条规定："机动车发生交通事故造成损害，属于该机动车一方责任的，先由承保机动车强制保险的保险人在强制保险责任限额范围内予以赔偿；不足部分，由承保机动车商业保险的保险人按照保险合同的约定予以赔偿；仍然不足或者没有投保机动车商业保险的，由侵权人赔偿。"可见，侵权责任的承担在机动车交通事故责任中处于最后的顺位。本案中，被告李某应当承担的赔偿责任范围即超出交强险和商业三者险赔偿范围的部分。

好意同乘是指日常生活中基于友情或好意一方让另一方无偿搭乘机动

车的情形，是一种情谊行为。[①] 从情谊行为与民事法律行为之间的关系来看，情谊行为的当事人不具有受法律约束的意思，双方之间虽然存在事实上的意思表示一致，但是不能产生相应的合同上的义务，情谊行为的施惠人也不必因自己未履行承诺而承担违约责任。因此，一般认为，在好意同乘的施惠人和受惠人之间不存在相应的无偿客运合同，施惠人也不需要根据《民法典》第823条等的规定承担违约责任。[②]

不过，情谊行为虽然属于不具有法律意义的生活事实，但是在实施情谊行为的过程中，施惠人依然要尽到保护受惠人人身、财产安全的义务。在好意同乘关系中，施惠人依然有可能因侵权而对受惠人承担损害赔偿责任。由情谊行为转化而成的侵权行为与一般的侵权行为相比，前者具有无偿性、无私性等特点。好意同乘的施惠人本是出于好意，体现了助人为乐、相互帮助的良好社会道德风尚，法律应当对其采取较为宽容的态度。《民法典》第1217条规定："非营运机动车发生交通事故造成无偿搭乘人损害，属于该机动车一方责任的，应当减轻其赔偿责任，但是机动车使用人有故意或者重大过失的除外。"从该条文的规定中可以看出，好意同乘中机动车使用人的责任构成要件并未发生任何变化，只是当机动车使用人不存在故意或者重大过失时，其赔偿责任可以得到适当的减轻。一方面，这一规定未降低机动车使用人保护无偿搭乘人人身、财产安全的注意义务标准。原因在于，即使是好意施惠，情谊行为的当事人在履行保护义务的过程中也应当尽到一般理性人的注意义务。对他人生命身体健康的注意义务，不能因其为好意施惠而减轻，将其限于故意或重大过失。[③] 这也有利于引导机动车使用人在驾驶时尽到一般的注意义务，将好事做到底。另一方面，如果机动车使用人不慎造成交通事故，出于鼓励好意施惠者的考虑，法律在责任分担方面对机动车使用人可以采取较为宽容的态度，适当减轻其责任。这也有助于平衡机动车使用人与无偿搭乘人之间的利益关系，有利于促进人们之间友好的社会交往，构筑助人为乐、与人为善的良好社会氛围。本案中，王某等人无偿搭乘被告茅某所驾驶的车辆，双方之间构成好意同乘关系。根据公安机关交通管理部门作出的事故认定书，法院认定超出交强险赔偿限额的部分由被告李

---

① 程啸：《侵权责任法》（第2版），法律出版社2015年版，第497页。

② 参见王雷：《情谊行为、法外空间与民法对现实生活的介入》，载《法律科学（西北政法大学学报）》2014年第6期。

③ 王泽鉴：《债法原理》（第2版），北京大学出版社2013年版，第210～211页。

某承担70%的赔偿责任，茅某承担30%的赔偿责任。因王某等人无偿搭乘茅某所驾驶的车辆而发生交通事故，故应适当减轻茅某的赔偿责任。据此，法院最终判决被告茅某承担25%的赔偿责任，剩余5%的责任则由两原告自行承担。

（本案例由曹权之同学整理）

第六章　医疗损害责任

◎ 本章提要

本章是关于医疗损害责任的规定，共11个条文（第1218条至第1228条）。第1218条是关于医疗损害责任的一般规定。医疗损害责任属于专家责任、过错责任、医疗机构的侵权责任。第1219条至第1222条对医疗机构或者医务人员的责任作出了规定。第1223条是关于医疗产品责任的规定，在理解与适用上需要与第四章“产品责任”的规定以及《药品管理法》等法律法规的规定相联系作体系解释。第1224条是关于医疗损害责任特别抗辩事由的规定。第1225条是关于病历管理等的行为规范规定。第1226条是关于保护患者隐私权和个人信息的规定。第1227条是关于不得违反诊疗规范实施不必要检查的规定。第1228条是关于保护医疗机构和医务人员合法权益、禁止“医闹”的行为规范规定。整体来看，本章基本承继了《侵权责任法》第七章的规定，修改限于个别文字调整。

第一千二百一十八条　【医疗损害责任归责原则】患者在诊疗活动中受到损害，医疗机构或者其医务人员有过错的，由医疗机构承担赔偿责任。

【条文主旨】

本条是关于医疗损害责任的一般规定。

【核心概念】

医疗机构

医疗机构，是指取得了医疗机构执业许可证，从事疾病诊断、治疗活动的医院、卫生院、疗养院、门诊部、诊所、卫生所（室）以及急救站等。在我国，多数医疗机构为非营利性质的事业单位法人，也有少量营利性质的医疗机构。

【理解与适用】

一、医疗损害责任制度概述

自改革开放以来，我国医疗损害责任制度大致经历了三个历史时期：以国务院 1987 年出台的《医疗事故处理办法》（以下简称《办法》）为背景的限制受害患者民事权利、偏重保护医疗机构的时期，以自 2002 年起实施的《最高人民法院关于民事诉讼证据的若干规定》和 2002 年公布的《医疗事故处理条例》（以下简称《条例》）为起点的时期，和以明确加重医疗机构举证责任为主要标志的较为关注受害患者权益的时期。由于商业化和市场化的走向违背了医疗事业发展的基本规律，我国出现了医疗资源分布不均、医疗费用上涨较快、医患关系较紧张等各类问题，通过法学界和医学界的理性思考与广泛讨论，2009 年《侵权责任法》采用专章规定的形式对“医疗损害责任”进行了明确的规定，对于正确认识医疗损害责任及其构成要件、改善之前我国医疗损害赔偿案件在实际处理过程中存在的法律适用二元化的现象意义重大。2009 年《侵权责任法》的颁行，标志着我国医疗损害责任制度进入了平衡医患利益的第三个时期，有关医疗损害案件的法律适用、赔偿范围与标准以及举证责任等最终得到统一。这三个历史时期充分体现了我国法律理念的转变历程，以及在此基础上立法规范逐渐周延的过程。《民法典》侵权责任编基本上承继了《侵权责任法》的相关规定。

二、医疗损害与医疗损害责任

（一）医疗损害的概念与范围

医疗损害，是指患者在诊疗活动中因医疗机构或者医务人员的过错而遭受的损害。医疗损害既包括对患者生命、健康的损害（死亡、健康受到伤害），也包括对患者及其家属的财产损害，还应包括精神损害。对于患者的重大精神损害或者因行为人的故意、严重过失所引起的精神损害，应当列入损害后果，并给予民法上的救济。这样，既有利于保护受害人，也有利于促进医疗机构及医务人员谨慎行医。

在医患关系中，单纯的财产权益纠纷如过度医疗产生的费用、医药费用的计算等问题，属于诊疗合同调整范围，不属于医疗损害以及相关的赔偿责任。

（二）医疗损害责任

医疗损害责任是指医疗机构或者医务人员在诊疗过程中因过失造成患者损害而应当承担的以损害赔偿为主要方式的侵权责任。大多数国家的侵权责任法并不单独规定医疗损害责任，因为这种责任是过错责任，可以通过过错责任的一般条款进行规范。细节方面，则有赖于相关医事法规的规定。有些国家如法国，将医疗损害责任完全纳入诊疗合同的调整范围，医疗损害赔偿不属于侵权责任法的调整范围。我国将医疗损害责任这种过错责任纳入《民法典》侵权责任编，具有立法模式上的创新性。

三、过错责任

依据本条规定，患者在诊疗活动中受到损害，医疗机构或者医务人员有过错的，由医疗机构承担赔偿责任。可见，在我国，医疗损害责任是过错责任而非无过错责任。从本章的整体看，除第1222条规定了“推定”外，医疗损害责任作为过错责任原则上属于一般过错责任，即责任之构成以医疗机构或者医务人员有过错为要件，这一过错需要被侵权人进行举证和证明。本条规定的“过错”一般应理解为过失而不包括故意。

从主体上看，医疗损害责任的过错包括两种：医疗机构的过错和医务人员的过错。只要具备其中一种过错，就认为医疗机构有过错。

本章对医疗机构或者医务人员的具体过错形态进行了规定，包括：（1）违反告知同意义务的过错；（2）未尽到与当时的医疗水平相当的诊疗义务的过错；（3）违反有关规定以及病历处置方面的过错。

本章也规定了医疗产品责任（第1223条），适用无过错责任原则。严格意义上，医疗产品责任不是医疗损害责任，而是产品责任。法律在立法上作此等安排，是出于对医疗有关的侵权责任进行整体集中规定之便利性考虑。

四、医疗机构的责任

虽然在医疗损害责任中，实施侵权行为的主体可以是医疗机构及其医务人员，但医疗损害责任的承担主体通常被限定为医疗机构，一般不包括医务人员。日常生活中，医疗损害案件的直接侵权行为人往往是医务人员，然而医疗机构与医务人员之间通常存在劳动合同关系。同时，医疗机构在具体的医疗损害案件当中处于特定的带有支配性质的地位。因此，医疗损害的责任承担形式就表现为医疗机构对于医务人员所造成的损害承担替代责任。替代责任的特征具体表现为侵权行为人与责任人的分离，而在这种情形下，医疗机构不得以“无选任不当之过错”或“已尽监督职责”为由推卸医疗损害的赔偿责任。医疗机构对其医务人员的不当诊疗行为造成患者一方损害所承担的侵权责任，可以用雇主责任或者“代表人责任”来说明。

需要补充说明的是，由医疗机构对其医务人员造成的医疗损害承担直接的、全部的侵权损害赔偿责任，具有较强的中国特色。在不少国家，医疗损害责任由医师自己承担，是典型的“专家责任”。之所以有这样的侵权责任制度，是因为在那些法域里，医疗关系被认为是医师与患者之间的医疗服务关系，而不是医疗机构与患者之间的合同关系。至于护士等辅助人员的行为，则被认为是雇员的行为。因为他们是医师的雇员，作为雇主的医师，对作为雇员的护士等辅助人员在执行诊疗任务的过程中给患者造成的损害，承担替代的赔偿责任。

【关联规定】

《医疗机构管理条例》

第二条　本条例适用于从事疾病诊断、治疗活动的医院、卫生院、疗养院、门诊部、诊所、卫生所（室）以及急救站等医疗机构。

《侵权责任法》（2021 年 1 月 1 日废止）

第五十四条　患者在诊疗活动中受到损害，医疗机构及其医务人员有过错的，由医疗机构承担赔偿责任。

第一千二百一十九条　【医疗机构说明义务与患者知情同意权】医务人员在诊疗活动中应当向患者说明病情和医疗措施。需要实施手术、特殊检查、特殊治疗的，医务人员应当及时向患者具体说明医疗风险、替代医疗方案等情况，并取得其明确同意；不能或者不宜向患者说明的，应当向患者的近亲属说明，并取得其明确同意。

医务人员未尽到前款义务，造成患者损害的，医疗机构应当承担赔偿责任。

【条文主旨】

本条有两款。第1款是关于告知同意义务内容的规定。第2款是关于未尽到告知同意义务造成损害应当承担侵权责任的规定。

【核心概念】

告知同意义务

告知同意（informed consent）义务，也称为说明同意义务，是指医务人员向患者或者患者近亲属说明病情和可能采取的医疗措施并在取得患者或其近亲属同意的情况下实施此等医疗措施的义务。这一义务包含两个方面的内容：一是告知（说明），即向患者或者其近亲属告知病情和可能采取的医疗措施；二是同意，即在告知的前提下，取得患者或其近亲属同意后方能采取相关的医疗措施。由于这一义务是法律直接规定的，因而属于法定义务而非诊疗合同约定的义务。

【理解与适用】

一、医务人员的告知同意义务

（一）告知同意义务概述

法律规定医务人员在诊疗活动中履行告知同意义务，一是为了满足患者知情权的要求，二是为了满足保护患者生命、身体和健康权的要求。患者有权了解与自己疾病及治疗有关的信息，有权对自己生命健康的重大事项特别是医疗措施的选择等作出决定。有人认为：医务人员的说明义务与患者的知情同意权相对应，该项义务主要是指医方为取得患者对医疗行为的同意，而对该诊疗行为的有关事项进行说明。[①] 告知（说明）的内容主要是诊疗过程中可能具有造成严重后果的风险，可能产生副作用、后遗症、并发症等的诊疗行为，因该行为可能影响身体机能甚至危及生命，故需要患者在了解病情、知晓风险的基础之上作出是否接受该诊疗行为的决定。

医务人员履行告知同意义务，一般是向患者说明病情和可能采取的医疗措施，取得患者对采取相关医疗措施的同意。如果患者为无民事行为能

---

① 参见王胜明主编：《中华人民共和国侵权责任法释义》，法律出版社2010年版，第282页。

力人或者限制民事行为能力人以及暂时丧失意识者，则应向其近亲属说明病情和可能采取的医疗措施，取得患者近亲属对采取相关医疗措施的同意。

（二）告知同意的具体内容

本条第1款规定：（1）医务人员在诊疗活动中应当向患者说明病情和医疗措施，如果此等医疗措施为通常采用的医疗措施，为医疗实践普遍采用且没有风险和副作用，原则上不必取得患者的明示同意；（2）需要实施手术、特殊检查、特殊治疗的，医务人员应当及时向患者具体说明医疗风险、替代医疗方案等情况，并取得其明确同意；（3）不能或者不宜向患者说明的，应当向患者的近亲属说明，并取得其明确同意。依据本条规定，"同意"的形式不拘泥于书面形式，但是要求其意思表示的内容是明确的。

二、未尽到告知同意义务造成损害的侵权责任

依据本条第2款的规定，医务人员未尽到告知同意义务造成患者损害的，医疗机构应当承担赔偿责任。

"未尽到"告知同意义务包括以下几种情况：（1）未向患者就病情和医疗措施作出任何说明；（2）尽管作出了说明，但是说明的内容不准确、不正确或者不充分、不具体，使得患者无法作出适当的选择、失去选择的机会或者只能基于有限的信息作出选择；（3）在需要取得患者明确同意的情况下，没有取得患者的明确同意就采取了具有较高风险，可能出现后遗症、并发症的医疗措施。

医疗机构依据本条第2款承担赔偿责任，要求造成了患者损害，而且未尽到告知同意义务的作为行为或者不作为行为与患者遭受的损害之间存在因果关系。法律条文中的"造成"二字，包含了对因果关系的要求。如果患者遭受的损害与不履行或者不适当履行告知同意义务没有因果关系，则医疗机构不依据本条承担赔偿责任。

【关联规定】

《侵权责任法》（2021年1月1日废止）

第五十五条　医务人员在诊疗活动中应当向患者说明病情和医疗措施。需要实施手术、特殊检查、特殊治疗的，医务人员应当及时向患者说明医疗风险、替代医疗方案等情况，并取得其书面同意；不宜向患者说明的，应当向患者的近亲属说明，并取得其书面同意。

医务人员未尽到前款义务，造成患者损害的，医疗机构应当承担赔偿责任。

第一千二百二十条　【紧急情况下实施的医疗措施】因抢救生命垂危的患者等紧急情况，不能取得患者或者其近亲属意见的，经医疗机构负责人或者授权的负责人批准，可以立即实施相应的医疗措施。

【条文主旨】

本条是关于例外不适用告知同意义务的规定。

【核心概念】

医疗紧急情况

医疗紧急情况，是指患者处于生命垂危等紧急情况。这样的紧急情况包含的要素是：（1）时间紧急，处于抢救状态，按照医学要求必须尽快采取相应的医疗措施；（2）病情严重，甚至达到生命垂危的程度。

【理解与适用】

一、例外不适用告知同意义务的条件

在医疗紧急情况下，如果患者尚有意识作出是否同意的表示，则应当取得其同意。在不能取得患者同意的情况下，如果能够取得患者近亲属的同意，也应取得其同意。只有在既不能取得患者同意又不能取得患者近亲属同意的情况下，才能适用本条的规定。不能取得近亲属意见的情形包括：（1）近亲属不明的；（2）不能及时联系到近亲属的；（3）近亲属拒绝发表意见的；（4）近亲属达不成一致意见的；（5）法律、法规规定的其他情形。

二、实施及其效果

（一）医疗机构负责人或者授权的负责人批准

医疗机构负责人通常是指医疗机构的院长等法定代表人。医疗机构授权的负责人一般指科室主任等负责人。卫生部于2010年1月22日印发的《病历书写基本规范》明确规定："为抢救患者，在法定代理人或被授权人无法及时签字的情况下，可由医疗机构负责人或者授权的负责人签字。"卫生部的文件赋予了医疗机构负责人在患者近亲属无法签字的情况下，以

抢救患者为目的，签字准许实施抢救措施，以避免在危及患者生命的紧急情况下，能决定患者生死的抢救行为不得不受制于不懂医学的患者家属的无奈情形发生。

（二）医疗机构不承担未履行告知同意义务的赔偿责任

在满足例外不适用告知同意义务的情况下，经过医疗机构负责人或者授权的负责人批准可以立即实施相应的医疗措施。如果其后发生医疗损害赔偿纠纷，患者及其近亲属不得以未尽到告知同意义务造成损害请求医疗机构承担相应的赔偿责任。本质上，本条规定起到免除医务人员履行告知同意义务，可以抗辩相关侵权责任的效果。

需要指出的是，本条没有给医疗机构设置必须“立即实施相应的医疗措施”的积极作为义务。在抢救生命垂危的患者等紧急情况下不能取得患者或者其近亲属意见，医疗机构是否通过医疗机构负责人或者授权的负责人批准立即实施相应的医疗措施，取决于医疗机构及其医务人员自主的专业判断。不实施相应的医疗措施，造成损害也不一定承担赔偿责任。是否承担赔偿责任，取决于是否尽到其他注意义务，特别是《民法典》第1221条规定的诊疗义务。

【关联规定】

《侵权责任法》（2021年1月1日废止）

第五十六条　因抢救生命垂危的患者等紧急情况，不能取得患者或者其近亲属意见的，经医疗机构负责人或者授权的负责人批准，可以立即实施相应的医疗措施。

第一千二百二十一条　【医务人员过错的医疗机构赔偿责任】医务人员在诊疗活动中未尽到与当时的医疗水平相应的诊疗义务，造成患者损害的，医疗机构应当承担赔偿责任。

【条文主旨】

本条是关于医务人员违反诊疗义务造成患者损害，医疗机构应当承担赔偿责任的规定。

【核心概念】

诊疗过失

诊疗过失也称为诊疗过错，是指医务人员在诊疗活动中未尽到与当时的医疗水平相应的诊疗义务。医疗损害为过错责任，大部分医疗损害案件都是由于医务人员的诊疗过失造成的。

【理解与适用】

一、“当时的医疗水平相应的诊疗义务”理解

（一）诊疗活动

医务人员对患者进行诊疗提供医疗服务，是基于诸多法律法规和规章制度提供的一种专业服务。医务人员进行诊疗活动，要遵循法律法规的要求、遵循规章制度的要求、遵循医疗行业惯例的要求、遵循告知同意内容的要求等。

患者与医疗机构之间存在医疗服务合同关系，但是此等合同不同于一般的合同：首先，由于知识和信息的不对称，患者与医疗机构之间不可能进行真正平等、自愿基础上的“议价”，合同的内容基本上是医疗机构一方决定。办理入院手续的过程，本来应该是一个协商诊疗合同条款的过程，但实际上是一个医疗机构开账单、患者一方付款的过程。对于诊疗的内容，几乎不会进行讨论。因此，法律法规等需要对此等合同进行规制，以确保其不偏离民法基本原则所要求的民事秩序，避免技术的任性与专制。其次，医疗服务合同作为专家服务合同之一种，不同于交付标的物的买卖合同，也不同于完成工作任务的承揽合同。提供医疗服务的一方要履行的是“手段债务”或者说“过程债务”。不能够要求诊疗活动必然达到治愈疾病、使得患者完全康复的结果，而只能要求医务人员和医疗机构在诊疗活动中遵循法律法规、行业规范等的要求，尽职尽责地完成每一个医疗行为。这就是医务人员在诊疗活动中尽到与当时的医疗水平相应的诊疗义务的要求。只要医务人员在诊疗活动中尽到了与当时的医疗水平相应的注意义务，就是适当履行了主给付义务，就没有过错，因而不承担违约责任和侵权责任。至于是否能够治愈或者是否完全达到患者一方的预期效果，不是判断医疗机构适当履行合同或者有无过错的标准。

（二）“当时”是指实施诊疗行为的时间

本条规定的“当时的医疗水平相应的诊疗义务”之“当时”，是指医

务人员实施医疗行为的时间，不是损害结果发生的时间，更不是争议发生的时间或者案件诉讼的时间。法律不可能要求医务人员使用未来的医学科学技术对患者进行诊疗，只能以其在实施诊疗行为时能够获得的知识和能够掌握的技术对患者进行诊疗。“当时”二字强调了在“当时”的条件下，医疗行为必须符合“当时”的诊疗水平，而不可以依事后更为发达的医学科学技术、更先进的诊疗水平去判断当时的诊疗行为是否符合注意义务。这体现了对医务人员的合理保护。

实施诊疗行为时如果存在多项医疗技术和措施，在满足告知同意义务要求的前提下，医务人员选择其中任何一项都应当被认为符合“当时”的要求。医务人员选择已经被淘汰的技术和措施则应当被认为不满足“当时”的要求；选择相对落后保守但是尚未被淘汰的技术和措施，是否被认为满足“当时”的要求，需要综合其他因素（如价格因素等）进行综合考虑。

（三）“当时的医疗水平”

1. 不承认地域差异和个体差别

法律用“当时”对医疗水平进行了界定，但是没有规定“当地”对医疗水平进行限定。尽管在《侵权责任法》以及《民法典》侵权责任编的起草过程中，不少人提出需要考虑“当地”因素甚至医务人员在专业知识、技术和技能上的差异，但是这样的意见没有被采纳。《民法典》第 1221 条完全继受了《侵权责任法》第 57 条的规定。这主要是考虑到：（1）医务人员（医师、护士等）的执业准入有国家的统一标准，并不因为不同的地域或者不同的人员而设置不同的标准。一个持证上岗的专家，需要符合专家的一切执业标准和行为要求，不因为年龄、经验不同而降低某些人的注意要求。（2）我国对医疗机构实行分级管理制度，不同类型和级别的医疗机构有权诊治的疾病是不一样的，如只有较高级别的医院（如三甲医院）才能实施某些高难度的复杂外科手术。

2. 医务人员“平均”医疗水平抑或社会预期的“合理”医疗水平

本条法律用“当时的医疗水平”作为医务人员和医疗机构过错的判断标准，与当时的医疗水平相应的诊疗义务就被认为是没有过错的；反之，则被认为是有过错的。这里的过错标准大致类似于英美法上的“理性人”（reasonable man）判断标准。但是，用理性人标准判断行为人有无过错，通常是对具体、个别人进行判断，不存在一个作为群体的侵权行为人，侵权行为人也是社会的一分子，社会“理性人”的注意义务也是该侵权行为人应当达到的注意义务。而在医疗损害案件中，对医务人员的过错判断则会遇到这样的问题：是以作为群体的医务人员“平均”的或者“一般”的医疗水平，还是以其服务的社会公众对医务人员所预期或者期待的合理医疗水平作为判断标准？

笔者以为，应当综合考虑以下几个方面，以确定“当时的医疗水平”所要求达到的注意义务要求：（1）应当达到法律、行政法规、部门规章、行业规范和惯例所确定的义务之要求。（2）应当达到同行医务人员“平均”的或者“一般”的医疗水平之注意程度，同行其他医务人员能想到、做到的，涉案的医务人员也应想到、做到。（3）社会预期或者期待的医疗水平与同行医务人员“平均”的或者“一般”的医疗水平原则上是一致的。不一致时，应当考察社会预期或者期待的医疗水平的合理性作出判断。如果此等预期或者期待是合理的，应当以此作为判断标准；如果不合理，则仍然以同行医务人员“平均”的或者“一般”的医疗水平作为判断标准。确定“当时的医疗水平”应当坚持以法律法规为基础、尊重同行医务人员“平均”的或者“一般”的医疗水平、参考社会的合理预期或者期待。

二、医务人员注意义务的具体内容与过错判断

（一）医务人员注意义务的具体内容

有学者认为，对于医务人员注意义务内容的概括包括两个方面：一是对医务人员注意义务的内容作出抽象性的概括，二是明确医务人员在每一项具体医疗行为中的注意义务。其中，医务人员具体的注意义务可分为一般注意义务和特殊注意义务。特殊注意义务包括：医疗过程中的说明义务、转医义务、问诊义务等。在医疗过失的判断标准上，医疗水准问题占据重要地位，除此之外，还需结合医疗行为的专门性、地域性、紧急性等因素作出判断。①

结合相关法律法规、部门规章，笔者认为，医务人员的注意义务具体还包括：第一，取得医师执业证书，按照注册的执业类别、执业范围执业；第二，遵守卫生法律法规、规章和技术操作规范；第三，对患者进行正确诊断的义务；第四，依据诊断结论加以适当治疗的义务；第五，对危急病人应采取紧急救助措施，不得拒绝治疗；第六，应当使用经批准使用的药品、消毒药剂和医疗器械；第七，转诊或转院的义务等。

也有学者认为，应该将医务人员的义务层次化，层次化的依据就是患者对医务人员的信赖程度。患者对医务人员的信赖分为两种：第一，医务人员作为专家，其总是在具有从事该行业的基本技术能力方面受到所有患者的信赖；第二，在第一种信赖的基础上，不同的患者对不同的医务人员

---

① 参见龚赛红：《医疗损害赔偿立法研究》，法律出版社 2001 年版，第 167 ~ 188 页。

的信赖程度有所不同，委以医务人员自由决定的领域也不同。基于第一种信赖，医疗者负有“基本的注意义务”；基于第二种信赖，医疗者负有“高度的注意义务”。在此基础上，将医务人员的义务类型化，分为基本注意义务与高度注意义务。基本注意义务又分为一般义务和特别义务；高度注意义务又可细分为两种。①

（二）过错判断

司法解释规定，对医疗机构及其医务人员的过错，应当依据法律、行政法规、规章以及其他有关诊疗规范进行认定，可以综合考虑患者病情的紧急程度、患者个体差异、当地的医疗水平、医疗机构与医务人员资质等因素。

有学者认为，医疗过失的判断标准包括客观标准和主观标准。客观标准是指医务人员通常的正当的技术水平及注意义务（美国称之为“医师成员平均、通常具备的技术”；日本则称之为“最善之注意义务或完全之注意义务”），运用客观标准需考虑的因素包括：医疗时的医疗水平（医疗水平不同于医学水平）、专科医务人员的技术水平、地区差异、紧急性、医疗尝试等。而主观标准是指需要考虑案件的实际情况、医疗机构及其医务人员的特殊情况；运用主观标准需考虑的因素包括：“最佳判断”法则、造成患者合理信赖的宣传、医师的裁量权、“派别性”理论等。②

笔者认为，在我国医疗损害责任案件中，判断医务人员的过错，应当从以下两个方面考虑：（1）如果没有达到法律、行政法规、部门规章、行业规范和惯例所确定的义务之要求，则被认为有过错；（2）如果没有达到同行医务人员“平均”的或者“一般”的医疗水平之注意程度，则被认为有过错。

三、医疗机构的过错责任

依据本条规定，医疗机构对患者的损害承担赔偿责任。医疗机构承担赔偿责任的构成要件包括：（1）医务人员的过错；（2）医务人员实施了有过错的诊疗行为；（3）患者遭受损害，主要是人身损害以及相关的财产损失；（4）医务人员有过错的诊疗行为与患者遭受的损害之间存在因果关系。患者应当对上述四个方面举证和证明。

---

① 参见程啸：《医疗事故纠纷中的医疗者义务》，载王利明主编：《民法典·侵权责任法研究》，人民法院出版社 2003 年版，第 393 ~ 399 页。

② 参见尹飞：《论医疗事故侵权责任中的过错》，载张新宝主编：《侵权法评论（第 2 辑）》，人民法院出版社 2004 年版，第 47 ~ 51 页。

【关联规定】

《侵权责任法》（2021年1月1日废止）

第五十七条 医务人员在诊疗活动中未尽到与当时的医疗水平相应的诊疗义务，造成患者损害的，医疗机构应当承担赔偿责任。

第一千二百二十二条 【医疗机构过错推定的情形】 患者在诊疗活动中受到损害，有下列情形之一的，推定医疗机构有过错：

（一）违反法律、行政法规、规章以及其他有关诊疗规范的规定；

（二）隐匿或者拒绝提供与纠纷有关的病历资料；

（三）遗失、伪造、篡改或者违法销毁病历资料。

【条文主旨】

本条是关于在三种特定情况下“推定”医疗机构过错的规定。

【核心概念】

病历资料

病历资料是指病历及相关资料。《医疗机构病历管理规定》第2条规定：“病历是指医务人员在医疗活动过程中形成的文字、符号、图表、影像、切片等资料的总和，包括门（急）诊病历和住院病历……”在规定的期限内保存病历，保持病历的完整性、准确性和真实性，在必要时及时提供病历，这些都是医疗机构的基本义务。《医疗机构病历管理规定》第14条规定：“医疗机构应当严格病历管理，任何人不得随意涂改病历，严禁伪造、隐匿、销毁、抢夺、窃取病历。”第29条规定：“门（急）诊病历由医疗机构保管的，保存时间自患者最后一次就诊之日起不少于15年；住院病历保存时间自患者最后一次住院出院之日起不少于30年。”违反这些法定义务，当然应当被认为有过错。

【理解与适用】

一、“推定”过错的规定

依据本条规定，患者在诊疗活动中受到损害，有以下三种情形之一的推定医疗机构有过错：一是违反法律、行政法规、规章以及其他有关诊疗规范的规定；二是隐匿或者拒绝提供与纠纷有关的病历资料；三是伪造、篡改或者违法销毁病历资料。《最高人民法院关于审理医疗损害责任纠纷案件适用法律若干问题的解释》第6条第2款规定，患者依法向人民法院申请医疗机构提交由其保管的与纠纷有关的病历资料等，医疗机构未在人民法院指定期限内提交的，人民法院可以推定医疗机构有过错，但是因不可抗力等客观原因无法提交的除外。

上述三种情形可以归为两个类型：（1）广义违法。包括违反法律、行政法规、规章以及其他有关诊疗规范的规定，还包括违法销毁病历资料。（2）病历资料相关。包括隐匿或者拒绝提供与纠纷有关的病历资料和伪造、篡改或者违法销毁病历资料。现代侵权责任法理论认为，行为违法可以直接认定行为人有过错，因为行为人知道或者应当知道广义的法律及其相关的义务要求。在知道或者应当知道自己的法定义务而不履行此等义务时，行为人当然有过错。

二、对本条“推定”过错的理解

对于本条规定的“推定”过错，学术界一般不认为是《侵权责任法》第6条第2款或者《民法典》第1165条第2款所规定的过错推定，而较倾向于认为属于判断（认定）过错的法定事项或标准：在出现本条规定的三种情况之一时，即可认定医疗机构有过错，而不必再采用其他方式或途径证明其过错。同时，这种“推定”或认定是不可反证的，也就是说，医疗机构不得以其他方式或途径来证明自己一方尽管违反了法律、行政法规或规章（或者尽管在病历处置上不当），也没有过错。如果一定要认为本条规定的“推定医疗机构有过错”也是一种过错推定，那么这样的推定就是一种不可反证的推定。

【关联规定】

《侵权责任法》（2021年1月1日废止）

第五十八条　患者有损害，因下列情形之一的，推定医疗机构有过错：

（一）违反法律、行政法规、规章以及其他有关诊疗规范的规定；

（二）隐匿或者拒绝提供与纠纷有关的病历资料；

（三）伪造、篡改或者销毁病历资料。

第一千二百二十三条　【因药品、消毒产品、医疗器械的缺陷或输入不合格的血液的侵权责任】因药品、消毒产品、医疗器械的缺陷，或者输入不合格的血液造成患者损害的，患者可以向药品上市许可持有人、生产者、血液提供机构请求赔偿，也可以向医疗机构请求赔偿。患者向医疗机构请求赔偿的，医疗机构赔偿后，有权向负有责任的药品上市许可持有人、生产者、血液提供机构追偿。

【条文主旨】

本条是关于药品、消毒药剂、医疗器械的缺陷，或者输入不合格的血液造成患者损害赔偿责任的规定。

【核心概念】

医疗产品

医疗产品是指用于医疗的产品，包括药品、消毒药剂、医疗器械等。因医疗产品缺陷造成患者损害的侵权责任，适用产品责任规则。

药品上市许可持有人

药品上市许可持有人，是指取得药品注册证书的企业或者药品研制机构等。药品上市许可持有人应当依照《药品管理法》的相关规定，对药品的非临床研究、临床试验、生产经营、上市后研究、不良反应的监测、报告与处理等承担责任。药品上市许可持有人的法定代表人、主要负责人对药品质量全面负责。

【理解与适用】

一、医疗产品缺陷、输入不合格血液致人损害概述

（一）医疗产品缺陷

《最高人民法院关于审理医疗损害责任纠纷案件适用法律若干问题的

解释》第25条第2款规定："本解释所称的'医疗产品'包括药品、消毒药剂、医疗器械等。"

药品属于医疗产品。《药品管理法》规定，药品是指用于预防、治疗、诊断人的疾病，有目的地调节人的生理机能并规定有适应症或者功能主治、用法和用量的物质，包括中药、化学药和生物制品等。

医疗产品缺陷，是指医疗产品具有危及患者或他人人身、财产安全的不合理的危险。由于药品等医疗产品具有国家标准，有缺陷的医疗产品一般都不符合国家有关强制性标准的要求。

（二）不合格血液

本条规定的"血液"是指人类血液。人类血液是流动在人的血管和心脏中的一种红色不透明的黏稠液体。血液由血浆和血细胞组成，主要成分为血浆、血细胞、遗传物质（染色体和基因）。用于输血治疗患者疾病的人类血液包括原浆血液和成分血液。在我国，此等血液由红十字血液中心（血站）专门负责采集、储存、加工和提供。《献血法》第8条规定："血站是采集、提供临床用血的机构，是不以营利为目的的公益性组织。设立血站向公民采集血液，必须经国务院卫生行政部门或者省、自治区、直辖市人民政府卫生行政部门批准。血站应当为献血者提供各种安全、卫生、便利的条件。血站的设立条件和管理办法由国务院卫生行政部门制定。"

在本条规定的范围内，不合格血液是指用于输血治疗患者疾病的人类血液不符合医学技术规范的要求，存在危及患者人身安全之缺陷的血液。

（三）责任构成要件

医疗产品责任和输入不合格血液造成患者损害的责任，大致属于产品责任的范畴。医疗产品的生产者（含药品上市许可持有人）、不合格血液的提供者对缺陷医疗产品或不合格血液造成的患者人身损害和财产损失承担无过错责任，医疗机构（如果既不是医疗产品的生产者也不是不合格血液的提供者）大致承担如同一般产品销售者的责任。

缺陷医疗产品的生产者（含药品上市许可持有人）和不合格血液提供者对遭受损害的患者承担赔偿责任，其责任构成应当符合以下要件：（1）医疗产品存在缺陷或者血液不合格；（2）患者遭受了人身损害或者财产损失；（3）使用有缺陷的医疗产品或者输入不合格血液是造成患者损害的原因。此等侵权责任之构成，不要求缺陷产品的生产者（含药品上市许可持有人）或者不合格血液的提供者有过错。

医疗机构如果被受害的患者选择作为被告，其应当依法先行承担该责任，然后向生产者等追偿。

二、药品缺陷致人损害的责任主体：药品上市许可持有人与药品生产者

（一）药品上市许可持有人制度概述

本条基本上承继了《侵权责任法》第59条的规定。但是由于修改后的《药品管理法》引入了药品上市许可持有人制度，本条法律在责任主体的规定上也增加了药品上市许可持有人作为医疗产品（药品）责任的无过错赔偿责任主体。依据《药品管理法》的有关规定，药品上市许可持有人依法对药品研制、生产、经营、使用全过程中药品的安全性、有效性和质量可控性负责。

药品上市许可持有人应当建立药品质量保证体系。药品上市许可持有人可以自行生产药品，也可以委托药品生产企业生产。药品上市许可持有人应当对受托药品生产企业、药品经营企业的质量管理体系进行定期审核，监督其持续具备质量保证和控制能力。血液制品、麻醉药品、精神药品、医疗用毒性药品、药品类易制毒化学品不得委托生产；但是，国务院药品监督管理部门另有规定的除外。

药品上市许可持有人应当建立药品上市放行规程，对药品生产企业出厂放行的药品进行审核，经质量受权人签字后方可放行，不符合国家药品标准的，不得放行。

（二）药品上市许可持有人的无过错责任

如果药品上市许可持有人同时也是缺陷药品的生产者，其应当承担本条规定的无过错责任。如果药品上市许可持有人不是缺陷药品的生产者，该缺陷药品是由其委托的药品生产企业生产的，责任主体如何确定呢？笔者认为，虽然本条法律没有作出直接规定，但是从药品上市许可持有人对生产者的密切关系以及从《药品管理法》实质要求药品上市许可持有人对药品质量“负总责”的立法精神来看，确定二者作为连带责任人承担缺陷药品的损害赔偿责任较为合适。

需要注意的是，虽然医疗产品（药品）责任、使用不合格血液责任是无过错责任，但是由于医疗产品（药品）的使用、血液的使用都需要经过医疗机构医务人员的诊疗行为方可达成，因此，要特别注意产品责任与医疗损害责任在这些情形下的划分。因医疗机构医务人员过错使用本不应当使用的医疗产品（药品）造成损害，该医疗产品（药品）并不存在缺陷的，不构成产品责任，而仅仅是医疗损害责任。

三、患者的请求权与责任主体之间的追偿

依据本条规定，遭受损害的患者可以向药品上市许可持有人、生产者、血液提供机构请求赔偿，也可以向医疗机构请求赔偿。

如果医疗机构是缺陷药品、器材等的生产者，则医疗机构应对其所造成的损害承担无过错的赔偿责任；如果医疗机构不是缺陷药品、器械等的生产者或者药品上市许可持有人，则医疗机构应对其所造成的损害承担过错的赔偿责任，即只有在有过错（如未按规定严把进货关，在保存药品过程中有过错等）的情况下才承担最终的赔偿责任，否则不承担最终的赔偿责任而是由缺陷医疗产品的上市许可持有人、生产者承担责任；由于受害的患者很难明确指出缺陷药品、器材的生产者，因而得直接向医疗机构主张医疗产品或者不合格血液致害责任，医疗机构不得推诿，但可于无过错之情形向生产者等追偿。患者向医疗机构请求赔偿的，医疗机构赔偿后，有权向负有责任的药品上市许可持有人、生产者、血液提供机构追偿。

如医疗机构不能指明具体生产者，则应作为生产者承担医疗产品责任。

【关联规定】

《药品管理法》

第二条第二款　本法所称药品，是指用于预防、治疗、诊断人的疾病，有目的地调节人的生理机能并规定有适应症或者功能主治、用法和用量的物质，包括中药、化学药和生物制品等。

第六条　国家对药品管理实行药品上市许可持有人制度。药品上市许可持有人依法对药品研制、生产、经营、使用全过程中药品的安全性、有效性和质量可控性负责。

《侵权责任法》（2021 年 1 月 1 日废止）

第五十九条　因药品、消毒药剂、医疗器械的缺陷，或者输入不合格的血液造成患者损害的，患者可以向生产者或者血液提供机构请求赔偿，也可以向医疗机构请求赔偿。患者向医疗机构请求赔偿的，医疗机构赔偿后，有权向负有责任的生产者或者血液提供机构追偿。

第一千二百二十四条　【医疗机构免责事由】患者在诊疗活动中受到损害，有下列情形之一的，医疗机构不承担赔偿责任：

（一）患者或者其近亲属不配合医疗机构进行符合诊疗规范的诊疗；

（二）医务人员在抢救生命垂危的患者等紧急情况下已经尽到合理诊疗义务；

（三）限于当时的医疗水平难以诊疗。

前款第一项情形中，医疗机构或者其医务人员也有过错的，应当承担相应的赔偿责任。

【条文主旨】

本条有两款。第 1 款是关于医疗机构不承担赔偿责任的三种情形的规定。第 2 款是关于医疗机构或者医务人员也有过错应当承担相应责任的规定。

【核心概念】

当时的医疗水平

当时的医疗水平，是指在实施诊疗活动时全社会的医疗界对特定疾病、人身伤害等达到的诊断和治疗水平。如果当时的医疗水平难以诊疗某种疾病或者人身伤害等，则不能苛求医疗机构对相关损害后果承担责任。

【理解与适用】

一、一般抗辩事由与特别抗辩事由

《民法典》第 180 条至第 182 条规定了不承担民事责任的一般抗辩事由，第 1173 条至第 1177 条规定了不承担或者减轻侵权责任的抗辩事由。根据具体情况，这些规定有可能适用于医疗损害赔偿案件，医疗机构因而不承担赔偿责任或者减轻其赔偿责任。

本条对医疗机构不承担侵权责任的三种情况作出具体规定，同时规定在患者（及其近亲属）与医疗机构均有过错的情况下，医疗机构应当承担相应的赔偿责任。

二、患者或者近亲属不配合诊疗

医患之间在治疗过程中应当相互配合，以期达到理想的治疗效果。如果患者及其近亲属不配合医疗机构符合规范的诊疗活动导致损害的发生，那么就可以推定其主观上存在过错，患者就要对自己的行为承担责任，而此时医疗机构可以不承担责任。本条的这一规定与《民法典》第 1173 条和第 1174 条的精神完全一致。

三、紧急情况下尽到合理诊疗义务

对患者进行紧急救治是医疗机构及医务人员的基本职责。虽然在诊疗过程中，患者的身体有可能受到不同程度的损害，但如果同时满足以下两个要件，医疗机构对患者所造成的损害不承担责任：

1. 医务人员处于抢救生命垂危的患者这样的紧急情况下

在这里，“紧急情况”应该包含时间上的紧急性和决断上的紧急性两层含义：一方面，医务人员的诊疗时间非常短暂，难以在技术上作出全面、细致的考量；另一方面，患者情况危急如生命垂危时，常常必须迅速作出决断。这种状态必须实际存在，否则，基于假象的危险造成损害后果的，医疗机构仍要承担责任。

2. 医疗机构能够证明其在医疗活动中已经尽到了合理的诊疗义务

虽然在紧急情况下，医务人员对患者的病情无法作出详细的检查和诊断，对其注意程度的要求理应低于一般的医疗情形，但是医务人员依然应当作出与紧急情况相匹配的合理诊疗。同时，诊疗合理的举证责任应当由医疗机构承担，如果不能证明，医疗机构仍然难以免除赔偿责任。

四、当时医疗水平限制

医疗机构及医务人员在对患者进行诊疗时，并不负担保证治愈的义务。况且，在医学领域，限于人类的认识水平，并非所有的疾病在当下都可以获得有效的治疗。对于相对复杂的疾病，如果医疗机构及医务人员已经尽到了与当时医疗水平相符合的诊疗义务，即使由于当时的医疗水平有限给患者造成了新的损害，医疗机构也并不承担责任。

五、医疗机构的比较过错责任

本条第 1 款第 1 项虽然规定了医疗机构对于诊疗活动中造成的损害不承担责任的情形，但是这种不承担责任的抗辩事由的成立建立在医疗机构没有过错的基础上。如果患者或者其近亲属不配合医疗机构进行符合诊疗规范的诊疗，医疗机构或者医务人员同时也有过错的，则应当在比较过错的基础上承担相应的赔偿责任。

这里的比较过错，是将患者一方的过错与医疗机构、医务人员的过错进行比较。如果患者一方的过错大、对损害发生所起的作用大，则医疗机构应当承担的“相应的赔偿责任”在损害后果中所占份额或比例就比较小；相反，则比较大。

【关联规定】

《侵权责任法》（2021 年 1 月 1 日废止）

第六十条 患者有损害，因下列情形之一的，医疗机构不承担赔偿责任：

（一）患者或者其近亲属不配合医疗机构进行符合诊疗规范的诊疗；

（二）医务人员在抢救生命垂危的患者等紧急情况下已经尽到合理诊疗义务；

（三）限于当时的医疗水平难以诊疗。

前款第一项情形中，医疗机构及其医务人员也有过错的，应当承担相应的赔偿责任。

第一千二百二十五条 【医疗机构对病历的义务及患者对病历的权利】医疗机构及其医务人员应当按照规定填写并妥善保管住院志、医嘱单、检验报告、手术及麻醉记录、病理资料、护理记录等病历资料。

患者要求查阅、复制前款规定的病历资料的，医疗机构应当及时提供。

【条文主旨】

本条有两款。第 1 款是关于医疗机构及其医务人员应当按照规定填写并妥善保管病历资料的规定。第 2 款是关于查阅、复制病历资料的规定。

【核心概念】

与病历资料相关的附随义务

与病历资料相关的附随义务，是指医疗机构及其医务人员应当按照规定填写并妥善保管病历资料以及提供查阅、复制服务的义务。

【理解与适用】

一、附随义务与行为规范

本条基本承继了《侵权责任法》第61条的规定。医患之间的诊疗关系，本身也是一种以“手段债务”为基本内容的专家服务合同。从合同法的原理和规定考虑，本条不属于给付义务的内容，而属于附随义务的内容。虽然基于本条不产生独立的给付义务，但是在诊疗活动中医疗机构及其医务人员应当按照规定填写病历资料并在法律法规规定的期限内妥善保管此等病历资料。“填写”和“保管”的义务附属于作为主给付义务的诊疗行为。就患者一方“查阅”“复制”的权利和医疗机构应当“提供”的义务而言，也具有附随性，即只有在存在诊疗关系的前提下，患者才可以主张“查阅”“复制”的权利，医疗机构才产生“提供”的义务。

从侵权责任的角度考虑，本条不构成独立的裁判规则而只构成对医疗机构的行为规定：医疗机构应当填写并妥善保管，在患者一方请求“查阅”“复制”时应当及时提供。

二、关于填写、保管病历资料以及查阅、复制和提供病历资料的具体规定

《医疗机构病历管理规定》对病历的内容、填写的格式等规范作出了具体规定，也对病历资料的保存单位、保存期限等作出了明确规定；对有权请求查阅、复制的主体作出了明确规定，对查阅复制的费用作出了具体规定。适用本条，应当参考《医疗机构病历管理规定》的具体内容。

【关联规定】

《侵权责任法》（2021年1月1日废止）

第六十一条 医疗机构及其医务人员应当按照规定填写并妥善保管住院志、医嘱单、检验报告、手术及麻醉记录、病理资料、护理记录、医疗费用等病历资料。

患者要求查阅、复制前款规定的病历资料的，医疗机构应当提供。

第一千二百二十六条　【患者隐私和个人信息保护】医疗机构及其医务人员应当对患者的隐私和个人信息保密。泄露患者的隐私和个人信息，或者未经患者同意公开其病历资料的，应当承担侵权责任。

【条文主旨】

本条是关于保护患者隐私和个人信息的规定，侵害患者隐私和个人信息等应当承担侵权责任。

【核心概念】

患者的医疗隐私和个人信息

患者的医疗隐私和个人信息，是指医疗机构及其医务人员在诊疗活动中获得的患者个人（及家庭）的隐私和个人信息。医疗机构及其医务人员对患者的医疗隐私和个人信息负有保密义务，泄露患者的医疗隐私和个人信息或者未经患者同意公开其病历资料，其应当承担侵权责任。

【理解与适用】

一、患者隐私和个人信息的保护

任何自然人的隐私和个人信息都受到法律保护，对此《民法典》第110条、第111条和第1032条、第1033条以及第1035条第2款作出了明确规定。由于在诊疗活动中，医疗机构和医务人员更容易获得患者的个人隐私包括极度私密的个人信息，因此，法律设专门条文对患者的隐私和个人信息予以保护，规定医疗机构侵害患者隐私和个人信息等应当承担侵权责任。

需要提出的是，有关的医事法律法规都对保护患者隐私和个人信息作出了规定。《执业医师法》第22条规定医师在执业活动中应当履行保护患者隐私的义务。《传染病防治法》第12条第1款规定疾病预防控制机构、医疗机构不得泄露涉及个人隐私的有关信息、资料。《精神卫生法》第23条第4款规定心理咨询人员应当尊重接受咨询人员的隐私，并为其保守秘密。

二、侵害患者隐私和个人信息的侵权责任

本条规定，泄露患者隐私和个人信息或者未经患者同意公开其病历资

料，应当承担侵权责任。此处的侵权责任之构成要件包括：（1）医疗机构或者医务人员有泄露患者隐私和个人信息，或者未经患者同意公开其病历资料的行为（加害行为）；（2）患者遭受损害，包括精神损害和相关的财产损失；（3）加害行为与患者受到的损害之间存在因果关系。此外，此等侵权责任适用过错责任原则，即医疗机构或者医务人员对于实施加害行为存在过错。法律条文没有对损害要件作出规定，应当从两个方面理解：（1）作为一般侵权行为责任，其构成要件需要符合《民法典》第 1165 条的要求；（2）对隐私、名誉等侵害，造成的损害特别是精神损害部分，可以由法官在具体案件中依据常理确认而无须被侵权人进行实际举证，所谓“名义上的损害”。

隐私是自然人的私人生活安宁和不愿意为他人知晓的私密空间、私密活动和私密信息（《民法典》第 1032 条）。涉及患者隐私的往往是其私密信息。病历资料大多属于患者的私密信息，是隐私权保护的内容。

隐私权有一个很重要的法律特征，即作为权利主体的自然人对其保护的内容之支配性。基于这一支配性，自然人可以同意向特定的或者不特定的人公开部分私密信息、同意他人介入自己的私人生活、介入自己的私人空间或者了解自己的私人活动。对于私密信息而言，作为权利主体的自然人有权决定是否公开、向谁公开、可否进一步传播等。在其同意范围和限度内，公开和传播其私密信息，不构成侵权。

因此，本条规定“未经患者同意”的泄露或者公开即构成对患者隐私权等的侵害，应当承担侵权责任。反之，如果是经过患者同意的，则不构成侵权。此外，依法向有关管理部门报告病情疫情以及向司法部门依正当程序提供患者的私密信息或者病历资料，也不构成侵权，不承担侵权责任。

本条没有对承担责任的主体作出明确规定，是仅限于医疗机构还是包括行为人的个人责任，笔者倾向于认为医疗机构当然应当承担相应的侵权责任，行为人个人也应承担过错责任。

本条规定的“侵权责任”包括但不限于赔偿责任，还包括其他适当的侵权责任方式，如停止侵害、赔礼道歉等。

【关联规定】

《侵权责任法》（2021 年 1 月 1 日废止）

第六十二条　医疗机构及其医务人员应当对患者的隐私保密。泄露患者隐私或者未经患者同意公开其病历资料，造成患者损害的，应当承担侵权责任。

第一千二百二十七条　【不必要检查禁止义务】医疗机构及其医务人员不得违反诊疗规范实施不必要的检查。

【条文主旨】

本条是关于不得实施不必要的检查的规定。

【核心概念】

过度诊疗

过度诊疗也被称为过度医疗，是指医疗机构及其医务人员违反诊疗规范实施不必要的检查和实施不必要的手术等治疗措施，以及开具包含不必要的药品尤其是高价药品的处方。违反诊疗规范实施不必要的检查是过度医疗的常见情形。

【理解与适用】

本条承继了《侵权责任法》第63条的规定，是一条行为规范，即禁止医疗机构及其医务人员违反诊疗规范实施不必要的检查。

本条不是裁判规则，不能仅依据本条裁判案件。因为本条没有规定侵权责任的构成要件等实质内容，所以无法独立依据本条裁判侵权案件。

【关联规定】

《侵权责任法》（2021年1月1日废止）

第六十三条　医疗机构及其医务人员不得违反诊疗规范实施不必要的检查。

第一千二百二十八条　【医疗机构及医务人员合法权益的维护】医疗机构及其医务人员的合法权益受法律保护。

干扰医疗秩序，妨碍医务人员工作、生活，侵害医务人员合法权益的，应当依法承担法律责任。

【条文主旨】

本条有两款。第1款是关于医疗机构及其医务人员的合法权益受法律保护的规定。第2款是关于干扰医疗秩序，妨害医务人员工作、生活应当依法承担法律责任的规定。

【核心概念】

“医闹”

“医闹”是指干扰医疗秩序、妨害医务人员工作和生活的违法犯罪行为。医疗机构及其医务人员的合法权益受法律保护，禁止任何“医闹”行为。实施“医闹”的违法犯罪行为应受到行政、刑事法律的制裁以及承担相应的侵权责任。

【理解与适用】

一、医疗机构及其医务人员的合法权益受法律保护

本条第1款是一条法律价值和立法政策宣示性的规定。依据本条规定，医疗机构的合法权益受法律保护。医疗机构的合法权益包括其作为民事主体享有的财产权和人身权以及依法从事医疗服务的权利等。医务人员的合法权益包括他们作为民事主体享有的各种民事权利和合法权益，以及作为医务人员享有的职业、劳动、社会保障等方面的权利。医疗机构和医务人员享有的各种权利在《民法典》以及相关的法律法规和规章中均有明确的规定，本条没有规定新的或特别的权利，而是对其享有的各种权利进行提示，宣示其受法律保护。

二、“医闹”应当依法承担法律责任

干扰医疗秩序、妨害医务人员工作和生活的行为，俗称“医闹”行为。“医闹”行为会对医疗机构的正常秩序以及医务人员的工作和生活造成妨害，甚至造成人身和财产损失。因此，法律禁止“医闹”行为，追究“医闹”者的法律责任。

本条第2款可以理解为一个指引性条款，即将“医闹”行为指向多种法律责任：本条第2款规定的“法律责任”包括刑事法律责任、行政法律责任和民事法律责任。根据“医闹”行为的性质以及造成损害的严重程度等确定行为人应当承担何种法律责任。本条第2款也可以理解为是一款行

为规范而非裁判规则，该款法律本身不构成独立的裁判规则，无法单独引用这一规定裁判案件进而确定行为人应当承担的法律责任。

【关联规定】

《侵权责任法》（2021 年 1 月 1 日废止）

第六十四条 医疗机构及其医务人员的合法权益受法律保护。干扰医疗秩序，妨害医务人员工作、生活的，应当依法承担法律责任。

案例分析

曹某某、丁某某诉某省人民医院医疗损害责任纠纷案①

【案件基本事实】

患者丁某，系曹某某之夫、丁某某之父。2011 年 6 月 26 日至 2011 年 7 月 11 日，丁某入住被告某省人民医院（以下简称人民医院）住院治疗，并在住院治疗期间死亡。人民医院对丁某的最后诊断：1. 颈椎病（神经根型及脊髓型）；2. 多系统器官功能衰竭；3. 高血压 I 级中危组；4. 右肾结石。死亡原因：脊髓水肿或喉头水肿致呼吸循环衰竭，多系统器官功能衰竭。经丁某的家属委托，湖南省湘雅司法鉴定中心对丁某的死亡原因进行鉴定，鉴定结论为：丁某死亡原因符合颈椎前路减压植骨内固定术后脑出血及多器官功能衰竭。原告曹某某、丁某某向法院提起诉讼，请求判令人民医院赔偿医疗费、丧葬费、死亡赔偿金、被抚养人生活费、护理费、交通费、精神损害抚慰金、尸检死因鉴定费、尸检前遗体处理费、司法过错鉴定费合计 540103 元，并承担本案诉讼费用。

一审法院审理过程中，人民医院与曹某某、丁某某分别申请进行医疗事故鉴定和医疗过错鉴定。在对鉴定资料进行质证时，曹某某、丁某某认为双方于 2011 年 7 月 22 日在人民医院启封复印原封存的病历资料时，人民医院医疗安全办公室的工作人员加入了若干材料，致使发生纠纷，患方为此报警。现封存件中的长期医嘱单、临时医嘱单存在两个不同的版本，证明人民医院确实向原封存的病历中加插了材料，且加入了哪些材料无法辨别。据此认为全部病历资料均不能作为鉴定的依据。人民医院则认为，

① 参见最高人民法院（2016）最高法民再 285 号民事判决书。

患者丁某死亡后，患方要求立即封存病历，人民医院当即告知对方可以封存，但封存的只是“运行中死亡病历”，即不是完善的病历。根据法律规定，患者死亡的，病历完善可以分情况在6小时和24小时之内完成。2011年7月22日，医患双方开启7月11日封存的病历时，人民医院只是将完善的病历放入了封存的病历中，并未对已经封存的病历进行修改。病历资料应当作为鉴定的依据。因首次封存病历资料时，双方没有制作病历资料清单，人民医院也无法确认2011年7月22日向封存件中加插了哪些资料、是否明确告知了患方。后经协商，双方同意以患方已经复印的病历资料作为鉴定材料。法院遂委托湘雅二医院司法鉴定中心进行鉴定。2013年3月1日，湘雅二医院司法鉴定中心致函法院称：“本次鉴定提交的鉴定材料中，无病程记录、出院记录及死亡记录等材料，无法反映整个诊疗过程，故无法评价医方的诊疗行为。”此后，双方就是否补充提交鉴定材料未能协商一致，故医疗过错鉴定程序被迫终结。

【争议焦点】

被告人民医院在丁某的诊疗活动中是否存在过错。

【法院判决】

湖南省长沙市芙蓉区人民法院一审认为：由于人民医院对丁某的死因诊断结论与湖南省湘雅司法鉴定中心对死者丁某进行尸体解剖后所做的死因鉴定结论明显不符，据此可知，人民医院对丁某手术后的抢救治疗行为因其对丁某病情的错误诊断而变得无效，人民医院在对丁某手术后抢救治疗中存在的医疗过错是显而易见的。丁某死亡后，双方在封存病历资料时，未列出清单保存，以至于无法分清哪些是原来封存的资料，哪些是新加入的资料，导致医疗过错鉴定程序被迫终结。双方在封存病历资料过程中都未尽到应有的谨慎注意义务，因而都应承担相应的过错责任。考虑到患者本身原发疾病的固有风险及医患关系中信息不对等等因素，酌情确定医患双方的过错比例为6∶4，即人民医院应对丁某的死亡后果承担60%的赔偿责任，其余40%由患方自行承担。

湖南省长沙市中级人民法院二审认为：人民医院对患者丁某死亡记录载明的最后诊断结论与湖南省湘雅司法鉴定中心出具的鉴定结论之间存在字面上的差异，但该种字面差异是否意味着人民医院诊断错误或者存在医疗行为过错，现有证据并不能得出确定结论。一般而言，由患者或者患者亲属申请，由具有专业知识的专家进行医疗过错鉴定（或者医疗事故鉴定）是认定医疗机构是否存在过错的必经程序。客观、全面、规范、完整的病历资料是进行医疗过错鉴定（或者医疗事故鉴定）最基本和最重要的素材。而封存病历是为了及时保存现有病历资料，避免医疗机构伪造、篡改病历资料。人民医院医疗安全办公室的工作人员往已经封存的病历中加插病历材料的行为，破坏了已封存病历的完整性、真实性和客观性，系篡改病历的行为，会导致鉴定机构对人民医院的医疗行为评价出现偏差，故应当推定人民医院医疗行为有过错。本案确系因为人民医院的加插病历行为导致鉴定结论无法作出，人民医院应当承担不利法律后果和全部法律责任。

湖南省高级人民法院再审认为：人民医院诊断的死亡原因与湖南省湘雅司法鉴定中心鉴定得出的死亡原因之间存在一定差异。在医患双方对医方的诊疗行为是否存在过错，死亡后果是否与诊疗行为存在因果关系意见不一致的情况下，只能通过医疗过错鉴定或者医疗事故鉴定来确定。本案中，患者丁某死亡后，作为专业医疗机构的人民医院本应按照相关规定及时封存全部病历资料，对依法补记的资料在患方的见证下及时封存，以取得患方的理解。而人民医院在患者丁某 2011 年 7 月 11 日死亡后，仅封存部分病历资料。对其 2011 年 7 月 22 日未经患方同意擅自加插的所谓“完善后的资料”是哪些，是否符合补记规定，均无法给出合理解释，致使患方对全部病历资料不认可，医疗过错鉴定或者医疗事故鉴定无法作出。对此，应当承担责任。根据《侵权责任法》第 58 条的规定，应推定人民医院存在过错。考虑到患者丁某本身患有高血压、颈椎病等多种疾病及原发疾病的固有风险，酌情推定人民医院承担 70% 的过错责任为宜。

经最高人民检察院抗诉，最高人民法院再审认为：（1）医疗损害责任实行的是过错责任原则，即医疗机构承担民事责任以医务人员存在过错为前提。但是在实践中由患者证明医务人员存在过错比较困难。医疗机构具备专业知识和技术手段，掌握相关的证据材料，具有较强的证据能力，患者则处于相对的弱势地位。为了平衡医患双方的利益，《侵权责任法》第 58 条规定：“患者有损害，因下列情形之一的，推定医疗机构有过错：……（二）隐匿或者拒绝提供与纠纷有关的病历资料；（三）伪造、篡改或者销毁病历资料。”在医患双方对医方的诊疗行为是否存在过错，死亡后果是否与诊疗行为存在因果关系意见不一致的情况下，只能通过医疗过错鉴定或者医疗事故鉴定来确定。而客观、全面、规范、完整的病历资料是进行医疗鉴定最基本、最重要的素材，医疗机构应当为鉴定机构和患者亲属提供客观、全面、规范、完整的病历资料。本案中，人民医院往已经封存的病历中加插材料的行为破坏了已封存病历的完整性、真实性和客观性，明显系故意篡改病历的行为，推定人民医院有过错，有事实和法律依据。（2）在通常情况下，医疗损害后果的发生往往与患者自身有直接或间接的关系，应该考虑医疗机构过错程度和诊疗行为在损害结果发生中的原因力大小确定损害赔偿比例。在审判实践中，一般要根据鉴定结论认定的医疗过错行为在医疗损害后果中的责任程度来确定赔偿的比例。但就本案而言，人民医院加插病历的行为不仅扰乱了正常的病历管理秩序，而且行为性质恶劣，最终导致了鉴定结论无法作出、各方责任无法确定的严重后果。在本案中判令由人民医院承担不利法律后果和完全民事责任，不仅符合《卫生部关于医疗机构不配合医疗事故技术鉴定所应承担的责任的批复》（卫政法发〔2005〕28 号）的规定精神，有利于医疗机构的规范管理，更能体现出对患者家属的精神抚慰和合法权益的有力保护。据此，最高人民法院判决维持湖南省长沙市中级人民法院的二审判决。

【法理分析】

《民法典》第 1218 条规定："患者在诊疗活动中受到损害，医疗机构或者其医务人员有过错的，由医疗机构承担赔偿责任。"可见，我国医疗损害责任实行的是过错责任原则。在诉讼中，对于医疗机构或其医务人员是否具有过错的问题，一般而言需要原告方承担举证责任。但是在实践中由于患者证明医务人员存在过错比较困难，患者相对于医疗机构而言，在信息的掌握和资料的占有上处于弱势地位。为了平衡医患双方的利益关系，补强患者在举证方面的弱势地位，《民法典》第 1222 条规定了三种法定过错推定标准："患者在诊疗活动中受到损害，有下列情形之一的，推定医疗机构有过错：（一）违反法律、行政法规、规章以及其他有关诊疗规范的规定；（二）隐匿或者拒绝提供与纠纷有关的病历资料；（三）遗失、伪造、篡改或者违法销毁病历资料。"一般认为，在出现三种情况之一时，即可认定医疗机构有过错，而不必采用其他方式或途径证明其过错。同时，这种"推定"或认定标准是不可反证的：医疗机构不得以其他方式或途径来证明自己尽管违反了法律、行政法规或规章（或者尽管在病例上处置不当），也没有过错。① 本案即涉及医疗机构篡改病历资料的行为应当如何认定的问题。客观、全面、规范、完整的病历资料是进行医疗过错鉴定（或者医疗事故鉴定）最基本和最重要的素材。如果病例资料的完整性、真实性和客观性不能得到保证，医疗机构很有可能通过伪造、修

① 张新宝：《侵权责任法》（第 4 版），中国人民大学出版社 2016 年版，第 223 页。

改、篡改病历资料来掩盖自身在诊疗活动中存在的过错。因此，及时封存病历并确保其不会遭受伪造、修改、篡改对于医疗过错鉴定（或者医疗事故鉴定）来说至关重要。本案中，被告人民医院在已经封存的病例资料中加插材料的行为破坏了已封存病历的完整性、真实性和客观性。即使医疗机构希望对已经封存的病例资料进行合理的增补或者完善，也应当征得患者一方的同意，在符合法律规定和职业规范的情况下进行补记。而被告人民医院在未告知丁某家属的情况下擅自往已封存病历中加插材料，导致医疗过错鉴定结论无法作出。法院据此认为被告往已封存病历中加插材料的行为属于故意篡改病历的行为，并推定被告存在过错，有着充分的事实和法律依据。

不过，即使推定医疗机构在诊疗活动中存在过错，也并不必然意味着医疗机构应当对损害结果承担全部责任。推定过错只是对过错的认定，而不包括对因果关系和原因力的认定。在通常情况下，医疗损害后果的发生往往与患者自身有直接或间接的关系，应该考虑医疗机构的过错程度和诊疗行为在损害结果发生中的原因力大小确定损害赔偿比例。湖南省高级人民法院再审认为，考虑到患者丁某本身的身体情况，酌情推定人民医院承担70%的过错责任为宜。但是，一般而言，医疗过错行为在损害后果中占据的责任比例应当根据鉴定机构给出的医疗过错鉴定结论得出，而不应当由法院推定得出。本案中，由于被告人民医院往已封存病历中加插材料导致医疗过错鉴定结论无法作出，且患者一方也并不存在受害人过错等法定减轻侵权人责任的情形，因此，湖南省高级人民法院再审判决被告承担70%的责任缺乏事实和法律依据，最高人民法院再审时据此改判被告承担全部赔偿责任。

（本案例由曹权之同学、高亚敏同学、胡雅婷同学整理）

第七章　环境污染和生态破坏责任

◎ 本章提要

本章是关于环境污染和生态破坏侵权责任的规定，一共7个条文（第1229条至第1235条）。第1229条是关于环境污染和生态破坏侵权责任的一般规定，两种侵权行为造成他人损害的应当依据本条的规定承担无过错责任。第1230条规定了侵权人的两种举证责任。第1231条规定了两个以上侵权人污染环境、破坏生态造成他人损害的按份责任。第1232条规定了故意侵权的惩罚性赔偿责任。第1233条规定了第三人侵权过错造成损害的侵权责任承担。第1234条和第1235条分别规定了生态环境损害之生态修复的公益诉讼和生态环境损害之损害赔偿的国家利益诉讼。本章将环境污染和生态破坏作为并列侵权行为，侵权人同样承担无过错责任。除增加了“破坏生态”这种侵权行为外，第1229条至第1233条与《侵权责任法》第八章第65条至第68条的内容大致相同。本章一个重要的发展是增加了生态环境损害之生态修复的公益诉讼和生态环境损害之损害赔偿的国家利益诉讼的两条规定。在这两条规定中，“国家规定的机关”需要在解释论上加以厘清。

第一千二百二十九条　【环境污染和生态破坏侵权责任】 因污染环境、破坏生态造成他人损害的，侵权人应当承担侵权责任。

【条文主旨】

本条是关于环境污染和生态破坏侵权责任的一般规定。

【核心概念】

环境

“环境”一词含义颇广，如投资环境、工作环境、生活环境等。“环”者，四周也；“境”者，状况也。环境即主体四周的各种情况。环境，是指对人类生存与发展具有影响的周围自然因素。《环境保护法》第2条规定：“本法所称环境，是指影响人类生存和发展的各种天然的和经过人工改造的自然因素的总体，包括大气、水、海洋、土地、矿藏、森林、草原、湿地、野生生物、自然遗迹、人文遗迹、自然保护区、风景名胜区、城市和乡村等。”

环境的特征包括：（1）对人类生存与发展具有影响；（2）由自然因素构成；（3）可划分为天然的自然因素与经过人工改变的自然因素两类。

生态

生态，是指一切生物的生存状态，以及生物之间、生物与无机环境之间环环相扣的关系。自然界的生态，追求物种多样性，以此来维持自然生态系统的平衡发展。人类处于整个自然界的生态系统中，对生态的保护以维持自然生态系统的平衡发展，也就是对人类生存和发展环境的保护。

【理解与适用】

一、污染环境、生态破坏概述

（一）污染环境

人类对环境的基本要求是适宜人类生存和发展，即环境的品质达到相应的环境质量标准。适于人类生存和发展的自然因素的总体，我们称之为优良环境；不适于人类生存和发展的自然因素的总体，我们称之为恶劣环境；引起自然因素总体的不良变化，我们称之为环境污染或环境破坏。污染环境作为一种侵权行为，是指自然人、法人或者非法人组织向周围环境排放污染物导致自然因素总体不良变化的行为。

（二）生态破坏

生态破坏（ecology destroying）是人类社会活动引起的生态退化及由此衍生的环境效应，导致了环境结构和功能的变化，对人类生存发展以及环境本身发展产生不利影响的现象。生态破坏主要包括：水土流失、沙漠化、荒漠化、盐碱化、森林锐减、土地退化、生物多样性的减少，此外还有湖泊的富营养化、地下水漏斗、地面下沉等。需要注意的是，破坏生态行为与污染环境行为在行为方式上是不同的。污染环境强调对自然系统的“排入”（排放污染物质），破坏生态强调对自然系统的“索取”（为获取自然资源而改变了自然的结构和状态）。①

二、污染环境、生态破坏的侵权责任

（一）制度建设与发展

《侵权责任法》仅规定了污染环境致人损害的侵权责任。党的十八大报告中提出了建设生态文明的目标。生态文明是以人与自然、人与人、人与社会和谐共生、良性循环、全面发展、持续繁荣为基本宗旨的社会形态。生态文明是五位一体总体布局的重要组成部分。新时代对于环境、生态侵权制度提出了更高的要求。2014 年修订的《环境保护法》增加规定了破坏生态的侵权行为，并规定应当依照《侵权责任法》的有关规定承担侵权责任。《民法典》对污染环境和破坏生态造成损害的侵权责任作出了并列的规定：因污染环境、破坏生态造成他人损害的，侵权人应当承担侵权责任。虽然污染环境和破坏生态在侵权行为方式上存在着较为明显的差异，但是《民法典》原则上对于这两种侵权行为是一体对待的。这主要是考虑到污染环境和破坏生态都是环境侵权的“原因行为”，二者在本质上存在共性，如损害过程的间接性（以自然要素为媒介而产生对人身和财产的损害）、累积性（往往经过一段时间的累积作用才发生损害后果）。

（二）归责原则

污染环境造成他人损害的，侵权人承担无过错责任。这是国际公认的法律责任原则，也被我国《侵权责任法》《民法典》等法律所确认，学界没有争议。理由在于：（1）在污染环境侵权案件中适用无过错责任的归责原则，是当代世界各国环境保护立法和侵权行为法的基本趋势，我国民事法律与国际接轨，必须顺应这一趋势。（2）有利于强化污染环境者的法律责任，促进其履行保护环境的法律义务，严格控制和积极治理污染。（3）更有利于保护受害人的合法权益，减轻受害人的举证责任。在环境侵权案件实务中，举证证明污染者具有过错是十分困难的，尤其是在污染者在法定标准以下排放污染物的情况下，对于污染者过错的证明尤其困难。（4）有利于简化诉讼程序，及时审结案件。

---

① 参见金瑞林主编：《环境法学》，北京大学出版社 2013 年版，第 10 页；薄晓波：《生态破坏侵权责任研究》，知识产权出版社 2013 年版，第 23～24 页。

对于破坏生态导致损害的侵权行为是否也应当适用无过错责任原则进行归责，学界曾有一定争议。[①] 笔者认为，破坏生态侵权责任应该同样适用无过错责任原则：第一，破坏生态与污染环境都是环境侵权的具体侵权行为方式。第二，虽然《环境保护法》第64条仅规定依照《侵权责任法》的有关规定承担侵权责任，但是对此应该理解为依照《侵权责任法》中关于环境侵权的特殊规定承担侵权责任。而《侵权责任法》对于环境侵权的特殊规定为：环境侵权适用无过错责任原则。第三，破坏生态侵权与污染环境侵权的共性要求其适用无过错责任原则。“二者都是对自然的不合理利用，‘是环境问题的两种表现形式，互为因果’。二者在致害过程和适用特殊规则的内在机理上都高度相似。换言之，污染环境侵权适用无过错责任原则的理由，在破坏生态侵权中都能得到满足。”第四，相较于污染环境，破坏生态的行为“难度”更大，破坏生态一方的“能力要求”也更大，诉讼双方的地位失衡更为明显。因此，在一定程度上，破坏生态侵权行为适用无过错责任原则的理由甚至更为充分。[②] 本条规定，污染环境侵权行为和破坏生态侵权行为都无差别地适用无过错责任原则。

（三）构成要件

依据本条规定，构成环境污染、生态破坏侵权责任需要符合三个要件：（1）侵权人实施了污染环境或者破坏生态的行为；（2）存在损害；（3）污染环境或者破坏生态的行为与损害之间存在因果关系。由于适用无过错责任原则，责任之构成不要求侵权人有过错。

本条中的“损害”有两层含义。从狭义上讲，本条中的“损害”和《侵权责任法》第65条中的“损害”一样，仅指他人的人身损害和财产损害。但是，从广义上讲，本条中的损害还包括“环境被污染”“生态被破坏”这一损害本身。这是对《民法典》第1234条和第1235条进行系统解释的结论。《民法典》第1234条和第1235条规定了造成环境被污染、生态被破坏本身的侵权责任。既然环境被污染、生态被破坏的责任也在《民法典》环境污染和生态破坏责任一章中作出具体规定，那么本条规定的“损害”理应作上述广义理解。

---

① 参见陈海嵩：《论环境法与民法典的对接》，载《法学》2016年第6期；张宝：《环境侵权归责原则之反思与重构——基于学说和实践的视角》，载《现代法学》2011年第4期。

② 参见张新宝、汪榆淼：《污染环境与破坏生态侵权责任的再法典化思考》，载《比较法研究》2016年第5期。

【关联规定】

《侵权责任法》（2021 年 1 月 1 日废止）

第六十五条　因污染环境造成损害的，污染者应当承担侵权责任。

《环境保护法》

第六十四条　因污染环境和破坏生态造成损害的，应当依照《中华人民共和国侵权责任法》的有关规定承担侵权责任。

第一千二百三十条　【环境污染、生态破坏侵权举证责任】因污染环境、破坏生态发生纠纷，行为人应当就法律规定的不承担责任或者减轻责任的情形及其行为与损害之间不存在因果关系承担举证责任。

【条文主旨】

本条是关于行为人对不承担责任或者减轻责任的情形及其行为与损害之间不存在因果关系承担举证责任的规定。

【核心概念】

因果关系推定

因果关系推定，是指法律推定因果关系存在，但是给行为人一个反证证明其行为与损害之间不存在因果关系的机会。如果行为人能够证明其行为与损害之间不存在因果关系，则不承担侵权责任；反之，则应当承担侵权责任。《民法典》仅在本条规定了因果关系推定。法律规定因果关系推定，加重了行为人的举证负担，也增大了侵权责任构成的可能性。在立法政策上，向被侵权人利益作出倾斜，更侧重于保护被侵权人的利益。

【理解与适用】

一、本条的结构与基本含义

本条基本承继了《侵权责任法》第 66 条的规定，增加了破坏生态的相关内容。从具体内容看，本条规定了行为人的两项举证责任：一是对不承担责任或者减轻责任的情形承担举证责任；二是对行为与损害之间不存在因果关系承担举证责任。

按照“谁主张，谁举证”的原则，作为被告的污染环境行为人或者破坏生态行为人，如果主张不承担责任或者减轻责任，就应当对与此相对应的法律规定和事实进行举证。因此，第1项举证责任的规定并无特殊意义。而且，在一个法域内，法官当然应当知晓该法域的法律规定。只有在一些国家的涉外民事诉讼中，外国法可能被作为“事实”，要求相关当事人进行举证。因此，本条规定的行为人“应当就法律规定的不承担责任或者减轻责任的情形”承担举证责任实际上是重申了“谁主张，谁举证”的原则。

但是，在一定意义上，本条的这一规定仍然具有规范意义。在民事诉讼中，举证责任和证明过程虽然大体遵循“谁主张，谁举证”的基本原则，但在司法实践和审判过程中，这一举证过程却不是静态不变的，举证责任实际上会依据优势证明力的规则而在诉讼双方之间不断转移，直到达到法定的，或者是法官自由心证所要求的证明标准。从这一意义上说，本条作出的“行为人应当就法律规定的不承担责任或者减轻责任的情形”承担证明责任的规定，就对于行为人施加了更为沉重的证明责任，即证明责任更容易地移转到行为人一方，甚至直接对行为人科以这一证明责任。

二、关于因果关系推定及其相关理论

（一）因果关系推定的理解

我国针对环境污染致人损害责任中的因果关系规定了举证责任倒置规则。《水污染防治法》《固体废物污染环境防治法》同样有类似规定。《侵权责任法》吸收了以往立法和司法解释的成果，于第66条作出特别规定：“因污染环境发生纠纷，污染者应当就法律规定的不承担责任或者减轻责任的情形及其行为与损害之间不存在因果关系承担举证责任。”《民法典》第1230条基本承继了《侵权责任法》的相关规定。

因果关系是一切侵权责任的构成要件，只有在侵权行为（或者准侵权行为）与损害之间存在法律所认可的因果关系的情况下，行为人（准侵权人）才承担侵权责任。在绝大多数情况下，法律要求主张损害赔偿的被侵权人承担存在此等因果关系的举证责任。但是，本条作出了不同规定，要求行为人应当就其行为与损害之间不存在因果关系承担举证责任。行为人能够证明其行为与损害之间不存在因果关系的，则因为缺乏因果关系要件，而不构成侵权责任。如果行为人拒绝对其行为与损害之间不存在因果关系承担举证责任，或者不能证明其行为与损害之间不存在因果关系，则认定存在因果关系。结合其他构成要件，行为人要对损害承担侵权责任。

本条是对因果关系推定的规定。在理论上，因果关系推定，或者说，因果关系举证责任倒置，会产生两个效果：一是“使得整个证明过程更易启动。因果关系成立与否的证明过程，不是一蹴而就、一步到位的，而是在原、被告双方之间不断移转证明的责任，最终由法官形成自由心证的过程。举证责任的分配只是整个证明活动的开端。在因果关系举证责任倒置下，当被告就因果关系不成立进行了一定程度的证明、法官形成了一定程度的内心确信之后，相应的证明因果关系成立的责任就落在了原告身上。证明责任的不断移转贯穿着整个举证、质证过程”①。这一点已经被司法解释所明确。

二是“当因果关系是否存在难以确定时判定因果关系在事实层面成立。举证责任的另一个后果是，如果在双方举证、质证之后，待证事项是否成立仍然无法确定，则由负有举证责任的一方承担不利的诉讼后果。不过，在侵权法因果关系的证明上，问题可能更复杂一些。侵权法上的因果关系问题包含了两种完全不同的法律问题：一是因果关系在事实上是否成立，即事实上的因果关系；二是侵权人对损害结果在多大范围内承担侵权责任，即法律上的因果关系。需要指出的是，证据层面所要解决的始终是事实上的因果关系问题，而与法律上的因果关系无关。质言之，在因果关系举证责任倒置的情形下，即使被告不能证明因果关系不成立，进而认定因果关系成立，这一成立也只是事实层面的成立，并不意味着被告一定会承担侵权责任。在事实因果关系成立的情况下，法官仍有可能认为其并不构成法律上的因果关系。之所以在事实因果关系之外，仍要求成立法律上的因果关系，目的就在于‘通过法政策判断，对责任进行理性限定’”。②因果关系举证责任倒置的这一特性，还没有引起理论研究与实务部门的充分认识。

最高人民法院有关负责人指出：“环境污染侵权行为具有复杂性、技术性强、信息不对称等特点，为充分保护被侵权人的合法权益，侵权责任法第六十六条规定了因果关系的举证责任倒置原则，即由污染者就法律规定的不承担责任或者减轻责任的情形及其行为与损害之间不存在因果关系

---

① 张新宝、汪榆森：《污染环境与破坏生态侵权责任的再法典化》，载《比较法研究》2016 年第 5 期。

② 张新宝、汪榆森：《污染环境与破坏生态侵权责任的再法典化》，载《比较法研究》2016 年第 5 期。

承担举证责任。但是，因果关系的举证责任倒置并不意味着被侵权人不承担任何举证责任。对此，《最高人民法院关于审理环境侵权责任纠纷案件适用法律若干问题的解释》第6条作出明确规定，被侵权人请求环境损害赔偿时，应当提供证明以下事实的证据材料：第一，污染者排放了污染物，即污染者实施了排污行为；第二，被侵权人的损害结果，即被侵权人有损害事实；第三，污染者排放的污染物或者其次生污染物与损害结果之间具有关联性。需要注意的是，人民法院对被侵权人就污染行为与损害结果之间存在因果关系的举证责任要求非常低，只需要证明两者之间存在关联性即可。”①

上述司法解释第7条规定：“污染者举证证明下列情形之一的，人民法院应当认定其污染行为与损害之间不存在因果关系：（一）排放的污染物没有造成该损害可能的；（二）排放的可造成该损害的污染物未到达该损害发生地的；（三）该损害于排放污染物之前已发生的；（四）其他可以认定污染行为与损害之间不存在因果关系的情形。”

（二）污染环境、破坏生态侵权案件中几种因果关系理论介绍

1. 盖然因果关系说

盖然因果关系说又称或然因果关系说，其基本含义是：受害人只需要证明侵害行为引起损害的可能性达到一定程度，即可推定因果关系之存在。其在污染环境、破坏生态致人损害案件中的具体运用是，被侵权人只需要证明：（1）行为人有污染该地区（损害发生地）的行为（通常为排污行为）或者破坏生态的行为；（2）在该地区有众多同样损害发生。盖然因果关系说是从行为人与被侵权人在经济地位上的差别来考虑因果关系之证明的。一般来说，行为人较之被侵权人处于经济地位上的优势，因此，行为人更有能力承担损害后果（赔偿）。由于这一证明方法具有较强的主观性，因而应允许行为人对因果关系之不存在提出反证。

2. 社会流行病学的证明方法

社会流行病学的证明方法亦称疫学的因果关系证明方法②，其基本含义是：“就疫学上可能考虑的若干因素，利用统计的方法，调查各因素与疫病之间的关系，选择相关性较大的因素，对其作综合研究，由此判断其

---

① 《最高人民法院研究室负责人就〈最高人民法院关于审理环境侵权责任纠纷案件适用法律若干问题的解释〉答记者问》，载中国法院网，https：//www. chinacourt. org/article/detail/2015/06/id/1639599. shtml，最后访问时间：2020年1月22日。

② 参见刘士国：《论侵权责任中的因果关系》，载《法学研究》1992年第2期。

与结果之间有无关系。”① 被侵权人采用社会流行病学的证明方法，应当证明：（1）该污染物质在发病前曾发生作用；（2）该污染物质量的增加与发病率呈正比例关系；（3）该污染物质量的减少与发病率呈负比例关系；（4）该污染物质可能导致该疾病的结论与科学和医学规律不存在矛盾。这种证明方法为许多西方国家的侵权行为法或司法实践所接受，它主要适用于污染环境致人健康损害（产生疾病）的案件。

3. 间接反证法

间接反证法又称举证责任倒置或者因果关系推定。按传统的因果关系理论及证明规则，应由被侵权人对因果关系之存在进行充分的证明，但根据间接反证法，如果被侵权人能证明因果关系锁链中的一部分事实，就推定其他事实存在，而由行为人承担证明其不存在的责任。② 例如，在环境污染、生态破坏导致的人身损害的侵权案件中，被侵权人只需证明：（1）行为人具有排放污染物质的行为或者破坏生态的行为；（2）被侵权人曾接触或暴露于污染物质或者被破坏的生态环境；（3）被侵权人在接触、暴露于污染物质或者受到破坏的生态环境之后受到损害（如生病）。在被侵权人对因果关系的大致框架进行证明后，举证责任便转移到侵权人一方，由其证明因果关系的某一锁链环节不存在进而证明因果关系不存在；否则，即推定因果关系存在。

【关联规定】

《侵权责任法》（2021 年 1 月 1 日废止）

第六十六条　因污染环境发生纠纷，污染者应当就法律规定的不承担责任或者减轻责任的情形及其行为与损害之间不存在因果关系承担举证责任。

第一千二百三十一条　【两个以上侵权人造成损害的责任分担】两个以上侵权人污染环境、破坏生态的，承担责任的大小，根据污染物的种类、浓度、排放量，破坏生态的方式、范围、程度，以及行为对损害后果所起的作用等因素确定。

---

① 钱水苗：《污染环境侵权民事责任的特点》，载《杭州大学学报（哲学社会科学版）》1993 年第 3 期。

② 参见王利明主编：《民法侵权行为法》，中国人民大学出版社 1993 年版，第 458 页。

【条文主旨】

本条是关于数个侵权人承担污染环境、破坏生态责任的规定。

【核心概念】

污染环境、生态破坏的受害人侵权责任

污染环境、生态破坏的受害人侵权责任，是指两个以上侵权人污染环境、破坏生态的，如果符合《民法典》第 1168 条至第 1171 条任何一条规定要求的应当承担连带责任；不符合第 1168 条至第 1171 条任何一条规定，但是符合第 1172 条或者第 1231 条规定的应当承担按份责任，承担责任的大小根据污染物的种类、浓度、排放量、破坏生态的方式、范围、程度以及行为对损害后果所起的作用等因素确定。

【理解与适用】

一、数个侵权人按份责任的份额之确定

（一）确定份额的要素

依据本条规定，数个侵权人污染环境或破坏生态，其承担责任的大小即责任份额根据污染物的种类、浓度、排放量和破坏生态的方式、范围、程度，以及行为对损害后果所起的作用等因素确定。这是关于按份责任的规定，与《民法典》第 1172 条规定的精神一致，或者说是《民法典》第 1172 条在污染环境、破坏生态侵权责任中的具体运用。

虽然本条列举了污染物的种类、浓度、排放量和破坏生态的方式、范围、程度以确定不同侵权人的责任份额，但是最重要的是“行为对损害后果所起的作用”这一因素。如果排污的种类相同、浓度相同，排污的排放量不同，排放量则对损害发生所起的作用不一样，进而确定排放量多的应当承担更大份额的责任，排放量少的则应承担较小份额的责任。以此类推，污染浓度及破坏生态的方式、范围和程度等，都可以得出符合本条规定的结论。在污染浓度、污染物的排放量等均不相同的情况下，则可以通过换算、折算等方式认定各侵权人的污染行为或破坏行为对损害发生的原因力，进而确定他们各自应当承担的责任比例或者份额。

由此可见，本条规定的具体考虑因素实际上是对于“原因力”要素的具体化。需要注意的是，本条的立法精神在实际上改变了相关司法解释的

规定。《最高人民法院关于审理环境侵权责任纠纷案件适用法律若干问题的解释》第4条规定："两个以上污染者污染环境，对污染者承担责任的大小，人民法院应当根据污染物的种类、排放量、危害性以及有无排污许可证、是否超过污染物排放标准、是否超过重点污染物排放总量控制指标等因素确定。"其中，"有无排污许可证、是否超过污染物排放标准"等因素并不是对于行为原因力大小的判断因素，而是对于行为人是否具有过错的判断因素。因此，上述司法解释的相关规定实际上是将原因力大小和过错大小共同作为判断责任份额的考量因素。但是，《民法典》本条的规定改变了这一做法，本条基本摒弃了"过错大小"对于责任份额的影响，而是仅考虑原因力大小这一衡量因素。需要注意的是，虽然本条的规定在字面上仍然使用了"等"的表述，但是应当理解为，原则上仅以原因力大小作为判断责任份额的依据。这在一定程度上向被侵权人的权益进行了倾斜。因为行为人原则上不得再以没有过错或过错较小作为理由而承担较小的责任。

此外，还需要注意的是，对于本条的适用不能机械地理解为直接由数个行为人依据原因力大小的比例，成比例地对于损害后果承担100%的责任。例如，三个侵权人的原因力相同，则每一个行为人各承担三分之一的侵权责任。而是要理解为，在能够明确每个侵权行为人的行为所导致的损害范围（或可能性）的情况下，该行为人对于该部分损害都要承担侵权责任。这就意味着在一定的范围内，可能有数个行为人对于该部分损害承担实质上的"连带责任"。例如，三个侵权人的原因力相同，但是每一个侵权人的行为实际上都可以造成60%的损害（存在80%的损害重叠），那么每一个侵权人都要对该60%的损害承担侵权责任，而不是仅仅承担三分之一损害的侵权责任。这在相关司法解释中得到了一定的确认。

（二）理论观点

在环境污染、生态破坏致人损害的因果关系认定中，多因一果的因果关系形态经常出现。例如，数家工厂都向某一河流排污，河水被污染，饮用该河流河水的居民因此而感染某种疾病。于此情形，多个行为共同造成同类污染并致人损害，但受害人不能确切地指明谁为实际侵权行为人。学者多认为，受害人只需证明"分别存在时间、地域和致损（害）物质的同一性，则可成立共同侵权行为的推定"①。这种推定允许行为人提出反证，如果任何一个行为人能证明自己未在同一时间或同一地点排污，或者排出的致人损害的物质为另一种物质，则不承担共同侵权的责任。如果行为人

① 王家福主编：《中国民法学·民法债权》，法律出版社1991年版，第517页。

不能提出反证，则全体行为人应按照排污量的比例分担责任或者平均负担赔偿责任。①

二、不适用按份责任的两种情况

（一）司法解释规定的三种适用连带责任的情况

《最高人民法院关于审理环境侵权责任纠纷案件适用法律若干问题的解释》规定了三种不适用按份责任而适用连带责任的情况：(1) 两个以上污染者共同实施污染行为造成损害，两个以上污染者应当承担连带责任；(2) 两个以上污染者分别实施污染行为造成同一损害，每一个污染者的污染行为都足以造成全部损害，污染者应当承担连带责任；(3) 两个以上污染者分别实施污染行为造成同一损害，部分污染者的污染行为足以造成全部损害，部分污染者的污染行为只造成部分损害，被侵权人可以请求足以造成全部损害的污染者与其他污染者就共同造成的损害部分承担连带责任，并对全部损害承担责任。在这三种情况中，前两种属于一般连带责任，即两个以上污染者无差别地承担了责任。第一种情况承担连带责任的法律依据是“共同实施侵权行为”的连带责任（《民法典》第1168条、《侵权责任法》第8条）。第二种情况承担连带责任的法律依据是数人的侵权行为“原因聚合”而承担连带责任（《民法典》第1171条、《侵权责任法》第11条）。

（二）第三种情况下的“单向连带责任”

第三种情况是较为复杂的“单向连带责任”：污染者的污染行为足以造成全部损害的，对全部损害承担赔偿责任；同时又与其他造成部分损害的污染者就共同造成的损害部分承担连带责任。这种连带责任是单向的，仅仅是污染行为足以造成全部损害的污染者对共同造成的损害部分承担连带责任（如下图中的B部分，全部损害为A+B）；其他污染者并不对足以造成全部损害的污染者单独造成的损害部分承担连带责任（如下图中的A部分）。

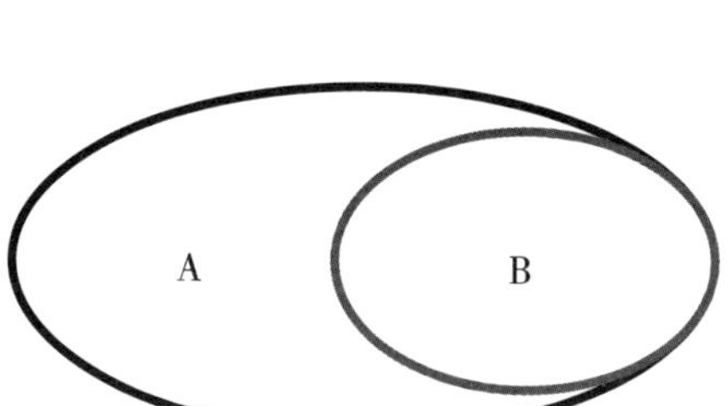

① 学者起草的民法典建议稿对此规定了连带责任：“第一千六百零五条（第二款）两个或者两个以上排污者污染环境造成他人损害的，适用本法第一千五百五十一条的规定（连带责任）。”参见梁慧星主编：《民法典草案建议稿》，法律出版社2003年版，第320页。

这一“单向连带责任”并不仅仅适用于一个侵权行为人造成全部损害的情形，而应当理解为：只要某部分损害是确定地由数个侵权行为人共同造成的，那么对于这部分损害，该数个侵权行为人均须承担连带责任。

（三）学者观点：责任的综合适用与扩张适用

在现有侵权责任制度的框架下，需要通过法律解释特别是对连带责任、雇员责任、企业控股股东的“直索责任”等作出扩张解释，以及严格适用与综合适用各种侵权责任方式，正确处理污染环境、破坏生态侵权责任与相关行政法律责任及所有法律责任之间的关系，实现污染环境、破坏生态侵权责任的强化，达到救济受害人、制裁和遏制污染环境、破坏生态行为的法律效果，实现环境友好、生态文明的社会效果。①

【关联规定】

《侵权责任法》（2021 年 1 月 1 日废止）

第六十七条　两个以上污染者污染环境，污染者承担责任的大小，根据污染物的种类、排放量等因素确定。

《最高人民法院关于审理环境侵权责任纠纷案件适用法律若干问题的解释》

第二条　两个以上污染者共同实施污染行为造成损害，被侵权人根据侵权责任法第八条规定请求污染者承担连带责任的，人民法院应予支持。

第三条　两个以上污染者分别实施污染行为造成同一损害，每一个污染者的污染行为都足以造成全部损害，被侵权人根据侵权责任法第十一条规定请求污染者承担连带责任的，人民法院应予支持。

两个以上污染者分别实施污染行为造成同一损害，每一个污染者的污染行为都不足以造成全部损害，被侵权人根据侵权责任法第十二条规定请求污染者承担责任的，人民法院应予支持。

两个以上污染者分别实施污染行为造成同一损害，部分污染者的污染行为足以造成全部损害，部分污染者的污染行为只造成部分损害，被侵权人根据侵权责任法第十一条规定请求足以造成全部损害的污染者与其他污染者就共同造成的损害部分承担连带责任，并对全部损害承担责任的，人民法院应予支持。

---

① 参见张新宝、庄超：《扩张与强化：环境侵权责任的综合适用》，载《中国社会科学》2014 年第 3 期。

第四条 两个以上污染者污染环境，对污染者承担责任的大小，人民法院应当根据污染物的种类、排放量、危害性以及有无排污许可证、是否超过污染物排放标准、是否超过重点污染物排放总量控制指标等因素确定。

第一千二百三十二条 【侵权人的惩罚性赔偿】侵权人违反法律规定故意污染环境、破坏生态造成严重后果的，被侵权人有权请求相应的惩罚性赔偿。

【条文主旨】

本条是关于侵权人故意违反法律规定污染环境、破坏生态造成严重后果，被侵权人有权请求相应惩罚性赔偿的规定。

【核心概念】

故意侵权

故意侵权是指侵权人追求损害结果发生或者明知损害结果极有可能发生而放任自己的行为导致损害结果发生的侵权行为。一般而言，侵权责任之构成不以侵权人的故意为要件，仅有过错（故意或过失）即可，但是法律规定的故意为要件的，依其规定。依据法律法规，侵权人承担惩罚性赔偿责任，在主观上应为故意，在客观上还需要造成严重损害后果。

【理解与适用】

一、惩罚性赔偿在环境污染和生态破坏侵权责任中的适用

在大陆法系侵权责任法中，惩罚性赔偿的适用属于特定情况下的个案而非普遍的责任方式。在《侵权责任法》中，仅第 47 条规定：“明知产品存在缺陷仍然生产、销售，造成他人死亡或者健康严重损害的，被侵权人有权请求相应的惩罚性赔偿。”《民法典》有意扩大惩罚性赔偿的适用范围，第 179 条第 2 款规定：“法律规定惩罚性赔偿的，依据其规定。”本条即属于“法律规定惩罚性赔偿”的情况。除本条规定外，《民法典》还有一些条文规定了惩罚性赔偿，如第 1185 条、第 1207 条等。

《民法典》在本条规定侵权人的惩罚性赔偿责任，贯彻了严格保护生态环境、保护被侵权人合法权益的立法政策，反映了民法基本原则“绿色原则”（《民法典》第9条）的根本要求。

二、适用惩罚性赔偿的要件

（一）侵权人故意的主观要件

承担本条规定的惩罚性赔偿责任，首先需要符合污染环境、破坏生态侵权责任的一般构成要件，即行为人实施了污染环境、破坏生态的侵权行为，发生了损害，且侵权行为与损害之间存在因果关系。在此等侵权责任构成要件中，因果关系是推定的：法律推定因果关系存在，如果行为人不能证明因果关系不存在，则认定因果关系成立，进而确定侵权责任。

如果被侵权人请求侵权人承担惩罚性赔偿已超过实际损失的赔偿，则要求侵权人具有主观上故意的构成要件。质言之，侵权人承担惩罚性赔偿责任不是无过错责任而是过错责任，不仅是过错责任而且要求其主观上为故意的过错。与过失相比较，故意具有更严重的反社会秩序性和对他人民事权益的侵害性，故而是承担更严重侵权责任的伦理和法理基础。

本条规定的故意，是指侵权人“故意违反国家规定”。这里的“故意”是指侵权人明知国家禁止性规定的存在，而无视、恶意规避或者曲解此等规定而实施污染环境、破坏生态的行为。侵权人拒绝管理部门的整改指令、无视被侵权人的投诉等情况，也可以当作其故意的证据。

需要注意的是，在大多数情况下，本条的适用对象是企业等组织体，因为有关环境污染、生态破坏的国家规定主要是针对组织而制定的。但是，在一些情况下，本条也适用于自然人。一个值得思考的问题是，对于组织和自然人“故意”的认定是否适用相同的标准。笔者认为，从广义上讲，二者的“故意”都适用一般理性人标准。但是，从狭义上讲，二者存在较大的区别。对于组织而言，尤其是一个从事可能污染环境、破坏生态行为的组织而言，其有义务必须知晓国家的相关规定，并严格遵守国家的相关规定。因此，笔者认为，只要存在违反国家规定的污染环境、破坏生态的行为，就应先推定该组织是“故意”违反。应当由该组织来举证证明其不存在“故意”，而且对于该举证责任应当设定较高的证明标准。例如，该组织合法采购的排放检测装置存在质量问题等。而对于作为一般自然人的行为人而言，虽然法律也假定其应当知晓相关国家规定。但是，事实情况是大部分普通自然人并不知晓相关规定，而且自然人的一般行为也无须经过行政审批等前置程序，其知晓相关规定的义务在一定意义上较组织是轻的，而且在作为自然人的行为人和受害人之间也往往并不存在诉讼能力上的巨大差异。因此，对于作为自然人的行为人之“故意”而言，适用正常的民事诉讼程序即可。

（二）损害后果严重的客观要件

法律规定承担惩罚性赔偿责任需要造成严重后果，即在损害后果方面出现被侵权人一方严重人身损害（如死亡、严重伤残）和数额巨大的财产损失等情形。造成多人严重损害，也可以认定为“造成严重后果”的情形。

【关联规定】

《民法典》

第一百七十九条第二款 法律规定惩罚性赔偿的，依照其规定。

第一千二百三十三条 【因第三人过错污染环境、破坏生态的责任】因第三人的过错污染环境、破坏生态的，被侵权人可以向侵权人请求赔偿，也可以向第三人请求赔偿。侵权人赔偿后，有权向第三人追偿。

【条文主旨】

本条是关于因第三人的过错污染环境、破坏生态造成损害情况下赔偿责任的规定。

【核心概念】

第三人过错

第三人过错，是指行为人、被侵权人之外的第三人有过错的行为，包括过错和行为两个要素。被侵权人请求第三人承担赔偿责任的，人民法院应当根据第三人的过错程度确定其相应的赔偿责任。

【理解与适用】

一、因第三人过错污染环境、破坏生态造成损害

本条基本承继了《侵权责任法》第68条的规定，增加了“破坏生态”

的行为方式，删除了“造成损害”的表述。增加“破坏生态”是因为本章既规范环境污染的侵权责任，也规范破坏生态的侵权责任。

本条在表述上删除“造成损害”并不意味着承担本条规定的侵权责任不要求有损害后果的构成要件，本条作出这一修改应该是文字表述上的简化便利之考虑。本条没有作为独立裁判规则的价值，其是依附于《民法典》第1229条的，只有在构成《民法典》第1229条规定的侵权责任的前提下，出现第三人过错行为介入的情况才会适用本条的规定。因为在没有任何“损害”的情况下，甚至都并不存在任何“污染者”“破坏者”。《民法典》第1229条已经规定了“造成他人损害”，本条是否规定“造成损害”都不会引起歧义，不会被误解为“承担本条规定的侵权责任不要求损害后果”。

“因第三人的过错污染环境、破坏生态”是指侵权人（第一人）、被侵权人（第二人）之外的第三人实施了污染环境、破坏生态的行为，且实施该行为是基于过错即故意或者过失。需要指出的是，在理论和立法上，均认为环境污染、破坏生态的侵权责任为无过错责任，但是承担本条规定的责任以及侵权人获得相关的追偿权，以第三人的过错为要件。

其理论依据在于：在因第三人过错污染环境、破坏生态的情况下，绝大多数情形是第三人实施了行为，而“污染者”“破坏者”客观上提供了行为所需的物质基础（如污染物质等）。没有过错的“污染行为”“破坏行为”一般是指在国家标准范围内进行的上述行为。而对于第三人而言，由于其并不以该国家标准范围内的“行为”为经常行为或营业行为；因此，对于该第三人而言，只要其从事了这些行为，原则上就是有过错的。质言之，之所以要求第三人具有过错的原因在于，在一般理性人标准下，该第三人的“污染行为”“破坏行为”原则上就是有过错的，因为一个理性人根本不会从事这些行为。此外，还需要注意，在大多数情况下，“污染者”“破坏者”对于其具有污染、破坏能力的物质材料负有一定的看管义务，第三人原则上是无法使用这些物质材料的。而当第三人能够使用这些物质材料时，要么是第三人具有过错，要么是“污染者”“破坏者”具有过错（因其未履行相关义务）。前者在本条予以规定，后者则直接由环境污染、生态破坏侵权责任的一般责任承担规则予以调整。可以理解为，污染环境、破坏生态，既可以是作为行为，也可以是不作为行为。不论是作为行为还是不作为行为，都属于行为，存在该行为时，“污染者”“破坏者”就要承担独立的侵权责任。而只有在“污染者”“破坏者”完全不存在任何“行为”时，因第三人过错污染环境、破坏生态的，才需要由本条予以调整。

第三人过错污染环境、破坏生态可能是损害发生的唯一原因，也可能是损害发生的部分原因。在以下原油泄漏造成损害的案例中我们可以观察到因第三人过错行为造成损害的情况：侵权人拥有所有权的油轮合法合规停靠在某港口的码头等待卸货。第三人的船只违规驶入该港口并撞在停靠在码头上的油轮，致使油轮破损所载原油泄漏。泄漏的原油污染了一定范围的海域，致使该海域的渔民遭受财产损害。被侵权人（第二人）有权依据《民法典》第1229条请求侵权人（油轮所有人）承担侵权责任；也权依据本条请求侵权人（油轮所有人）承担赔偿责任；还可以依据本条请求有过错的第三人（肇事船只的所有人等）承担赔偿责任。

二、侵权人的赔偿责任与追偿权

（一）对于第三人过错造成的损害部分：被侵权人的选择权

《最高人民法院关于审理环境侵权责任纠纷案件适用法律若干问题的解释》第5条第2款规定："被侵权人请求第三人承担赔偿责任的，人民法院应当根据第三人的过错程度确定其相应赔偿责任。"如果第三人的过错行为造成了全部损害，则第三人应当赔偿全部损害。如果第三人的过错行为只是部分损害发生的原因，则在被选择的情况下，第三人对该部分损害承担赔偿责任。

依据本条规定，对于第三人过错造成的损害部分，被侵权人可以向侵权人请求赔偿，也可以向有过错造成损害的第三人请求赔偿。但是，对这部分损害，被侵权人只能选择其中之一请求赔偿，而不能同时请求二者承担赔偿责任，也不能在选择其中之一承担赔偿责任（无论是否实现其请求）后再向另一主体请求赔偿。就这一部分损害而言，原因有三：（1）侵权人与第三人之间不构成共同侵权，不适用连带责任的规则；（2）侵权人与第三人之间不适用按份责任的规定；（3）由于法律规定了单向的追偿权，侵权人与第三人之间的责任关系也不构成"不真正连带"或者说只是片面的"不真正连带"——有过错的第三人如果被选择承担了赔偿责任之后不得向侵权人追偿。

（二）第三人过错（造成损害）不是侵权人不承担责任或者减轻责任的抗辩事由

《最高人民法院关于审理环境侵权责任纠纷案件适用法律若干问题的解释》第5条第3款规定："污染者以第三人的过错污染环境造成损害为由主张不承担责任或者减轻责任的，人民法院不予支持。"对于完全是由于第三人过错造成的损害或者是由于第三人过错造成的部分损害，如果被侵权人选择请求侵权人承担赔偿责任，侵权人不得拒绝，不得以“损害是第三人造成的”主张不承担责任或者减轻责任。对于此等损害赔偿，排斥《民法典》第1175条的适用。

（三）侵权人承担责任后的追偿权

侵权人对因第三人过错造成的损害承担赔偿责任后，依据本条规定有权向第三人追偿。是否能够实现追偿权，不影响侵权人对被侵权人的赔偿责任之承担。也就是说，尽管有不能实现追偿权之虞，侵权人也应当依法先行承担赔偿责任，由自己承受未来可能的追偿不能的风险。

对于不属于第三人过错造成的损害，由侵权人依法承担无过错责任，不享有向第三人追偿的权利。

【关联规定】

《侵权责任法》（2021年1月1日废止）

第六十八条 因第三人的过错污染环境造成损害的，被侵权人可以向污染者请求赔偿，也可以向第三人请求赔偿。污染者赔偿后，有权向第三人追偿。

《最高人民法院关于审理环境侵权责任纠纷案件适用法律若干问题的解释》

第五条 被侵权人根据侵权责任法第六十八条规定分别或者同时起诉污染者、第三人的，人民法院应予受理。

被侵权人请求第三人承担赔偿责任的，人民法院应当根据第三人的过错程度确定其相应赔偿责任。

污染者以第三人的过错污染环境造成损害为由主张不承担责任或者减轻责任的，人民法院不予支持。

第一千二百三十四条 【生态环境损害修复责任】 违反国家规定造成生态环境损害，生态环境能够修复的，国家规定的机关或者法律规定的组织有权请求侵权人在合理期限内承担修复责任。侵权人在期限内未修复的，国家规定的机关或者法律规定的组织可以自行或者委托他人进行修复，所需费用由侵权人负担。

【条文主旨】

本条是关于环境民事公益诉讼和生态环境损害赔偿诉讼生态修复请求权及其实现的规定。

【核心概念】

生态修复责任

生态修复责任，是指在生态环境能够修复的情况下，侵权人承担的通过重建、修补生态环境以使其恢复原有生态功能的一种侵权责任方式，也可以认为是“恢复原状”侵权责任方式在污染环境、生态破坏侵权领域的具体应用。生态修复责任不是对民事主体私益的救济，而是对公共利益的救济。

【理解与适用】

一、可修复的生态环境损害与修复责任的构成要件

（一）“违反国家规定”造成生态环境损害

本条与前面第1229条等形成呼应，共同解决对环境污染和生态破坏造成的损害的民事救济问题。第1229条针对的是因环境污染和生态破坏对他人人身和财产等私人权益造成损害的情形，本条针对的是因环境污染和生态损害造成生态环境损害的情形。换言之，第1229条是对传统人身和财产利益的救济，第1234条则是对生态环境利益（包括与生态环境相关的社会利益和国家利益）的救济。由于损害和救济的客体不同，其制度规则也相应地有所不同。

本条规定，违反国家规定造成生态环境损害的，如果该损害能够修复，则应当修复。“违反国家规定”是指违反国家有关环境、生态保护的法律、国家政策、行政法规、部门规章和地方规定，以及基于此等规定制定的具体排放标准、控制指标等。要注意两点：其一，这里的“规定”不仅包括法律意义上的规定，还应包括政策意义上的规定；其二，法律意义上的规定，既包括具有直接法律效力的社会规范，也包括没有直接法律效力的技术规范。以往的侵权责任制度并没有重点关注和全面规定生态环境损害赔偿制度。2012年修订的《民事诉讼法》率先规定了环境民事公益诉讼制度，第55条采用转介条款作出了宣示性、原则性之规定，司法适用性

有待增强。2014 年修订的《环境保护法》第 58 条在此基础上规定了环境民事公益诉讼制度，对于“污染环境、破坏生态，损害社会公共利益的行为”，符合条件的社会组织可以向人民法院提起诉讼。2017 年再次修订的《民事诉讼法》对环境民事公益诉讼作出了较为全面的规定。然而，这些规定都属于程序法的性质，生态环境损害赔偿责任的实体法规定一直阙如。

党中央、国务院高度重视生态环境损害赔偿工作，党的十八届三中全会明确提出对造成生态环境损害的责任者严格实行赔偿制度。2015 年，中共中央办公厅、国务院办公厅印发了《生态环境损害赔偿制度改革试点方案》（中办发〔2015〕57 号，已失效），在吉林等 7 个省市部署开展改革试点，取得明显成效。2017 年 12 月，为进一步在全国范围内加快构建生态环境损害赔偿制度，中共中央办公厅、国务院办公厅在总结各地区改革试点实践经验基础上，印发了《生态环境损害赔偿制度改革方案》，对生态环境损害赔偿制度进行了较为全面的规定。从属性上看，这一改革方案并非法律规范，显然属于政策的范畴。2019 年 6 月，为正确审理生态环境损害赔偿案件，严格保护生态环境，依法追究损害生态环境责任者的赔偿责任，最高人民法院制定了《最高人民法院关于审理生态环境损害赔偿案件的若干规定（试行）》，从而建立了较为完善的生态环境损害赔偿及其诉讼制度。2019 年 12 月，修订通过的《森林法》第 68 条规定了森林生态环境损害赔偿制度。

所谓生态环境损害，是指因污染环境、破坏生态造成大气、地表水、地下水、土壤、森林等环境要素和植物、动物、微生物等生物要素的不利改变，以及上述要素构成的生态系统功能退化。换言之，这里的“生态环境损害”不是指某一个或者数个民事主体遭到的人身损害或者财产损失，而是在特定的区域范围里不特定的个人、组织受到的损害，其所损害的是社会公共利益（《最高人民法院关于审理环境民事公益诉讼案件适用法律若干问题的解释》第 1 条）。此等损害表现为生态环境利益受损，如珍稀自然资源的自然供给锐减、水土流失、地力下降、沙漠化或者荒漠化、空气污染、水源大幅度减少等。

要注意的是，这里的“环境生态损害”仅指生态环境利益损失，不包括“自然资源资产损失”。根据《物权法》等相关法律规定，除森林、草原、耕地、湿地等自然资源中的一部分属于集体所有外，绝大部分自然资源（如矿藏、水流、海域等）都属于国家所有。国家所有的自然资源资产由于环境污染和生态破坏而遭受损害的，国务院以及国务院授权的省、市级人民政府及其指定的有关自然资源资产管理部门，有权代表国家提起国有自然资源资产损害赔偿诉讼。

（二）能够修复的生态环境损害

本条适用于“能够修复的”情形，即可以通过修复等治理手段救济被污染的环境和被破坏的生态，使其恢复原状或者大致恢复原状。这里的恢复原状应当理解为环境质量达到污染前的标准或者生态功能达到被破坏前的水平。只有对那些通过修复能够实现此等“恢复原状”的案件，才适用本条的规定。如果环境污染和生态破坏特别严重，以致生态环境已无法修复，如千年冻土、丹霞地貌的破坏，则不适用本条的规定。

（三）修复责任的构成要件

本条强调了“违反国家规定造成生态环境损害”是承担修复责任的前提。只有“违反国家规定”造成生态环境损害，才承担本条规定的修复责任；如果造成生态环境损害没有违反国家规定，则不承担本条规定的修复责任。这与本法第1229条、第1230条规定的责任之构成要件是不一样的。因此，承担本条规定的修复责任之构成要件包括：（1）侵权人实施了污染环境、破坏生态的行为；（2）损害（作为公共利益的环境、生态利益受到损害）；（3）污染环境、破坏生态的行为与损害之间存在因果关系；（4）侵权人的行为具有违法性。要注意的是，只有污染环境、破坏生态的行为存在违法性，才构成生态环境修复责任。例如，超过污染排放控制标准或总量控制标准排放了污染物质，没有采伐许可证或者超过采伐限额砍伐了林木等。换言之，只要行为合法，即使造成了生态环境损害，也是无须承担生态环境损害修复责任的。对此，通常采用税费的方式，来实现生态环境负外部性的内部化。譬如，缴纳环境保护税（以前为排污费）、植被恢复费（如森林植被恢复费、草原植被恢复费）、水土保持补偿费等。

二、有权请求修复生态环境的主体

由于本条规定的损害不是民事主体受到的人身损害或者财产损失，法律规定提起诉讼的主体为“国家规定的机关或者法律规定的组织”，因此，自然人、法人或者非法人组织不得依据本条提起损害赔偿或者恢复原状的一般（私益）侵权诉讼。

“国家规定的机关”主要是指法律、国家政策和行政法规、部门规章、地方法规以及司法解释规定的有权提起环境公益诉讼和生态环境损害赔偿诉讼的国家机关。根据有关规定，这里的国家机关，包括国家行政机关和国家检察机关两大类型。

“国家规定的机关”首先是指国家行政机关。2017 年《生态环境损害赔偿制度改革方案》规定：“国务院授权省级、市地级政府（包括直辖市所辖的区县政府，下同）作为本行政区域内生态环境损害赔偿权利人。……省级、市地级政府可指定相关部门或机构负责生态环境损害赔偿具体工作。省级、市地级政府及其指定的部门或机构均有权提起诉讼。跨省域的生态环境损害，由生态环境损害地的相关省级政府协商开展生态环境损害赔偿工作。”2019 年颁布的《最高人民法院关于审理生态环境损害赔偿案件的若干规定（试行）》第 1 条规定的“省级、市地级人民政府及其指定的相关部门、机构，或者受国务院委托行使全民所有自然资源资产所有权的部门”，可以作为原告提起生态环境损害赔偿诉讼。“法律规定的组织”是指《民事诉讼法》第 55 条和《环境保护法》第 58 条规定的社会组织。有权提起环境民事公益诉讼的社会组织，必须符合法律规定的条件：（1）依法在设区的市级以上人民政府民政部门登记；（2）专门从事环境保护公益活动连续 5 年以上且无违法记录。此等组织提起修改公益诉讼，不得牟取经济利益。据悉，全国目前仅有 700 多家 NGO（非政府组织）符合法定起诉条件。其中，既符合《环境保护法》规定的诉讼资格条件，又具备起诉能力的，加起来还不足 30 家。①

除国家行政机关外，“国家规定的机关”还有一类是国家检察机关。《民事诉讼法》第 55 条等法律规定，人民检察院在履行职责中发现破坏生态环境和资源保护等损害社会公共利益的行为，在没有适格的机关和组织或者有适格的机关和组织但是其不提起诉讼的情况下，可以向人民法院提起诉讼。如果有适格的机关或者组织提起诉讼的，人民检察院可以支持起诉。可见，国家检察机关是以候补原告的身份提起生态环境检察诉讼的。

三、修复生态环境请求权的实现

（一）合理限度的修复责任

国家规定的机关或者法律规定的组织有权请求侵权人在合理限度内承担修复责任。所谓“合理限度”，有三层含义：（1）达到或者基本达到污染前的环境质量或者破坏前的生态功能水平，即基本达到“恢复原状”的效果；（2）技术上可行；（3）经济上具有合理性，成本上划算。之所以规定“合理限度”的修复责任，是因为防止不计经济技术上的可行性，提出过度修复的不合理要求。

---

① 贺震：《公益诉讼会出现滥诉现象吗》，载《中国环境报》2015 年 2 月 4 日。

（二）侵权人承担修复生态环境的责任

在此等案件中，法院可以判决侵权人在期限内修复生态环境。“期限”是指依据具体情况组织设计、施工在通常情况下所需要的时间期限。之所以规定“期限”，一是因为生态环境修复需要一个过程，不可能一蹴而就；二是因为生态环境修复必须遵循自然规律，必须将季节条件等因素纳入考量。譬如，冬季不可能实现植被恢复。

（三）请求权人自行修复或者委托修复：侵权人承担所需费用

依据本条规定，侵权人在期限内未修复的，国家规定的机关或者法律规定的组织可以自行或者委托他人进行修复，所需费用由侵权人负担。生态环境损害侵权人或者缺乏设施设备等技术条件，或者缺乏专业人才，或者没有主观意愿，都有可能在期限内不能完成生态环境修复。为及时救济受损的生态环境，作为环境民事公益诉讼起诉人的“法律规定的机关和组织”和作为生态环境损害赔偿诉讼起诉人的国家机关可以自行或者委托他人进行修复。当然，根据“损害担责”的原则，修复的费用应由造成生态环境损害的侵权人承担。

【关联规定】

《环境保护法》

第五十八条　对污染环境、破坏生态，损害社会公共利益的行为，符合下列条件的社会组织可以向人民法院提起诉讼：

（一）依法在设区的市级以上人民政府民政部门登记；

（二）专门从事环境保护公益活动连续五年以上且无违法记录。

符合前款规定的社会组织向人民法院提起诉讼，人民法院应当依法受理。

提起诉讼的社会组织不得通过诉讼牟取经济利益。

《森林法》

第六十八条　破坏森林资源造成生态环境损害的，县级以上人民政府自然资源主管部门、林业主管部门可以依法向人民法院提起诉讼，对侵权人提出损害赔偿要求。

《民事诉讼法》

第五十五条　对污染环境、侵害众多消费者合法权益等损害社会公共利益的行为，法律规定的机关和有关组织可以向人民法院提起诉讼。

人民检察院在履行职责中发现破坏生态环境和资源保护、食品药品安全领域侵害众多消费者合法权益等损害社会公共利益的行为，在没有前款规定的机关和组织或者前款规定的机关和组织不提起诉讼的情况下，可以向人民法院提起诉讼。前款规定的机关或者组织提起诉讼的，人民检察院可以支持起诉。

《最高人民法院关于审理环境民事公益诉讼案件适用法律若干问题的解释》

第一条　法律规定的机关和有关组织依据民事诉讼法第五十五条、环境保护法第五十八条等法律的规定，对已经损害社会公共利益或者具有损害社会公共利益重大风险的污染环境、破坏生态的行为提起诉讼，符合民事诉讼法第一百一十九条第二项、第三项、第四项规定的，人民法院应予受理。

第二条　依照法律、法规的规定，在设区的市级以上人民政府民政部门登记的社会团体、民办非企业单位以及基金会等，可以认定为环境保护法第五十八条规定的社会组织。

第二十条　原告请求恢复原状的，人民法院可以依法判决被告将生态环境修复到损害发生之前的状态和功能。无法完全修复的，可以准许采用替代性修复方式。

人民法院可以在判决被告修复生态环境的同时，确定被告不履行修复义务时应承担的生态环境修复费用；也可以直接判决被告承担生态环境修复费用。

生态环境修复费用包括制定、实施修复方案的费用和监测、监管等费用。

第二十一条　原告请求被告赔偿生态环境受到损害至恢复原状期间服务功能损失的，人民法院可以依法予以支持。

《最高人民法院关于审理生态环境损害赔偿案件的若干规定（试行）》

第一条　具有下列情形之一，省级、市地级人民政府及其指定的相关部门、机构，或者受国务院委托行使全民所有自然资源资产所有权的部门，因与造成生态环境损害的自然人、法人或者其他组织经磋商未达成一致或者无法进行磋商的，可以作为原告提起生态环境损害赔偿诉讼：

（一）发生较大、重大、特别重大突发环境事件的；

（二）在国家和省级主体功能区规划中划定的重点生态功能区、禁止开发区发生环境污染、生态破坏事件的；

（三）发生其他严重影响生态环境后果的。

前款规定的市地级人民政府包括设区的市，自治州、盟、地区，不设区的地级市，直辖市的区、县人民政府。

第二条 下列情形不适用本规定：

（一）因污染环境、破坏生态造成人身损害、个人和集体财产损失要求赔偿的，适用侵权责任法等法律规定；

（二）因海洋生态环境损害要求赔偿的，适用海洋环境保护法等法律及相关规定。

第六条 原告主张被告承担生态环境损害赔偿责任的，应当就以下事实承担举证责任：

（一）被告实施了污染环境、破坏生态的行为或者具有其他应当依法承担责任的情形；

（二）生态环境受到损害，以及所需修复费用、损害赔偿等具体数额；

（三）被告污染环境、破坏生态的行为与生态环境损害之间具有关联性。

第九条 负有相关环境资源保护监督管理职责的部门或者其委托的机构在行政执法过程中形成的事件调查报告、检验报告、检测报告、评估报告、监测数据等，经当事人质证并符合证据标准的，可以作为认定案件事实的根据。

第十一条 被告违反法律法规污染环境、破坏生态的，人民法院应当根据原告的诉讼请求以及具体案情，合理判决被告承担修复生态环境、赔偿损失、停止侵害、排除妨碍、消除危险、赔礼道歉等民事责任。

第十二条 受损生态环境能够修复的，人民法院应当依法判决被告承担修复责任，并同时确定被告不履行修复义务时应承担的生态环境修复费用。

生态环境修复费用包括制定、实施修复方案的费用，修复期间的监测、监管费用，以及修复完成后的验收费用、修复效果后评估费用等。

原告请求被告赔偿生态环境受到损害至修复完成期间服务功能损失的，人民法院根据具体案情予以判决。

第十六条 在生态环境损害赔偿诉讼案件审理过程中，同一损害生态环境行为又被提起民事公益诉讼，符合起诉条件的，应当由受理生态环境损害赔偿诉讼案件的人民法院受理并由同一审判组织审理。

第十七条 人民法院受理因同一损害生态环境行为提起的生态环境损害赔偿诉讼案件和民事公益诉讼案件，应先中止民事公益诉讼案件的审理，待生态环境损害赔偿诉讼案件审理完毕后，就民事公益诉讼案件未被涵盖的诉讼请求依法作出裁判。

第十八条 生态环境损害赔偿诉讼案件的裁判生效后，有权提起民事公益诉讼的机关或者社会组织就同一损害生态环境行为有证据证明存在前案审理时未发现的损害，并提起民事公益诉讼的，人民法院应予受理。

民事公益诉讼案件的裁判生效后，有权提起生态环境损害赔偿诉讼的主体就同一损害生态环境行为有证据证明存在前案审理时未发现的损害，并提起生态环境损害赔偿诉讼的，人民法院应予受理。

第十九条　实际支出应急处置费用的机关提起诉讼主张该费用的，人民法院应予受理，但人民法院已经受理就同一损害生态环境行为提起的生态环境损害赔偿诉讼案件且该案原告已经主张应急处置费用的除外。

生态环境损害赔偿诉讼案件原告未主张应急处置费用，因同一损害生态环境行为实际支出应急处置费用的机关提起诉讼主张该费用的，由受理生态环境损害赔偿诉讼案件的人民法院受理并由同一审判组织审理。

第一千二百三十五条　【生态环境损害赔偿的范围】违反国家规定造成生态环境损害的，国家规定的机关或者法律规定的组织有权请求侵权人赔偿下列损失和费用：

（一）生态环境受到损害至修复完成期间服务功能丧失导致的损失；

（二）生态环境功能永久性损害造成的损失；

（三）生态环境损害调查、鉴定评估等费用；

（四）清除污染、修复生态环境费用；

（五）防止损害的发生和扩大所支出的合理费用。

【条文主旨】

本条是关于侵权人违反国家规定造成生态环境损害赔偿责任的规定。

【核心概念】

生态环境损害赔偿责任

生态环境损害赔偿责任，是指在侵权导致生态环境受到损害至修复完成期间服务概念丧失的赔偿及对生态环境功能永久性丧失的赔偿，以及相关费用支出的赔偿。生态环境损害赔偿不是对民事主体私益的救济，而是对公共利益损害的赔偿。

【理解与适用】

一、请求权人

如果说前条是关于以修复方式“恢复原状”的规定，用以救济环境、生态方面受到损害的社会公共利益，而本条则是以赔偿损失的方式救济环境、生态方面受到损害的社会公共利益。[①] 依据本条规定，“国家规定的机关或者组织有权请求侵权人赔偿”。这里没有使用“法律规定”而是“国家规定”的表述，采取了比较灵活的立场，为未来确定侵权人留下了较大的决策空间。从目前的实践情况看，《民事诉讼法》《环境保护法》《海洋环境保护法》《森林法》《最高人民法院关于审理生态环境损害赔偿案件的若干规定（试行）》等法律意义上的国家规定和《生态环境损害赔偿制度改革方案》等国家政策意义上的国家规定，均规定了有关机关或者组织提起损害赔偿的请求权。至于国家机关（包括行政机关和检察机关）与组织的范围，在前一条的释义中已作具体解析。其中的行政机关，主要是指省级、市地级人民政府及其指定的相关部门、机构，或者受国务院委托行使全民所有自然资源资产所有权的部门。

问题是，对于发生的生态环境损害，如果以上多个有权的主体都试图积极提起诉讼怎么办呢？为了做好环境民事公益诉讼和生态环境损害赔偿诉讼的衔接，《最高人民法院关于审理生态环境损害赔偿案件的若干规定（试行）》第 16 条至第 19 条就起诉顺位和共同诉讼的问题作出了专门规定。第一，人民法院受理因同一损害生态环境行为提起的生态环境损害赔偿诉讼案件和民事公益诉讼案件，应先中止民事公益诉讼案件的审理，待生态环境损害赔偿诉讼案件审理完毕后，就民事公益诉讼案件未被涵盖的诉讼请求依法作出裁判。换言之，国家行政机关提起的生态环境损害赔偿诉讼具有相对于环保组织提起的环境民事公益诉讼的优先力。第二，生态环境损害赔偿诉讼案件的裁判生效后，有权提起民事公益诉讼的机关或者社会组织就同一损害生态环境行为有证据证明存在前案审理时未发现的损害，可以提起环境民事公益诉讼（作为共同原告）。反之，民事公益诉讼案件的裁判生效后，有权提起生态环境损害赔偿诉讼的主体就同一损害生态环境行为有证据证明存在前案审理时未发现的损害，也可以提起生态环境损害赔偿诉讼。

---

① 有学者持不同意见，认为不宜在《民法典》中对此作出规定，而应当单独立法。参见李艳芳：《生态环境是有内涵赔偿诉讼的目的、比较优势与立法需求》，载《法律适用》2020 年第 4 期。

二、损害赔偿责任的构成要件

需要指出的是，与第 1234 条一样，本条强调了“违反国家规定造成生态环境损害”是承担损害赔偿责任的前提。只有“违反国家规定”造成生态环境损害，才承担本条规定的损害赔偿责任；如果造成生态环境损害没有违反国家规定，则不承担本条规定的损害赔偿责任。这与本法第 1229 条、第 1230 条规定的责任之构成要件是不一样的。因此，承担本条规定的损害赔偿责任之构成要件包括：（1）侵权人实施了污染环境、破坏生态的行为；（2）损害（作为公共利益的环境功能的暂时或者永久丧失以及相关的费用支出）；（3）污染环境、破坏生态的行为与损害之间存在因果关系；（4）侵权人的行为具有违法性。

三、赔偿的损害和费用种类

本条规定了以下 5 项可以请求赔偿的损害和费用：

（1）生态环境修复期间服务功能丧失导致的损失；

（2）生态环境功能永久性损害造成的损失；

（3）生态环境损害调查、鉴定评估等费用；

（4）清除污染、修复生态环境费用；

（5）防止损害的发生和扩大所支出的合理费用。

2017 年 12 月，中共中央办公厅、国务院办公厅印发的《生态环境损害赔偿制度改革方案》规定，生态环境损害赔偿的范围包括清除污染费用、生态环境修复费用、生态环境修复期间服务功能的损失、生态环境功能永久性损害造成的损失以及生态环境损害赔偿调查、鉴定评估等合理费用。《民法典》第 1235 条基本沿袭了《生态环境损害赔偿制度改革方案》的规定，只是多了“防止损害的发生和扩大所支出的合理费用”一项。

所谓生态环境修复期间服务功能丧失导致的损失，是指自生态环境损害发生至生态环境部分恢复或者完全恢复的期间内，因生态环境服务功能丧失或者部分丧失而导致的损失。譬如，受损林地修复期间，因林地水源涵养、水土保持、气候调节等生态服务功能的丧失和降低而导致的损失。这种损害需要专门的鉴定机构方能完成。

所谓生态环境功能永久性损害造成的损失，是指环境污染和生态破坏过于严重，以致受损生态环境已不可修复，完全丧失原有生态服务功能而导致的损失。譬如，野生动物栖息地、丹霞地貌、千年冻土层的永久性破坏。判断这种损害是否具有永久性，需要专门的鉴定机构采用专门的方法才能完成。

所谓生态环境损害调查、鉴定评估等费用，主要是指调查、勘查、监测受损区域和评估鉴定损害风险与实际损害所发生的费用。

所谓清除污染、修复生态环境费用，是指清除受损生态环境中的污染物质（如清除油污）并恢复到受损前原有功能所需的费用。主要包括制定、实施清除污染、修复生态环境方案的费用以及清除污染的人工、材料、设备、设施等费用，修复期间的监测、监管费用，以及修复完成后的验收费用、修复效果后的评估费用等。关于生态环境修复费用，2017 年通过的《最高人民法院关于审理海洋自然资源与生态环境损害赔偿纠纷案件若干问题的规定》规定，限于现实修复实际发生和未来修复必然发生的合理费用，包括制定和实施修复方案和监测、监管产生的费用。

所谓防止损害的发生和扩大所支出的合理费用，是指为防止环境污染和生态破坏的实际发生及后续扩大而支出的合理费用。所谓合理费用，是指在当时技术经济条件通常水平下所支付的合理耗费的费用，既不提过高要求，也不有意放松要求。

要补充说明的是，关于未来生态环境修复必然发生的合理费用和修复期间服务功能丧失导致的损失，根据《最高人民法院关于审理海洋自然资源与生态环境损害赔偿纠纷案件若干问题的规定》第 8 条的规定，可以根据有资格的鉴定评估机构依据法律法规、国家主管部门颁布的鉴定评估技术规范作出的鉴定意见予以确定，但当事人有相反证据足以反驳的除外。对《民法典》来说，这一规定具有可借鉴性。

此外，由于鉴定技术和人才等方面的原因，难以确定生态环境修复费用和修复期间所致损失的，可以根据责任者因损害行为所获得的收益或者所减少支付的污染防治费用，合理确定损失赔偿数额。如果获得的收益或者减少的污染防治费用额也无法认定的，可以参照政府部门相关统计资料或者其他证据所证明的同区域同类生产经营者同期平均收入、同期平均污染防治费用，合理酌定。《最高人民法院关于审理海洋自然资源与生态环境损害赔偿纠纷案件若干问题的规定》的类似规定，值得借鉴和参考。

【关联规定】

中共中央办公厅、国务院办公厅《生态环境损害赔偿制度改革方案》

四、工作内容

（一）明确赔偿范围。生态环境损害赔偿范围包括清除污染费用、生态环境修复费用、生态环境修复期间服务功能的损失、生态环境功能永久性损害造成的损失以及生态环境损害赔偿调查、鉴定评估等合理费用……

《最高人民法院关于审理环境民事公益诉讼案件适用法律若干问题的解释》

第二十条第二款 人民法院可以在判决被告修复生态环境的同时，确定被告不履行修复义务时应承担的生态环境修复费用；也可以直接判决被告承担生态环境修复费用。

第二十条第三款 生态环境修复费用包括制定、实施修复方案的费用和监测、监管等费用。

第二十一条 原告请求被告赔偿生态环境受到损害至恢复原状期间服务功能损失的，人民法院可以依法予以支持。

第二十二条 原告请求被告承担检验、鉴定费用，合理的律师费以及为诉讼支出的其他合理费用的，人民法院可以依法予以支持。

《最高人民法院关于审理生态环境损害赔偿案件的若干规定（试行）》

第六条 原告主张被告承担生态环境损害赔偿责任的，应当就以下事实承担举证责任：

（一）被告实施了污染环境、破坏生态的行为或者具有其他应当依法承担责任的情形；

（二）生态环境受到损害，以及所需修复费用、损害赔偿等具体数额；

（三）被告污染环境、破坏生态的行为与生态环境损害之间具有关联性。

第十一条 被告违反法律法规污染环境、破坏生态的，人民法院应当根据原告的诉讼请求以及具体案情，合理判决被告承担修复生态环境、赔偿损失、停止侵害、排除妨碍、消除危险、赔礼道歉等民事责任。

第十三条 受损生态环境无法修复或者无法完全修复，原告请求被告赔偿生态环境功能永久性损害造成的损失的，人民法院根据具体案情予以判决。

第十四条 原告请求被告承担下列费用的，人民法院根据具体案情予以判决：

（一）实施应急方案以及为防止生态环境损害的发生和扩大采取合理预防、处置措施发生的应急处置费用；

（二）为生态环境损害赔偿磋商和诉讼支出的调查、检验、鉴定、评估等费用；

（三）合理的律师费以及其他为诉讼支出的合理费用。

第十五条 人民法院判决被告承担的生态环境服务功能损失赔偿资金、生态环境功能永久性损害造成的损失赔偿资金，以及被告不履行生态环境修复义务时所应承担的修复费用，应当依照法律、法规、规章予以缴纳、管理和使用。

案例分析

江苏省徐州市人民检察院诉其安公司等环境民事公益诉讼案[①]

【案件基本事实】

2015年5月左右，其安公司将其工业生产活动中产生的83桶硫酸废液，以每桶1300元至3600元不等的价格，交由黄某某处置。黄某某将上述硫酸废液运至苏州市区其租用的场院内，后以每桶2000元的价格委托何某某处置，何某某又以每桶1000元的价格委托王某某处置。王某某到物流园马路边等处随机联系外地牌号货车车主或司机，分多次将上述83桶硫酸废液直接从黄某某存放处运出，要求他们带出苏州后随意处置，共支出运费43000元。其中，魏某某将15桶硫酸废液从苏州市区运至沛县经济开发区后，在农地里倾倒3桶，余下12桶被丢弃在某工地上。除以上15桶之外，其余68桶硫酸废液王某某无法说明去向。2015年12月，沛县环保部门巡查时发现12桶硫酸废液。经鉴定，确定该硫酸废液是危险废物。2016年10月，其安公司将12桶硫酸废液合法处置，支付费用116740.08元。

2017年8月2日，江苏省沛县人民检察院对其安公司、黄某某、何某某、王某某、魏某某等向徐州铁路运输法院提起公诉，该案经江苏省徐州市中级人民法院二审后，终审判决认定其安公司、黄某某、何某某、王某某、魏某某等构成污染环境罪。

江苏省徐州市人民检察院在履行职责中发现以上破坏生态环境的行为后，依法公告了准备提起本案诉讼的相关情况，公告期内未有法律规定的机关和有关组织提起诉讼。2018年5月，江苏省徐州市人民检察院向江苏省徐州市中级人民法院提起本案诉讼，请求判令其安公司、黄某某、何某某、王某某、魏某某连带赔偿倾倒3桶硫酸废液和非法处置68桶硫酸废液造成的生态环境修复费用，并支付其为本案支付的专家辅助人咨询费、公告费，要求五名被告共同在省级媒体上公开赔礼道歉。

---

① 参见江苏省徐州市中级人民法院（2018）苏03民初256号民事判决书。

【争议焦点】

各被告就其非法处置硫酸废液造成的生态环境损害应当承担何种责任，以及赔偿数额如何确定。

【法院判决】

江苏省徐州市中级人民法院经审理认为：（1）《固体废物污染环境防治法》① 第55条规定："产生危险废物的单位，必须按照国家有关规定处置危险废物，不得擅自倾倒、堆放……"第57条规定："从事收集、贮存、处置危险废物经营活动的单位，必须向县级以上人民政府环境保护行政主管部门申请领取经营许可证……禁止无经营许可证或者不按照经营许可证规定从事危险废物收集、贮存、利用、处置的经营活动……"本案中，其安公司明知黄某某无危险废物经营许可证，仍将危险废物硫酸废液交由其处置；黄某某、何某某、王某某、魏某某明知自己无危险废物经营许可证，仍接收其安公司的硫酸废液并非法处置。其安公司与黄某某、何某某、王某某、魏某某分别实施违法行为，层层获取非法利益，最终导致危险废物被非法处置，对此造成的生态环境损害，应当承担赔偿责任。五被告的行为均系生态环境遭受损害的必要条件，构成共同侵权，应当在各自参与非法处置危险废物的数量范围内承担连带责任。本案中，倾倒3桶硫酸废液污染土壤的事实客观存在，但污染发生至今三年有余，且倾倒地已进行工业建设，目前已无法将受损的土壤完全恢复。对倾倒3桶硫酸废液所产生的生态环境修复费用，可以适用"虚拟治理成本法"予以确定，其计算公式为：污染物排放量×污染物单位治理成本×受损害环境敏感系数。公益诉讼起诉人委托的技术专家提出的倾倒3桶硫酸废液所致生态环境修复费用为204415元（4.28×6822.92×7）的意见，理据充分，应予采纳。该项生态环境损害系其安公司、黄某某、何某某、王某某、魏某某五被告的共同违法行为所致，五被告应连带承担204415元的赔偿责任。（2）根据《固体废物污染环境防治法》等法律法规，我国实行危险废物转移联单制度，申报登记危险废物的流向、处置情况等，是危险废物产生单位的法定义务；如实记载危险废物的来源、去向、处置情况等，是危险废物经营单位的法定义务；产生、收集、贮存、运输、利用、处置危险废物的单位和个人，均应设置危险废物识别标志，均有采取措施防止危险废物

① 经2020年4月29日第十三届全国人民代表大会常务委员会第十七次会议修订，并于2020年9月1日生效施行。上述条文内容可参见修订后第79条和第80条的内容。

污染环境的法定义务。本案中，其安公司对硫酸废液未履行申报登记义务，未依法申请领取危险废物转移联单，黄某某、何某某、王某某三名被告非法从事危险废物经营活动，没有记录硫酸废液的流向及处置情况等，其安公司、黄某某、何某某、王某某四名被告逃避国家监管，非法转移危险废物，不能说明68桶硫酸废液的处置情况，没有采取措施防止硫酸废液污染环境，且68桶硫酸废液均没有设置危险废物识别标志，而容器上又留有出水口，即使运出苏州后被整体丢弃，也存在液体流出污染环境甚至危害人身财产安全的巨大风险。因此，根据《最高人民法院关于审理环境民事公益诉讼案件适用法律若干问题的解释》第13条“原告请求被告提供其排放的主要污染物名称、排放方式、排放浓度和总量、超标排放情况以及防治污染设施的建设和运行情况等环境信息，法律、法规、规章规定被告应当持有或者有证据证明被告持有而拒不提供，如果原告主张相关事实不利于被告的，人民法院可以推定该主张成立”之规定，本案应当推定剩余68桶硫酸废液被非法处置并污染了环境的事实成立。该项损害的赔偿数额，也可以适用“虚拟治理成本法”予以确定。公益诉讼起诉人主张非法处置68桶硫酸废液产生的生态环境修复费用为4630852元（96.96×6822.92×7），应予支持。同时，如果今后查明以上修复费用尚不足以弥补68桶硫酸废液实际造成的生态环境损害，法律规定的机关和有关组织仍可以就新发现的事实向被告另行主张损害赔偿。该项生态环境损害系其安公司、黄某某、何某某、王某某四被告的共同违法行为所致，四被告应连带承担4630852元的赔偿责任。

【法理分析】

环境民事公益诉讼是最高人民法院近年来一直予以高度关注的重点问题。2019年12月26日，最高人民法院连续发布多个与环境民事公益诉讼有关的指导性案例，其重要程度可见一斑。

在《民法典》出台以前，如果污染者未导致他人的人身、财产安全遭受侵害，而仅导致生态环境本身的损害，例如导致水资源、大气、植被或者动物生态系统等遭到破坏，这种破坏生态环境的行为严格来说并不属于《侵权责任法》第八章所调整的环境污染行为。一般而言，破坏生态行为会导致不特定的社会公众遭受损害，且这种损害往往是长期隐性的，[①] 社会中某个或者某些特定的个人难以就此种损害提起侵权诉讼。因此，《侵

① 参见吕忠梅：《环境司法理性不能止于“天价”赔偿：泰州环境公益诉讼案评析》，载《中国法学》2016年第3期。

权责任法》第八章并未对破坏生态的行为进行规定，而只是规定了因污染环境而导致他人人身、财产损害时的侵权责任关系。但是，2014 年修订后的《环境保护法》第 64 条规定："因污染环境和破坏生态造成损害的，应当依照《中华人民共和国侵权责任法》的有关规定承担侵权责任。"许多学者认为，应当将环境侵权行为划分为污染环境行为和破坏生态行为两大类，而《侵权责任法》并不直接保护生态环境本身，其保护的范围过于狭窄，并不利于有效地保护生态环境。[①]《民法典》侵权责任编第七章则将标题改为"环境污染和生态破坏责任"，且该章中的每个条文都明确把破坏生态行为作为其调整对象，在未来将对我国法学理论研究和司法实践产生非常深远的影响。

不过，环境污染行为与破坏生态行为之间也存在着许多区别。其中一个区别是，在环境污染侵权中，民事权益受到侵害的特定民事主体可以直接向法院提起侵权诉讼；而在破坏生态侵权中，社会中特定的个人难以就破坏生态行为导致的损害提起诉讼，一般而言，只能由符合法律规定的有关机关或组织提起民事公益诉讼。《民事诉讼法》第 55 条第 1 款规定："对污染环境、侵害众多消费者合法权益等损害社会公共利益的行为，法律规定的机关和有关组织可以向人民法院提起诉讼。"第 2 款规定："人民检察院在履行职责中发现破坏生态环境和资源保护、食品药品安全领域侵害众多消费者合法权益等损害社会公共利益的行为，在没有前款规定的机关和组织或者前款规定的机关和组织不提起诉讼的情况下，可以向人民法院提起诉讼。前款规定的机关或者组织提起诉讼的，人民检察院可以支持起诉。"本案中，江苏省徐州市人民检察院在履行职责中发现五名被告存在案涉破坏生态环境的行为后，依法向社会公告了准备提起本案诉讼的相关情况。由于公告期内未有法律规定的机关和有关组织提起诉讼，江苏省徐州市人民检察院即作为原告向法院提起本案诉讼。

环境污染行为与破坏生态行为之间存在的另一个区别是，在环境污染侵权中，被侵权人遭受的损害往往是具体的人身或财产损害，证明难度相对较低；而在破坏生态侵权中，侵权行为导致的损害主要是生态环境损害，证明难度相对较高。生态环境损害指环境权利和环境法益受损而产生的一种不利益状态。[②] 侵权人需要为此种不利益状态承担何种侵权责任，

---

① 参见王利明：《侵权责任法研究》（第 2 版）（下卷），中国人民大学出版社 2016 年版，第 444 页。

② 吕忠梅：《"生态环境损害赔偿"的法律辨析》，载《法学论坛》2017 年第 3 期。

则是一个较为复杂的问题。《民法典》第 1234 条规定："违反国家规定造成生态环境损害，生态环境能够修复的，国家规定的机关或者法律规定的组织有权请求侵权人在合理期限内承担修复责任。侵权人在期限内未修复的，国家规定的机关或者法律规定的组织可以自行或者委托他人进行修复，所需费用由侵权人负担。"可见，如果生态环境能够修复，侵权人应当承担对生态环境进行实际修复的责任，或者承担因实际修复而产生的费用。除此之外，侵权人还应当承担赔偿损失的侵权责任。《民法典》第 1235 条规定："违反国家规定造成生态环境损害的，国家规定的机关或者法律规定的组织有权请求侵权人赔偿下列损失和费用：（一）生态环境受到损害至修复完成期间服务功能丧失导致的损失；（二）生态环境功能永久性损害造成的损失；（三）生态环境损害调查、鉴定评估等费用；（四）清除污染、修复生态环境费用；（五）防止损害的发生和扩大所支出的合理费用。"本案中，五名被告非法处置硫酸废液导致生态环境受损，且无法进行实际修复，因此，法院判决五名被告承担修复生态环境所可能产生的费用。目前实践中适用较为普遍的修复生态环境费用的计算方法是"虚拟治理成本法"，具体计算时可将原环境保护部发布的《环境损害鉴定评估推荐方法（第Ⅱ版）》以及《关于虚拟治理成本法适用情形与计算方法的说明》作为参考依据。

（本案例由曹权之同学整理）

第八章　高度危险责任

◎ 本章提要

本章是关于高度危险侵权责任的规定，共 9 个条文（第 1236 条至第 1244 条）。“高度危险”包括两种情况：高度危险作业和高度危险物。第 1236 条规定，从事高度危险作业造成他人损害的，应当承担侵权责任，这是一种无过错责任。营运民用核设施（包括运入和运出核材料，第 1237 条）、营运民用航空器（第 1238 条）以及从事高空、高压、地下挖掘活动或者使用高速轨道运输工具造成他人损害的，营运单位（经营者）应当承担无过错责任（第 1240 条）。占有或者使用高度危险物造成他人损害的，占有人或者使用人承担无过错责任（第 1239 条）。法律对遗失、抛弃高度危险物造成他人损害的侵权责任（第 1241 条），非法占有高度危险物造成他人损害的侵权责任（第 1242 条）分别作出规定；法律还对不承担责任、减轻责任的事由（第 1237 条后段、第 1238 条后段、第 1239 条后段、第 1240 条后段、第 1243 条）以及赔偿限额（第 1244 条）等作出了规定。

第一千二百三十六条　【高度危险责任一般规定】从事高度危险作业造成他人损害的，应当承担侵权责任。

【条文主旨】

本条是关于高度危险作业造成他人损害侵权责任的一般规定。

【核心概念】

高度危险作业

高度危险作业，是指作业本身对周围他人的人身和财产具有高度危险性的活动。任何作业活动对周围他人的人身、财产都具有一定的危险性，但是高度危险作业对周围他人的人身、财产具有高度危险性。

【理解与适用】

一、高度危险作业中“高度危险”的判断

法律对具有高度危险的作业活动有一些列举性规定（《民法典》第1237条、第1238条、第1240条等），但是无法对具体的高度危险作业活动进行全面的列举。因此，需要建立判断某项作业活动是否为高度危险作业的标准。笔者认为，应当从以下几个方面进行判断：（1）其危险性是否能够被他人预见；（2）在其能够被预见的情况下，他人能否对其作出相应的防范避免损害的发生；（3）其造成损害的广度和强度；（4）现有科技水平能否发现和控制此等危险。如果作业的危险性是无法预知和避免的，也是现有科技水平难以发现或者难以控制的，造成的损害往往是巨大的和严重的，则被认为是高度危险作业。实践中，从事核设施营运、航空器营运以及其他高空、高压、地下挖掘作业以及高速轨道运输工具营运等，被认为是具有高度危险性的高度危险作业。

二、高度危险作业造成他人损害责任适用无过错责任原则

（一）无过错责任原则在高度危险作业造成他人损害侵权责任中的确立

高度危险作业造成他人损害，从事此等高度危险作业的经营者等承担侵权责任不以其具有过错为要件。

自19世纪以来，高度危险作业随着社会化大生产的迅速发展及科学技术的不断进步而兴起。一方面，人们为了提高社会生产力以发展经济和提高物质生活水平，追求高效、快捷，必然借助某些具有高度危险性的作业；另一方面，即使从事高度危险作业者对其行为予以谨慎的关注，也由于高度危险作业本身所具有的对公众的人身和财产的巨大潜在危险性，而不能完全避免侵害的发生。

一般认为，1838年《普鲁士铁路企业法》开启现代高度危险作业赔偿制度之先河。该法规定：“铁路公司所运输的人及物，或因转运之事故对别的人及物造成损害，应负赔偿责任。容易致人损害的企业虽企业主毫无过失，亦不得以无过失为免除赔偿的理由。”当时，虽然普鲁士全境内只有158公里长的铁路，但是这条法律所确立的原则完全适合现代大规模铁路运输行业的赔偿责任，它规定了侵权人的范围、侵权人的无过错责任，甚至指出这种无过错责任应适用于包括铁路公司在内的一切“容易致人损

害（从事高度危险作业）的企业”。这确实是人类立法史上的一个创举。在大陆法系国家，关于高度危险作业的侵权责任，大多不是直接规定在民法典中，而是由民法典的附属性单行法规加以规定，如德国1871年6月7日的《帝国责任义务法》（铁路）、1952年12月9日的《陆上交通法》（公路交通）和1922年8月1日的《空中交通法》（1959年1月10日修订），这些有关高度危险作业的法律均适用无过失赔偿责任。法国的情形与德国基本相同，有关高度危险作业的侵权责任大多规定于单行的民事法规中，如1985年的《交通事故赔偿法》。1922年《苏俄民法典》第404条也规定了高度危险作业（铁路、电车、有制造工业规模之企业、可燃烧原料之销售商）致人损害的无过错责任。

在美国侵权行为法中，高度危险作业（或称异常危险行为，abnormally dangerous activities）属于严格责任的一种，某些高度危险作业的侵权责任由法规直接规定。但在制定法以外，法官得确认某些行为属于高度危险行为，如打桩机的作业被确认为高度危险作业，运输和贮存易爆物品被确认为高度危险作业，用货车运输汽油往来于高速公路和街道很明显具有高度危险，但非法制造和销售某种手枪，虽可能构成犯罪，却不属于“高度危险作业”。《美国侵权行为法（第二次）重述》第519条和第520条对高度危险作业的含义及条件作出了具体规定。第519条规定：（1）从事某种高度危险行为，即使尽其最大注意避免损害，也应对其行为给他人人身、土地或动产造成的损害承担责任；（2）这一严格责任仅适用于那种因行为具有高度危险性而导致的损害。第520条规定：决定某一行为是否为高度危险，宜考虑下列因素：①该行为是否对他人人身、土地或动产具有高度的危险；②因该行为产生损害的概率是否很大；③通过合理的注意，是否能避免这一危险；④该行为是否为常用的作业；⑤该行为在其实施地点是否不合适；⑥该行为对公众的价值。

美国侵权行为法调整高度危险作业侵权责任的法律既包括某些制定法，也包括大量判例法。它没有对“高度危险作业”进行一一列举，而是给出一组供人们鉴别的因素。它表明此类侵权行为应适用严格责任原则，不得因行为人无过错（或尽最大注意）而免除责任。

（二）高度危险作业造成他人损害适用无过错责任原则的依据

高度危险作业造成他人损害，其侵权责任适用无过错责任原则具有社会经济等方面的正当性，其主要理由如下：

1. 开启高度危险者应当承受其风险。在高度危险作业造成他人损害的侵权责任中，高度危险活动者制造了特别的危险来源。尽管法律为了社会发展允许人们从事某些种类的高度危险作业，但是高度危险作业者对其享有特殊权益，因而对造成的损害应当承担赔偿责任。

2. 控制危险的能力。在高度危险作业中，只有相关作业者有可能采取措施控制风险，具有降低危险实现的可能性。而受害人对于现代科技所生危险几乎无能为力。要求高度危险作业者承担无过错责任，可以激发其采取有力措施控制风险。事实证明，与发生损害后的巨额赔偿相比，采取事先的预防措施成本更小一些。所以，无过错责任可以发挥预防侵害的作用。

3. 报偿理论。享有其利益者，承受其风险。高度危险作业者从相关活动中获得利益，理应承担相关风险和损害。

4. 损害分散与保险机制。高度危险作业者承担无过错责任，通常可以通过价格机制和保险制度分散风险，从而实现风险承担的社会化，比单个受害人承担损害更为有利。

5. 保护受害人。高度危险作业者承担无过错责任，不光是因为其财力雄厚，足以赔偿，更是因为受害人在高度危险责任中存在巨大的证明困难。由于受害人通常不了解致害的危险活动，无过错责任放弃对过错的要求实际上也具有减轻受害人举证责任的作用。

三、高度危险作业侵权责任构成要件

（一）侵权人从事高度危险作业

责任构成要件之一是侵权人从事高度危险作业，即高度危险作业者。依据法律规定，高度危险作业活动包括营运民用核设施、营运民用航空器以及从事高空、高压、地下挖掘活动或者使用高速轨道运输工具均为“从事高度危险作业”。驾驶机动车高速行驶，本质上也属于“从事高度危险作业”，但是法律对机动车交通事故责任作出了专章规定，不受本章调整。

高度危险作业者即本条规定的侵权责任之承担者（侵权人），是指在法律事实上控制该高度危险作业行为的主体，可能是自然人也可能是法人或者非法人组织。但是，具体的操作人员不是责任主体，其雇佣者才是责任主体。

（二）造成他人损害

造成他人损害也是此等侵权责任的构成要件。尽管法律没有将“侵权责任”仅限于赔偿责任，但是应当理解为主要是指赔偿责任。被侵权人是受到损害的“他人”。此处“他人”指侵权人之外的其他人，既不包括侵权人，也不包括侵权人的工作人员、雇员等。即使此等人员在具体操作高度危险作业中受到损害，也不适用本条的规定，而应当适用有关工伤保险等法律法规的规定进行补偿和救济。

（三）高度危险作业与他人的损害之间存在因果关系

因果关系是一切损害赔偿等侵权责任之构成的要件。本条的责任之构成，也同样要求具有因果关系的要件，即要求高度危险作业与他人的损害之间存在因果关系。本条没有规定因果关系推定，被侵权人应当对因果关系之存在进行举证和证明。只有在其证明存在因果关系的前提下，才能认定高度危险作业者的侵权（赔偿）责任；如果不能证明因果关系存在，则不能认定高度危险作业者的侵权（赔偿）责任。

法律之所以没有对于高度危险行为侵权责任规定因果关系举证责任倒置，主要是因为在这类侵权案件中，致害行为与损害后果之间的因果关系往往较为明显，这也符合“高度危险”的内在含义。一般而言，高度危险行为是在较短时间内沿着较为明确的因果关系链条，导致损害。因此，原则上并没有规定因果关系举证责任倒置的迫切需要。但是，需要注意的是，也存在一些高度危险行为，其致害的途径并不明显，因果关系并非显而易见。在法律列举的这些高度危险行为中，最明显的例子是民用核设施致人损害。核辐射是无形的，在核事故中，由核辐射导致的损害是确定的，但是究竟导致什么范围内的损害却是极难确定的。笔者认为，在这类案件中，应该综合考虑《民法典》中关于污染环境侵权责任的相关规定，而作出综合认定。高度危险行为责任和环境污染侵权责任并不存在概念上的必然排斥关系。基于保护受害人的政策考量，在既构成环境污染侵权责任又构成高度危险行为责任时，两种责任中各自对于受害者的保护规定，可以一并适用。

【关联规定】

《侵权责任法》（2021 年 1 月 1 日废止）

第六十九条 从事高度危险作业造成他人损害的，应当承担侵权责任。

第一千二百三十七条 【民用核设施致害责任】民用核设施或者运入运出核设施的核材料发生核事故造成他人损害的，民用核设施的营运单位应当承担侵权责任；但是，能够证明损害是因战争、武装冲突、暴乱等情形或者受害人故意造成的，不承担责任。

【条文主旨】

本条是关于民用核设施等发生核事故造成他人损害的侵权责任的规定。

【核心概念】

核事故

核事故，是指“核设施内的核燃料、放射性产物、废料或运入运出核设施的核材料所发生的放射性、毒害性、爆炸性或其他危害性事故，或一系列事故”。①

【理解与适用】

一、民用核设施、核材料概述

（一）民用核设施

根据《民用核设施安全监督管理条例》第 2 条和《放射性污染防治法》第 62 条的规定，我国民用核设施主要包括 4 种：（1）核动力厂（核电厂、核热电厂、核供汽供热厂等）；（2）核动力厂以外的其他反应堆（研究堆、实验堆、临界装置等）；（3）核燃料生产、加工、贮存及后处理设施；（4）放射性废物的处理和处置设施等。以上核设施之外的核材料，如教学、医疗、科研、工农业生产应用的核材料，不属于专门的核设施，如果致害，应当归入高度危险物品致人损害责任的范畴。②《侵权责任法》所规范的核设施事故和运入运出核材料事故致人损害责任，仅限于民用核设施营运和核材料运入运出发生事故造成他人损害发生的侵权责任。如果是军用核设施发生事故，则不能适用本条规定，而应按照其他法律法规的规定处理。《放射性污染防治法》第 60 条规定：“军用设施、装备的放射性污染防治，由国务院和军队的有关主管部门依照本法规定的原则和国务院、中央军事委员会规定的职责实施监督管理。”

（二）核材料

核燃料是指能产生裂变或聚变核反应并释放出巨大核能的物质，可分

---

① 参见《民用核设施安全监督管理条例》第 24 条第 5 项。

② 参见王利明主编：《中华人民共和国侵权责任法释义》，中国法制出版社 2010 年版，第 354 页。

为裂变燃料和聚变燃料两大类。1987 年 2 月 8 日生效的《核材料实物保护公约》（我国于 1988 年加入，并对第 17 条第 2 款相关内容保留）对“核材料”进行了更为严格专业的定义。根据该公约，核材料是指：钚，但同位素钚－238 含量超过 80% 者除外。铀－233；同位素 235 或 233 浓缩的铀；含有天然存在但非矿砂或矿渣形式的同位素混合物的铀。任何含有上述一种或多种成分的材料。根据《核安全法》第 2 条的规定，核材料是指下列 4 项：（1）铀－235 材料及其制品；（2）铀－233 材料及其制品；（3）钚－239 材料及其制品；（4）法律、行政法规规定的其他需要管制的核材料。

二、营运单位的侵权责任

（一）无过错责任与构成要件

1. 适用无过错责任原则

民用核设施或者运入运出核设施的核材料发生核事故造成他人损害的，民用核设施的营运单位应当承担侵权责任。这种侵权责任适用无过错责任原则，不考虑营运单位对事故之发生有无过错。甚至在非本条明确列举的不可抗力导致事故发生造成他人损害的，也不能免除营业单位的侵权责任。

2. 两种高度危险作业行为

本条规范的“高度危险作业”包括两种作业：一是营运核设施；二是运入运出核材料。在这两种高度危险作业中发生的核事故造成的损害，适用本条规定由营运单位承担侵权责任。上述任何一种高度危险作业发生核事故，由其营运单位对相应的损害承担侵权责任。

需要指出的是，对于“运入运出核材料”需要作适当的扩大解释。其不仅是指核材料“运入”“运出”该核设施的短暂时间，而是应当理解为在法律上该核设施对该核材料拥有权利的全部期间。因此，“运入”应当理解为自核材料的法律权利转移至该核设施运营单位起；“运出”应当理解为至该核设施运营单位不再对该核材料拥有法律权利为止。例如，核电站需要从核材料储存单位处购买核材料；核电站产生的核废料也要交由核废料处理单位进行处理。因此，在核材料从存在到被使用成为核废料并依法封存的全过程中，都有相应的承担法律义务的核设施运营单位。其中在某些阶段可能存在数个义务主体。在存在数个义务主体时，其对于影响的损害承担连带责任。

3. 损害与因果关系

营运者承担本条规定的侵权责任，要求被侵权人受到损害以及其所受到的损害与上述两种过度危险作业行为之间存在因果关系。法律没有规定因果关系推定，被侵权人对损害和因果关系承担举证责任。

在实践中，发生核事故后，要证明损害和因果关系并不困难，但是要确定具体的损害范围则十分困难。这主要是因为在核事故致害案件中，因果关系传递的范围很难确定。而核事故致害案件中，在很多情况下会同时构成环境污染致害案件，因此，在构成环境污染侵权案件的核事故致害案件中，同样应当适用生态环境侵权一章中所规定的因果关系举证责任倒置。

（二）责任主体

本条规定的责任主体是营运单位。根据《核安全法》第 93 条的规定，核设施营运单位，是指在中华人民共和国境内，申请或者持有核设施安全许可证，可以经营和运行核设施的单位。在《国务院关于核事故损害赔偿责任问题的批复》中，责任主体被称作“营运者”，其实质含义与“营运单位”相同，均指“中华人民共和国境内依法取得法人资格，营运核电站、民用研究堆、民用工程实验反应堆的单位或者从事民用核燃料生产、运输和乏燃料贮存、运输、后处理且拥有核设施的单位”。

“单位”通常与个人对应。在我国，单位包括国家机关、企业和事业单位、社会团体等。在民法意义上，单位包括法人和非法人组织。依据有关规定，在我国从事核设施营运和核材料运入运出的只能是依法取得法人资格营运核设施和从事核材料运入运出的单位。

（三）赔偿限额

关于营运民用核设施致人损害责任，《国务院关于核事故损害赔偿责任问题的批复》第 7 条规定：“核电站的营运者和乏燃料贮存、运输、后处理的营运者，对一次核事故所造成的核事故损害的最高赔偿额为 3 亿元人民币；其他营运者对一次核事故所造成的核事故损害的最高赔偿额为 1 亿元人民币。核事故损害的应赔总额超过规定的最高赔偿额的，国家提供最高限额为 8 亿元人民币的财政补偿。对非常核事故造成的核事故损害赔偿，需要国家增加财政补偿金额的由国务院评估后决定。”该条规定一方面确认了经营民用核设施致害责任的赔偿限额，另一方面又规定了国家的财政补偿措施。此处的财政补偿是指在赔偿限额之外的补偿。

此外，《民法典》第 1244 条对赔偿限额问题作出了指引性规定：“承担高度危险责任，法律规定赔偿限额的，依照其规定，但是行为人有故意或者重大过失的除外。”

三、不承担责任的特别事由

（一）概述

《民法典》第一编第八章民事责任第 180 条、第 181 条、第 182 条对不承担民事责任的几种情况作出了规定。《民法典》第 1174 条、第 1175 条、第 1176 条、第 1177 条也规定了不承担侵权责任的若干情况。这些不承担侵权责任的抗辩事由是否适用于本条规定的侵权责任呢？笔者以为，这些规定原则上不适用于民用核设施或者运入运出核设施的核材料发生核事故造成他人损害的侵权责任。对于后者，本条专门规定了不承担侵权责任的具体事由。

（二）战争、武装冲突、暴乱等情形

法律并没有一般性地规定不可抗力属于营运民用核设施发生事故造成他人损害责任的免责事由，而是将不承担责任的事由限制在战争、武装冲突、暴乱等情形中。依据这一规定，仅在战争、武装冲突、暴乱等极端严重的情形中，营运单位才能免除责任；而一般的自然原因的不可抗力，如洪水、台风、地震、海啸等导致的事故造成他人损害，不能免除营运单位的侵权责任。

这主要是因为核设施及核材料是极端危险的物质，在设计、建设核设施的过程中，这些较为常见的不可抗力都已经被纳入考量。质言之，法律要求核设施必须具备能够在洪水、台风、地震、海啸等一般的不可抗力情况下保持安全水平；响应营运单位必须具备在上述一般不可抗力下仍然安全进行运入运出核材料的能力（或者必须停止相关作业）。因此，这些一般的不可抗力并不能够成为免责事由。而只有在战争、武装冲突、暴乱这些完全无法预料、控制的情形下，对于核设施营运来说才真正构成法律意义上的“不可抗力”，进而可以免责。因此，与其说是不可抗力在民用核设施致害案件中不构成抗辩，不如说是针对不同的作业活动，不可抗力可能具有不同的具体含义。

（三）受害人故意

受害人故意是适用于所有侵权责任的免责事由，具有不言自明的正当性。受害人故意导致核事故发生造成其损害的，民用核设施的营运单位不承担对该受害人的侵权责任。但是，此等事故造成其他人损害的，民用核设施的营运单位仍然应当承担侵权责任，而且不能因为核事故是由于第三人过错造成的而主张免除或者减轻责任。《国务院关于核事故损害赔偿责任问题的批复》第 9 条第 2 款规定：“核事故损害是由自然人的故意作为或者不作为造成的，营运者向受害人赔偿后，对该自然人行使追索权。”

【关联规定】

《侵权责任法》（2021 年 1 月 1 日废止）

第七十条　民用核设施发生核事故造成他人损害的，民用核设施的经营者应当承担侵权责任，但能够证明损害是因战争等情形或者受害人故意造成的，不承担责任。

第一千二百三十八条　【民用航空器致害责任】民用航空器造成他人损害的，民用航空器的经营者应当承担侵权责任；但是，能够证明损害是因受害人故意造成的，不承担责任。

【条文主旨】

本条是关于民用航空器造成他人损害侵权责任的规定。

【核心概念】

民用航空器

民用航空器。根据《民用航空法》第 5 条的规定，民用航空器是指除用于执行军事、海关、警察飞行任务外的航空器。经营民用航空器致人损害责任属于民法上的经营活动（高度危险作业）致人损害，公法上的职权活动致人损害不适用侵权责任法。

【理解与适用】

一、民用航空器造成他人损害的侵权责任概述

经营民用航空器致人损害责任，是指民用航空器造成他人损害，其经营者应当承担的侵权责任。民用航空器造成他人损害的侵权，除适用《民法典》第 1238 条的规定外，司法实践中主要适用的是《民用航空法》以及《统一国际航空运输某些规则的公约》（以下简称《蒙特利尔公约》）等相关规定。

经营民用航空器致人损害责任曾经是《民法通则》第 123 条所规范的使用高速运输工具致害责任的主要类型之一，在《侵权责任法》中被单独规定，主要原因在于民用航空器致害的概率虽然很低，但一旦致害其后果非常严重，故民用航空器的危险性高于一般的高速运输工具，如火车、汽车之类。因此，《侵权责任法》专门针对民用航空器致人损害责任规定了

不同于使用高速轨道运输工具致人损害责任的免责事由。《民法典》第1238条基本上承继了《侵权责任法》第71条的规定。

二、经营者的责任

（一）经营者是侵权责任主体

依据本条规定，经营民用航空器致人损害侵权责任的责任主体是经营者。关于经营者的认定，《民用航空法》第158条第2款规定："前款所称经营人，是指损害发生时使用民用航空器的人。民用航空器的使用权已经直接或者间接地授予他人，本人保留对该民用航空器的航行控制权的，本人仍被视为经营人。"第158条第4款规定："民用航空器登记的所有人应当被视为经营人，并承担经营人的责任；除非在判定其责任的诉讼中，所有人证明经营人是他人，并在法律程序许可的范围内采取适当措施使该人成为诉讼当事人之一。"

同时，《民用航空法》第158条第3款规定："经营人的受雇人、代理人在受雇、代理过程中使用民用航空器，无论是否在其受雇、代理范围内行事，均视为经营人使用民用航空器。"

（二）适用无过错责任原则

民用航空器具有高空、高速等高度危险特征，经营民用航空器是一种高度危险的经营行为。经营民用航空器造成他人损害的，适用无过错责任原则确定经营者的侵权责任。

民用航空器发生事故可能导致两种人的损害：一是所搭载的乘客；二是第三人，如飞机坠毁对陆地上的行人造成损害。对于乘客遭受的损害，适用的是无过错责任原则；同时，对乘客的损害可能引起违约责任与侵权责任的竞合：因为一方面，乘客与民用航空器所属企业之间属运输合同关系，该企业有将乘客安全运送到目的地的合同义务，一旦发生事故导致乘客的损害，该企业必须依合同的规定对乘客承担违约责任；另一方面，该企业的行为侵犯了乘客的人身和财产权利，同样可以按照侵权责任法的规定来要求该企业承担侵权责任。

应该区分不同性质的损害适用不同的法律规范：如果事故发生仅造成乘客的财产损失，那么应该适用《合同法》的有关规定，由承运人对乘客承担违约责任；如果事故造成了乘客的人身伤亡和精神损害，则虽然当事人之间存在合同关系，也应该优先适用《侵权责任法》的有关规定，因为一般合同责任并不能对乘客的人身伤亡、精神损害提供救济，只能通过侵权损害赔偿对乘客的这类损害进行救济。如果对于乘客的人身损害、精神损害赔偿有特别法或者是司法解释的规定，则应当优先适用。

对于乘客的人身损害赔偿虽然可以适用无过错责任原则，但同时法律、法规一般都规定了最高赔偿限额，因此，实际上这种赔偿是一种法定赔偿、概括赔偿。

在航空运营事故中，对于第三人的损害赔偿在《民用航空法》中有专章规定（第十二章）。对于第三人损害赔偿责任，也适用无过错责任原则。此外还需要注意的是，《民用航空法》第131条规定："有关航空运输中发生的损失的诉讼，不论其根据如何，只能依照本法规定的条件和赔偿责任限额提出，但是不妨碍谁有权提起诉讼以及他们各自的权利。"因此，在适用《民法典》本条规定中"航空运输中发生的损失"这一部分侵权案件时，需要特别注意《民用航空法》的相关规定。

（三）责任构成要件

民用航空器经营者对于航空事故造成的他人损害承担无过错责任，需要符合如下责任构成要件：（1）经营民用航空器并发生了事故；（2）他人受到人身损害或者财产损失；（3）事故与损害之间存在因果关系。

《民用航空法》对经营民用航空器事故致人损害责任中的因果关系作出了专门规定。第124条针对旅客人身伤亡规定："因发生在民用航空器上或者在旅客上、下民用航空器过程中的事件，造成旅客人身伤亡的，承运人应当承担责任；但是，旅客的人身伤亡完全是由于旅客本人的健康状况造成的，承运人不承担责任。"第125条第4款针对货物损失规定："因发生在航空运输期间的事件，造成货物毁灭、遗失或者损坏的，承运人应当承担责任；但是，承运人证明货物的毁灭、遗失或者损坏完全是由于下列原因之一造成的，不承担责任：（一）货物本身的自然属性、质量或者缺陷；（二）承运人或者其受雇人、代理人以外的人包装货物的，货物包装不良；（三）战争或者武装冲突；（四）政府有关部门实施的与货物入境、出境或者过境有关的行为。"

需要注意，本条规定的是"民用航空器造成他人损害的"侵权责任，虽然民用航空器在大多数情况下是在其运输期间造成他人损害，但是民用航空器在非运输期间同样可能造成他人损害。例如，民用航空器在维修、补给（加油）的期间、非执行运输任务的飞行期间，都有可能造成他人损害。因此，在运输期间的侵权责任，主要是以《民用航空法》的有关规定为依据，在非运输期间的侵权责任，则不适用《民用航空法》，而应当适用本条规定。较为复杂的问题是，在一些情况下，民用航空器可能同其他行为或因素结合，进而造成损害。此时，是否对于全部损害后果适用本条规定的"无过错"责任原则。笔者认为，对于同一损害，当民用航空器所起的致害原因力是主要原因力时，则对于该同一损害应当全部适用无过错责任原则，在此种情形下，民用航空器经营者承担的应当是连带责任。当民用航空器和其他因素结合导致损害，但是民用航空器在其中所起的原因力并不是主要原因力时，则对于该“同一损害”而言，应当认为不再属于“民用航空器造成他人损害”，同时不再适用本条的规定，而适用《民法典》对于侵权责任的一般规定，或者该主要原因行为（因素）所应适用的特殊侵权规则。

三、受害人故意造成损害的，民用航空器经营者不承担责任

本条后半段“但书”对于经营者不承担侵权责任的事由作出规定：“但是，能够证明损害是因受害人故意造成的，不承担责任。”这里的证明责任在民用航空器经营者一方。需要指出的是，如果能够证明损害是因受害人故意造成的，民用航空器经营者只是不对该受害人遭受的损害承担侵权责任；而对于同一事故中受到损害的其他受害人，民用航空器经营者仍然应当承担侵权责任。

需要注意的是，《民用航空法》对于民用航空器经营者的免责事由作出了更宽泛的规定，例如，直接导致损害后果的武装冲突和骚乱，可以作为民用航空器致地面第三人损害的免责事由。对于《民法典》本条规定同《民用航空法》相关规定之间如何适用的问题，还需要进行进一步细致的研究。

四、关于赔偿责任限额和航空责任保险

（一）赔偿责任限额

我国经营民用航空器致人损害责任实行责任限额制度，《民用航空法》第129条规定了国际航空运输的责任限额。国务院2006年批准的《国内航空运输承运人赔偿责任限额规定》提高了国内赔偿限额的标准，将旅客的赔偿限额提高到40万元。尽管如此，这一限额仍远低于《蒙特利尔公约》确定的国际标准。

（二）航空责任保险

航空责任保险（aviation liability insurance），是指以航空器的所有人或经营人因航空器造成地面的他人人身或财产损害赔偿责任为标的的责任保险。航空责任保险所承保的风险责任，因不同的保险单所约定的保险责任条款或者除外责任条款而不同。在我国，主要是指民用航空器地面第三者责任保险和承运人旅客法定责任险。

《民用航空法》第105条规定：“公共航空运输企业应当投保地面第三人责任险。”第166条规定：“民用航空器的经营人应当投保地面第三人责任险或者取得相应的责任担保。”可见在我国，地面第三者责任险是强制保险。一般国家或地区都要求航空承运人投保第三者责任保险，这对于受害人损害的及时、充足补偿和承运人的损害分担有着重要的作用。

承运人旅客法定责任险的保险责任范围为：被保险人承运的旅客在乘坐或上下飞机时发生意外，造成旅客人身伤亡或所携带和已经交运登记的行李、物件的损失，以及旅客、行李或物件在运输过程中因迟延而造成的损失，依照法律或者合同应当由被保险人承担的赔偿责任，以及因此而支出的诉讼费用。

此外，依据《民用航空法》第189条的规定，在国际航空运输中，民用航空器对地面第三人的损害赔偿，适用侵权行为地法律；民用航空器在公海上空对水面第三人的损害赔偿，则适用受理案件的法院所在地法律。

【关联规定】

《侵权责任法》（2021年1月1日废止）

第七十一条 民用航空器造成他人损害的，民用航空器的经营者应当承担侵权责任，但能够证明损害是因受害人故意造成的，不承担责任。

第一千二百三十九条 【高度危险物致害责任】 占有或者使用易燃、易爆、剧毒、高放射性、强腐蚀性、高致病性等高度危险物造成他人损害的，占有人或者使用人应当承担侵权责任；但是，能够证明损害是因受害人故意或者不可抗力造成的，不承担责任。被侵权人对损害的发生有重大过失的，可以减轻占有人或者使用人的责任。

【条文主旨】

本条是关于占有或者使用高度危险物造成他人损害的侵权责任的规定。

【核心概念】

高度危险物

高度危险物，是指超出通常物品在物理、化学、生物性质方面对他人的人身、财产具有特别危险性的物品，受到国家有关部门特别严格的管制。

【理解与适用】

一、高度危险物造成他人损害的侵权责任概述

（一）高度危险物的概念

本条列举了易燃、易爆、剧毒、高放射性、强腐蚀性、高致病性等6种对周围环境有高度危险的高度危险物。这是不完全列举，只是列举了最常见的几种高度危险物，其中“高致病性”是在新冠肺炎疫情流行的情况下新增加的，包括高致病性病毒、细菌等。为了在司法实践中明确侵权人的责任，更好地保护因高度危险物的固有危险性而可能受到损害的人，有必要先了解危险物品的概念、范围以及分类等。

现行《危险货物分类和品名编号》（GB6944—2012）国家标准对危险物品的概念作出了明确的规定。该标准第3条第1款规定的危险货物为“具有爆炸、易燃、毒害、感染、腐蚀、放射性等危险特性，在运输、储存、生产、经营、使用和处置中，容易造成人身伤亡、财产损毁或环境污染而需要特别防护的物质和物品”。该标准第4条按危险货物具有的危险性或最主要的危险性将危险物品分为9个类别，包括：（1）爆炸品；（2）气体；（3）易燃液体；（4）易燃固体、易于自燃的物质、遇水放出易燃气体的物质；（5）氧化性物质和有机过氧化物；（6）毒性物质和感染性物质；（7）放射性物质；（8）腐蚀性物质；（9）杂项危险物质和物品，包括危害环境物质。其中每个类别又可以分为若干项。该标准第4条对于上述每一类别下的每一项危险物品的概念、性质、分类都进行了明确的规定。可见，危险物品实际上指代的是一类对周围环境有高度危险性的物品，它不仅包括《侵权责任法》第72条规定的4种危险物品，而且包括《危险货物分类和品名编号》中规定的其他危险物品。

需要注意的是，核材料在性质上也属于高度危险物品，但是由于核材料的极端危险性，《民法典》对其单独予以规定并设定了更为严格的免责事由，而不受本条规范。但是，《核安全法》第2条明确区分了核材料与放射性废物。所谓“放射性废物”是指“核设施运行、退役产生的，含有放射性核素或者被放射性核素污染，其浓度或者比活度大于国家确定的清洁解控水平，预期不再使用的废弃物”。这类放射性废物不属于核材料，而属于高度危险物品，受本条规范。

（二）规制高度危险物品的法律制度

由于高度危险物的固有危险性，它对周围不特定人的人身和财产很可能造成现实的损害，因而国家有必要通过法律、行政法规以及单行法规等来对高度危险物品进行管制。除了《侵权责任法》和《民法典》中规定对于高度危险物品致人损害适用无过错责任原则以外，相关法律法规也对高度危险物的控制作出了规定，如《安全生产法》和《危险化学品安全管理条例》就有相应的详细规定。本条基本承继了《侵权责任法》第72条的规定，但是增加了“强腐蚀性”，将“放射性”提高为“高放射性”，增加了“高致病性”物品，使得本条侵权责任规范规定更加全面和更加科学。

二、占有人或者使用人的责任

（一）高度危险物的占有人或者使用人承担侵权责任

本条确立了占有人、使用人对高度危险物致人损害承担无过错责任的规则。如何理解占有人、使用人是责任主体，需要从高度危险物致人损害责任的归责依据出发进行解释：第一，从风险控制的理论出发，占有人是直接的风险控制人，要求其承担责任有利于控制风险；第二，从损益同归的理论出发，享有其利益者承受其风险，使用人享有其利益，应当承受风险。在通常情况下，占有人、使用人乃是同一人，由其承担责任合情合理。如果所有人也是占有人或者使用人，当然由其承担侵权责任，承担侵权责任的依据不是对高度危险物享有所有权而是对该高度危险物具有实际控制力。基于这样的考量，在所有与占有、使用分离的情况下，由对该高度危险物具有实际控制力的占有人、使用人承担侵权责任，而不是由该高度危险物的所有人承担侵权责任。当然，如果该高度危险物的所有人在转移对该高度危险物的占有状态、使用权的过程中有过错的，其要根据侵权责任的一般规则承担过错责任。其过错与占有人、使用人的责任构成共同侵权的，应当承担连带责任。

（二）适用无过错责任原则

对于高度危险物造成损害的侵权责任，应当适用无过错责任原则，即责任之构成不以占有人、使用人有过错为要件。有学者认为，无过错责任（无过失责任）与危险责任实际上意义相同。无过错责任消极地指明了“无过失也应负责任”的原则，危险责任的概念更能够积极地凸显无过错责任的归责原因。法律规定由高度危险物的占有人、使用人对该高度危险物造成的损害承担无过错责任，既是风险控制和社会公平的需要，也是当事人之间利益均衡的要求。

（三）侵权责任的构成要件

高度危险物致人损害侵权责任与高度危险作业致人损害侵权责任虽同属高度危险责任的重要类型，但两者在性质上存在重要区别。高度危险物致人损害属于物件造成的损害，为准侵权行为中的一种。高度危险作业致人损害属于“行为责任”的范畴。此外，高度危险物致人损害侵权责任与普通物件致人损害侵权责任不同：普通物件致人损害侵权责任一般适用过错责任原则（过错推定），而高度危险物的占有人、使用人对高度危险物致人损害承担无过错责任。

高度危险物的占有人、使用人承担此等侵权责任主要是损害赔偿责任，其构成要件包括：（1）侵权人是高度危险物的占有人或者使用人；（2）其所占有、使用的物具有致害的高度危险性；（3）被侵权人遭受了人身、财产损害；（4）此等损害与致害物的高度危险性之间存在因果关系。

需要指出的是，运输高度危险物品，虽然是一种积极行为，但是仍然受本条规范。理由如下：

第一，本章第1条虽然概括规定了高度危险作业侵权责任，但是并没有规定具体的免责事由。对此，有两种可能的解释，一是高度危险作业侵权责任没有任何免责事由；二是高度危险作业侵权责任与其他一般侵权责任具有相同的免责事由。第一种解释明显不合理，因为受害人故意等免责事由对于所有侵权责任均可以适用。而本条明确规定只有“受害人故意”和“不可抗力”才是本条的完全免责事由。因此，对于一般侵权责任可以适用的其他免责事由不能适用于本条。即使上述第二种解释可以成立，也不适用于运输高度危险物的情形。因为运输高度危险物相较储存高度危险物的危险性更大，而储存高度危险物明确地受本条规范。如果将运输高度危险物解释为受本章第1条规范，则会得出危险性更大的侵权责任反而具有更多的免责事由这一无法自洽的结论。因此，运输高度危险物不宜由本章第1条规范。

第二，本章第1240条虽然列举了一些高度危险作业类型，但是却是封闭式列举，适用道路交通运输高度危险品等情形无法纳入第1240条规范。

第三，运输高度危险品虽然存在运输行为，但是运输行为并不是该类案件中危险的主要来源。该类案件中危险的主要来源是物品的高度危险性。因此，该类型为应当受本条关于高度危险品侵权责任的规范。

三、不承担责任和减轻责任的事由

（一）损害是因受害人故意或者不可抗力造成的

本条“但书”规定了高度危险物的占有人、使用人两项不承担侵权责任的抗辩事由：受害人故意与不可抗力。受害人故意使其失去了获得保护的正当性，占有人、使用人自然不承担责任。就不可抗力而言，考虑到高度危险物致人损害的危险程度低于民用核设施和民用航空器的危险程度，法律规定所有的不可抗力均可以作为不承担责任的抗辩事由，而不限于战争、武装冲突、暴乱等情形。

但是，在适用不可抗力作为抗辩事由时，应当特别注意只有在不可抗力是导致损害发生的全部原因或主要原因时，才可以将不可抗力作为抗辩事由而不承担侵权责任。这是本条但书中“因”字的题中应有之义。如果不可抗力并不是造成损害的原因，或只是造成损害的次要原因，则不能以此不可抗力作为免责事由而不承担侵权责任。在这种情况下，根据本条第二句的立法精神，可以考虑根据该不可抗力而酌定减轻占有人、使用人的侵权责任。

（二）被侵权人对损害的发生有重大过失

本条规定，被侵权人的重大过失是减轻占有人、使用人侵权责任的抗辩事由。被侵权人的重大过失可以作为减轻占有人、使用人侵权责任的抗辩事由，但是不能免除其侵权责任；如果被侵权人的过失是一般过失，则不能减轻占有人、使用人的侵权责任。占有人、使用人主张此等抗辩，对被侵权人的重大过失负有举证责任。

【关联规定】

《侵权责任法》（2021 年 1 月 1 日废止）

第七十二条 占有或者使用易燃、易爆、剧毒、放射性等高度危险物造成他人损害的，占有人或者使用人应当承担侵权责任，但能够证明损害是因受害人故意或者不可抗力造成的，不承担责任。被侵权人对损害的发生有重大过失的，可以减轻占有人或者使用人的责任。

第一千二百四十条 **【高度危险活动致害责任】**从事高空、高压、地下挖掘活动或者使用高速轨道运输工具造成他人损害的，经营者应当承担侵权责任；但是，能够证明损害是因受害人故意或者不可抗力造成的，不承担责任。被侵权人对损害的发生有重大过失的，可以减轻经营者的责任。

【条文主旨】

本条是关于几种高度危险作业造成他人损害侵权责任的规定。

【核心概念】

高度危险作业

高度危险作业，是指对作业环境的他人人身、财产具有超出其他通常作业行为更高危险性的作业活动，包括高空、高压、地下挖掘活动或者使用高速轨道运输工具作业。

【理解与适用】

一、高度危险作业造成他人损害侵权责任概述

（一）法律规定的完善

从事高空、高压、地下挖掘作业或者经营高速轨道运输工具致人损害责任是一组高度危险作业致人损害责任，延续了《民法通则》第 123 条规定的高空、高压、高速运输工具的主要情形，又增加了地下挖掘责任。这 4 种高度危险作业致人损害责任与经营民用核设施致人损害责任、经营民用航空器致人损害责任不同，本条所述属于生活中常见多发的高度危险作业致人损害责任，《侵权责任法》第 73 条规定了多样化的责任减轻与免责事由，其中，不可抗力与受害人故意属于免责事由，受害人有过失属于责任减轻事由。除《侵权责任法》第 73 条和《民法典》第 1240 条外，一些单行法律也规定了高度危险作业致人损害责任的责任免除或者减轻事由，如 2015 年修正的《铁路法》第 58 条第 1 款规定："……如果人身伤亡是因不可抗力或者由于受害人自身的原因造成的，铁路运输企业不承担赔偿责任。"2015 年修正的《电力法》第 60 条第 2 款第 2 项规定，因用户自身的过错引起电力运行事故造成自己损害的，电力企业不承担赔偿责任。对此，应当理解为：该电力运行事故属于本条规定的高度危险作业类型之一的，只适用本条的规定，即只有在用户故意的情况下才能够予以免责。该电力运行事故不属于本条规定的高度危险作业类型的，则适用《电力法》的有关规定。

（二）几种列举的高度危险作业

1. 高空作业

高空作业，是指距离坠落高度基准面 2 米及以上，在有可能坠落的高

处进行的作业，如高空施工、高空维修、高空安装、高空清洗等工业活动与非工业活动。高空作业产生坠落危险。

2. 高压作业

高压作业主要包括以高压制造、储藏、运送电力、液体、煤气、蒸汽等。生活中最常见多发的高压作业致人损害是高压电流致人损害。

3. 地下挖掘

地下挖掘制造坍塌危险。地下挖掘活动就是在地表下面向下一定深度进行挖掘的行为，如地下挖井、构筑坑道、开挖隧道、修建地铁等。

4. 使用高速轨道运输工具

高速轨道运输工具指普通列车、动车、高铁、地铁、轻轨列车、磁悬浮列车之类。对于列车等高速轨道运输工具运营致人损害，除适用本条规定外，目前还适用《铁路法》《最高人民法院关于审理铁路运输人身损害赔偿纠纷案件适用法律若干问题的解释》等法律规范的规定。

二、经营者的责任

（一）经营者是责任主体

依据本条规定，从事高空、高压、地下挖掘、使用高速轨道运输工具造成他人损害的，由经营者承担侵权责任。经营者是指对此等作业或营运实际负责和管控的民事主体。在承揽、承包经营关系中，实际经营的承揽人、承包人是经营者，发包人通常不被认为是“经营者”，进而不是承担此等侵权责任的主体。

（二）适用无过错责任原则

鉴于从事高空、高压、地下挖掘、使用高速轨道运输工具所具有的高度危险性，法律规定其经营者对由此造成的他人损害承担无过错责任。经营者的责任之构成，不考虑其是否有过错，不以其有过错为要件。

（三）侵权责任的构成要件

经营者构成此等侵权责任，需要符合以下要件：（1）从事了高空、高压、地下挖掘活动或者使用了高速轨道运输工具进行营运活动。（2）他人受到损害，包括人身损害和财产损失。他人是指经营者之外的民事主体，不包括经营者的相关员工。后者因此发生损害之情形，按照工伤事故等责任处理。（3）高空、高压、地下挖掘活动或者使用高速轨道运输工具进行营运活动与他人的损害之间存在因果关系。

三、不承担责任和减轻责任的事由

（一）损害是因受害人故意或者不可抗力造成的

本条“但书”规定了经营者不承担侵权责任的两项抗辩事由：受害人

故意与不可抗力。受害人故意使其失去了获得保护的正当性，经营者自然不应承担侵权责任。就不可抗力而言，法律规定的所有的不可抗力类型均可以作为不承担责任的抗辩事由。经营者对受害人故意或者不可抗力负有举证责任，能够证明受害人故意或者损害是由于不可抗力造成的，则可不承担侵权责任；反之，则应当依法承担侵权责任。

（二）被侵权人对损害的发生有重大过失

本条规定，被侵权人的重大过失是减轻经营者侵权责任的抗辩事由。被侵权人的重大过失可以作为减轻经营者侵权责任的抗辩事由，但是不能免除经营者的侵权责任；如果被侵权人的过失是一般过失，则不能减轻经营者的侵权责任。经营者主张此等抗辩，对被侵权人的重大过失负有举证责任。

【关联规定】

《侵权责任法》（2021 年 1 月 1 日废止）

第七十三条　从事高空、高压、地下挖掘活动或者使用高速轨道运输工具造成他人损害的，经营者应当承担侵权责任，但能够证明损害是因受害人故意或者不可抗力造成的，不承担责任。被侵权人对损害的发生有过失的，可以减轻经营者的责任。

《铁路法》

第五十八条　因铁路行车事故及其他铁路运营事故造成人身伤亡的，铁路运输企业应当承担赔偿责任；如果人身伤亡是因不可抗力或者由于受害人自身的原因造成的，铁路运输企业不承担赔偿责任。

违章通过平交道口或者人行过道，或者在铁路线路上行走、坐卧造成的人身伤亡，属于受害人自身的原因造成的人身伤亡。

《电力法》

第六十条　因电力运行事故给用户或者第三人造成损害的，电力企业应当依法承担赔偿责任。

电力运行事故由下列原因之一造成的，电力企业不承担赔偿责任：

（一）不可抗力；

（二）用户自身的过错。

因用户或者第三人的过错给电力企业或者其他用户造成损害的，该用户或者第三人应当依法承担赔偿责任。

第一千二百四十一条　【遗失、抛弃高度危险物致害的侵权责任】遗失、抛弃高度危险物造成他人损害的，由所有人承担侵权责任。所有人将高度危险物交由他人管理的，由管理人承担侵权责任；所有人有过错的，与管理人承担连带责任。

【条文主旨】

本条是关于遗失、抛弃高度危险物造成他人损害情形，以及承担责任主体的规定。

【核心概念】

遗失、抛弃高度危险物

遗失高度危险物，是指高度危险物的所有人、管理人因过失失去对高度危险物的实际控制和支配。抛弃高度危险物，是指高度危险物的所有人、管理人按照其处分意思抛弃高度危险物，放弃对其实际支配和控制。遗失、抛弃高度危险物属于违反有关法律法规的行为，应承担相关的法律责任。

【理解与适用】

一、遗失、抛弃高度危险物造成他人损害的侵权责任概述

本条规定根据风险控制理论和利益—风险理论确定了所有人和管理人对遗失、抛弃的高度危险物造成他人损害承担的责任。

在遗失、抛弃高度危险物后，高度危险物的高度危险性并不会减弱，反而会因为得不到合理、适当的管理和控制而增加。在抛弃危险物的情形中，所有人、管理人存在严重过错，理所应当承担致人损害的侵权责任。在遗失危险物的情形中，所有人、管理人可能没有过错或过错程度较轻，但基于对危险物的控制义务，所有人、管理人应当对被遗失、抛弃的高度危险物致人损害承担无过错责任。即便其没有过错，也要对无辜的被侵权人承担责任。对此，也可以理解为，所有人、管理人对于高度危险物必须具有高度注意义务，在这一注意义务标准下，“遗失”当然地构成所有人、

管理人的“过错”。

依据本条规定，遗失、抛弃高度危险物造成他人损害的侵权责任适用无过错责任原则。侵权责任的构成要件包括：（1）所有人、管理人遗失、抛弃高度危险物；（2）发生他人损害，包括人身损害和财产损失；（3）他人损害是由于被遗失、抛弃的高度危险物造成的，即在二者之间存在因果关系。

二、责任主体与连带责任

（一）所有人责任

所有人对自己所有之物造成的损害承担侵权责任，这是侵权责任法的基本原理所要求的，理由在于：（1）所有人对自己所有之物具有管控能力；（2）所有人因为所有该物而享有财产利益。高度危险物的所有人作为该高度危险物的控制者和利益享有者，理当承担无过错责任。

（二）管理人责任

在所有人将高度危险物交由他人管理的情形中，法律要求管理人承担侵权责任的原因在于：管理人更有能力和机会控制风险，从而避免损害发生。相对于利益—风险理论，高度危险物品致人损害责任归责的核心依据在于风险控制，即谁能控制风险谁就承担责任。法律规则如此设计的目的在于降低整个社会的风险以减少损害的发生。通常情况下，在所有人将危险物品交给他人管理时，管理人（比如危险物品的仓储业者）往往具备专业的保管设备和知识、技能，法律将风险控制义务和损害赔偿责任施加给管理人是完全合适的。

（三）所有人与管理人的连带责任

所有人的过错可能体现在但不限于以下方面：（1）所有人对于管理人的选任存在过错；（2）所有人对于该高度危险物品的相关信息的告知具有过错；（3）所有人在交接该高度危险物的过程中具有过错等。

本条法律规定，如果所有人对于高度危险物品的遗失或者抛弃有过错，就应当与管理人一起对受害人的损失承担连带责任。其目的在于加强对受害人的保护。此时所有人与管理人可能构成共同侵权，如双方协商一致将危险物品抛弃。但在多数情形下，所有人与管理人之间不存在意思联络。从性质上说，所有人的责任是过错责任，而管理人的责任是无过错责任，法律规定二者承担连带责任，仅仅是出于保护受害人的目的而特别设计的规则，此等连带责任并不要求符合共同侵权行为的构成要件。

需要指出的是，虽然这一连带责任是一种特别规则设计，但是其具有比较充分的理论依据。这主要在于所有者的过错与管理人的行为在因果关系上相互联结，被认定为在“法律上”构成不可分割的因果关系，由此承担连带责任。例如，所有者选任了不具备资质的管理者来保管高度危险物品。即使该不具备资质的管理者的管理行为在事实上完全符合法律法规的相关操作规范，但是在该高度危险物造成损害的情况下，所有人仍然需要承担连带责任。在这一例子中，所有者在选任管理者过程中存在的过错对于损害后果的发生在事实上其实并不具有因果关系，但是其仍然需要承担连带责任，这是因为其仍然构成了“法律上”的因果关系。即，法律认为：如果所有者当时选任了合格的管理者，那么损害就“可能”不发生，因此，所有者选任行为的过错仍然与损害结果构成法律上的因果关系，需要承担连带责任。之所以对有过错的所有者科以这一十分严苛的法律责任，其目的在于尽量降低发生损害后果的可能性，对未来可能产生的损害风险进行最大限度的控制。

【关联规定】

《侵权责任法》（2021 年 1 月 1 日废止）

第七十四条 遗失、抛弃高度危险物造成他人损害的，由所有人承担侵权责任。所有人将高度危险物交由他人管理的，由管理人承担侵权责任；所有人有过错的，与管理人承担连带责任。

第一千二百四十二条 【非法占有高度危险物致害的侵权责任】非法占有高度危险物造成他人损害的，由非法占有人承担侵权责任。所有人、管理人不能证明对防止非法占有尽到高度注意义务的，与非法占有人承担连带责任。

【条文主旨】

本条是关于非法占有高度危险物造成他人损害的侵权责任之规定。

【核心概念】

非法占有高度危险物

非法占有高度危险物，是指没有合法依据占有高度危险物，包括基于犯罪行为，如抢劫、抢夺、盗窃而占有高度危险物。非法占有高度危险物，取得对高度危险物的实际控制和支配，因而非法占有者应对非法占有高度危险物造成他人损害承担侵权责任。

【理解与适用】

一、非法占有高度危险物造成他人损害的侵权责任概述

（一）非法占有

占有是指民事主体对物（主要是有体物）的实际管领或称管控，是一种事实状态。占有分为有权占有与无权占有、合法占有与非法占有。所有人（管理人）对自己所有（管理）之物的占有，是有权占有也是合法占有；不当得利人对他人之物的占有是无权占有；租赁人对作为租赁标的物的他人之物之占有，是非所有人（管理人）的占有，也是合法占有。盗窃、抢劫、抢夺等犯罪人对盗窃、抢劫、抢夺之物的占有，是无权占有也是非法占有。

（二）一般规则

对于有体物之致人损害，原则上由该物的所有人、管理人承担侵权责任；如果对物的所有（管理）与占有分离，一般由对物具有实际控制能力的占有人承担侵权责任。所有人或管理人对其所有或者管理之物被他人占有尤其是非法占有有过错的，承担相应的过错责任。

（三）特别规则

鉴于高度危险物内在致害危险性高于其他有体物，法律规定了特别的侵权责任规则：所有人、管理人对防止非法占有承担高度注意义务，如果没有尽到此等高度注意义务，则应当与非法占有人一同向被侵权人承担连带责任。

二、责任主体与连带责任

（一）非法占有人的责任

在高度危险物致人损害构成侵权责任之情形中，责任主体承担责任的原因在于危险控制。有能力实际控制高度危险物之高度危险性的人，就应对该危险造成的损害承担责任。在非法占有的情况下，非法占有人对高度危险物具有控制能力，能够控制其内在危险并避免造成对被侵权人的损害。因此，在发生此等损害时，作为高度危险物之实际控制者的非法占有人理应承担侵权责任。

需要指出的是，本条规定的“非法占有人”的侵权责任，究竟是过错责任，还是无过错责任？笔者认为，虽然本条没有明确规定非法占有人的“过错”要件，但是应当认为，本条规定的非法占有人侵权责任适用的是

“过错责任”。原因在于：本条规定的“非法占有高度危险物造成他人损害的”中的“非法占有”本身就包含了过错要件。对于这一表述中的“非法占有”，既可以解释为仅是一种非法占有的状态，也可以解释为是一种进行非法占有的行为。在进行非法占有的行为的情况下，非法占有人具有过错当属无疑。但是即使在仅是事实上非法占有的状态下，也要求事实占有人具有过错才构成此处所说的“非法占有”。在没有任何过错的情况下，即使实际上“占有”了该高度危险物，并且该种占有也不“合法”，也不构成此处的“非法占有”，并不承担侵权责任。例如，在A没有任何过错的情况下，高度危险物品被放置在其车辆中，而A对此并不知悉。在这种情况下，可以说A事实上非法占有了该高度危险物，但是A并不具有任何过错，其不承担任何侵权责任。

（二）所有人、管理人与非法占有人的连带责任

本条规定了高度危险物的所有人、管理人负有“对防止非法占有尽到高度注意义务”。所谓高度注意义务是指超过正常义务之注意程度的义务。一般而言，一个民事主体达到了如同照管自己事务一样的注意程度，只要没有对价约定或者法律法规的特别规定，就认为其达到了一般注意程度而没有过错。在有对价约定或者当然的有偿关系中，一个民事主体达到了一个理性人（大陆法称为“善良家父”）应当达到的注意程度，就认为其达到了一般注意程度而没有过错。但是，法律对特定行为人的注意程度有特殊要求的应当依据法律的相关规定来判断该当事人是否有过错。本条规定的“尽到高度注意义务”是指尽到超过理性人的注意义务，要求即使在被侵权人存在重大过失的情形中也能避免损害的发生。

到底注意义务有多“高”，由专门的法律、法规或规章等作出规定。本条法律之所以对高度危险物的所有人、管理人设定“高度注意义务”，是因为高度危险物脱离所有人、管理人的实际控制，造成损害的风险是极大的，所以必须规定所有人、管理人的“高度注意义务”以管控风险，避免或者减少相关侵权事故的发生。

本条基本承继了《侵权责任法》第75条的规定，如果高度危险物的所有人、管理人对防止非法占有没有尽到高度注意义务，则应当与非法占有人一同向被侵权人承担连带责任。这里的连带责任之构成要件包括：（1）非法占有人所占有的高度危险物存在高度的内在危险；（2）被侵权人受到损害；（3）高度危险物的高度内在危险是损害发生的原因，即二者存在因果关系；（4）高度危险物的所有人、管理人未尽到高度注意义务。

需要指出的是，这里的“所有人、管理人未尽到高度注意义务”是法

律作出的推定。在这种推定下，法律给予所有人、管理人通过反证的方式证明其尽到了高度注意义务的机会。如果所有人、管理人不能证明自己尽到了高度注意义务，则确定其承担连带责任；反之，则由非法占有人对被侵权人受到的损失承担侵权责任。

【关联规定】

《侵权责任法》（2021 年 1 月 1 日废止）

第七十五条　非法占有高度危险物造成他人损害的，由非法占有人承担侵权责任。所有人、管理人不能证明对防止他人非法占有尽到高度注意义务的，与非法占有人承担连带责任。

第一千二百四十三条　【未经许可进入高度危险作业区域的致害责任】未经许可进入高度危险活动区域或者高度危险物存放区域受到损害，管理人能够证明已经采取足够安全措施并尽到充分警示义务的，可以减轻或者不承担责任。

【条文主旨】

本条是关于未经许可进入高度危险活动区域或者高度危险物存放区域受到损害，管理人减轻或者免除责任的规定。

【核心概念】

足够安全措施

足够安全措施，是指依据法律法规等的规定或者行业的操作规则等要求，所能达到的足够安全措施。在此等“足够安全措施”的情形下，受害人即使有一般过失也能够避免损害的发生。

充分警示义务

充分警示义务，是指依据法律法规等相关规定或者行业的操作规则等要求，所能达到的充分警示义务。在此等“充分警示义务”情形下，受害人即使有一般过失也能注意到和理解警示。

【理解与适用】

一、适用场所和范围

（一）高度危险活动区域或者高度危险物存放区域

依据本条规定，减轻或者免除管理人责任，仅仅适用于被侵权人（受害人）未经许可进入高度危险活动区域或者高度危险物存放区域受到损害。在其他区域发生的损害，不适用本条减轻或者免除管理人责任的规定。

（二）排除核设施营运场所和民用航空器致人损害

本条实质上是关于被侵权人（受害人）过失相抵或者说比较过错的责任减轻乃至免除条款。因此，在完全排除考虑被侵权人（受害人）过失减轻责任的无过错责任案件中，本条并不适用。比如在核设施营运场所发生的损害以及民用航空器致人损害的案件中，不宜适用本条减轻或者免除管理者的责任。但是，如果构成受害人故意的，则免除侵权责任。

二、被侵权人未经许可进入

本条规定的被侵权人（受害人）“未经许可进入”，是指其无权进入而擅自进入高度危险活动区域或者高度危险物存放区域。任何合法的或者受到明示、默示许可的进入，以及难以判断是否有权进入情况下的进入，都不属于“未经许可进入”的情形。在此，法律没有对被侵权人（受害人）未经许可进入高度危险活动区域或者高度危险物存放区域是故意为之还是重大过失为之作出规定。实践中，其进入此等区域往往与违法乃至犯罪行为有关，如盗窃有关设备或者材料。在这样的案件中，在法理上至少可以认为被侵权人存在重大过失，甚至一些人是故意的。本质上，本条规定的可以减轻管理人的责任甚至免除其责任，是被侵权人（受害人）过失相抵（比较）的结果：在管理人没有过失尽到了相关注意义务的情况下，被侵权人（受害人）故意或者重大过失导致自己受到损害，对二者的主观状况进行比较，得出减轻或者免除管理人责任的结论，而由被侵权人（受害人）对自己受到的损失部分或者全部承担后果。

三、已经采取足够安全措施并尽到充分警示义务

如果减轻或者免除管理人的责任，则要求其已经采取足够安全措施并尽到充分警示义务。与《侵权责任法》第76条相比，本条将“已经采取安全措施”提升为“已经采取足够安全措施”，将“尽到警示义务”提升为“尽到充分警示义务”，提高了管理人的注意程度。这显然高于一般注意程度、一般安全措施和一般警示义务。本条的此项修改，体现了对被侵权人更高的保护水准。

同时，管理人对依据本条规定主张减轻或者不承担责任负有举证责任，即证明自己“已经采取足够安全措施并尽到充分警示义务”。本条的抗辩，既可以是不承担责任的抗辩，也可以是减轻责任的抗辩。是不承担责任还是减轻责任，由法官依案件具体情况确定。

四、可以减轻责任或者不承担责任

本条规定的“可以减轻或者不承担责任”，具有以下含义：(1) 在符合上述条件的情况下，法院可以判决减轻管理人的责任或者判决管理人不承担责任；也可以判决不减轻责任，而是由管理人承担全部赔偿责任。“可以”赋予了法官一定的自由裁量权。(2) 法官自由裁量的结果可以是管理人减轻责任，也可以是管理人不承担责任。

【关联规定】

《侵权责任法》(2021 年 1 月 1 日废止)

第七十六条 未经许可进入高度危险活动区域或者高度危险物存放区域受到损害，管理人已经采取安全措施并尽到警示义务的，可以减轻或者不承担责任。

第一千二百四十四条 【高度危险责任赔偿限额】 承担高度危险责任，法律规定赔偿限额的，依照其规定，但是行为人有故意或者重大过失的除外。

【条文主旨】

本条是关于承担高度危险责任之赔偿限额的指引性规定。

【核心概念】

法律规定的赔偿限额

法律规定的赔偿限额，是指法律规定的侵权损害赔偿的上限。由于无过错责任没有证明行为人的过错，责任的“可归责性”不如过错责任具有高度的公正性，加上高度危险作业往往也是社会所需要的服务，因此，各国侵权责任法一般都对承担高度危险作业侵权责任的赔偿作出上限规定。

不过，行为人有故意或者重大过失的除外，赔偿金额不受法律规定的赔偿限额的限制。

【理解与适用】

一、承担高度危险责任之赔偿限额的指引性规定

本条前半段是关于承担高度危险责任之赔偿限额的指引性规定，承继了《侵权责任法》第 77 条的规定。

作为一条指引性法律，本条但书之前的部分内容本身不能单独作为裁判案件的依据，而只是指向对承担高度危险责任之赔偿限额作出规定的法律条文。但是，本条的“但书”部分可以作为单独裁判案件的依据。如果行为人有故意或者重大过失的，则不论其他法律对于赔偿限额适用条件的规定为何，行为人均不受赔偿限额的限制。

本条规定肯定了高度危险责任可以是限额赔偿而不是完全赔偿，属于侵权责任法完全赔偿原则的例外。从比较法的经验看，危险活动的经营者或危险物品的保有者承担无过错责任并不是实行赔偿限额的充分理由。高度危险责任是否实行赔偿限额制度应当综合考虑一国（地区）相关经营者的财力、市场状况、社会情形再确定。[①] 比如对于核设施致害责任，德国、日本都是全额赔偿并无限制，我国台湾地区则是设有赔偿限额。

目前法律层面并没有赔偿数额的限制，但不少行政法规对特定高度危险责任规定了赔偿限额。如国务院《关于核事故损害赔偿责任问题的批复》（国函〔2007〕64 号）、《铁路交通事故应急救援和调查处理条例》（2012 年修订）、《国内航空运输承运人赔偿责任限额规定》、《港口间海上旅客运输赔偿责任限额规定》等，分别针对核事故、铁路交通事故、航空事故和海上运输事故规定了赔偿限额。

笔者认为，因为相关行政法规多针对特定事故类型，有关赔偿责任限额应当从法律层面加以统一规定。

二、行为人有故意或者重大过失的除外规则

本条后半段规定，“但是行为人有故意或者重大过失的除外”。即使有关的法律法规规定了责任限额，如果行为人有故意或者重大过失，则不受此等限额规定的限制，被侵权人仍然可以主张全额赔偿。比如，在空难事故中，如果事故是由于航空器经营者（包括其工作人员）的故意或者重大

---

① 参见王泽鉴:《侵权行为法（二）特殊侵权行为》，台北自版，2006 年版，第 311 页。

过失造成的，则被侵权人有权请求全额赔偿，不受法律法规规定的赔偿限额的限制。

【关联规定】

《侵权责任法》（2021 年 1 月 1 日废止）

第七十七条 承担高度危险责任，法律规定赔偿限额的，依照其规定。

案例分析

杨某某、侯某某与中国铁路上海局集团有限公司、中国铁路上海局集团有限公司南京站铁路运输人身损害责任纠纷案①

【案件基本事实】

逝者杨某系二原告杨某某、侯某某之子。2017 年 3 月 26 日，杨某持票乘坐 G7248 次列车由苏州至南京南，该次列车于当日 15 时 22 分到达。15 时 43 分，D3026 次列车沿 21 站台以约 37 公里/小时的速度驶入车站。杨某在列车驶近时，由 22 站台跃下并进入轨道线路，后迅即横穿线路向 21 站台方向奔跑，并越过站台间立柱，于列车车头前横穿线路。站台值班的车站工作人员发现后向杨某大声示警。列车值乘司机发现有人跃下站台，立即采取紧急制动措施并鸣笛示警，数据显示，列车速度急速下降。杨某横向穿越轨道，在列车车头前，努力向21 站台攀爬，未能成功爬上站台。15 时 43 分，列车将杨某腰部以下挤压于车体与站台之间，并由于惯性裹挟杨某辗转向前行驶 35 米后停止。车站工作人员于 15 时 44 分向南京市急救中心呼救，急救中心医务人员于 16 时 05 分到达现场。16 时 38 分，参与现场施救的急救中心医务人员宣布杨某死亡，经对站台破拆，17 时 50 分将杨某遗体移出站台。另查明，杨某持有本人购买的 2017 年 3 月 26 日 D5911 次武汉至黄冈车票以及 2017 年 3 月 27 日 D3026 次南京南至汉口车票。

根据乘车记录显示，杨某生前多次乘坐高铁。当日，杨某乘坐的 G7248 次列车停靠南京南站时，车厢内曾广播“请持有换乘车票的旅客到站后按便捷标志指引换乘接续列车，距离换乘地点最近的是五号车厢”的

---

① 参见《最高人民法院公报》2019 年第 10 期（总第 276 期）。

换乘说明；站台及候车室设置有专门的换乘通道，换乘路线指示标志明显清晰醒目。事发站台边缘设置有安全白线，站台两端设有“严禁翻越股道违者后果自负”的警示标志。车站广播有“请站在安全白线内”“请在安全白线内行走，以免发生危险”“某某次列车即将进站，请站在安全白线内等候，不要随车奔跑，注意安全”等提示语，显示屏滚动播出“严禁翻越股道，注意安全!”“站在安全白线内”等提示。南京南站轨道道床距站台高差约1.5米，轨道上方站台侧面，写有“禁止跨越股道”的字样，两股轨道间建有站台间立柱。事发当时，23站台列车进站，工作人员正常接车，22站台无车进入，杨某所站区域宽敞空荡。事故发生后，二原告与被告中国铁路上海局集团有限公司、中国铁路上海局集团有限公司南京站交涉赔偿问题未果，遂向江苏省南京铁路运输法院提起诉讼。

【争议焦点】

二被告是否应当承担损害赔偿责任。

【法院判决】

江苏省南京铁路运输法院经审理认为：（1）铁路运输企业应当采取现实可能的措施，充分履行安全防护、警示等义务，但任何义务都应建立在现实可行的技术条件之上。事发站台边缘设置有安全白线，设置有专门的换乘通道，指示标志明确显著，且位于事发地点附近。车站广播有“站在安全白线内、注意站台缝隙”的提示，显示屏滚动播出字幕中也有“严禁翻越股道，注意安全!”“站在安全白线内”等提示语，轨道道床距站台约1.5米，站台侧面写有“禁止跨越股道”等字样。上述设置符合高速铁路设计规范的规定。杨某在事故发生之前，所处区域较为宽敞，在站台滞留时无任何异常举动，也未向铁路工作人员求助，其跃下站台，事发突然，并无前兆。站台值班人员在发现有人横穿线路后，奔跑过去并进行喝止。本案情况属突发事件，无法预见并提前阻止。车站作为人流量较大的公共场所，无论安排多少人员在站台巡查，也无法杜绝类似本案情况的发生。因此，在地面有警示标识、站台有广播提示、站台侧面有提示、站台有人值班的情况下，车站已充分履行了安全保障与警示的义务。（2）事发时列车及时采取了刹车（紧急制动）措施。当次列车自重及载客质量约为400吨，质量巨大，惯性大。杨某跃下站台，横穿线路时，距列车车头仅有几米，司机发现情况，采取紧急制动措施将时速30余公里的列车完全停稳，有一段距离属合理。且事故发生后，二被告及时报警并向急救中心呼救，已尽其所能，所采取的应急救助措施并无不当。（3）杨某属于未经许可，进入高度危险活动区域。杨某在乘坐的列车到站后，应及时出站或由换乘通道换乘其他车次。但其在出站通道处徘徊后，滞留站台，并在看到D3026次列车开始进站后，主动跃下22站台，横穿轨道，试图攀上D3026次列车即将停靠的21站台，其举动本身极其危险。虽然杨某横穿站台轨道的意图已不可知，但通过其持有的后续客票以及其具体行为，法院推定，杨某系意图搭乘当日D3026次列车。铁路运输时间紧，人数多，尤其在动车、高铁运输时代，列车停靠时间较之前更短。铁路旅客，应遵守国家法律和铁路运输规章制度的规定，听从车站和列车工作人员的引导，按照车站的引导标志进、出站。杨某若想搭乘列车，应当遵守规定，服从管理，持票通行。其在无当日当次车票的情况下，不顾现场的安全警示标识，违背了众所周知的安全常识。在车站设有安全通道的情况下，杨某横穿线路，造成损害，显然系引起本次事故发生的一方。对于本次事故，杨某作为完全民事行为能力人，受过高等教育，具备预测损害发生的能力，对于损害结果也具备预防和控制能力，其只要遵守相关规则，就不致发生本次事故。车站已采取了充分的警示与安保措施，并给予了行人在车站内的各项通行权利。因此，上海铁路安全监督管理办公室作出的《铁路交通事故认定书》认定杨某违法抢越铁路线路是造成本起事故的原因，杨某负本起事故的全部责任，并无不当。根据《侵权责任法》第76条及《铁路法》第58条之规定，杨某在二被告已经采取安全措施并尽到警示义务的情况下，未经许可进入高度危险活动区域受到损害，属自身原因造成铁路交通运输事故的情形。故二原告要求二被告承担侵权责任、赔偿损失的诉讼请求无事实和法律依据，法院不予支持。

【法理分析】

《民法典》第1240条规定：“从事高空、高压、地下挖掘活动或者使用高速轨道运输工具造成他人损害的，经营者应当承担侵权责任；但是，能够证明损害是因受害人故意或者不可抗力造成的，不承担责任。被侵权人对损害的发生有重大过失的，可以减轻经营者的责任。”由于高铁属于本条规定的“高速轨道运输工具”，二被告应当对因高铁运营而导致的损害承担无过错责任。

根据《民法典》第1240条的规定，铁路运营者的免责事由仅有不可抗力以及受害人故意两项。同时，该条还规定被侵权人的重大过失可以作为铁路运营者的减责事由。从《民法典》第1240条规定的免责事由看，本案事故并非由不可抗力造成，逝者杨某虽然跃下站台横越轨道，但其在列车到来之前曾奋力尝试爬上站台，因此也不属于受害人故意造成自身损害的情形。严格来说，杨某的行为应当属于受害人重大过失的范畴，一般情况下只能减轻但不能完全免除侵权人的责任。但是，在侵权人与被侵权人之间进行责任分担时，既应当考虑双方过错程度的因素，也应当考虑双方行为与损害结果之间原因力大小的因素。如果损害完全是由于受害人有过错的行为造成的，原则上应当免除行为人的侵权责任。这主要是从因果关系的角度考虑，而不是从抗辩事由的角度考虑所作出的结论。① 本案中的责任分担结论即属于从因果关系角度考虑的特殊情况。一方面，二被告在事发站台处采取的安全防护措施和警示措施完全符合高速铁路设计规范的规定，并且安排铁路工作人员在站台附近值班，以及时应对乘客的临时求助。杨某跃下站台并横越轨道的举动事发突然，在现实可行的技术条件下，不论二被告尽到多高的安全防护义务和警示义务，都难以预防此类行为的发生。另一方面，杨某的行为违背了众所周知的安全常识，未能尽到常人所能尽到的最低注意义务，其只要遵守铁路运输企业已经明确告知的相关规则，就不致发生本次事故。如果想要预防这起事故的发生，铁路运输企业需要付出的成本极高，而杨某需要付出的成本却很低。比较之下，杨某的行为对损害结果的发生具有几乎全部的原因力。上海铁路安全监督管理办公室作出的《铁路交通事故认定书》同样也认定杨某违法抢越铁路线路是造成本起事故的原因，杨某负本起事故的全部责任。《铁路法》第58条第1款规定："因铁路行车事故及其他铁路运营事故造成人身伤亡的，铁路运输企业应当承担赔偿责任；如果人身伤亡是因不可抗力或者由于受害人自身的原因造成的，铁路运输企业不承担赔偿责任。"结合上述分析可知，本案的事故是由于受害人自身的原因造成的。据此，法院判决二被告不承担侵权责任，有着充分的事实和法律依据。

（本案例由曹权之同学整理）

---

① 张新宝：《侵权责任法》（第4版），中国人民大学出版社2016年版，第74页。

第九章　饲养动物损害责任

◎ 本章提要

本章规定饲养动物造成他人损害的侵权责任，共7个条文（第1245条至第1251条）。第1245条是对饲养动物造成他人损害之侵权责任的一般规定。第1246条规定了违反管理规定未对动物采取安全措施造成他人损害情形的侵权责任。第1247条规定了禁止饲养的烈性犬等危险动物造成他人损害的侵权责任。第1248条规定了动物园对其动物造成他人损害的侵权责任。第1249条规定了遗弃、逃逸的动物造成他人损害的侵权责任。第1250条规定了第三人过错致使动物造成他人损害的侵权责任承担。第1251条是关于饲养动物的行为规范规定。除动物园对其动物造成他人损害承担过错推定责任外，饲养动物造成他人损害，侵权人（动物的饲养人或者管理人、动物的原饲养人或者管理人等）承担无过错责任；有过错的第三人致使动物造成他人损害的，被侵权人可以向动物饲养人或者管理人请求赔偿（无过错责任），也可以向第三人请求赔偿（过错责任）。法律对不承担责任和减轻责任的若干情况作出了具体规定（第1245条后段、第1246条后段、第1248条后段）。

第一千二百四十五条　【饲养动物损害责任一般规定】 饲养的动物造成他人损害的，动物饲养人或者管理人应当承担侵权责任；但是，能够证明损害是因被侵权人故意或者重大过失造成的，可以不承担或者减轻责任。

【条文主旨】

本条是关于饲养动物造成他人损害侵权责任的一般规定。

【核心概念】

饲养的动物

饲养的动物，是指处于人的饲养、管束之下的动物。

【理解与适用】

一、饲养的动物造成他人损害侵权责任概述

（一）饲养的动物造成他人损害

自罗马法以来，饲养动物造成他人损害就被认为是一种“准侵权作为”，是饲养的动物造成他人损害而不是其所有人的行为造成他人损害，由其所有人、占有人承担侵权责任。近现代各国民法也规定了这种侵权责任，而且一般适用无过错责任原则或者过错推定。

饲养的动物是指处于人的饲养、管束之下的动物。动物乃具有生命且可以自主活动之物。一方面，它区别于不可自主活动之植物，因此，它可以自己独立地实施某种加害举动；另一方面，它又区别于作为民事法律关系之主体的人，动物只能成为民事法律关系的客体而非主体，它只能实施某种加害举动而非加害行为。因此，动物造成他人损害责任既不同于树木等造成他人损害责任，也不同于无民事行为能力人等造成他人损害责任。此外，微生物不属于动物，病菌和病毒传播造成他人损害的，不属于饲养动物造成他人损害，而属于危险物品造成他人损害。

对于如何界定“饲养的动物”的问题，从比较法的角度看，各国或不同时期的法律对动物造成他人损害责任中“动物”的限定和理解并不一致。古代法（罗马法和日耳曼法）将赔偿责任局限于“家畜”所造成的损害；近代大陆法系民法典则一般地规定了“动物”；美国法则采取了分别列举的方式，既包括“放牧牲畜”，也包括“家养动物”和野兽。我国《侵权责任法》继受了《民法通则》的规定，规定为“饲养的动物”造成他人损害的侵权责任。我国《侵权责任法》的这种规定比较科学，它具有一定的抽象性而不必一一列举。既不像古代法规定得那么狭窄，也不像德、日、法等国的民法典规定得那么宽泛；而且它给出了“饲养的”这一定性因素，表明了动物与人类活动之间的关系，便于理解和分析。

本条及本章其他条文所称的“饲养的动物”，应同时具备以下条件：

（1）它为特定的人所有或占有，即为特定的人所饲养或管理，强调动物与人类活动的关系。这是由饲养人、管理人承担责任的法理基础。野生动物，如处于野生状态的虎、豹、狮子、毒蛇等，不属于饲养的动物。

（2）饲养人或管理人对动物具有适当程度的控制力。也正因如此，自然保护区（或野生动物保护区）的野兽，虽然可能为人们在一定程度上所饲养或管理（如定期投放食物），但是人们对它的控制力较低，不能认其为“饲养的动物”。

（3）该动物依其自身的特性，有可能对他人的人身或财产造成损害。那些对他人人身或财产不具有可能的危险性的动物，如家养的金鱼，则不构成本条规定的造成他人损害责任意义上的“饲养的动物”。

（4）该动物可以为家畜、家禽、宠物或驯养的野兽、爬行类动物等。例如，人们家养的牛、马、狗、猫或驯养的野生动物（如猛兽、毒蛇、鳄鱼），如果同时符合上述四个条件，应认定为“饲养的动物”；某些实行封闭管理而且收费的场所（如动物园）所驯养的猛兽等动物，同时符合上述四个条件，属于“饲养的动物”，因为人们对它有较强的控制力。本章列举的饲养动物类型有：饲养的一般动物、饲养的危险动物、动物园里的动物、遗弃或逃逸的动物。在实践中，人们饲养的狗咬伤人导致损害的案件最为常见，而国内外报道的最小的造成他人损害的饲养动物是蜜蜂。

（二）责任主体：饲养人或者管理人责任

关于饲养动物造成他人损害的赔偿义务人，各国法律规定不尽一致。本条规定的责任主体是动物饲养人或者管理人。有学者认为，动物的饲养人是指动物的所有人，动物的管理人是指实际控制和管束动物的人。这样的解释使我国法律的规定兼采了所有者责任与保有者责任。

在大多数情形下，动物的饲养人或管理人是比较确定的：在饲养或管理自己所有的动物的情形下，动物的饲养人和管理人均是指动物的所有人，可以通过占有状况以及登记情况来确定。但在动物的占有人与饲养人相分离的场合，对责任主体的确认可能出现分歧：既可能由作为所有者的饲养人承担责任，也可能由作为直接占有者的管理人承担责任。应区分如下情形：

1. 雇用或委托他人照管

在动物所有人（饲养人）雇用或委托他人照管其饲养的动物的情形下，所有人（饲养人）是动物的管理人。受雇者或受委托者仅是为他人利益而照管动物，尽管他们对动物具有一定的实际控制力，但不属于管理人。此种情形应由所有人（饲养人）承担责任。

2. 动物出租或出借

在将饲养的动物出租给他人使用的情形下，动物的所有人无法对其直接进行控制，而是由承租人实施管理、控制行为，原则上应当由作为承租人的管理人承担责任。在将饲养的动物出借给他人使用的情形下也是一样，原则上应由作为实际使用人的管理人承担责任。但如果动物的所有者对动物的保有或出租、出借行为本身存有过错，如非法保有禁止饲养或限制饲养的动物，或者对于具有特定危险性的动物明知或应知他人不具有管理资质或能力而将动物出租或出借给他人，则应由所有人（饲养人）与管理人（承租人、实际使用人）承担连带责任。

3. 非法占有者的责任

在实践中，还会出现这样的情况：某人非法占有（如盗窃）他人饲养的动物，在其非法占有期间该饲养的动物造成他人损害。这时，应该由谁承担赔偿责任呢？笔者认为，解决这一问题涉及两个方面：一是对占有人的解释；二是对“第三人过错”的理解。按照保有者责任理论，非法占有者可以被解释为“保有者”，从而由其直接承担责任。将非法占有者解释为管理者似乎稍显牵强，应当按照《民法典》第1175条规定的“第三人的过错”处理。被侵权人可以向饲养人或者管理人请求赔偿，也可以向作为第三人的非法占有者请求赔偿，动物饲养人或者管理人赔偿后，有权向第三人追偿。

（三）归责原则

本章所规定的饲养的动物造成他人损害的民事责任，原则上为无过错责任，但以动物园的过错推定责任和第三人的过错责任为例外。除动物园的责任和第三人的责任外，其他民事主体构成饲养动物损害责任，不以其有故意或者过失为要件。

（四）“准侵权行为”责任

在饲养的动物造成他人损害责任案件中，饲养人或管理人并没有对造成他人实施某种积极的行为导致损害，动物自身的“举动”是造成损害的直接原因，但造成损害的后果要由动物的饲养人或管理人承担。因此，饲养人或管理人并不是对自己的行为负责，而是对与其具有一定关系（作为所有人、管理人）的“物”造成的损害负责，是对其所控制、管领的“物”对他人造成的损害承担责任。责任的承担，来自其所饲养或管理的动物这种“物”的内在危险性之实现。

二、侵权责任的构成要件

（一）“准侵权行为”：需饲养的动物独立实施了某种致害举动

饲养的动物本身对他人具有一定的内在危险性，在某种特定的条件下这种内在危险性得以爆发。这种危险性的爆发是通过动物实施某种加害举动实现的。由于动物不具有民法上的意思能力，其实施的“加害行为”不能称为行为，而只能称为举动。此种举动可以是某种积极的“作为”，也可以是某种消极的“不作为”。比如，恶犬咬伤孩童是其积极加害举动造成损害；恶犬立于某学童上学所必经之路，导致学童因害怕而不敢上学。[①]恶犬的消极举动对他人造成了妨碍，甚至恐吓，学童得请求恶犬之饲养人、管理人排除妨碍。

此外，饲养动物实施的加害举动，应具有一定的独立性，而非受害人的意志支配或驱使。在此，需要区别饲养动物造成他人损害与以饲养的动物作为侵权工具的情形。在一些案件中，当事人利用饲养的动物作为侵害他人权益的工具，或者在饲养动物造成他人损害的情形中包含了当事人的过错原因，例如饲养动物由于人的过错（如当事人的驱使、挑逗）造成他人损害。这时的侵权责任之承担不应按照饲养动物造成他人损害的民事责任规则处理，而应当按照行为人的过错责任规则处理：有过错的行为人应当对损害后果承担责任；如果行为人（侵权人）和受害人（被侵权人）均有过错，则按照过错程度或原因力大小分担责任。

（二）被侵权人受到损害

只有在被侵权人遭受人身或财产损害的情况下才可能构成饲养动物造成他人损害的侵权责任。如果没有损害，也就不存在相应的责任。饲养动物造成他人损害，与其他侵权案件中的损害并无不同，既可以是人身损害，也可以是财产损害，以及精神损害。饲养的动物造成他人损害，常见的损害情形有如下几种：纯粹的财产损失，如地里的庄稼被牲畜吃掉或践踏；对人身造成暂时损害，被侵权人经过一定时间得到恢复，但需要付出医疗、护理费用、损失误工工资或其他收入；对人身造成永久性损伤，如致残或留下难看的疤痕，丧失劳动能力，同时也需要付出医疗、护理费用，失去误工工资或其他收入，甚至产生精神损害；致人死亡的也涉及救治费用、丧葬费、死亡赔偿金、精神损害赔偿等。

（三）因果关系

饲养的动物造成他人损害案件中的因果关系，是指动物的致害举动与被侵权人所遭受的损害之间存在因果关系。首先，需要证明饲养的动物本身具有危险性，某些饲养动物对他人的人身和财产具有内在危险性，这种内在危险性爆发出来从而导致他人损害。如果饲养的动物根本就不具有对他人人身、财产的内在危险性，则否定因果关系。其次，需要证明饲养的

---

① 参见王家福主编：《中国民法学·民法债权》，法律出版社 1991 年版，第 525 页。

动物之内在危险以一定的方式爆发出来（如狗确实咬了被侵权人）。如果不能证明饲养动物的内在危险曾爆发出来、它“实施”了加害“举动”，将导致对因果关系的否定。最后，也是最重要的，判断饲养动物的举动与损害之间是否存在因果关系。判断因果关系的一般规则和方法在此均可适用。

因果关系的证明责任由被侵权人承担。但在某些案件中，只需被侵权人对因果关系的证明达到一定程度，即可将举证责任转移至饲养人、管理人一方。假设甲之3岁幼儿在其家设有一米多高的木栅栏的后院玩耍，被翻越木栅栏入院的德国种狼犬咬伤。甲未能看清该犬的形状和颜色。查明后院里有两只德国种狼犬脚印；周围200平方公里内仅有两人豢养两只此等德国种狼犬；医生检查不能断定该等咬伤系一只或两只狼犬所为。遇此情况，甲只须提供上述医院检查证明、现场勘查报告，即在一定程度上证明了因果关系之存在，从而转由两只狼犬的主人证明他们的狼犬的“举动”与损害之间没有因果关系，否则即应承担责任。

三、被侵权人的故意或者重大过失

本条规定，能够证明损害是因被侵权人故意或者重大过失造成的，可以不承担或者减轻责任。侵权人对此负有举证责任。因此，被侵权人的故意或者重大过失可以成为不承担责任或者减轻责任的抗辩事由。被侵权人仅因一般过失或者轻微过失造成损害的，不得免除或减轻饲养该动物的所有人或管理人的赔偿责任。

被侵权人的故意或者过失，常常表现为盗窃饲养人、管理人的动物，投打动物，投喂或者挑逗动物等行为。被侵权人不听警告或者无视明显的警示私自进入危险动物饲养区域等，也属于具有重大过失的行为。①

被侵权人的故意或重大过失作为法定免责条件，在不同的案件中并不

---

① “7·23北京八达岭野生动物园老虎伤人事件”：2016年7月23日15时许，北京八达岭野生动物园东北虎园内，发生一起老虎伤人事件，造成1死1伤的后果。造成此次事件的原因有二：一是赵某未遵守八达岭野生动物世界猛兽区严禁下车的规定，对园区相关管理人员和其他游客的警示未予理会，擅自下车，导致其被虎攻击受伤；二是周某见女儿被虎拖走后，救女心切，未遵守八达岭野生动物世界猛兽区严禁下车的规定，施救措施不当，导致其被虎攻击死亡。参见李铁柱：《八达岭老虎伤人案18日将开庭》，载《中国青年报》2017年9月6日。类似的还有2017年发生在浙江省的“1·29宁波动物园老虎咬人事件”，后经园区的视频录像证明涉事游客在未先买票的情况下，直接翻越动物园外面的围墙跳进虎园，被园区老虎咬伤，经抢救无效死亡。参见360百科，https://baike.so.com/doc/24232139-25023601.html，最后访问时间：2020年2月12日。两起事件均表明，被侵权人不听警告或者无视明显的警示私自进入危险动物饲养区域，具有重大过失行为。

完全相同。当被侵权人的故意或重大过失为引起损害的全部原因时，动物的饲养人或管理人可以免责。如果被侵权人的故意或重大过失只是引起损害的部分原因，则不能免除动物饲养人或管理人的赔偿责任，而应当适用过错相抵规则减轻侵权人的责任。

需要指出的是，《民法典》总则编（第八章民事责任）关于不承担民事责任的事由，如不可抗力、紧急避险、正当防卫等，对本条规定的侵权责任都是适用的。

【关联规定】

《侵权责任法》（2021 年 1 月 1 日废止）

第七十八条　饲养的动物造成他人损害的，动物饲养人或者管理人应当承担侵权责任，但能够证明损害是因被侵权人故意或者重大过失造成的，可以不承担或者减轻责任。

第一千二百四十六条　【未对动物采取安全措施损害责任】违反管理规定，未对动物采取安全措施造成他人损害的，动物饲养人或者管理人应当承担侵权责任；但是，能够证明损害是因被侵权人故意造成的，可以减轻责任。

【条文主旨】

本条是关于违反管理规定、未对动物采取安全措施情况下饲养的动物造成他人损害的侵权责任的规定。

【核心概念】

关于饲养动物的管理规定

关于饲养动物的管理规定，通常是指由省、直辖市、自治区以及较大城市的地方立法机关制定的涉及特定种类动物饲养的地方性规定。比如，北京市 1994 年就制定了《北京市严格限制养犬规定》，此后经过数次修订，2003 年《北京市养犬管理规定》施行，上述规定同时废止。

【理解与适用】

一、适用条件：对“违反管理规定，未对动物采取安全措施”的理解

（一）违反管理规定

本条规定的违反管理规定，是指违反此类地方立法或者地方行政规章性质的“管理规定”。本条所规范的饲养动物，是此等管理规定中许可饲养的动物，但是需要进行登记并采取必要的安全措施。

（二）未对动物采取安全措施

“安全措施”，是管理规定中所要求采取的规范饲养行为、保护他人人身财产安全避免饲养动物造成他人损害事故发生的各种措施。未对动物采取安全措施是构成本条规定的侵权责任的要件。比如，《北京市养犬管理规定》第17条明确规定：“养犬人应当遵守下列规定：

“（一）不得携犬进入市场、商店、商业街区、饭店、公园、公共绿地、学校、医院、展览馆、影剧院、体育场馆、社区公共健身场所、游乐场、候车室等公共场所；

“（二）不得携犬乘坐除小型出租汽车以外的公共交通工具；携犬乘坐小型出租汽车时，应当征得驾驶员同意，并为犬戴嘴套，或者将犬装入犬袋、犬笼，或者怀抱；

“（三）携犬乘坐电梯的，应当避开乘坐电梯的高峰时间，并为犬戴嘴套，或者将犬装入犬袋、犬笼；居民委员会、村民委员会、业主委员会可以根据实际情况确定禁止携犬乘坐电梯的具体时间；

“（四）携犬出户时，应当对犬束犬链，由成年人牵领，携犬人应当携带养犬登记证，并应当避让老年人、残疾人、孕妇和儿童；

“（五）对烈性犬、大型犬实行拴养或者圈养，不得出户遛犬；因登记、年检、免疫、诊疗等出户的，应当将犬装入犬笼或者为犬戴嘴套、束犬链，由成年人牵领；

“（六）携犬出户时，对犬在户外排泄的粪便，携犬人应当立即清除；

“（七）养犬不得干扰他人正常生活；犬吠影响他人休息时，养犬人应当采取有效措施予以制止；

“（八）定期为犬注射预防狂犬病疫苗；

“（九）不得虐待、遗弃所养犬；

“（十）严格履行养犬义务保证书规定的其他义务。”①

（三）对适用条件的整体理解

本条所规定的“违反管理规定，未对动物采取安全措施”，是指饲养人、管理人违反了管理规定的要求，没有对饲养的动物采取管理规定所要求的安全措施。如果不存在相关管理规定、管理规定没有对安全措施作出要求，或者采取了管理规定所要求的安全措施，则不能依据本条认定饲养人、管理人的侵权责任。

二、归责原则与侵权责任的构成要件

（一）适用无过错责任原则

饲养依规可以饲养的动物，但是饲养人、管理人违反管理规定没有对动物采取安全措施，导致饲养的动物造成他人损害的，饲养人、管理人承担无过错责任。此等情况下无须考虑其“违反管理规定，未对动物采取安全措施”有无过错，只要符合侵权责任的其他三个构成要件，就应当承担侵权责任。

（二）构成侵权责任的三个要件

构成本条规定的侵权责任，除需要符合侵权责任编本条的适用条件外，还需要符合以下构成要件：（1）存在“准侵权行为”，需饲养的动物独立实施了某种致害举动；（2）被侵权人受到损害；（3）“准侵权行为”与被侵权人受到的损害之间存在因果关系。

三、被侵权人故意：减轻责任的抗辩事由

本条前半段承继了《侵权责任法》第79条的规定，后半段增加了“但书”规定。后半段的“但是”是关于“被侵权人故意”作为减轻责任抗辩事由的规定。在被侵权人故意造成损害的情况下，可以减轻侵权人的责任。需要指出的是：（1）依据本条规定，仅是在被侵权人故意造成损害的情况下方可减轻饲养人或者管理人的侵权责任，被侵权人的过失（包括重大过失），不是减轻责任的抗辩事由；（2）被侵权人的故意行为与其受到的损害之间存在因果关系，即“损害是因被侵权人的故意造成的”；（3）“能够证明”是对举证责任进行的分配，即由侵权人举证证明，如果侵权人能够证明损害是因被侵权人故意造成的，则可以主张减轻侵权责任。

这里的被侵权人“故意”之内容如何确定是需要考虑的。被侵权人以

---

① 各省（直辖市、自治区）大致都有类似的规定，如：《上海市养犬管理条例》（2011年2月23日修正）、《天津市养犬管理条例》（2005年12月8日天津市第十四届人民代表大会常务委员会第二十四次会议通过）。

其行为追求损害的发生（直接故意）和明知道损害发生的概率很大而放任损害的发生（间接故意）均被认定为故意。在受害人盗窃动物过程中被动物所伤害，应当被认为是故意造成自己损害。但是，故意违反管理规定、无视警告进入危险区域是否为本条所称的“故意”，需要通过司法实践由司法解释等加以确认。

需要指出的是，《民法典》总则编（第八章民事责任）关于不承担民事责任的事由，如不可抗力、紧急避险、正当防卫等，对本条规定的侵权责任都是适用的。

【关联规定】

《侵权责任法》（2021 年 1 月 1 日废止）

第七十九条 违反管理规定，未对动物采取安全措施造成他人损害的，动物饲养人或者管理人应当承担侵权责任。

第一千二百四十七条 【禁止饲养的危险动物损害责任】 禁止饲养的烈性犬等危险动物造成他人损害的，动物饲养人或者管理人应当承担侵权责任。

【条文主旨】

本条是关于禁止饲养的烈性犬等危险动物造成他人损害，动物饲养人或者管理人应当承担侵权责任的规定。

【核心概念】

烈性犬

烈性犬，是指有关管理规定明确列举的具有较大危险性的犬类动物。其他具有较大危险性的动物，也通常被列举为禁止饲养的动物。

【理解与适用】

一、适用条件：禁止饲养的烈性犬等危险动物造成他人损害

有关管理规定对禁止饲养的烈性犬等危险动物有专门的规定。比如，

《北京市养犬管理规定》第10条第1款规定："在重点管理区内，每户只准养一只犬，不得养烈性犬、大型犬。禁养犬的具体品种和体高、体长标准，由畜牧兽医行政部门确定，向社会公布。"

北京市农业局发布了《关于发布北京市养犬重点管理区准养犬类公告》（京农畜字〔2003〕47号），规定："一、重点管理区内原则上应饲养成年体高35厘米以下（含35厘米）的小型玩赏犬。如：八哥、北京犬、博美、查理士王小猎犬、蝴蝶犬、吉娃娃、马尔吉斯、迷你杜宾、西施、约克夏、迷你贵宾犬等犬种。二、重点管理区内应禁止饲养烈性犬及成年体高超过35厘米的犬种。如：獒犬、德国杜宾犬、圣伯纳犬、大丹犬、大白熊犬、波恩山犬、罗威纳犬、威玛猎犬、雪达犬、阿富汗猎犬、猎狐犬、寻血猎犬、爱尔兰狼犬、沙克犬、灵缇、苏俄牧羊犬、巴仙吉犬、澳洲牧羊犬、比利时牧羊犬、法兰德斯牧羊犬、长须牧羊犬、苏格兰牧羊犬、德国牧羊犬、古典英国牧羊犬、英国斗牛犬、松狮犬、斑点犬、荷兰毛狮犬、秋田犬、纽芬兰犬、雪橇犬、贝林登梗、牛头梗、凯丽兰梗等犬种。三、重点管理区内盲人和肢体重残人饲养的、用于导盲和生活扶助的工作犬，不受35厘米体高的限制。"

本条规定违反禁止性规定饲养烈性犬等危险动物的饲养人、管理人承担无过错侵权责任，但没有规定不承担侵权责任或者减轻侵权责任的抗辩事由。

二、动物饲养人或者管理人的侵权责任

（一）适用无过错责任原则

违反禁止规定，饲养烈性犬等危险动物造成他人损害的，饲养人、管理人承担无过错责任。此等情况下无须考虑其违反禁止规定有无过错以及对造成的损害是故意还是过失，只要符合侵权责任的其他三个构成要件，饲养人、管理人就应当承担侵权责任。

（二）侵权责任之构成需要符合三个要件

构成本条规定的侵权责任，除了需要符合上述本条的适用条件外，还需要符合以下构成要件：（1）存在"准侵权行为"，需饲养烈性犬等危险动物独立实施了某种致害举动；（2）被侵权人受到损害；（3）"准侵权行为"与被侵权人受到的损害之间存在因果关系。

三、关于抗辩事由

本条没有对抗辩事由作出规定。通过对本章关联规定以及《民法典》第1173条、第1174条和第1175条等作体系解释，可以得出以下结论：（1）被侵权人过失包括重大过失造成损害的，不减轻饲养人、管理人的侵权责任；（2）被侵权人的故意造成损害是否减轻饲养人、管理人的侵权责

任不确定；（3）第三人的过错造成他人损害的，被侵权人可以向此等危险动物的饲养人请求赔偿，也可以向第三人请求赔偿。

之所以说被侵权人故意造成损害是否减轻饲养人、管理人的侵权责任不确定，一方面，是因为《民法典》第1174条规定受害人故意是行为人不承担责任的一般抗辩事由，本条没有明文排除适用第1174条；另一方面，第1246条仅将被侵权人故意造成损害作为减轻责任的抗辩事由，而本条规定的侵权人方面的情况更为恶劣：饲养禁止饲养的烈性犬等危险动物。依照“举轻明重”的解释方法，本条规定的情形似乎被侵权人故意造成损害也不足以成为减轻饲养人、管理人不承担侵权责任的抗辩事由。

虽然本条没有将被侵权人的故意和重大过失作为不承担责任或者减轻责任的抗辩事由，但是《民法典》总则编（第八章民事责任）规定的不可抗力（第180条）等抗辩事由仍然适用于本条规定的侵权责任。

【关联规定】

《侵权责任法》（2021年1月1日废止）

第八十条 禁止饲养的烈性犬等危险动物造成他人损害的，动物饲养人或者管理人应当承担侵权责任。

第一千二百四十八条 【动物园饲养动物损害责任】 动物园的动物造成他人损害的，动物园应当承担侵权责任；但是，能够证明尽到管理职责的，不承担侵权责任。

【条文主旨】

本条是关于动物园对其饲养的动物造成他人损害承担侵权责任的规定。

【核心概念】

动物园

百科知识认为，动物园（zoological garden）是收集、饲养各种动物，进行科学研究和迁地保护，供公众观赏并进行科学普及和宣传保护教育的场所。动物园有两个基本特点：一是饲养管理野生动物，一般不包括家禽、家畜、宠物等家养动物；二是向公众开放。符合这两个基本特点的场所即是广义上的动物园，包括水族馆、专类动物园等类型；狭义上的动物园指城市动物园和野生动物园。动物园的基本功能是对野生动物的综合保护和对公众的保护教育。法律法规和部门规章尚没有对“动物园”进行专门界定。《城市动物园管理规定》第2条第1款规定：“本规定适用于综合性动物园（水族馆）、专类性动物园、野生动物园、城市公园的动物展区、珍稀濒危动物饲养繁殖研究场所。”这一规定大致可以理解为关于动物园的分类规定。

【理解与适用】

一、动物园的动物造成他人损害侵权责任的特征

（一）准侵权行为责任

动物园的动物造成他人损害的侵权责任，首先属于动物造成他人损害的侵权责任，是“物”造成他人损害的责任，而不是人的行为造成他人损害的责任。因此，此等侵权责任也属于“准侵权行为”责任。

（二）未尽到管理职责的责任

国家有关部门对动物园的管理作出了专门规定。比如《城市动物园管理规定》第21条第1款规定：“动物园管理机构应当完善各项安全设施，加强安全管理，确保游人、管理人员和动物的安全。”在这样的安全规定下，动物园的管理者制定符合专业要求的各种安全措施和紧急情况处理预案等，确保游人、管理人员和动物的安全。只要达到这些安全措施的要求，并且在发生紧急情况时按照预案处理，就能够做到各方安全。因此，法律规定“尽到管理职责”的，不承担责任，未尽到管理职责的应当承担责任。

（三）对造成“他人”损害的责任

尽管上述管理规定强调确保游人、管理人员和动物的安全，但是本条规定的侵权责任仅适用于“他人”受到损害的情况。“他人”当然包括游人，但是不限于游人，任何不属于动物园一方的人均属于“他人”。动物园的动物逃脱造成园外周围不特定的人员人身损害或者财产损失的，也适用本条侵权责任的规定。

动物园的管理人员、工作人员（兽医、研究人员、技术人员、饲养员、保洁人员等），不属于本条规定的“他人”。此等人员如果遭受动物伤害，适用其他法律法规的规定以及劳动合同、劳务合同的约定等救济其所受到的损害。

二、动物园的过错推定责任

依据本章关联规定的规定，一般的动物饲养人或者管理人不得以尽到管理职责作为其抗辩事由，由此主张减轻或者免除其所饲养的动物造成他人损害的侵权责任。但是，《侵权责任法》第81条明确规定动物园“能够证明尽到管理职责的，不承担责任”。《民法典》第1248条承继了这一规定。

依据本条规定，动物园的动物造成他人损害的，动物园承担过错侵权责任，即只有在有过错的情况下才承担侵权责任，没有过错则不承担侵权责任。动物园承担的过错责任是推定的过错责任，即在其动物造成他人损害的情况下推定动物园有过错，但是给予动物园一个证明自己没有过错的机会。如果动物园能够证明自己没有过错，则不承担侵权责任。

动物园证明自己没有过错的方法和路径是证明自己已经“尽到管理职责”。动物园证明自己尽到管理职责实际上是证明自己没有过错。因此，动物园的动物造成他人损害的侵权责任，属于过错推定的侵权责任，并且法律对“没有过错”的证明方法和路径作出了规定。由此可见，动物园承担的此等侵权责任比其他民事主体就饲养动物造成他人损害的侵权责任要轻一些，其所承担的是过错推定的过错责任而不是无过错责任。法律作出这样的规定，一方面，考虑到动物园动物的特殊性（野生动物）；另一方面，考虑到动物园的社会服务、动物保护和科学研究的特殊功能。

依据本条和《民法典》第1165条的规定，动物园承担本条规定的侵权责任，需要符合以下构成要件：（1）动物园在履行管理职责上有过失；（2）其所管理的动物具有造成他人损害的内在危险性；（3）他人受到人身损害、财产损失；（4）此等人身损害、财产损失与动物的内在危险性之间存在因果关系。

需要指出的是，《民法典》总则编（第八章民事责任）关于不承担民事责任的事由如不可抗力、紧急避险、正当防卫等，对本条规定的侵权责任都是适用的。

【关联规定】

《侵权责任法》（2021年1月1日废止）

第八十一条 动物园的动物造成他人损害的，动物园应当承担侵权责任，但能够证明尽到管理职责的，不承担责任。

第一千二百四十九条 【遗弃、逃逸动物损害责任】遗弃、逃逸的动物在遗弃、逃逸期间造成他人损害的，由动物原饲养人或者管理人承担侵权责任。

【条文主旨】

本条是关于遗弃、逃逸的动物在遗弃、逃逸期间造成他人损害之侵权责任的规定。

【核心概念】

遗弃、逃逸的动物

遗弃、逃逸的动物，是指本来由饲养人或者管理人所饲养，但是饲养人或者管理人将其遗弃或者饲养的动物逃脱出饲养人或者管理人管束的动物。被遗弃或者逃逸的动物被称为“流浪猫”“流浪狗”等，但是尚能查明原饲养人或者管理人。

【理解与适用】

一、遗弃、逃逸的动物在遗弃、逃逸期间造成他人损害的侵权责任概述

（一）遗弃饲养的动物与饲养的动物逃逸

1. 饲养过的动物

本条由动物原饲养人或者管理人对遗弃、逃逸的动物在遗弃、逃逸期间造成他人损害承担侵权责任。这里的动物，当然是“饲养的动物”，即原来由饲养人、管理人饲养管理的动物，而不是一直处于野生状态的动物。通俗来说，造成他人损害的动物是侵权人曾经饲养、管理的动物。

2. 遗弃、逃逸的动物

遗弃动物是原饲养人、管理人有意识的人为行为。从法律行为的角度来看，此等行为以一个处分所有物（管理物）最终命运的内在意思为驱动，实施一个外在的遗弃行为。所以，遗弃饲养的动物，是一个法律行为，在有些情况下也发生行为人期望得到的效果——处分而使得所有权归于消灭。但是，遗弃的动物在遗弃期间造成他人损害的，遗弃该动物的原

饲养人或者管理人应当承担侵权责任。

动物逃逸，并非出于其饲养人、管理人的本意，而是动物基于其本能逃离饲养人、管理人管束的“行为”。动物逃逸与所有人、管理人的内在意思无关，但是可能与其疏忽大意或盲目轻信有关。

由于本条适用无过错责任原则归责于原饲养人或者管理人，不考虑其有无过错以及过失或故意，因而对于遗弃和逃离的原因不在责任构成要件中考虑。

（二）侵权责任构成要件

依据本条规定，由动物原饲养人或者管理人承担侵权责任，需要符合以下构成要件：（1）遗弃、逃逸的动物具有造成他人损害的内在危险性；（2）他人受到人身损害、财产损失；（3）此等人身损害、财产损失与遗弃、逃逸动物的内在危险性之间存在因果关系。

二、承担责任的依据与举证责任

（一）由动物原饲养人或者管理人承担侵权责任的法理依据

本条法律规定由动物原饲养人或者管理人承担侵权责任并非基于其过错，而是基于其对危险的控制力。饲养和管理动物，实际上是控制着一项危险。饲养人、管理人不仅要对其饲养、管理期间的此等危险严加管控以避免对他人造成损害，即使是遗弃动物或者对逃逸的动物之危险也负有管控的义务。将这一危险推向社会或者放任这一危险流向社会，动物原饲养人或者管理人对此等动物造成他人损害应当承担侵权责任。

需要指出的是，动物原饲养人或者管理人对此等动物造成他人损害承担侵权责任的时间不是无限的，而是对“在遗弃、逃逸期间”造成他人的损害承担侵权责任。遗弃或者逃逸的时间足够长，动物原饲养人或者管理人对此等动物完全失去管控能力，社会也已经将此等动物当作“无主物”的流浪猫、流浪狗等对待和防范。在此等情形下，动物原饲养人或者管理人则无须对其造成他人损害承担侵权责任。“遗弃、逃逸期间”到底有多长，应当依具体情况由“理性人”的认知、判断能力确定。投喂已经处于野化状态的流浪猫、流浪狗，投喂者对此等动物造成的损害承担侵权责任。

（二）举证责任

根据“谁主张，谁举证”的原则，受害人向某人主张此等侵权责任，需要举证证明被请求的人是致害动物原来的饲养人或者管理人。如果不能证明这一事实，则不支持其请求。

【关联规定】

《侵权责任法》（2021 年 1 月 1 日废止）

第八十二条　遗弃、逃逸的动物在遗弃、逃逸期间造成他人损害的，由原动物饲养人或者管理人承担侵权责任。

第一千二百五十条　【因第三人过错致使动物致害责任】 因第三人的过错致使动物造成他人损害的，被侵权人可以向动物饲养人或者管理人请求赔偿，也可以向第三人请求赔偿。动物饲养人或者管理人赔偿后，有权向第三人追偿。

【条文主旨】

本条是关于因第三人的过错致使动物造成他人损害的侵权责任之规定。

【核心概念】

动物饲养人或者管理人赔偿后的追偿权

动物饲养人或者管理人赔偿后的追偿权，是指在因第三人的过错致使动物造成他人损害的情形下，被侵权人有权请求动物饲养人或者管理人承担赔偿责任，也有权请求第三人承担赔偿责任。如果被侵权人选择动物饲养人或者管理人承担赔偿责任，则该饲养人或管理人在承担赔偿责任之后有权向第三人全额追偿。这种追偿权是单向的，如果是第三人承担了赔偿责任则无权向动物饲养人或者管理人追偿。

【理解与适用】

一、因第三人的过错致使动物造成他人损害概述

（一）第三人过错

本条规定的“因第三人的过错致使动物造成他人损害”，是指动物的饲养人、管理人以及被侵权人之外的第三人实施了有过错的行为，激发动物的内在危险（野性）造成他人人身损害、财产损失。

法律规定“因第三人的过错”，表明第三人所承担的侵权责任为过错责任，即只有在其有过错的情况下才承担侵权责任，没有过错则不承担侵权责任。在实践中，第三人投打、投喂、挑逗、挑衅动物致使其“发飙”造成他人损害是常见的第三人过错表现形式。

（二）两层因果关系

法律规定“因第三人的过错致使动物造成他人损害”，表达了两层因果关系：（1）第三人有过错的行为是激发动物危险性的原因，动物的内在危险之所以爆发出来，是因为第三人的过错行为所致；（2）动物的“举动”造成了他人的损害，动物的“举动”是造成他人损害发生的原因。从单纯的条文表述看，本条规定第三人的责任不涉及多因一果的情况。如果存在多因一果的情况，还应考虑《民法典》第1172条等条文的综合适用。

二、被侵权人的损害赔偿选择权

本条规定了被侵权人的选择权：被侵权人受到损害，既可以向动物饲养人或者管理人请求赔偿，也可以向第三人请求赔偿。需要注意的是，这两个选择是相互排除的：如果选择了向动物饲养人或者管理人请求赔偿，则不能再选择向第三人请求赔偿；反之，如果选择了向第三人请求赔偿，也不能再选择向动物饲养人或者管理人请求赔偿。动物饲养人或者管理人与第三人不构成共同侵权责任，也不构成按份侵权责任，因此不能同时选择二者作为被告请求赔偿。

在此等情况下，法院通常要向作为原告的被侵权人进行“示明”，告知其选择权的内容以及正确的行使方式。

三、动物饲养人或者管理人赔偿后的追偿权

如果被侵权人选择动物饲养人或者管理人作为被告请求其承担赔偿责任，动物饲养人或者管理人应当依据本条规定承担相应的赔偿责任。其承担赔偿责任后，可以依据本条后半段规定，向有过错的第三人追偿。如果损害完全是由于第三人的过错激发动物野性造成的，承担了赔偿责任的动物饲养人或者管理人得向该第三人追偿全部赔偿金额；如果损害的一部分是由于第三人的过错激发动物野性造成的，承担了该部分赔偿责任的动物饲养人或者管理人得向该第三人追偿相应部分的赔偿金额。

本条规定的追偿权是单向的，仅承担了赔偿责任的动物饲养人或者管理人有权向该第三人追偿赔偿金额；第三人承担赔偿责任的，无权向动物饲养人或者管理人追偿。因为第三人有过错激发动物野性造成损害，第三人应当对自己的过错行为引起的损害承担责任。这一过错责任是最终的责任，不发生追偿、分担的问题。

【关联规定】

《侵权责任法》（2021 年 1 月 1 日废止）

第八十三条　因第三人的过错致使动物造成他人损害的，被侵权人可以向动物饲养人或者管理人请求赔偿，也可以向第三人请求赔偿。动物饲养人或者管理人赔偿后，有权向第三人追偿。

第一千二百五十一条　【饲养动物应负的社会责任】饲养动物应当遵守法律法规，尊重社会公德，不得妨碍他人生活。

【条文主旨】

本条是关于饲养动物应当遵守法律、尊重社会公德、不得妨碍他人生活的规定。

【核心概念】

社会公德

社会公德（social ethics；social morals），简称“公德”，是指存在于社会群体中间为人们普遍遵循的道德，是生活于社会中的人们为了群体的利益而约定俗成的行为规范，具体包括文明礼貌、助人为乐、爱护公物、保护环境、遵纪守法等内容。

本质上，社会公德是一个国家、一个民族或者一个群体在历史的社会实践活动中积淀下来的道德准则、文化观念和思想传统，它对维系社会公共生活和调整人与人之间的关系具有重要作用。与“私德”相对应，“公德”是指与国家、组织、集体、民族、社会等有关的道德；而“私德”是指个人品德、作风、习惯以及个人私生活中的道德。社会公德是维持良好人际关系的条件，衡量一个民族进步的标志。

【理解与适用】

本条要求饲养动物应当遵守法律和法规，尊重社会公德，不得妨害他

人生活。本条是关于饲养动物的行为规范规定，而不是裁判规则，不能单独适用作为裁判案件的依据，

《民法典》总则编第1条开宗明义，规定了“弘扬社会主义核心价值观”。社会主义核心价值观包含“诚信、友善”的内容，即要求人们在民事活动和其他活动中遵守诚实信用原则，友好善意对待他人。

就饲养动物而言，本条要求平衡好饲养者“养”的权利与他人不受妨碍、骚扰、恐吓的权利。从“养”的合理性和正当性看，一些人饲养动物是生存所需，如盲人饲养导盲犬；一些人饲养动物是生产生活所需，如饲养用于表演的动物、饲养役用动物或者畜牧动物；一些人饲养动物是精神所需，如饲养宠物。不同人群的这些正当需求均应当被承认并得到保护。从对他人正常生活加以保护来看，一些人惧怕某些种类的动物，有些人不能接受与动物的过分接近，一些动物具有较强的致害危险特别是针对老人、儿童的危险性，一些动物具有传播疾病的危险性，等等。所以，就动物饲养而言，国家法律法规应当在“养”“禁”“限”“管”之间处理好各方的利益平衡。

就饲养人而言，应当遵守法律法规和部门规章等相关规定，在行使“养”的权利的同时，尊重社会公德，不妨碍他人的正常生活，不侵害他人的合法权益。就“他人”而言，也应当理解“养”的合理性和正当性，适度容忍饲养宠物的行为，避免纠纷发生。

【关联规定】

《侵权责任法》（2021年1月1日废止）

第八十四条 饲养动物应当遵守法律，尊重社会公德，不得妨害他人生活。

案例分析

欧某某诉高某饲养动物损害责任纠纷案[①]

【案件基本事实】

2017年8月13日19时20分20秒，原告欧某某在丈夫的陪同下徒步

---

① 参见《最高人民法院公报》2019年第10期（总第276期）。

经过公共人行道时，遇趴在台阶上休息的由高某饲养的一只棕色泰迪犬；泰迪犬见欧某某夫妻接近，站立起来向欧某某的方向走了两步（约 50 公分），此时欧某某与泰迪犬相距约 3 米；欧某某见其靠近，惊慌往其左侧避让时摔倒受伤。欧某某受伤后即被送往医院住院治疗。原告欧某某向法院起诉，请求判令：（1）高某赔偿欧某某因遭高某所养犬只伤害而产生的住院医疗等费用共计人民币 56928.41 元；（2）本案的诉讼费用由高某承担。在诉讼过程中，欧某某将上述第 1 项诉讼请求变更增加为 250963 元。

【争议焦点】

原告欧某某摔倒受伤与被告高某饲养的宠物狗之间是否具有因果关系，以及原、被告责任比例应当如何划分。

【法院判决】

广东省台山市人民法院一审认为：被告高某提供的监控录像清晰显示，高某饲养的狗只是体形较小、性情温顺的棕色泰迪犬，本案高某未采取安全防范措施，致使饲养的泰迪犬肆意在公共场所活动，并在靠近欧某某时令欧某某受惊吓倒地受伤，高某作为动物饲养人及管理人应承担相应责任；与此同时，该泰迪犬见欧某某靠近时，在没有吠叫、没有向欧某某攻击、仅向欧某某移动约 50 公分且与欧某某仍相距约 3 米的前提下，欧某某由于过度惊慌，采取避让措施不当摔倒致自己受伤，其本身存在重大过失。考虑到欧某某的重大过失，结合本案实际情况，对于欧某某的损失，一审法院酌情以高某承担 30% 责任为宜。

广东省江门市中级人民法院二审认为：首先，高某未有证据证明其所饲养的泰迪犬有取得《犬类准养证》，其饲养涉案犬只违反了《广东省犬类管理规定》第四条“县以上城市（含县城镇、近郊）、工矿、港口、机场、游览区及其 3 公里以内的地区，经济开发区、各类有对外经济合作的乡镇政府所在地，均列为犬类禁养区。上述地区的机关单位、外国驻粤机构、外籍人士等，因特殊情况需要养犬者，须经当地公安部门批准，领取《犬类准养证》并对犬只进行免疫注射后方可圈（栓）养”的规定。其次，涉案的犬只虽未对人实施如“抓伤、扑倒、撕咬”等直接接触人体的动作，一般人在陌生犬只尤其是未被约束的犬只进入自身安全界线内的时候，本能会产生恐惧的心理，故欧某某在看到未被采取任何约束措施的涉案犬只突然起立并向其逼近的时候，因本能的恐惧而避让进而摔倒受伤。虽然犬只与人体不存在实际接触，但该伤害与犬只之间具备了引起与被引起的关系，故二者具备因果关系，动物饲养人或者管理人对此亦应当承担侵权责任。最后，高某主张欧某某的摔倒可能系石头绊倒，或者被其他动物的攻击所致，但其并未提供相应证据证实其主张，亦未有证据证明欧某某在受伤害过程中存有主动挑逗、投打、追赶等故意或者重大过失等情形。据此可认定，欧某某本案所涉的损失系高某未规范饲养动物导致，本案中亦无证据证明高某存在能够减轻其责任的情形，故高某应对欧某某的涉案损失承担全部赔偿责任。一审法院认定欧某某由于过度惊慌导致摔倒受伤，本身存在重大过失，并认定欧某某自身承担70%的责任，法律适用有误，二审法院予以纠正。

【法理分析】

《民法典》第1245条规定："饲养的动物造成他人损害的，动物饲养人或者管理人应当承担侵权责任；但是，能够证明损害是因被侵权人故意或者重大过失造成的，可以不承担或者减轻责任。"饲养动物损害责任属于无过错责任，其有三个方面的构成要件：行为人实施了饲养动物的行为；该动物的内在危险爆发造成他人损害；该动物的致害举动与受害人遭受的损害之间存在因果关系。本案中，案涉泰迪犬系高某所饲养，欧某某因该宠物狗靠近而在避让过程中摔倒受伤，上述前两个方面的构成要件均已满足，而因果关系的要件是否满足则不容易判断。本案的争议也是主要围绕因果关系而展开的。

对于因果关系的判断，一般而言可以采用"相当因果关系说"。法院应当以普通人或经过训练、具有正义感的法律人的看法，依据经验之启发及事件发生的正常经过来进行判断，以确定行为与结果之间是否具有因果联系。如果某项原因对于损害发生概率的提高不会产生实质性影响，或者只有在极端条件下才会成为引发损害的原因，那么该项原因就不属于充分原因的范畴。[①] 在饲养动物致人损害的场合，如果动物实施的是抓咬、追赶等举动，则其会大大提高受害人遭受损害的概率，因果关系的认定较为容易。但是，在本案中，案涉宠物狗并无"追赶、扑倒、撕咬、吠叫"等情形，其实施的举动仅是在原告靠近时，在距原告尚有一段距离的情况下，站立起来并向原告的方向走了两步。这一举动与原告摔倒受伤之间的联系看似较为微弱，这就需要我们对案件的具体情况进行更进一步的分析。在城镇中饲养宠物狗时，饲养人或管理人应当对宠物狗采取约束措施，以避免其对他人造成损害。在城镇中生活的居民如果自己未曾饲养过

---

① 参见王利明：《侵权责任法研究》（第2版）（上卷），中国人民大学出版社2016年版，第386~387页。

宠物狗，则可能对其仅具有非常有限的了解与接触经历。如果饲养人或管理人对宠物狗采取了适当的约束措施，人们会认为宠物狗虽然天生具有一定程度的攻击性，但是这种本性已经得到了较好的控制，危险性较低，不太可能产生较强的恐惧心理。如果饲养人或管理人对宠物狗未采取约束措施，人们会担心其本性突然爆发时饲养人或管理人无法及时制止，因而会产生较强的恐惧心理，并且主动避让。当突然看到一只未被约束的宠物狗出现在视线范围内，并且向自己逼近时，一般而言人们都有可能本能地产生恐惧心理，并且采取避让措施。本案中，原告欧某某即是在这样的情况下本能地采取避让措施进而摔倒。因此，从一般人的角度看，被告饲养的宠物狗与原告摔倒受伤之间具备引起与被引起的关系。法院也认定二者之间具备因果关系，被告高某应当对原告欧某某的损害承担赔偿责任。

在明确被告的侵权责任成立后，还有一个关键问题，那就是本案中是否存在应当减轻或者免除被告责任的情形。根据《民法典》第 1245 条的规定，损害是因被侵权人故意或者重大过失造成的，动物饲养人或者管理人可以不承担或者减轻责任。本案中，原告在避让被告的宠物狗时摔倒受伤，自然不属于受害人故意。问题在于，原告的行为是否具有重大过失。在饲养动物致人损害的案件中，受害人重大过失的一种较为典型的表现形式是受害人实施挑逗、刺激或者投打动物等行为。此外，如果受害人在面对动物的抓咬、追赶时处置不当，也有可能会被认定为重大过失。例如，受害人未能有效地掌握安全行驶电动车的技能，在驾驶电动车时因犬只追逐车尾而受到惊吓，未能有效控制电动车车速，最后连人带车摔倒后受伤。① 但是，本案中原告见宠物狗靠近，在避让时摔倒受伤，其举动只是出于本能的反应，且符合一般人在此种情形下可能作出的举动。人们在面临突发情况，采取避让措施时，一般也不会事先环顾自身周围的情况，因此，原告在避让过程中摔倒也符合人之常情，并不存在重大过失。被告如主张存在其他减轻或者不承担责任的情形，应当对此承担举证责任。而被告高某主张原告欧某某的摔倒可能系石头绊倒，或者被其他动物的攻击所致，但其并未提供相应证据证明其主张，亦未有证据证明欧某某在受伤害过程中存在其他故意或者重大过失等情形，故被告应当为原告的损害承担全部的赔偿责任。一审法院认为原告由于过度惊慌，采取避让措施不当致自己摔倒受伤，其本身存在重大过失，进而判决欧某某自行承担 70% 责任

---

① 参见梁某诉海森特公司等饲养动物损害责任纠纷案，广西壮族自治区防城港市港口区人民法院（2017）桂 0602 民初 1041 号民事判决书。

的做法缺乏充分的事实和法律依据。在审判实践中，法院应当严格把握减责事由和免责事由的判断标准，在无过错责任案件中尤其应当注意这一点。二审法院改判被告高某对原告欧某某的涉案损失承担全部赔偿责任，其审判思路值得借鉴。

（本案由曹权之同学整理）

第十章　建筑物和物件损害责任

◎ 本章提要

本章规定建筑物和物件造成他人损害的侵权责任，共7个条文（第1252条至第1258条）。第1252条规定了在建的建筑物和已经竣工交付使用的建筑物等倒塌造成他人损害的侵权责任。第1253条规定了建筑物等脱落、坠落造成他人损害的责任。第1254条规定了从建筑物中抛掷物品、坠落物品造成他人损害的责任。第1255条规定了堆放物倒塌、滚落或者滑落造成他人损害的责任。第1256条规定了在公共道路上堆放、倾倒、遗撒妨碍通行物品造成他人损害的责任。第1257条规定了林木折断、倾倒或者果实坠落造成他人损害的责任。第1258条规定了施工人的责任以及地下设施造成他人损害的责任。本章规定的侵权责任大多适用过错推定（第1252条、第1253条、第1255条、第1256条、第1257条和第1258条）。关于从建筑物抛掷物品或者坠落物品造成损害的责任规则（第1254条），经过各种具体情况细化处理、引入管理人的违反安全保障义务责任、强调公安等机关依法及时调查职责等，第1254条比《侵权责任法》第87条有较大改进。

第一千二百五十二条　【建筑物、构筑物或者其他设施倒塌、塌陷致害责任】建筑物、构筑物或者其他设施倒塌、塌陷造成他人损害的，由建设单位与施工单位承担连带责任，但是建设单位与施工单位能够证明不存在质量缺陷的除外。建设单位、施工单位赔偿后，有其他责任人的，有权向其他责任人追偿。

因所有人、管理人、使用人或者第三人的原因，建筑物、构筑物或者其他设施倒塌、塌陷造成他人损害的，由所有人、管理人、使用人或者第三人承担侵权责任。

【条文主旨】

本条有两款。第 1 款是关于在建建筑物等倒塌造成他人损害的侵权责任之规定。第 2 款是关于因所有人等原因已经竣工交付使用的建筑物等倒塌造成他人损害的侵权责任之规定。

【核心概念】

建筑物

建筑物，是指人工建造的固定在地面，用于居住、生产、储存等相对封闭的空间，如住宅、办公楼、车间、仓库等。

构筑物和其他设施

构筑物，是指桥梁、码头、堤坝、隧道、井架、电线杆、路灯、水塔、围坊、纪念碑、雕塑等。其他设施，是指建筑脚手架、起重塔吊、缆车、索道、电线、路标、广告牌、标语牌等。

【理解与适用】

一、在建建筑物等倒塌造成他人损害：建设单位与施工单位承担连带责任

（一）建筑物等倒塌造成他人损害概述

1. 建设单位和施工单位的责任

本条第 1 款规定的侵权责任主体是建设单位和施工单位，而不是建筑物的所有人、管理人、使用人。考虑到第 1 款和第 2 款的逻辑关系，这里的建筑物、构筑物或者其他设施是指在建的建筑物、构筑物或者其他设施，不包括已经竣工交付给所有人（业主）使用的建筑物、构筑物或者其他设施。

服务于高空、高压、易燃、剧毒、放射性和高速运输工具作业的某些设施（如高压输电线、高速公路上的设施）不宜纳入此类“建筑物”“构筑物”或“其他设施”，因为它们属于高度危险作业的设施，其造成侵权损害时，应当适用不同的法律条文（如《民法典》第 1240 条等）。

2. 倒塌

依据本条第 1 款的规定，发生损害的原因是在建的建筑物、构筑物或

者其他设施倒塌。这里的倒塌既包括建筑物、构筑物等完全倒塌，也包括部分倒塌。

3. 他人损害

本条规定的“损害”包括人身损害和财产损失。“他人”是指建设单位、施工单位之外的其他人。建设单位、施工单位及其工作人员因建筑物等倒塌受到人身损害和财产损失，不适用本条规定承担侵权责任。

（二）侵权责任的构成要件

构成本条第1款规定的侵权责任，需要符合以下要件：（1）有质量缺陷的建筑物等倒塌，这种“质量缺陷”包含了导致发生倒塌的危险性。（2）“他人”受到损害，包括人身损害和财产损失。（3）因果关系。这里有两层因果关系：其一，因质量缺陷导致建筑物等倒塌，质量缺陷是建筑物等倒塌的原因；其二，建筑物等倒塌导致他人损害，建筑物等倒塌是被侵权人损害发生的原因。（4）建设单位、施工单位对建筑物等的质量缺陷存在过错。

（三）建设单位与施工单位承担连带责任

1. 责任主体：建设单位与施工单位

本条规定的侵权责任不是行为责任，即并不是因为建设单位或者施工单位实施了某种过错行为造成损害而承担责任，而是其所“保有”的在建的建筑物等倒塌造成他人损害的侵权责任。是建筑物等物的内在危险爆发造成损害的责任。法律之所以规定建设单位与施工单位承担此等侵权责任，是因为其对造成他人损害的建筑物有控制力。

2. 过错推定责任

本条第1款规定了过错推定责任：规定了建设单位与施工单位对此等损害承担连带责任，同时又规定“但是建设单位与施工单位能够证明不存在质量缺陷的除外”。其含义是：法律推定建设单位与施工单位有过错，被侵权人无须对其过错举证和证明。但是给予建设单位与施工单位证明自己没有过错的机会。如果能够证明自己没有过错，则不用承担侵权责任；反之，则需要承担侵权责任。证明没有过错的方法和路径是证明在建的建筑物等“不存在质量缺陷”。关于是否存在质量缺陷，应当依据有关建筑质量的法律法规和部门规章、行业标准进行综合判断。

这里需要指出的是，建设单位或者施工单位某一方，不能仅单方面证明自己没有过错而主张不承担责任，还需要证明在在建的建筑物等不存在质量缺陷的情况下才能免除其侵权责任。

3. 连带责任

本条第1款规定了建设单位与施工单位的连带责任。其对外（向被侵权人承担赔偿责任）和内部分担、清偿等，按照连带责任的规则（《民法典》第178条）处理。这一规定实则加重了其责任负担。规定连带责任的正当性在于：（1）建设单位与施工单位对于在建建筑物的质量管控具有密切合作关系；（2）被侵权人往往是在相关信息、知识等方面处于劣势地位的自然人，规定建设单位与施工单位承担连带责任有利于被侵权人实现其损害赔偿请求权。

（四）建设单位与施工单位承担连带责任后的追偿权

本条第1款进一步规定，建设单位与施工单位赔偿后，有其他责任人的，有权向其他责任人追偿。这里的“其他责任人”从文义上看，可以包括：（1）其行为导致没有质量缺陷的在建建筑物倒塌的第三人；（2）其行为导致本身有质量缺陷的在建建筑物等倒塌的第三人；（3）对建筑物产生质量缺陷有过错的人，如建筑物的设计人、施工监理人等。

笔者以为，上述（1）所述其行为导致没有质量缺陷的在建建筑物倒塌的第三人，不属于本条所规定的“其他责任人”。因为建设单位与施工单位能够证明建筑物等不存在质量缺陷就无须承担责任了，所以也就不发生追偿问题。遇到此等情形，被侵权人应当依据《民法典》第1175条的规定，直接请求其行为导致没有缺陷的建筑物等倒塌造成损害的第三人承担侵权责任。

上述（2）和（3）属于本条规定的可以追偿的“其他责任人”。是全额追偿还是部分追偿，取决于“其他责任人”的过错大小及其有过错的行为对于损害发生的原因力大小。

二、已经交付的建筑物等倒塌造成他人损害：所有人、管理人、使用人或者第三人承担侵权责任

（一）责任主体：所有人、管理人、使用人或者第三人

本条第2款是关于已经竣工交付给所有人（业主）使用的建筑物等倒塌造成他人损害的侵权责任之规定。依据所有权原理，所有人对其所有的物（包括建筑物、构筑物和其他设施）享有占有、使用、收益和处分的权利，同时也承担其所有物造成他人损害的赔偿责任。因此，依据交付的建筑物等倒塌造成他人损害的，如果倒塌是由于所有人的原因引起的，应当由所有人承担侵权责任。

基于国有和集体所有等特殊法律制度的规定，一些建筑物等的所有与管理、使用相分离。在此等情况下，管理人、使用人享有如同所有人的部

分权利，同时也承担相应的义务和责任。在建筑物等发生倒塌导致他人损害时，管理人、使用人如同所有人一样承担侵权责任。

由于第三人的原因导致已经交付的建筑物倒塌造成他人损害，第三人依据过错责任原则承担侵权责任。第三人既包括对建筑物等存在缺陷有过错的原施工单位、设计单位，也包括其过错行为直接导致建筑物等倒塌的第三人。

（二）过错责任与责任构成要件

1. 过错责任

需要指出的是，本条第2款规定“因所有人、管理人、使用人或者第三人的原因，建筑物、构筑物或者其他设施倒塌、塌陷造成他人损害”，包含了此等侵权责任的主体（所有人、管理人、使用人或者第三人）、归责原则和构成要件。

本款没有特别规定无过错责任和过错推定，故应当将本款规定的侵权责任理解为一般过错责任，即所有人、管理人、使用人或者第三人在有过错的情况下才承担责任，没有过错就不承担责任。其过错应当由被侵权人举证证明。

2. 责任构成要件

对于所有人、管理人、使用人而言，其责任构成要件包括：（1）其所有的、管理的或者使用的建筑物等发生倒塌或塌陷；（2）他人受到损害，包括人身损害、财产损失；（3）此等损害与建筑物等的倒塌或塌陷之间存在因果关系；（4）所有人、管理人、使用人存在管理、养护、维修等方面的过失，使得建筑物等具有发生倒塌事故的危险性。

对于“第三人”而言，其责任构成在原因、结果以及因果关系三方面与上述责任构成相同，但是过错要件的内容则各不相同：有的是对建筑物等的质量缺陷存在过错，有的是对建筑物等直接施加了有过错的行为从而导致其倒塌，如驾驶机动车撞击建筑物使其倒塌。

【关联规定】

《侵权责任法》（2021年1月1日废止）

第八十六条　建筑物、构筑物或者其他设施倒塌造成他人损害的，由建设单位与施工单位承担连带责任。建设单位、施工单位赔偿后，有其他责任人的，有权向其他责任人追偿。

因其他责任人的原因，建筑物、构筑物或者其他设施倒塌造成他人损害的，由其他责任人承担侵权责任。

第一千二百五十三条　【建筑物、构筑物或者其他设施及其搁置物、悬挂物脱落、坠落致害责任】建筑物、构筑物或者其他设施及其搁置物、悬挂物发生脱落、坠落造成他人损害，所有人、管理人或者使用人不能证明自己没有过错的，应当承担侵权责任。所有人、管理人或者使用人赔偿后，有其他责任人的，有权向其他责任人追偿。

【条文主旨】

本条是关于建筑物等发生脱落、坠落造成他人损害的侵权责任之规定。

【核心概念】

搁置物、悬挂物

搁置物、悬挂物，是指搁置、悬挂在建筑物上的物件，并非建筑物的组成部分或从物。放置在窗台上的花盆是搁置物，安装在建筑物过道的吊灯是悬挂物。龙门吊车的吊斗、吊钩是龙门吊车的组成部分，不是悬挂物。因为搁置物、悬挂物与建筑物之间存在物理联系，可能发生坠落风险，所以与建筑物放在一起进行规范。

【理解与适用】

一、建筑物等发生脱落、坠落造成他人损害概述

（一）造成损害的物

前条规定的造成损害的物包括建筑物、构筑物或者其他设施。本条除规定了建筑物、构筑物或者其他设施外，还规定了搁置物、悬挂物。

（二）致害原因：脱落、坠落

前条规定的致害原因是倒塌，即建筑物等倒塌导致他人损害。本条规定的致害原因是脱落和坠落而不是倒塌。建筑物、构筑物或者其他设施及其搁置物、悬挂物发生脱落、坠落是损害发生的原因。“脱落”是指物件的组成部分与整体相分离并掉落，如玻璃窗的玻璃从窗子框架脱落，建筑

物的墙皮包括外墙砖等脱落。坠落一般是指从高处向低处掉落，如搁置的花盆从窗台坠落。

（三）“准侵权行为”责任

本条规定的侵权责任不是行为责任，并不是因为所有人、管理人或者使用人实施了某种过错行为造成损害而承担的责任，而是其所“保有”的建筑物等发生脱落、坠落造成他人损害的侵权责任，是建筑物等物的内在危险之爆发造成损害的责任。建筑物等物的内在危险在于其结构的松懈和处于相对高度所聚集的物理势能。

二、所有人、管理人或者使用人的过错推定责任

（一）责任主体

本条规定的责任主体包括所有人、管理人或者使用人。需要指出的是，就具体案件而言，责任主体原则上只能是其中之一，不大可能二者或三者同时成为责任主体。在所有人、管理人和使用人之间，也鲜有可能对本条规定的责任承担连带责任或者按份责任。

本条规定的管理人是与所有人相并列的责任主体，但此处的“管理人”宜作限制性解释，即依照法律、法规或者行政命令对国有建筑物进行经营管理的人，包括全民所有制企业、事业单位、国家机关等；依承包、租赁等法律行为而经营管理国家、集体所有的建筑物等的自然人、法人或者非法人组织。但如果承包、租赁者能证明其管理没有过错或为防止损害发生已经尽了必要的注意义务，则应由所有人承担赔偿责任。所有人也可以与管理人约定此类责任的承担问题，但其约定一般不能对抗第三人。

使用人是在所有人、管理人之外因为租赁、借用或者其他原因而使用建筑物等设施的人。原则上使用人不对建筑物或其他设施发生脱落、坠落造成他人损害承担赔偿责任，此类责任应由所有人或者管理人承担。使用人对于其在建筑物上的搁置物、悬挂物（由所有人设置者除外）发生倒塌、脱落、坠落造成的损失负赔偿责任①，但有两个例外情况：一是国有或集体房屋的承租人这类租赁关系具有很大的福利性，不是典型的不动产市场关系的反映，所有人也很难完全像一个以营利为目的的房东那样对房屋进行严格的管理。因此，承租人可能搭建小厨房一类的“其他设施”。于此情形，承租人应对其建造或改建的部分（即“其他设施”）造成他人损害承担赔偿责任。二是旅店不得以房客占有某间客房（甚或房

① 参见王家福主编：《中国民法学・民法债权》，法律出版社1991年版，第522页。

客有过错）为由，拒绝承担客房的搁置物、悬挂物（如花盆等）造成他人损害的赔偿责任。

（二）过错推定

本条规定："……所有人、管理人或者使用人不能证明自己没有过错的，应当承担侵权责任……。"法律对本条的侵权责任规定了推定过错：推定所有人、管理人或者使用人有过错，被侵权人无须证明其存在过错。所有人、管理人或者使用人能够证明自己没有过错的不承担侵权责任；不能证明自己没有过错的，应当承担侵权责任。

"证明自己没有过错"，通常是证明其尽到了法律、法规等要求的注意义务，同时在所有、管理、维护、使用等方面，所有人、管理人或者使用人尽到了一个"理性人"应当达到的注意程度。

（三）责任构成要件

构成本条规定的侵权责任，需要符合以下要件：（1）建筑物、构筑物或者其他设施及其搁置物、悬挂物发生脱落、坠落。（2）他人受到损害，包括人身损害或财产损失。"他人"不包括应当承担侵权责任的所有人、管理人或者使用人及其员工等。（3）他人受到的损害与脱落、坠落之间存在因果关系。

三、所有人、管理人或者使用人的追偿权

依据本条规定，所有人、管理人或者使用人赔偿后，有其他责任人的，有权向其他责任人追偿。其他责任人通常是指两种人：一是其行为造成建筑物、构筑物或者其他设施及其搁置物、悬挂物发生脱落、坠落造成损害的人；二是对建筑物、构筑物或者其他设施及其搁置物、悬挂物发生脱落、坠落的隐患有过错的人，如施工单位、设计单位以及维修单位等。

是全额追偿还是部分追偿，取决于其他责任人的过错大小以及与建筑物、构筑物或者其他设施及其搁置物、悬挂物发生脱落或坠落造成损害的原因力大小。

【关联规定】

《侵权责任法》（2021年1月1日废止）

第八十五条 建筑物、构筑物或者其他设施及其搁置物、悬挂物发生脱落、坠落造成他人损害，所有人、管理人或者使用人不能证明自己没有过错的，应当承担侵权责任。所有人、管理人或者使用人赔偿后，有其他责任人的，有权向其他责任人追偿。

第一千二百五十四条　【高空抛掷物、坠落物致害责任】 禁止从建筑物中抛掷物品。从建筑物中抛掷物品或者从建筑物上坠落的物品造成他人损害的，由侵权人依法承担侵权责任；经调查难以确定具体侵权人的，除能够证明自己不是侵权人的外，由可能加害的建筑物使用人给予补偿。可能加害的建筑物使用人补偿后，有权向侵权人追偿。

物业服务企业等建筑物管理人应当采取必要的安全保障措施防止前款规定情形的发生；未采取必要的安全保障措施的，应当依法承担未履行安全保障义务的侵权责任。

发生本条第一款规定的情形的，公安等机关应当依法及时调查，查清责任人。

【条文主旨】

本条有三款。第 1 款是关于建筑物抛（坠）物造成他人损害的侵权责任和补偿的规定。第 2 款是关于物业服务企业等未尽到安全保障义务的侵权责任的规定。第 3 款是强调公安等机关及时调查、查清责任人的规定。

【核心概念】

高空抛物

高空抛物，是指从建筑物中抛掷物品或者从建筑物上坠落物品的俗称。

【理解与适用】

一、关于建筑物抛（坠）物侵权责任制度的完善

建筑物抛（坠）物（俗称“高空抛物”）造成他人损害的侵权责任规则，十多年前在制定《侵权责任法》时就是一个争议焦点。《侵权责任法》第 87 条的起草受到了“重庆烟灰缸案”等一些建筑物抛（坠）物造成他人损害案件的影响，当时的法律条文是对社会需求的回应。但是，不涉及有关机关依法调查的职责，也不涉及物业服务企业的安全保障义务，随着

社会发展变化，出现了新情况和新问题。

为解决这一问题，起草《民法典》侵权责任编的一个重要任务，就是修改《侵权责任法》第 87 条的规定，使得建筑物抛（坠）物造成他人损害案件的责任分配与承担更为公正合理，也为“高空抛物”的治理提供必要的立法资源。最高人民法院在《民法典》侵权责任编有关“高空抛物”责任条文立法草案基本成型的情况下，于 2019 年 10 月 21 日发布《最高人民法院关于依法妥善审理高空抛物、坠物案件的意见》（法发〔2019〕25 号），规定：（1）加强源头治理，监督支持依法行政，有效预防和惩治高空抛物、坠物行为；（2）依法惩处构成犯罪的高空抛物、坠物行为，切实维护人民群众生命财产安全；（3）坚持司法为民、公正司法，依法妥善审理高空抛物、坠物民事案件；（4）注重多元化解，坚持多措并举，不断完善预防和调处高空抛物、坠物纠纷的工作机制。具体条文达 16 条之多，可见有关机关对这一问题的重视程度和解决的决心。

与《侵权责任法》第 87 条比较，本条有以下主要修改：（1）从行为规范的角度规定禁止从建筑物中抛掷物品。（2）强调从建筑物中抛掷物品或者从建筑物上坠落物品造成他人损害的侵权人的责任。（3）规定了可能加害的建筑物使用人补偿后有权向侵权人追偿。（4）引入物业服务企业的安全保障义务以及未尽到安全保障义务的侵权责任。（5）强调有关机关依法及时调查的职责。

二、禁止从建筑物抛掷（坠落）物品

本条开宗明义即规定“禁止从建筑物中抛掷物品”。结合全部条文内容看，除禁止从建筑物向建筑物的外部空间抛掷物品外，还有防范建筑物上或者建筑物内的物品坠落的立法旨意。这是一条禁止性规定而非授权或者许可性规定，这也是一条行为规范而非裁判规则。其基本意义在于通过设定禁止事项为人们的民事活动提供行为规范，告诫人们不得做出从建筑物抛掷（坠落）物品的行为。从更广阔的视野看，这一规定也是贯彻《民法典》第 1 条规定的“弘扬社会主义核心价值观”建设“诚信、友善”的人际关系尤其是邻里关系所要求的。

三、侵权人依法承担侵权责任

依据本条规定，在发生建筑物抛（坠）物造成他人损害的案件中，应当由侵权人依法承担侵权责任。此处的“侵权人”包括：（1）实施抛物行为的人（或者其监护人、用人单位、个人雇主等）；（2）致害物品的所有人、管理人、使用人（或者其监护人、用人单位、个人雇主等）。此处的“依法”是指依据《民法典》有关条文和其他法律的规定。《民法典》的有关条文包括第 1253 条、第 1165 条、第 1188 条、第 1191 条、第 1192 条等。

在损害发生时侵权人明确的，被侵权人应当请求侵权人承担侵权责任。在诉讼进行中查明了具体侵权人的，被侵权人应当变更诉讼请求，直接请求侵权人承担侵权责任。

四、由可能加害的建筑物使用人给予补偿

（一）“经调查难以确定具体侵权人”

本条规定，经调查难以确定具体侵权人的，除能够证明自己不是侵权人的外，由可能加害的建筑物使用人给予补偿。这里的“经调查难以确定具体侵权人”，是指通过被侵权人的举证、法院依职权进行调查以及本条第 3 款规定的“公安等机关应当依法及时调查”仍然不能确定具体侵权人的情况。

（二）使用人承担“补偿”后果

本条规定，承担“补偿”责任的是建筑物的使用人，而不是建筑物的所有人。当然，如果建筑物的所有人同时也是使用人的，他应依据本条承担“补偿”的后果。法律之所以规定由建筑物的使用人承担，是因为使用人在案发时实际使用、控制建筑物，最有可能是抛物行为的实施者或者对防范物品坠落负有义务的人。

（三）“证明自己不是侵权人”

“证明自己不是侵权人”包括两层含义：其一，举证责任被分配给被告。在上述“经调查难以确定具体侵权人”的情况下，被告承担证明自己不是侵权人的举证责任。其二，让被告对一个“不存在的事实”进行举证，是防范“有罪推定”前提下的辩护。此等被告可以提供自己没有作案时间、没有能力实施此等抛物行为、没有也不可能拥有致害物品、在力学上其所在位置的抛（坠）物不可能造成本案中的损害等来证明自己不是侵权人。若能够证明自己不是侵权人的，则不承担侵权责任也不承担“补偿”的后果；若不能证明自己不是侵权人的，则要承担“补偿”的后果。

（四）“补偿”的含义与数额确定

本条规定的“补偿”有以下几层含义：（1）补偿是被告真金白银拿出金钱支付给被侵权人（受害人），于此等被告而言，其在经济上承担了不利的后果。（2）在性质上，“补偿”不同于“赔偿”。承担补偿后果，不意味着此等被告实施了侵权行为或者应当对侵权损害后果承担法律上的赔偿责任，质言之，承担补偿后果不意味着司法裁判对此等被告的行为作出了否定判断。

补偿的数额，视具体情况确定。总体上补偿的数额要少于赔偿数额，同时，不同被告对损害承担补偿后果，应当适当考虑致害的可能性大小、被告自身的负担能力等情况。

（五）关于追偿权的规定

本条第1款最后一句进一步规定："可能加害的建筑物使用人补偿后，有权向侵权人追偿。"行使这一追偿权的前提是在案件审理结束且判决得到执行后，查明了真正的侵权人。在此情况下，"可能加害的建筑物使用人"已经支付的补偿就此失去了支付的原因，因此需要通过向侵权人追偿而填补"可能加害的建筑物使用人"的财产损失。

五、物业服务企业的安全保障义务以及未尽到安全保障义务的侵权责任

（一）物业服务企业的安全保障义务

本条第2款规定了建筑物的物业服务企业等主体采取安全保障措施防止本条规定的损害发生的义务，未尽到此等安全保障义务应当承担侵权责任。

建筑物的物业服务企业等主体采取安全保障措施由物业管理法规、物业管理公约、物业服务合同等确定。此等义务，有些是保护物业业主利益的，有些是保护不特定第三人人身和财产安全的。《物业管理条例》第45条规定："对物业管理区域内违反有关治安、环保、物业装饰装修和使用等方面法律、法规规定的行为，物业服务企业应当制止，并及时向有关行政管理部门报告。有关行政管理部门在接到物业服务企业的报告后，应当依法对违法行为予以制止或者依法处理。"第46条规定："物业服务企业应当协助做好物业管理区域内的安全防范工作。发生安全事故时，物业服务企业在采取应急措施的同时，应当及时向有关行政管理部门报告，协助做好救助工作。物业服务企业雇请保安人员的，应当遵守国家有关规定。保安人员在维护物业管理区域内的公共秩序时，应当履行职责，不得侵害公民的合法权益。"第55条规定："物业存在安全隐患，危及公共利益及他人合法权益时，责任人应当及时维修养护，有关业主应当给予配合。责任人不履行维修养护义务的，经业主大会同意，可以由物业服务企业维修养护，费用由责任人承担。"

此外，随着监控技术的发展与普遍应用，物业服务企业一般也有义务安装必要的监控设施，记录和保存有关影视资料，以备查清责任人。

（二）未尽到安全保障义务的侵权责任

依据本条第2款规定，物业服务企业等未采取必要的安全保障措施的，应当依法承担未履行安全保障义务的侵权责任。物业服务企业等承担的此等法律责任是侵权责任而不是违反合同的违约责任，也就是说，此等责任是由法律直接加以规定的，不依赖于物业服务合同等对此是否有规定。

物业服务企业等承担此等侵权责任的构成要件是：（1）未履行安全保障义务，具有消极不作为或者不适当作为的行为。（2）被侵权人受到损害，包括人身损害和财产损失。（3）未履行安全保障义务与损害发生之间存在因果关系，具体表现为：如果适当履行安全保障义务，就能够防止损害的发生或者减少损害的发生。（4）过错。凡是违反安全保障义务产生的侵权责任都是过错责任。

物业服务企业在多大程度上承担侵权责任，本条没有作出明确规定。在有些案件中，物业服务企业没有尽到安全保障义务是损害发生的主要原因乃至唯一原因，其承担全部赔偿责任当无争议。而在另一些案件中物业服务企业没有尽到安全保障义务对于损害发生所起的作用比较小，由其承担全部赔偿责任显然不合理。此等情况下，可以考虑参考《民法典》第1198 条第 2 款的规定确定物业服务企业等的侵权责任。

六、公安等机关的调查职责

本条第 3 款是一个提示性条款，提示公安等机关应当依法及时调查以查清侵权责任人。公安机关负有侦查刑事案件和调查社会治安案件的职责。高空抛物案件中被侵权人遭受人身伤害乃至死亡，公安机关应当依法进行侦查调查，查明案件事实。

本条没有民法上的直接功能和意义，不是民法的典型规范。但是通过提示公安等机关应当依法及时调查以查清侵权责任人，有利于相关案件的审理，保护被侵权人的合法权益，减少乃至避免“可能加害的建筑物使用人补偿”的适用。

【关联规定】

《侵权责任法》（2021 年 1 月 1 日废止）

第八十七条　从建筑物中抛掷物品或者从建筑物上坠落的物品造成他人损害，难以确定具体侵权人的，除能够证明自己不是侵权人的外，由可能加害的建筑物使用人给予补偿。

第一千二百五十五条　【堆放物致害责任】堆放物倒塌、滚落或者滑落造成他人损害，堆放人不能证明自己没有过错的，应当承担侵权责任。

【条文主旨】

本条是关于堆放物倒塌、滚落或者滑落造成他人损害侵权责任的规定。

【核心概念】

堆放物

堆放物是人工堆积存放之物。在日常生活中，常见的堆放物包括堆放的货物、堆放的农副产品、堆放的建筑材料、堆放的原木、矿石等。堆放物为固体物，堆放是为了能够临时或者较长时间的存放。但是，人工建筑物、构造物等不是堆放物，其发生倒塌造成他人损害，按照《民法典》第1252条和第1253条等条文确定侵权责任。

【理解与适用】

一、堆放物倒塌、滚落或者滑落造成他人损害的侵权责任概述

（一）相关法律、司法解释规定的发展变化

关于堆放物倒塌、滚落或者滑落造成他人损害的侵权责任，我国法律和司法解释的规定有一个发展的过程。《民法通则》对此没有作出规定。《最高人民法院关于贯彻执行〈中华人民共和国民法通则〉若干问题的意见（试行）》第155条规定：“因堆放物品倒塌造成他人损害的，如果当事人均无过错，应当根据公平原则酌情处理。”2003年《最高人民法院关于审理人身损害赔偿案件适用法律若干问题的解释》则将“堆放物品滚落、滑落或者堆放物倒塌致人损害”规定为过错推定责任，由所有人或者管理人承担责任。2009年《侵权责任法》第88条将堆放物倒塌造成他人损害的责任规定为过错推定责任，由堆放人承担。本条基本承继了《侵权责任法》第88条的规定，同时吸收司法解释的规定，增加了“滚落或者滑落”的内容。

（二）堆放物倒塌、滚落或者滑落造成他人损害侵权责任的概念、性质

堆放物倒塌是指堆放物在力学结构上的坍塌和崩溃，包括部分倒塌和完全倒塌。滚落是指堆放物从堆放的高处滚动下落到低处。滑落是指堆放物自身平移从高处下落到低处。堆放物倒塌、滚落或者滑落造成他人损害责任是指由于堆放物整体倒塌或者个别物件滚落、滑落造成他人的损害，

堆放人依据本条规定应当承担的侵权责任，主要是赔偿责任。

关于堆放物倒塌、滚落或者滑落造成他人损害的侵权责任是我国法律独有的规定，其立法的理论依据与建筑物等造成他人损害责任相似。堆放物倒塌、滚落或者滑落造成他人损害的侵权责任属于对物造成的损害承担责任，是“准侵权行为”责任，而不是行为人对自己的侵权行为承担责任。

二、堆放人的过错推定责任

（一）过错推定责任

依据本条规定，堆放物倒塌、滚落或者滑落造成他人损害的由堆放人承担侵权责任。在此处，堆放人承担的是过错推定的侵权责任：法律推定其有过错，并依据过错责任原则承担侵权责任，被侵权人无须对其过错举证证明；但是法律给予堆放人证明自己没有过错的机会，如果能够证明自己没有过错就无须承担侵权责任，如果不能证明自己没有过错则应当承担侵权责任。

堆放人是指以自己的行为或者以其工作人员（雇员）等的行为设置了堆放物的人。堆放人通常采用以下方式和路径证明自己没有过错：（1）设置堆放物不违反法律、行政法规、部门规章等的禁止性规定，是其有权实施的行为；（2）对堆放的选址没有过错；（3）在堆放的规模、结构、方式等方面没有过错；（4）在堆放物的管理、维护、警示等方面没有过错。

如果堆放人能够证明自己没有过错则无须承担侵权责任。由于本条没有规定“代负责任”和追偿权等，一旦认定堆放人没有过错就应当直接确认其不承担责任。如果损害是由于第三人的过错造成的，被侵权人应当另行起诉，请求第三人承担侵权责任。如果是由于受害人自己的故意或者过失造成的损害，则不能请求他人赔偿损失。

（二）侵权责任的构成要件

构成本条的侵权责任，需要符合以下要件：（1）堆放物倒塌、滚落或者滑落。堆放物由于其自身的重量、堆积高度积累的势能以及结构的松散性，而具有内在危险性。此等危险性一旦以倒塌、滚落或者滑落的方式爆发出来，就可能成为造成他人损害的原因。（2）被侵权人受到损害，包括人身损害和财产损失。（3）被侵权人受到的损害与堆放物倒塌、滚落或者滑落之间存在因果关系。（4）堆放人有过错。在过错推定的情况下，堆放人不能证明自己没有过错即被认定为有过错。其被认定的过错是承担侵权责任的构成要件之一。

【关联规定】

《侵权责任法》（2021 年 1 月 1 日废止）

第八十八条 堆放物倒塌造成他人损害，堆放人不能证明自己没有过错的，应当承担侵权责任。

《最高人民法院关于审理人身损害赔偿案件适用法律若干问题的解释》

第十六条 下列情形，适用民法通则第一百二十六条的规定，由所有人或者管理人承担赔偿责任，但能够证明自己没有过错的除外：

（一）道路、桥梁、隧道等人工建造的构筑物因维护、管理瑕疵致人损害的；

（二）堆放物品滚落、滑落或者堆放物倒塌致人损害的；

（三）树木倾倒、折断或者果实坠落致人损害的。

前款第（一）项情形，因设计、施工缺陷造成损害的，由所有人、管理人与设计、施工者承担连带责任。

《最高人民法院关于贯彻执行〈中华人民共和国民法通则〉若干问题的意见（试行）》

155. 因堆放物品倒塌造成他人损害的，如果当事人均无过错，应当根据公平原则酌情处理。

第一千二百五十六条 【在公共道路上妨碍通行物品的致害责任】 在公共道路上堆放、倾倒、遗撒妨碍通行的物品造成他人损害的，由行为人承担侵权责任。公共道路管理人不能证明已经尽到清理、防护、警示等义务的，应当承担相应的责任。

【条文主旨】

本条是关于在公共道路上堆放、倾倒、遗撒妨碍通行的物品造成他人损害之侵权责任的规定。

【核心概念】

公共道路

公共道路，是指国家或者集体所有、开放供公众使用的道路。注意，属于民事主体私有的专用道路，以及国有、集体所有的专用道路，不属于公共道路。只有在公共道路上发生堆放、倾倒、遗撒妨碍通行的物品造成他人损害的，才适用本条的规定。

【理解与适用】

一、行为人的责任

（一）行为人在公共道路上堆放、倾倒、遗撒妨碍通行物品的行为

依据本条规定，在公共道路上堆放、倾倒、遗撒妨碍通行的物品造成他人损害的，由行为人承担侵权责任。

本条规定的行为人，是指在公共道路上堆放、倾倒、遗撒妨碍通行的物品的人。尽管法律规定由行为人承担侵权责任，但是本条规定的侵权责任并非行为责任而是物件造成损害的责任——法律规定行为人承担侵权责任，不是因为其在公共道路上堆放、倾倒、遗撒物品，而是因为此等物品妨碍通行。

“造成他人损害”，是指在公共道路上处于妨碍通行状态或者说对正常通行起到妨碍作用的堆放物、倾倒物、遗撒物造成他人损害。“他人”，是指本条规定的行为人、管理人（及其工作人员）之外的任何使用公共道路的第三人。常见的损害主要是交通事故损害。

（二）归责原则

本条没有对行为人承担侵权责任的归责原则作出规定，我们认为，这种侵权责任仍然适用过错责任原则，即只有行为人有过错才承担侵权责任，没有过错则不承担侵权责任。基于“违法即有过错”的侵权责任法原理，认定行为人有过错。堆放、倾倒属于有故意违法设置道路障碍物，而遗撒则是过失违法制造了道路障碍物。在公共道路上堆放、倾倒、遗撒妨碍通行的物品，属于违反法律行政法规规定的行为，行为违法当然也就判定行为人有过错。而对于此等在公共道路上妨碍通行的物品极大可能造成损害，行为人是知道或者应当知道的。对于知道或者应当知道可能发生的损害，行为人或者漠不关心或者疏忽大意或者轻信不会发生损害，都表明其存在过错。行为人的过错有两层：一是实施在公共道路上堆放、倾倒、

遗撒妨碍通行物品的违法行为；二是对极其可能发生的损害有疏忽大意或者轻信的过错。关于在公共道路上堆放、倾倒、遗撒妨碍通行的物品造成他人损害的责任，也有学者主张适用无过错责任原则。①

（三）侵权责任的构成要件

行为人承担本条规定的侵权责任主要是损害赔偿责任，需要符合以下构成要件：（1）公共道路上存在妨碍通行的物品，此等物品具有妨碍通行造成损害的内在危险性。（2）他人受到损害，包括人身损害和财产损失。（3）他人受到的损害与公共道路上存在妨碍通行的物品存在因果关系。（4）侵权人（行为人）有过错（基于行为违法认定）。

二、管理人责任

（一）管理人责任概述

本条与《侵权责任法》第 89 条相比较，一个最大的变化是将侵权责任主体区分为行为人责任与管理人责任，而不是笼统地规定"有关单位或者个人应当承担侵权责任"。

本条规定，公共道路的管理人对此等损害承担过错推定的侵权责任。公共道路的管理人是指实际管理、营运、养护公共道路的民事主体，比如高速公路的营运人，城市道路的管理、养护人。在无法确定具体管理人时，公共道路的所有人应当被认定为管理人。

（二）归责原则

管理人承担过错推定的侵权责任。法律推定其有过错，被侵权人无须证明管理人的过错，但是法律给予其证明自己没有过错的机会。如果管理人能够证明自己没有过错，则无须承担侵权责任；如果不能证明自己没有过错，则应当承担相应的侵权责任。"相应"是指与其过错种类和程度相应，同时考虑其过错行为（作为或者不作为）对损害发生的原因力。

法律规定了管理人证明自己没有过错的方式与路径：应当从尽到清理、防护、警示等义务方面证明自己没有过错。只有在这些方面都证明没有过错，才能认为其没有过错，进而不承担侵权责任。反之，在上述任何一个方面只要不能证明自己没有过错，就认为其有过错，进而应当承担相应的侵权责任。

（三）管理人侵权责任的构成要件

管理人依据本条承担的侵权责任主要是损害赔偿责任，需要符合以下构成要件：（1）公共道路上存在堆放、倾倒、遗撒妨碍通行的物品，这些

① 参见程啸：《侵权责任法教程》（第 2 版），中国人民大学出版社 2014 年版，第 317 页。

物品具有造成他人损害的内在危险性；（2）他人受到损害，包括人身损害和财产损失；（3）他人受到的损害与此等物品的内在危险性存在因果关系；（4）管理人有过错，法律推定管理人有过错，管理人不能证明已经尽到清理、防护、警示等义务。

（四）管理人责任与行为人责任的关系

管理人承担相应的侵权责任不排斥、不取代行为人的侵权责任，二者之间构成不真正连带关系。比如在一个案件中，造成的全部损害是100万元，行为人当然要对100万元承担全部赔偿责任。同时，由于管理人有过错，也被认定应当承担30万元的赔偿责任。此时，被侵权人可以向行为人主张100万元的损害赔偿。如果被侵权人选择如此主张，则不能向管理人主张任何损害赔偿，行为人承担侵权责任后也不得向管理人追偿。如果被侵权人向管理人主张30万元的损害赔偿，则只能就剩余的70万元向行为人主张损害赔偿。他们各自承担相应数额的损害赔偿责任之后，不产生单向或者双向的追偿权。

【关联规定】

《侵权责任法》（2021年1月1日废止）

第八十九条　在公共道路上堆放、倾倒、遗撒妨碍通行的物品造成他人损害的，有关单位或者个人应当承担侵权责任。

> **第一千二百五十七条　【林木致害的责任】**因林木折断、倾倒或者果实坠落等造成他人损害，林木的所有人或者管理人不能证明自己没有过错的，应当承担侵权责任。

【条文主旨】

本条是关于因林木折断、倾倒或者果实坠落等造成他人损害侵权责任的规定。

【核心概念】

林木

林木，是指固定种植于土地的树木和竹子。从《物权法》关于不动产规定的角度看，林木属于土地上的附着物。树木是木本植物的总称，有乔木、灌木和木质藤本之分，我国约有8000种树木。竹子为多年生禾本科竹亚科植物，茎为木质，是禾本科的一个分支。

【理解与适用】

一、林木折断等造成他人损害责任

（一）林木折断、倾倒等造成他人损害

林木折断、倾倒导致他人受到损害的案件时有发生，很常见的是风雨交加导致大树倾倒砸坏路边停放的机动车、脱落的干枯树枝砸伤路人。[①]果树的果实脱落造成行人损害的情况也偶有发生。

（二）物致害责任

本条规定了在林木折断、倾倒或者果实坠落三种情形下造成他人损害的侵权责任。这三种情形均属于物致人损害的责任，不是行为责任。

（三）责任主体

依不动产法律制度的原理，土地的所有人同时也是土地上附着物的所有人。不动产所有人对不动产及其附着物发生事故造成的损害承担侵权责任。在土地（及其附着物）的所有与占有、使用和管理等发生分离时，法律规定由管理人（如承租人、国有土地使用权人、集体土地承包经营权人等）享有相关权利并承担相应义务的，依照其规定。本条规定由林木的所有人、管理人承担相关的侵权责任。

二、所有人或者管理人的责任

（一）归责原则：过错推定

依据本条规定，造成损害的折断、倾倒林木或者其坠落果实的所有人或者管理人承担过错推定的侵权责任，即只有在有过错的情形下才承担侵权责任，没有过错则不承担侵权责任。但是本条规定是推定过错：推定此等所有人、管理人有过错，被侵权人无须对所有人或者管理人的过错进行举证证明。在推定过错的同时，法律给予所有人或者管理人证明自己没有过错的机会。如果能证明自己没有过错就不承担侵权责任；反之，如果不能证明自己没有过错则应当承担侵权责任。证明自己没有过错就是证明自己尽到了合理的注意义务，其证明方式和路径通常是：（1）在特定的地点种植林木没有过错，不违反禁止性规定；（2）尽到了养护、管理职责，如及时清

---

① 参见程啸：《侵权责任法教程》（第2版），中国人民大学出版社2014年版，第311页。

除干枯树枝、枯朽或者病害的危险树干，及时采摘成熟果实；（3）在遇到不可抗力或者恶劣气象、地质灾害后作出了及时和适当的处理；（4）在因第三人原因造成某种危险的情形下进行了及时处理和警示。需要指出的是，不同区域、不同性质场所，所有人或者管理人应当达到的注意程度是不一样的。一般来说，对于公共场所的林木等的养护和管理要求更高一些；对于私人场所或者不对外开放的场所的林木等的养护和管理要求会低一些；对于山林等的养护和管理要求会更低。受害人无视法规规定和相应的警示，进入禁止进入的林区从而受到损害，林木的所有人或者管理人没有过错的，则不承担侵权责任。

如果所有人或者管理人没有过错，损害是因第三人的原因或者被侵权人过错造成的，则所有人或者管理人不承担侵权责任。被侵权人应当向第三人侵权请求赔偿损失或者自己承担损害后果。

（二）侵权责任的构成要件

折断、倾倒的林木以及坠落果实的林木所有人承担本条规定的侵权责任（主要是损害赔偿责任），需要符合以下构成要件：（1）林木折断、倾倒或者其果实坠落。（2）被侵权人受到损害，包括人身损害和财产损失。（3）林木折断、倾倒或者其果实坠落是损害发生的原因，二者之间存在因果关系。（4）所有人或者管理人有过错。法律推定所有人或者管理人有过错，而所有人或者管理人不能证明自己没有过错。

【关联规定】

《侵权责任法》（2021 年 1 月 1 日废止）

第九十条　因林木折断造成他人损害，林木的所有人或者管理人不能证明自己没有过错的，应当承担侵权责任。

第一千二百五十八条　【公共场所或道路施工致害责任和窨井等地下设施致害责任】在公共场所或者道路上挖掘、修缮安装地下设施等造成他人损害，施工人不能证明已经设置明显标志和采取安全措施的，应当承担侵权责任。

窨井等地下设施造成他人损害，管理人不能证明尽到管理职责的，应当承担侵权责任。

【条文主旨】

本条有两款。第 1 款是关于施工人责任的规定。第 2 款是关于地下设施管理人责任的规定。

【核心概念】

地面施工

地面施工，是指在公共场所、道旁或者通道上挖坑、修缮安装地下设施。它不包括高空作业（如架设高压输电线路），也不包括纯粹的地下施工（如地下采掘、隧道施工等）。

【理解与适用】

一、地面施工人责任

（一）施工人

本条第 1 款规定的“施工人”，是指在公共场所或者道路上从事挖坑、修缮安装地下设施等施工活动的民事主体。在实践中有一些地面工程的所有者（或管理者）并不直接进行施工，而是通过承包（承揽）合同等方式发包给他人施工；有的工程还有分包、转包等情形出现。当施工人同时也是工程的所有者或者管理人时，比较容易确定责任主体。直接进行施工的不是工程的所有者（或管理者），有时会出现认定责任主体困难的问题。对此，提出以下认定规则：（1）当直接进行施工者为独立的承包建筑商时，该独立的承包建筑商即为施工人，应认定为责任主体；（2）当某项地面工程是以某一特定主体的名义作为施工人进行施工时，认定该以其名义作为施工人的特定主体为施工人，而不问真正的直接施工者是谁，也不问是否存在转包、分包等情形；（3）工程的所有者、管理者雇用零散人员进行施工的或者被侵权人无法判断施工人的，应推定工程的所有者、管理者为施工人，但工程的所有者、管理者可以提出反证；（4）工程的所有者、管理人作为发包人在指示或选任上有过失的，应当承担相应的赔偿责任。①

---

① 《最高人民法院关于审理人身损害赔偿案件适用法律若干问题的解释》第 10 条规定：“承揽人在完成工作过程中对第三人造成损害或者造成自身损害的，定作人不承担赔偿责任。但定作人对定作、指示或者选任有过失的，应当承担相应的赔偿责任。”另参见《民法典》第 1193 条。

（二）地面施工的场所

本条第 1 款强调了地面施工的场所，并非在一切场所进行地面施工产生的损害都适用该条规定；只有在公共场所、道旁或者通道上从事挖坑、修缮安装地下设施等施工造成他人损害才适用本条第 1 款的规定确定施工人的侵权责任。

（三）施工人的安全保障义务

本条第 1 款设定了施工人的安全保障义务：设置明显标志和采取安全措施。行为人不设置明显标志或者不采取安全措施，或者其所设置的标志不够明显或其所采取的措施不够安全，均违反施工人的安全保障义务。

（四）施工人的侵权责任

1. 施工人的行为责任或者物件损害责任

关于本条第 1 款规定的侵权责任到底是行为责任还是物造成损害的责任在理论上是有争议的。从立法安排看，将其规定在“建筑物和物件损害责任”一章，表明立法者倾向于认为此等侵权责任属于物件损害责任。但是，在此等案件中，造成损害的往往不是某个特定的处于稳定状态的物而是施工人的具体行为。这种行为在人的行为性质上与“高度危险作业”行为有相似之处，不同的是此处规定的侵权危险性低一些。造成损害的原因很难归咎于物件的内在危险，而更容易解释为施工人的不当行为。所以，学理上也可以将此等侵权责任理解为施工人的行为责任。

2. 过错责任

一般认为，本条第 1 款规定的侵权责任适用过错责任原则，施工人有过错的承担侵权责任，没有过错的不承担侵权责任。由于法律设定了施工人的安全保障义务，施工人违反安全保障义务即被认定为有过错，应当承担侵权责任。对于本条规定到底是过错推定还是一般过错责任，理论上有不同的认识。主张一般过错责任的认为，被侵权人仍然需要证明施工人的过错，无非该责任中过错的证明采取了客观标准，即被侵权人只要证明施工人没有“设置明显标志和采取安全措施”，施工人就存在过错应当承担侵权责任。[①] 主张过错推定的则认为，本条第 1 款推定施工人有过错，被侵权人无须对过错进行举证证明，但是施工人可以通过证明自己没有过错而不承担侵权责任，证明自己没有过错的方法和路径是已经“设置明显标志和采取安全措施”。[②]

---

① 参见程啸：《侵权责任法教程》（第2 版），中国人民大学出版社 2014 年版，第 312 页。

② 参见张新宝：《侵权责任法》（第 4 版），中国人民大学出版社 2016 年版，第 328 页。

3. 构成要件

施工人构成本条第1款规定的侵权责任主要是损害赔偿责任，需要符合以下要件：（1）施工行为，即在公共场所或者道路上作出挖坑、修缮安装地下设施等行为。（2）被侵权人受到损害，包括人身损害和财产损失，但是不包括施工人及其工作人员、雇员等受到的损害。（3）事故行为与被侵权人受到的损害之间存在因果关系。（4）施工人有过错，没有“设置明显标志和采取安全措施”。

二、地下设施管理人责任

（一）地下设施造成他人损害责任

1. 窨井、地下设施的概念

窨井是指下水道或者其他管线工程用于检修和疏通而建造的井状构造物。地下设施是指窨井、水井、地下通道等处于地面之下的人力修建的构造物。窨井是最常见的地下设施。

2. 地下设施造成他人损害责任的性质

地下设施原本包含在建筑物、构筑物或者其他设施的范围之内，[①] 地下设施造成他人损害责任完全属于建筑物等造成他人损害责任的范畴。只是因为我国相关立法强调物件造成他人损害的不同方式，才将地上物脱落、坠落，建筑物倒塌与地下设施致人跌落、碰伤的责任分别规定，其责任依据和构造原理相同。窨井等地下设施造成他人损害的侵权责任是物（建筑物）造成损害的责任，不是行为责任。

（二）管理人的侵权责任

1. 责任主体

窨井等地下设施造成他人损害，应当由相应的管理人承担责任。管理人是指对地下设施负有管理职责的单位或者个人。管理人与所有人可能是同一人。如果管理人与所有人为不同的主体，侵权责任由管理人承担。如果不存在明确的管理人或者无法确认管理人的，所有人被认为是管理人，由其承担侵权责任。

2. 归责原则

本条第2款规定管理人承担过错推定的责任：管理人不能证明尽到管理职责的，应当承担侵权责任。依据这一规定，被侵权人无须对管理人的过错进行举证证明。法律推定管理人有过错，但是给予其证明自己没有过错的机会。如果能够证明自己没有过错，管理人不承担侵权责任；反之，

---

① 参见王泽鉴：《侵权行为法（二）特殊侵权行为》，台北自版，2006年版，第214页。

不能证明自己没有过错，则管理人应当承担侵权责任。管理人证明自己没有过错的方法和路径是证明其已经尽到了管理职责，包括达到了法律法规、规章和行业规定等的管理要求，尽到了一个“理性人”管理者应当具备的注意义务。

3. 构成要件

管理人承担第2款规定的侵权责任，需要符合以下构成要件的要求：(1) 窨井等地下设施存在造成他人损害的内在危险性。(2) 他人受到损害，包括人身损害和财产损失。他人是指管理人（及其工作人员、雇员等）之外的任何第三人。(3) 此等损害与窨井等地下设施存在的内在危险性之间有因果关系。(4) 管理人有过错。法律推定其有过错，而管理人不能证明其已经尽到了管理职责。

【关联规定】

《侵权责任法》(2021年1月1日废止)

第九十一条 在公共场所或者道路上挖坑、修缮安装地下设施等，没有设置明显标志和采取安全措施造成他人损害的，施工人应当承担侵权责任。

窨井等地下设施造成他人损害，管理人不能证明尽到管理职责的，应当承担侵权责任。

案例分析

姚某某与东台市城市管理局、东台市环境卫生管理处公共道路妨碍通行责任纠纷案[①]

【案件基本事实】

2011年10月9日9时左右，原告姚某某驾驶电动自行车由西向东行驶至东台市东达路与红兰路交叉路口，实施右转弯向南驶入红兰路的过程中，因路面遗有油污且有水，致原告驾驶电动自行车滑倒后受伤。原告受伤后即向东台市公安局交通巡逻警察大队报警，接警民警季某到现场进行拍照，从照片可见，事发地红兰路上共有两处油污，一处油污在红兰路路西，一处油污接近红兰路的中心线，油污与水融在一起占地面积超过0.5平

① 参见《最高人民法院公报》2015年第1期（总第219期）。

方米。原告向法院提起诉讼，认为被告东台市城市管理局（以下简称城管局）、东台市环境卫生管理处（以下简称环卫处）管理存在瑕疵，没有尽到相应的管理注意义务，请求法院判令两被告连带赔偿各项损失52268元。

【争议焦点】

被告城管局、环卫处是否应当对原告的损失承担赔偿责任，以及原、被告的责任比例应当如何划分。

【法院判决】

江苏省东台市人民法院一审认为：（1）城管局的主要职责为贯彻和实施国家及本市区有关城市管理方面的法律、法规及规章，治理和维护城市管理秩序等。环卫处的主要职责是对辖区建筑垃圾及其他渣土实施管理，负责辖区范围内的主次干道、公共场所和各单位委托的卫生保洁，各种生活废弃物的清运和处置等工作。根据江苏省《〈城市市容和环境卫生管理条例〉实施办法》[①] 第4条第2款的规定，市、县人民政府建设行政主管部门，或者市、县人民政府指定的行政主管部门，负责本行政区域的城市市容和环境卫生管理工作。第23条第1款规定城市主要街道、广场和公共水域的清扫、清捞和保洁，由环境卫生专业单位负责。由此可见，负责事发路段的保洁单位应当为环卫处。城管局并非道路清洁的直接维护单位，不应当承担赔偿责任。本案中事故发生地道路保洁等级属于二级。依据《江苏省城市环境卫生作业服务质量标准》规定，道路保洁的通用质量要求：路面冲洗应在23:00～1:00之间进行；冲洗后路面应干净，下水口不应堵塞。二级道路保洁质量要求：主要路段应巡回保洁，路面基本见本色。在本案的审理中被告环卫处未能提供其巡回保洁和及时清理的相关记录，故应当认定环卫处未尽到清理、保洁的义务，对原告姚某某受伤产生的损失，依法应承担相应的赔偿责任。（2）原告姚某某滑倒受伤的道路属城市道路，原告作为成年人，应当具备安全通行的基本常识，其驾驶电动自行车应当注意自身安全，而原告驾驶非机动车行驶在机动车道路，显然不符合《道路交通安全法》对非机动车通行的规定，并且原告对前方道路的地面情况疏于观察，遇有情况处理不当，因此原告自身存在过错，应当对事故负有责任。（3）原告姚某某驾驶非机动车严重违反《道路交通安全法》的规定进入机动车道，并且未尽到谨慎驾驶的义务，故应当认定其对本事故承担主要责任。被告环卫处作为承担事发路段清洁工作的直接义务

---

① 现已失效。

人，该事发路段属于人流密集处，理应加强保洁工作和制定相应的保洁制度，并在每次巡回保洁结束之后保存相应的记录。被告环卫处在庭审中未能提供证据证明其根据规定完成保洁任务，故环卫处应当对事故承担次要责任。根据双方当事人的过失大小及事故发生的原因力大小，酌定环卫处对原告受伤产生的合理损失承担20%的赔偿责任，原告姚某某自负80%的责任。

江苏省盐城市中级人民法院二审认为：（1）上诉人姚某某在一审中为证明其跌倒受伤的原因，向一审法院提供东台市公安局交通巡逻警察大队的证明以及事故现场的照片，从现场照片反映的情况看，路面油污痕迹明显、洒水痕迹未干，姚某某本人蹲坐在事故现场。根据《江苏省城市市容和环境卫生管理条例》第13条第4款之规定，道路出现毁损、污染的，所有权人或者维护管理单位应当及时维修、更换或清洗。从本案的诉讼主体看，环卫处应是直接的维护管理单位。事故发生地的道路保洁等级为二级，属于应当巡回保洁的路段。环卫处在本案审理过程中未能提供具体的巡回保洁制度，也未能提供事发当天进行巡回保洁的具体记录，不能证明其已经按照城市道路的日常清洁标准及频率来清洁事故路面。现场照片也已经证明环卫处未能根据要求履行保洁义务。因此，环卫处应当承担相应的赔偿责任。城管局并非道路清洁的直接维护管理单位，在本案中不应承担责任。（2）作为承担路面巡回清洁义务的环卫处应当根据路面的实际状况制定相应的巡查频率及保洁制度。从事故发生的地点看，该路段保洁等级为二级，属于人流量较多的路段；从事故发生的时间看，9点属于路面人流量较多的时间段；从本案现场照片反映的情况看，油污面积非常明显且在道路交叉路口，因此，一审判令环卫处承担20%的责任，姚某某承担80%的责任，责任比例分配明显不当。据此，法院将责任比例调整为环卫处承担40%的责任，姚某某自身承担60%的责任。

【法理分析】

《民法典》第1256条规定："在公共道路上堆放、倾倒、遗撒妨碍通行的物品造成他人损害的，由行为人承担侵权责任。公共道路管理人不能证明已经尽到清理、防护、警示等义务的，应当承担相应的责任。"与《侵权责任法》第89条相比，《民法典》第1256条在责任主体和归责原则方面表述得更为清晰。在公共道路上堆放、倾倒、遗撒妨碍通行的物品的行为人承担的是无过错责任，而公共道路管理人承担的是过错责任，且在举证责任方面实行过错推定。本案中，因在道路上遗撒油污的行为人无法查明，故案件争议的焦点之一是事发道路的管理人是否应当承担侵权责任。

所谓过错推定，是指行为人因过错侵害他人民事权益，依据法律的规定，推定行为人具有过错，如行为人不能证明自己没有过错，应当承担侵权责任。[①]《民法典》第1165条第2款规定："依照法律规定推定行为人有过错，其不能证明自己没有过错的，应当承担侵权责任。"根据《民法典》第1256条的规定，公共道路管理人必须证明自己已经尽到清理、防护、警示等义务，否则即应当承担侵权责任。本案中，负责事发道路清洁工作的管理单位是环卫处，环卫处应当提供其已经尽到清理、防护、警示等义务的证据。但是环卫处在本案审理的过程中未能提供具体的巡回保洁制度，也未能提供事发当天进行巡回保洁的具体记录，不能证明其已经按照城市道路的日常清洁标准及频率来清洁事故路面。同时，现场照片也已经证明环卫处未能根据要求履行保洁义务。因此，法院推定被告环卫处具有过错，应当对原告姚某某的损失承担赔偿责任。

本案争议的另一个焦点是，被告环卫处应当承担的责任比例是多少。一般而言，法院在进行责任分担时，应当主要考虑当事人的过错程度以及其行为与损害结果之间原因力的大小这两个因素。但是，在实行过错推定的案件中，行为人的过错程度很难确定。原因在于，既然过错本身都是根据法律规定和基础事实推定出来的，自然难以再对其程度进行更为细致的区分。因此，在这类案件中，法院在确定当事人之间的责任比例时，应当主要考虑各方当事人的行为与损害结果之间原因力的大小这一因素，确定一个大致的比例，同时再考虑受害人行为的过错程度，并对这一比例进行微调。由此可见，《民法典》第1256条所规定的"相应的责任"，指的也并不是与过错程度相适应的责任，而是与案件具体情况相适应且份额合理的责任。本案中，一审法院主要考虑的因素是原告姚某某的行为具有较大程度的过错，判令其自行承担80%的责任，被告环卫处承担20%的责任。二审法院则综合考虑了事故发生的时间、地点、路面油污情况以及原告的过错等因素，认为被告环卫处对路面油污未能及时进行清理的行为与事故的发生之间同样具有较大的原因力，从而改判原告自行承担60%的责任，被告环卫处承担40%的责任，有着充分的事实和法律依据。

（本案例由曹权之同学整理）

---

① 王利明：《侵权责任法研究》（第2版）（上卷），中国人民大学出版社2016年版，第247页。

附录：

中华人民共和国民法典（节录）

（2020 年 5 月 28 日第十三届全国人民代表大会第三次会议通过）

……

第七编　侵权责任

第一章　一般规定

第一千一百六十四条　本编调整因侵害民事权益产生的民事关系。

第一千一百六十五条　行为人因过错侵害他人民事权益造成损害的，应当承担侵权责任。

依照法律规定推定行为人有过错，其不能证明自己没有过错的，应当承担侵权责任。

第一千一百六十六条　行为人造成他人民事权益损害，不论行为人有无过错，法律规定应当承担侵权责任的，依照其规定。

第一千一百六十七条　侵权行为危及他人人身、财产安全的，被侵权人有权请求侵权人承担停止侵害、排除妨碍、消除危险等侵权责任。

第一千一百六十八条　二人以上共同实施侵权行为，造成他人损害的，应当承担连带责任。

第一千一百六十九条　教唆、帮助他人实施侵权行为的，应当与行为人承担连带责任。

教唆、帮助无民事行为能力人、限制民事行为能力人实施侵权行为的，应当承担侵权责任；该无民事行为能力人、限制民事行为能力人的监护人未尽到监护职责的，应当承担相应的责任。

第一千一百七十条　二人以上实施危及他人人身、财产安全的行为，其中一人或者数人的行为造成他人损害，能够确定具体侵权人的，由侵权人承担责任；不能确定具体侵权人的，行为人承担连带责任。

第一千一百七十一条　二人以上分别实施侵权行为造成同一损害，每个人的侵权行为都足以造成全部损害的，行为人承担连带责任。

第一千一百七十二条 二人以上分别实施侵权行为造成同一损害，能够确定责任大小的，各自承担相应的责任；难以确定责任大小的，平均承担责任。

第一千一百七十三条 被侵权人对同一损害的发生或者扩大有过错的，可以减轻侵权人的责任。

第一千一百七十四条 损害是因受害人故意造成的，行为人不承担责任。

第一千一百七十五条 损害是因第三人造成的，第三人应当承担侵权责任。

第一千一百七十六条 自愿参加具有一定风险的文体活动，因其他参加者的行为受到损害的，受害人不得请求其他参加者承担侵权责任；但是，其他参加者对损害的发生有故意或者重大过失的除外。

活动组织者的责任适用本法第一千一百九十八条至第一千二百零一条的规定。

第一千一百七十七条 合法权益受到侵害，情况紧迫且不能及时获得国家机关保护，不立即采取措施将使其合法权益受到难以弥补的损害的，受害人可以在保护自己合法权益的必要范围内采取扣留侵权人的财物等合理措施；但是，应当立即请求有关国家机关处理。

受害人采取的措施不当造成他人损害的，应当承担侵权责任。

第一千一百七十八条 本法和其他法律对不承担责任或者减轻责任的情形另有规定的，依照其规定。

第二章　损害赔偿

第一千一百七十九条 侵害他人造成人身损害的，应当赔偿医疗费、护理费、交通费、营养费、住院伙食补助费等为治疗和康复支出的合理费用，以及因误工减少的收入。造成残疾的，还应当赔偿辅助器具费和残疾赔偿金；造成死亡的，还应当赔偿丧葬费和死亡赔偿金。

第一千一百八十条 因同一侵权行为造成多人死亡的，可以以相同数额确定死亡赔偿金。

第一千一百八十一条 被侵权人死亡的，其近亲属有权请求侵权人承担侵权责任。被侵权人为组织，该组织分立、合并的，承继权利的组织有权请求侵权人承担侵权责任。

被侵权人死亡的，支付被侵权人医疗费、丧葬费等合理费用的人有权请求侵权人赔偿费用，但是侵权人已经支付该费用的除外。

第一千一百八十二条　侵害他人人身权益造成财产损失的，按照被侵权人因此受到的损失或者侵权人因此获得的利益赔偿；被侵权人因此受到的损失以及侵权人因此获得的利益难以确定，被侵权人和侵权人就赔偿数额协商不一致，向人民法院提起诉讼的，由人民法院根据实际情况确定赔偿数额。

第一千一百八十三条　侵害自然人人身权益造成严重精神损害的，被侵权人有权请求精神损害赔偿。

因故意或者重大过失侵害自然人具有人身意义的特定物造成严重精神损害的，被侵权人有权请求精神损害赔偿。

第一千一百八十四条　侵害他人财产的，财产损失按照损失发生时的市场价格或者其他合理方式计算。

第一千一百八十五条　故意侵害他人知识产权，情节严重的，被侵权人有权请求相应的惩罚性赔偿。

第一千一百八十六条　受害人和行为人对损害的发生都没有过错的，依照法律的规定由双方分担损失。

第一千一百八十七条　损害发生后，当事人可以协商赔偿费用的支付方式。协商不一致的，赔偿费用应当一次性支付；一次性支付确有困难的，可以分期支付，但是被侵权人有权请求提供相应的担保。

第三章　责任主体的特殊规定

第一千一百八十八条　无民事行为能力人、限制民事行为能力人造成他人损害的，由监护人承担侵权责任。监护人尽到监护职责的，可以减轻其侵权责任。

有财产的无民事行为能力人、限制民事行为能力人造成他人损害的，从本人财产中支付赔偿费用；不足部分，由监护人赔偿。

第一千一百八十九条　无民事行为能力人、限制民事行为能力人造成他人损害，监护人将监护职责委托给他人的，监护人应当承担侵权责任；受托人有过错的，承担相应的责任。

第一千一百九十条　完全民事行为能力人对自己的行为暂时没有意识或者失去控制造成他人损害有过错的，应当承担侵权责任；没有过错的，根据行为人的经济状况对受害人适当补偿。

完全民事行为能力人因醉酒、滥用麻醉药品或者精神药品对自己的行为暂时没有意识或者失去控制造成他人损害的，应当承担侵权责任。

第一千一百九十一条　用人单位的工作人员因执行工作任务造成他人

损害的，由用人单位承担侵权责任。用人单位承担侵权责任后，可以向有故意或者重大过失的工作人员追偿。

劳务派遣期间，被派遣的工作人员因执行工作任务造成他人损害的，由接受劳务派遣的用工单位承担侵权责任；劳务派遣单位有过错的，承担相应的责任。

第一千一百九十二条 个人之间形成劳务关系，提供劳务一方因劳务造成他人损害的，由接受劳务一方承担侵权责任。接受劳务一方承担侵权责任后，可以向有故意或者重大过失的提供劳务一方追偿。提供劳务一方因劳务受到损害的，根据双方各自的过错承担相应的责任。

提供劳务期间，因第三人的行为造成提供劳务一方损害的，提供劳务一方有权请求第三人承担侵权责任，也有权请求接受劳务一方给予补偿。接受劳务一方补偿后，可以向第三人追偿。

第一千一百九十三条 承揽人在完成工作过程中造成第三人损害或者自己损害的，定作人不承担侵权责任。但是，定作人对定作、指示或者选任有过错的，应当承担相应的责任。

第一千一百九十四条 网络用户、网络服务提供者利用网络侵害他人民事权益的，应当承担侵权责任。法律另有规定的，依照其规定。

第一千一百九十五条 网络用户利用网络服务实施侵权行为的，权利人有权通知网络服务提供者采取删除、屏蔽、断开链接等必要措施。通知应当包括构成侵权的初步证据及权利人的真实身份信息。

网络服务提供者接到通知后，应当及时将该通知转送相关网络用户，并根据构成侵权的初步证据和服务类型采取必要措施；未及时采取必要措施的，对损害的扩大部分与该网络用户承担连带责任。

权利人因错误通知造成网络用户或者网络服务提供者损害的，应当承担侵权责任。法律另有规定的，依照其规定。

第一千一百九十六条 网络用户接到转送的通知后，可以向网络服务提供者提交不存在侵权行为的声明。声明应当包括不存在侵权行为的初步证据及网络用户的真实身份信息。

网络服务提供者接到声明后，应当将该声明转送发出通知的权利人，并告知其可以向有关部门投诉或者向人民法院提起诉讼。网络服务提供者在转送声明到达权利人后的合理期限内，未收到权利人已经投诉或者提起诉讼通知的，应当及时终止所采取的措施。

第一千一百九十七条 网络服务提供者知道或者应当知道网络用户利用其网络服务侵害他人民事权益，未采取必要措施的，与该网络用户承担连带责任。

第一千一百九十八条　宾馆、商场、银行、车站、机场、体育场馆、娱乐场所等经营场所、公共场所的经营者、管理者或者群众性活动的组织者，未尽到安全保障义务，造成他人损害的，应当承担侵权责任。

因第三人的行为造成他人损害的，由第三人承担侵权责任；经营者、管理者或者组织者未尽到安全保障义务的，承担相应的补充责任。经营者、管理者或者组织者承担补充责任后，可以向第三人追偿。

第一千一百九十九条　无民事行为能力人在幼儿园、学校或者其他教育机构学习、生活期间受到人身损害的，幼儿园、学校或者其他教育机构应当承担侵权责任；但是，能够证明尽到教育、管理职责的，不承担侵权责任。

第一千二百条　限制民事行为能力人在学校或者其他教育机构学习、生活期间受到人身损害，学校或者其他教育机构未尽到教育、管理职责的，应当承担侵权责任。

第一千二百零一条　无民事行为能力人或者限制民事行为能力人在幼儿园、学校或者其他教育机构学习、生活期间，受到幼儿园、学校或者其他教育机构以外的第三人人身损害的，由第三人承担侵权责任；幼儿园、学校或者其他教育机构未尽到管理职责的，承担相应的补充责任。幼儿园、学校或者其他教育机构承担补充责任后，可以向第三人追偿。

第四章　产品责任

第一千二百零二条　因产品存在缺陷造成他人损害的，生产者应当承担侵权责任。

第一千二百零三条　因产品存在缺陷造成他人损害的，被侵权人可以向产品的生产者请求赔偿，也可以向产品的销售者请求赔偿。

产品缺陷由生产者造成的，销售者赔偿后，有权向生产者追偿。因销售者的过错使产品存在缺陷的，生产者赔偿后，有权向销售者追偿。

第一千二百零四条　因运输者、仓储者等第三人的过错使产品存在缺陷，造成他人损害的，产品的生产者、销售者赔偿后，有权向第三人追偿。

第一千二百零五条　因产品缺陷危及他人人身、财产安全的，被侵权人有权请求生产者、销售者承担停止侵害、排除妨碍、消除危险等侵权责任。

第一千二百零六条　产品投入流通后发现存在缺陷的，生产者、销售者应当及时采取停止销售、警示、召回等补救措施；未及时采取补救措施或者补救措施不力造成损害扩大的，对扩大的损害也应当承担侵权责任。

依据前款规定采取召回措施的，生产者、销售者应当负担被侵权人因此支出的必要费用。

第一千二百零七条 明知产品存在缺陷仍然生产、销售，或者没有依据前条规定采取有效补救措施，造成他人死亡或者健康严重损害的，被侵权人有权请求相应的惩罚性赔偿。

第五章 机动车交通事故责任

第一千二百零八条 机动车发生交通事故造成损害的，依照道路交通安全法律和本法的有关规定承担赔偿责任。

第一千二百零九条 因租赁、借用等情形机动车所有人、管理人与使用人不是同一人时，发生交通事故造成损害，属于该机动车一方责任的，由机动车使用人承担赔偿责任；机动车所有人、管理人对损害的发生有过错的，承担相应的赔偿责任。

第一千二百一十条 当事人之间已经以买卖或者其他方式转让并交付机动车但是未办理登记，发生交通事故造成损害，属于该机动车一方责任的，由受让人承担赔偿责任。

第一千二百一十一条 以挂靠形式从事道路运输经营活动的机动车，发生交通事故造成损害，属于该机动车一方责任的，由挂靠人和被挂靠人承担连带责任。

第一千二百一十二条 未经允许驾驶他人机动车，发生交通事故造成损害，属于该机动车一方责任的，由机动车使用人承担赔偿责任；机动车所有人、管理人对损害的发生有过错的，承担相应的赔偿责任，但是本章另有规定的除外。

第一千二百一十三条 机动车发生交通事故造成损害，属于该机动车一方责任的，先由承保机动车强制保险的保险人在强制保险责任限额范围内予以赔偿；不足部分，由承保机动车商业保险的保险人按照保险合同的约定予以赔偿；仍然不足或者没有投保机动车商业保险的，由侵权人赔偿。

第一千二百一十四条 以买卖或者其他方式转让拼装或者已经达到报废标准的机动车，发生交通事故造成损害的，由转让人和受让人承担连带责任。

第一千二百一十五条 盗窃、抢劫或者抢夺的机动车发生交通事故造成损害的，由盗窃人、抢劫人或者抢夺人承担赔偿责任。盗窃人、抢劫人或者抢夺人与机动车使用人不是同一人，发生交通事故造成损害，属于该机动车一方责任的，由盗窃人、抢劫人或者抢夺人与机动车使用人承担连带责任。

保险人在机动车强制保险责任限额范围内垫付抢救费用的，有权向交通事故责任人追偿。

第一千二百一十六条 机动车驾驶人发生交通事故后逃逸，该机动车参加强制保险的，由保险人在机动车强制保险责任限额范围内予以赔偿；机动车不明、该机动车未参加强制保险或者抢救费用超过机动车强制保险责任限额，需要支付被侵权人人身伤亡的抢救、丧葬等费用的，由道路交通事故社会救助基金垫付。道路交通事故社会救助基金垫付后，其管理机构有权向交通事故责任人追偿。

第一千二百一十七条 非营运机动车发生交通事故造成无偿搭乘人损害，属于该机动车一方责任的，应当减轻其赔偿责任，但是机动车使用人有故意或者重大过失的除外。

第六章　医疗损害责任

第一千二百一十八条 患者在诊疗活动中受到损害，医疗机构或者其医务人员有过错的，由医疗机构承担赔偿责任。

第一千二百一十九条 医务人员在诊疗活动中应当向患者说明病情和医疗措施。需要实施手术、特殊检查、特殊治疗的，医务人员应当及时向患者具体说明医疗风险、替代医疗方案等情况，并取得其明确同意；不能或者不宜向患者说明的，应当向患者的近亲属说明，并取得其明确同意。

医务人员未尽到前款义务，造成患者损害的，医疗机构应当承担赔偿责任。

第一千二百二十条 因抢救生命垂危的患者等紧急情况，不能取得患者或者其近亲属意见的，经医疗机构负责人或者授权的负责人批准，可以立即实施相应的医疗措施。

第一千二百二十一条 医务人员在诊疗活动中未尽到与当时的医疗水平相应的诊疗义务，造成患者损害的，医疗机构应当承担赔偿责任。

第一千二百二十二条 患者在诊疗活动中受到损害，有下列情形之一的，推定医疗机构有过错：

（一）违反法律、行政法规、规章以及其他有关诊疗规范的规定；

（二）隐匿或者拒绝提供与纠纷有关的病历资料；

（三）遗失、伪造、篡改或者违法销毁病历资料。

第一千二百二十三条 因药品、消毒产品、医疗器械的缺陷，或者输入不合格的血液造成患者损害的，患者可以向药品上市许可持有人、生产者、血液提供机构请求赔偿，也可以向医疗机构请求赔偿。患者向医疗机构请求赔偿的，医疗机构赔偿后，有权向负有责任的药品上市许可持有人、生产者、血液提供机构追偿。

第一千二百二十四条 患者在诊疗活动中受到损害，有下列情形之一的，医疗机构不承担赔偿责任：

（一）患者或者其近亲属不配合医疗机构进行符合诊疗规范的诊疗；

（二）医务人员在抢救生命垂危的患者等紧急情况下已经尽到合理诊疗义务；

（三）限于当时的医疗水平难以诊疗。

前款第一项情形中，医疗机构或者其医务人员也有过错的，应当承担相应的赔偿责任。

第一千二百二十五条 医疗机构及其医务人员应当按照规定填写并妥善保管住院志、医嘱单、检验报告、手术及麻醉记录、病理资料、护理记录等病历资料。

患者要求查阅、复制前款规定的病历资料的，医疗机构应当及时提供。

第一千二百二十六条 医疗机构及其医务人员应当对患者的隐私和个人信息保密。泄露患者的隐私和个人信息，或者未经患者同意公开其病历资料的，应当承担侵权责任。

第一千二百二十七条 医疗机构及其医务人员不得违反诊疗规范实施不必要的检查。

第一千二百二十八条 医疗机构及其医务人员的合法权益受法律保护。

干扰医疗秩序，妨碍医务人员工作、生活，侵害医务人员合法权益的，应当依法承担法律责任。

第七章 环境污染和生态破坏责任

第一千二百二十九条 因污染环境、破坏生态造成他人损害的，侵权人应当承担侵权责任。

第一千二百三十条 因污染环境、破坏生态发生纠纷，行为人应当就法律规定的不承担责任或者减轻责任的情形及其行为与损害之间不存在因果关系承担举证责任。

第一千二百三十一条 两个以上侵权人污染环境、破坏生态的，承担责任的大小，根据污染物的种类、浓度、排放量，破坏生态的方式、范围、程度，以及行为对损害后果所起的作用等因素确定。

第一千二百三十二条 侵权人违反法律规定故意污染环境、破坏生态造成严重后果的，被侵权人有权请求相应的惩罚性赔偿。

第一千二百三十三条 因第三人的过错污染环境、破坏生态的，被侵权人可以向侵权人请求赔偿，也可以向第三人请求赔偿。侵权人赔偿后，有权向第三人追偿。

第一千二百三十四条 违反国家规定造成生态环境损害，生态环境能够修复的，国家规定的机关或者法律规定的组织有权请求侵权人在合理期限内承担修复责任。侵权人在期限内未修复的，国家规定的机关或者法律规定的组织可以自行或者委托他人进行修复，所需费用由侵权人负担。

第一千二百三十五条 违反国家规定造成生态环境损害的，国家规定的机关或者法律规定的组织有权请求侵权人赔偿下列损失和费用：

（一）生态环境受到损害至修复完成期间服务功能丧失导致的损失；

（二）生态环境功能永久性损害造成的损失；

（三）生态环境损害调查、鉴定评估等费用；

（四）清除污染、修复生态环境费用；

（五）防止损害的发生和扩大所支出的合理费用。

第八章　高度危险责任

第一千二百三十六条 从事高度危险作业造成他人损害的，应当承担侵权责任。

第一千二百三十七条 民用核设施或者运入运出核设施的核材料发生核事故造成他人损害的，民用核设施的营运单位应当承担侵权责任；但是，能够证明损害是因战争、武装冲突、暴乱等情形或者受害人故意造成的，不承担责任。

第一千二百三十八条 民用航空器造成他人损害的，民用航空器的经营者应当承担侵权责任；但是，能够证明损害是因受害人故意造成的，不承担责任。

第一千二百三十九条 占有或者使用易燃、易爆、剧毒、高放射性、强腐蚀性、高致病性等高度危险物造成他人损害的，占有人或者使用人应当承担侵权责任；但是，能够证明损害是因受害人故意或者不可抗力造成的，不承担责任。被侵权人对损害的发生有重大过失的，可以减轻占有人或者使用人的责任。

第一千二百四十条 从事高空、高压、地下挖掘活动或者使用高速轨道运输工具造成他人损害的，经营者应当承担侵权责任；但是，能够证明损害是因受害人故意或者不可抗力造成的，不承担责任。被侵权人对损害的发生有重大过失的，可以减轻经营者的责任。

第一千二百四十一条 遗失、抛弃高度危险物造成他人损害的，由所有人承担侵权责任。所有人将高度危险物交由他人管理的，由管理人承担侵权责任；所有人有过错的，与管理人承担连带责任。

第一千二百四十二条 非法占有高度危险物造成他人损害的，由非法占有人承担侵权责任。所有人、管理人不能证明对防止非法占有尽到高度注意义务的，与非法占有人承担连带责任。

第一千二百四十三条 未经许可进入高度危险活动区域或者高度危险物存放区域受到损害，管理人能够证明已经采取足够安全措施并尽到充分警示义务的，可以减轻或者不承担责任。

第一千二百四十四条 承担高度危险责任，法律规定赔偿限额的，依照其规定，但是行为人有故意或者重大过失的除外。

第九章　饲养动物损害责任

第一千二百四十五条 饲养的动物造成他人损害的，动物饲养人或者管理人应当承担侵权责任；但是，能够证明损害是因被侵权人故意或者重大过失造成的，可以不承担或者减轻责任。

第一千二百四十六条 违反管理规定，未对动物采取安全措施造成他人损害的，动物饲养人或者管理人应当承担侵权责任；但是，能够证明损害是因被侵权人故意造成的，可以减轻责任。

第一千二百四十七条 禁止饲养的烈性犬等危险动物造成他人损害的，动物饲养人或者管理人应当承担侵权责任。

第一千二百四十八条 动物园的动物造成他人损害的，动物园应当承担侵权责任；但是，能够证明尽到管理职责的，不承担侵权责任。

第一千二百四十九条 遗弃、逃逸的动物在遗弃、逃逸期间造成他人损害的，由动物原饲养人或者管理人承担侵权责任。

第一千二百五十条 因第三人的过错致使动物造成他人损害的，被侵权人可以向动物饲养人或者管理人请求赔偿，也可以向第三人请求赔偿。动物饲养人或者管理人赔偿后，有权向第三人追偿。

第一千二百五十一条 饲养动物应当遵守法律法规，尊重社会公德，不得妨碍他人生活。

第十章 建筑物和物件损害责任

第一千二百五十二条 建筑物、构筑物或者其他设施倒塌、塌陷造成他人损害的，由建设单位与施工单位承担连带责任，但是建设单位与施工单位能够证明不存在质量缺陷的除外。建设单位、施工单位赔偿后，有其他责任人的，有权向其他责任人追偿。

因所有人、管理人、使用人或者第三人的原因，建筑物、构筑物或者其他设施倒塌、塌陷造成他人损害的，由所有人、管理人、使用人或者第三人承担侵权责任。

第一千二百五十三条 建筑物、构筑物或者其他设施及其搁置物、悬挂物发生脱落、坠落造成他人损害，所有人、管理人或者使用人不能证明自己没有过错的，应当承担侵权责任。所有人、管理人或者使用人赔偿后，有其他责任人的，有权向其他责任人追偿。

第一千二百五十四条 禁止从建筑物中抛掷物品。从建筑物中抛掷物品或者从建筑物上坠落的物品造成他人损害的，由侵权人依法承担侵权责任；经调查难以确定具体侵权人的，除能够证明自己不是侵权人的外，由可能加害的建筑物使用人给予补偿。可能加害的建筑物使用人补偿后，有权向侵权人追偿。

物业服务企业等建筑物管理人应当采取必要的安全保障措施防止前款规定情形的发生；未采取必要的安全保障措施的，应当依法承担未履行安全保障义务的侵权责任。

发生本条第一款规定的情形的，公安等机关应当依法及时调查，查清责任人。

第一千二百五十五条 堆放物倒塌、滚落或者滑落造成他人损害，堆放人不能证明自己没有过错的，应当承担侵权责任。

第一千二百五十六条 在公共道路上堆放、倾倒、遗撒妨碍通行的物品造成他人损害的，由行为人承担侵权责任。公共道路管理人不能证明已经尽到清理、防护、警示等义务的，应当承担相应的责任。

第一千二百五十七条 因林木折断、倾倒或者果实坠落等造成他人损害，林木的所有人或者管理人不能证明自己没有过错的，应当承担侵权责任。

第一千二百五十八条 在公共场所或者道路上挖掘、修缮安装地下设施等造成他人损害，施工人不能证明已经设置明显标志和采取安全措施的，应当承担侵权责任。

窨井等地下设施造成他人损害，管理人不能证明尽到管理职责的，应当承担侵权责任。

……

核心概念拼音索引

D

F

G

H

J

L

M

P

Q

S

T

W

X

Y

Z

图书在版编目（CIP）数据

中华人民共和国民法典侵权责任编理解与适用／张新宝著．—北京：中国法制出版社，2020

ISBN 978－7－5216－1120－5

Ⅰ．①中…　Ⅱ．①张…　Ⅲ．①侵权法－法律解释－中国　Ⅳ．①D923.75

中国版本图书馆 CIP 数据核字（2020）第 086687 号

策划编辑　王熹（wx2015hi@sina.com）

责任编辑　王熹　赵律玮　孙静　　　　封面设计　李宁

中华人民共和国民法典侵权责任编理解与适用

ZHONGHUA RENMIN GONGHEGUO MINFADIAN QINQUAN ZERENBIAN LIJIE YU SHIYONG

著者/张新宝

经销/新华书店

印刷/三河市国英印务有限公司

开本/730 毫米×1030 毫米　16 开　　　　印张／25　字数／338 千

版次/2020 年 9 月第 1 版　　　　2020 年 9 月第 1 次印刷

中国法制出版社出版

书号 ISBN 978－7－5216－1120－5　　　　定价：98.00 元

北京西单横二条 2 号

邮政编码 100031　　　　传真：010－66031119

网址：http：//www.zgfzs.com　　　　**编辑部电话：010－66010493**

市场营销部电话：010－66033393　　　　**邮购部电话：010－66033288**

（如有印装质量问题，请与本社印务部联系调换。电话：010－66032926）